이름의 언어학

이름의 언어학

초판 1쇄 발행 2022년 10월 30일

지은이 박철우

펴낸곳 서울대학교출판문화원
주소 08826 서울 관악구 관악로 1
도서주문 02-889-4424, 02-880-7995
홈페이지 www.snupress.com
페이스북 @snupress1947
인스타그램 @snupress
이메일 snubook@snu.ac.kr
출판등록 제15-3호

ISBN 978-89-521-3058-7 (93710)

이 저서는 2017년 대한민국 교육부와 한국연구재단의 지원을 받아
수행된 연구임(NRF-2017S1A6A4A01019552).

The Linguistics of Proper Names

이름의 언어학

박철우 지음

서울대학교출판문화원

책머리에

이 책의 대략을 마무리하고 다시 책머리에 돌아와 보니, 기원전 6세기 중국에 살았던 노자의 유명한 말, '도가도 비상도(道可道非常道) 명가명 비상명(名可名非常名)'이 떠오른다. 무엇을 무엇이라 규정하면 더 이상 그것이 아닐 수도 있다는 뜻으로 이해되는데, 이름이 꼭 그런 언어기호라고 생각된다. 이름인 것도 본래는 무엇인가 개념적 의미를 가진 말이거나 그로부터 유래된 것이지만, 일단 무엇을 가리키기 위한 이름으로 관습화되고 나면 처음에 그 대상을 규정할 때 그 이름이 가졌던 의미는 무색해지는 경우가 다반사니까 말이다. 이름과 실재가 유사할 때를 우리는 명실상부(名實相符)라 하고, 실재가 이름에 값하지 못할 때를 우리는 유명무실(有名無實)이라 한다. 이처럼 이름은 사물을 규정하는 수단일 수 있고, 많은 경우에 이름을 통해 사람이나 사물에 대한 가치 부여가 이루어지지만, 이름과 실재는 구별되어야 한다.

이름 가운데는 그 유래가 긍정적인 가치를 담은 것들도 있지만 그렇지 않은 것들도 있고(사람 이름 '개똥이' 등), 현재적 의미로는 그 유래를 추정하기 어려운 이름도 많이 있다(아파트 단지 이름 '래미안 DMC 루센티아' 등). 이름은 좋은 뜻을 가졌든 나쁜 뜻을 가졌든 그 의미로 대상을 규정하는 것보다는, 어떤 대상을 가리키는 데 그 용도가 있는 것이다. 그래서 사실은 '견월망지(見月忘指)', 즉 '달을 보려면 손가락은 잊어야 하는 것'이 맞는다. 그러나 필자는 이 책에서 그 '손가락'을 조명하고자 하는 것이다.

우리는 이름의 의미를 어떻게 이해해야 할까? 이름과 실재가 구별된다고 할 때, 이름의 의미를 단순히 그 말이 가진 본래적 의미로 규정하는 것이 옳을 것인가, 아니면 그 이름이 가리키는 대상 자체로 규정하는 것이 옳을 것인가? 아니면 그 대상의 속성까지도 아울러야 하는 것인가?

필자가 '이름'의 의미 혹은 기능에 처음으로 진지한 관심을 가지게 된 것은 서울대학교 언어학과 대학원에서 석사학위 논문을 준비하던 시절부터였다고 기억한다. '명사가 수량적 의미를 가지는 사례들'에 대해 공부하던 중, 문장의 총칭적 의미에 대해서도 관심을 가지게 되었고, 문장이 총칭적 의미를 가지게 되는 주요 요인 가운데 하나는 명사 자체가 종류(kind)의 의미를 가질 때이며 그럴 때의 그 명사는 고유명칭으로 이해될 수 있음을 이해하게 되면서부터였다. 그로부터 너무나 많은 시간이 흘렀고, 그 사이 필자는 박사학위를 받고 박사후 연구원으로, 교수로 오늘에 이르게 되었지만 이름과 관련된 주제를 좀 더 깊이 다루어 보고 싶은 흥미는 끊어지지 않았다. 마침, 2017년 한국연구재단의 저술출판지원사업에 선정되어 작은 결실이나마 내어놓게 된 것을 기쁘게 생각한다.

무엇인가를 내어놓을 때마다 느껴지는 아쉬움은 이번에도 여전하다. 충분히 무르익지 못한 것을 그저 내어놓는 데 급급하고 나는 아직도 많이 부족하다는 느낌을 감출 길 없다. 시간이 적었던 것도 아닌데 말이다. 필자는 지금껏 본질에 충실했던 옛 선배들이라면 하지 못할 일을 많이 자행해 왔고 앞으로도 그럴 것 같다. 하지만 필자는 학문을 직업으로 하여 살고자 하는 현대인이므로 더 이상 이러한 부끄러움에 얽매이지는 않을 것이다. 지금은 차라리 안 내어놓는 것이 나은 시대는 아니다. 내어놓든가 나가든가(Publish, or perish!)의 시대니 말이다. 내어놓되 죽기 전에 쓸 만한 것을 얼마나 남기느냐가 문제이고, 무엇이라도 내어놓았을 때 그것이 다음 단계로 나아가기 위한 새로운 출발점이 될 수 있다고 믿는다. 자평하자면 이번 연구에서는 앞으로 보다 깊은 어휘 의미 연구로 나아갈 수 있는 단초를 볼 수 있었다.

이 책이 나오기까지 필자가 이 주제에 관심의 끈을 놓지 않도록 붙들어 주신 은사님들, 선후배, 동학 선생님들께 감사드리며, 특별히 이 책의 연구와 출판이 가능하도록 과제를 선정해 주신 심사위원님들과 한국연구재단에 감사드린다. 또한 늘 격려해 주시고 필자와 고락을 함께하고 있는 안양대학교 인문대학과 국어국문학과 선생님들께 감사드린다. 무엇보다도 필자가 나이 먹어 가도 너무 철들지 않고 살 수 있었던 원천은 사랑하는 가족들 덕분이기에, 주어진 기회에 함께 고마운 마음을 전한다. 마지막으로, 출판을 허락하고 우수학술서로 지원까지 해 준 서울대학교출판문화원에 감사드린다. 그럼에도 이 책에 남아 있는 모든 잘못과 모자람은 필자의 탓임을 부인할 길이 없다.

차례

제3부 이름의 사용 양상

들어가는 말

이름과 언어학은 서로 어울리는 조합일까? 이런 제목의 책을 쓰는 입장에선 매우 밀접한 관계가 있다고 말하고 싶지만, 지금까지 이름이라는 주제를 다루어 온 주체나 언어학에서 이루어진 연구성과들을 대조해 볼 때는 그리 겹치는 부분이 많지 않은 것이 사실이다.

이름은 누구에게나 관심의 대상이 될 수 있다. 특히 사람 이름은 어떻게 짓는 것이 좋을까에 대해서는 누구나 한 번쯤 고민해 봤음 직하다. 실제로 이름과 관련된 도서를 검색해 보면 작명에 관한 책이 적지 않고, 고대로부터 이름이 그 사람의 운명과 긴밀한 관계가 있을 것이라는 믿음은 동서양을 막론하고 면면히 이어져 왔으니까 말이다. 동양에서는 중국 송나라와 명나라 시대에 형성된 음양오행의 원리를 고려한 작명법이 널리 활용되었는데, 태어난 연월일시에 따른 사람의 사주팔자와 이름이 조화를 이루도록 하여 타고난 운명의 긍정적 가치를 극대화할 수 있다는 믿음이 있었고, 그리스·로마 신화나 플라톤의 저작에서도, 성서에서도, 이름 속에 인물의 운명이 암시되는 사례를 다수 확인할 수 있다.

그러나 이름의 뜻이 사람의 운명과 관련이 있는가 하는 문제는 언어학적으로 검토될 만한 사항이 아니다. 예를 들어, '가현(佳賢)'이라는 이름을 가진 사람이 '아름답고 어진' 삶을 살았는지 그렇지 못한지를 언어학이 판단할 수 없다는 말이다. 어쩌면 심리학에서 관심을 가질 만한 일일 수는 있을 것이다. 하지만 두 개의 대조적인 이름을 상정하여, 동일한 사람에게 한 번은 A라는 이름으로, 다른 한 번은 B라는 이름으로 두 번의 인생을 살아 보게 해서 그 결과를 관찰할 수도 없는 일이고, 사람의 일생을 한 마디로 평가한다는 것 자체가 그리 용이한 일이 아닐 터여서 심리학에서도 쉽게 접근하기는 어려운 주제일 것이다. '가현'의 사전적 의미는 한자 뜻풀이를 통해 '아름답고 어질다'라고 확인해 줄 수 있을 뿐이다. 무엇보다 이름을 가진 사람이 그 이름과 전혀 다른 성정을 가졌고 전혀 어울리지 않는 삶을 살았다고 해도 그 이름이 그에게 이미 부여되었던 것이라면 처음으로 돌아가서 그 이름을 무효로 할 수도 없는 일이기 때문이다.

일단 이러한 도입은 이 책이 작명에 도움이 될 것이라고 기대하며 첫 장을 펼쳐보는 독자에게는 실망스러운 선언일 수 있겠다. 하지만 이 책의 성격은 그렇다 할지라도, 이름은 사람의 일생에 대한 사후평가가 될 때도 있고—시호, 묘호, 또는 창작물에서 전지적 작가의 인물에 대한 복선 등으로—, 이름 부여자의 기대에 대한 서술이 되어 그 이름을 가진 사람이 일생 자신의 이름의 뜻을 곱씹고 그 이름에 걸맞은 삶을 살게 하는 지침으로 활용될 수 있으며, 이름의 뜻이나 어감이 듣는 사람들에게 미치는 영향도 무시할 수 없는 것이니 작명에 공을 들이는 일이 무의미한 일은 아닐 것이다. 필자로서는 이 책이 이름을 짓는 데도 도움이 되었으면 좋겠다.

그러면 이름이 가리키는 대상과 이름의 뜻이 서로 필연적으로 맺어지지 않는다고 해서 이름이 언어학적 연구 대상이 되지 못하느냐는 질문이 이어질 수 있다. 물론 그렇지는 않다. 세상에는 이름을 가질 수 있는 다양한 부류가 있고 그런 각 부류에 속하는 이름들이 언어학적으로 어떤 특성을 가지는가를 연구할 수 없는 것은 아니다. 즉 어떠한 발음상의 특성이 있으며, 음절 구조에 특별한 점은 없는지, 한 단어로 이루어졌다면 그 단어의 형태론적 구조는 어떠하며, 구 이상의 단위라면 그 단위의 문법적 구조가 어떠한지 등을 연구할 수 있다. 그러나 언어학에서 그러한 특성들을 연구할 때는 그것이 언어적 기능과 긴밀한 관계가 있거나 어원적 특성을 반영하거나 하여 언어학적 의의가 충분한 경우가 대부분이며, 미처 그러한 의의가 발견되지 않더라도 현상적으로 뚜렷한 경향성이 있어서 연구 가치가 충분해 보여야 할 것인데, 이러한 언어 구조 면에서의 특성만을 주목한다면 이름의 연구가 어떠한 의의를 가지는지 명확해 보이지 않을 때가 많다. 물론 그러한 주제의 연구가 무의미하다는 것은 아니지만 언어학 연구의 중심에 놓일 만한 주제가 되기는 어렵다는 뜻이다.

그렇다면 이제 이 책은 그렇게 서로 부합되기 어려워 보이는 키워드인 이름과 언어학이 어떻게 연결되는가에 대해 설명할 수 있어야 하겠다. 언어학에서 특정 단어나 구문의 부류를 주목하게 되는 것은 그러한 부류가 가지는 형식, 구조, 분포, 기능이 다른 부류와 구별되는 특별한 점이 있을 때다. 이 네 가지 언어학적 기준에 비추어 이름이라는 부류를 생각해 보기로 하자.

먼저 이름은 특별한 형식이 없다. 어떤 언어 단위가 이름임을 나타내는 형식적인 수단이 없다는 말이다. 형식은 국어 문법에서는 용언의 활용과 같이 특정 단어 부류가 보이는 특별한 패턴—일정한 어미가 결합된다는 사실—을 가리키며, 그보다 넓게 바라본다면, 접사만이 아니라 의존명사나 명사가 결합되는 것도 하나의 형식적 표현 방식이라고 생각될 수 있겠으나 국어의 이름에 그러한 형식적 수단은 없다.

다음으로 이름은 특별한 구조를 가지지 않는다. 여기서는 구조를 구성 내지는 구문(construction)으로 이해해도 좋겠다. 사람 이름이 많기는 하지만 이름은 사람 이름에 한정되지 않는다. 사람 이름은 성과 이름으로 구성되는 면이 있지만 말이다. 이름 가운데는 단일어도 많고 내부적 구성을 갖지 않는 경우도 많다.

분포라는 것은 그것을 포함하는 상위 구조 속에서의 특정한 위치를 차지하느냐의 문제다. 즉 이름이 그 이름을 포함하는 구조 속에서 특정 위치에 나타나는가 하는 것이다. 단어 부류 사이의 배열의 문제라고 말해도 좋겠다. 분포의 면에서 보면 이름은 명사의 분포에 포함된다. 명사의 분포에 포함된다는 것은 격조사구에서 격조사의 왼편에 올 수 있다는 뜻이다. 이름 가운데는 명사의 형식을 넘어서는 것으로 보이는 것이 많지만 그렇다고 해도 격조사의 지배를 받는 것으로 볼 때 명사와 분포가 같다고 볼 수 있다. 〈바람과 함께 사라지다〉라는 영화의 이름은 '〈바람과 함께 사라지다〉가'나 '〈바람과 함께 사라지다〉를'에서처럼 격조사의 왼편에 올 수 있다. 이름의 분포를 좀 더 정밀하게 살핀다면 그 왼편에 관형사가 자유롭게 놓이지 못하는 점을 들 수 있다. 이름이 이름으로 쓰였을 때 '*이 남산', '*저 서울', '*그 영희', '*새 〈바람과 함께 사라지다〉' 같은 표현은 어색하다(이하 *은 어색함을 표시). 그런 면에서 이름의 분포는 관형사의 자리까지를 합친 명사구 부류와 분포가 같다고 할 만하다. 그러나 그런 부류가 이름만 있는 것은 아니다. 대명사 부류('나', '너', '그들' 등)나 화시(직시) 표현 부류('지금', '여기', '오늘' 등)도 그렇다. 따라서 이름만을 한정하는 분포가 따로 존재한다고 보기는 어렵다.

마지막으로 이름만의 기능이 있는가에 대해 생각해 볼 수 있다. 그런데 기능이라는 것은 여러 차원이 있다. 문법에서 말하는 기능은 일반적으로 문법(적) 기능이다. 그것은 주로 주어, 목적어, 보어, 부사어 등과 같은 문장 구성성분의 다른 이름이 되곤 한다. 이는 통사 기능이라고도 부를 수 있을 것이다. 그러한 기능으로 보면 역시 이름은 일반적으로 명사가 가지는 문법 기능을 담당할 수 있지만 이름 부류에만 한정된 문법 기능이 따로 있다고 볼 수는 없다. 문법 기능이 문장 내에서의 기능이라면, 단어 내부의 형태소는 형태소로서 조어나 굴절에 참여하는 기능이 있을 수 있다. 그러한 기능은 형태 기능이라고 부를 수 있을 것이다. 그러나 이 역시 이름이 형태소 차원에 머무르는 범주가 아니니 이름만의 형태 기능을 말하기는 어렵다. 또 다른 차원으로 언어 단위는 담화 기능을 가질 수 있다. 즉 문장의 형성과 관련된 것이 아닌, 문장을 넘어 언어 맥락이나 상황 맥락과의 조응을 표시하는 기능을 담당할 수 있다. 대명사 부류는 선행 문장이나 문장 밖의 상황에 존재하는 대상과의 조응을 표시하는 측면(대용)이 이러한 차원의 기능에 해당한다고 말할 수 있다. 대명사와 일부 중복되지만 상황 맥락과의 조응만 표시하는 단어나 형태소 부류를 우리는 화시 표현이라 하여 구별한다. 이름 부류는 언어 맥락 속의 대상을 가리키는 것이 아니라는 점에서 화시 표현 부류와 통하는 점이 있다고 할 수 있겠으나, 상황 맥락 속의 대상을 가리키는 것도 아니라는 점에서 화시 표현과도 구별된다. 하지만 이름 부류는 이러한 담화 기능 속에서는 대용이나 화시와 구별되는 또 다른 차원의 담화 기능을 담당하고 있다고 말할 수 있겠는데, 이러한 기능은 이름 부류만을 특징지을 수 있는 충분히 한정된 기능이다. 이러한 차원의 기능은 언어 단위의 구조와 관련된 언어학의 핵심 분야들, 즉 음운론, 형태론, 통사론의 범위 내에서 포착되기는 어렵고, 담화론의 대상이 된다고 볼 수 있겠다.

이상을 통해 이름이 언어학적 의의를 가지는 형식 부류가 되기 어려움에 대해 정리했고 담화론에서 언어학과의 접점을 탐구할 수 있음을 시사했다. 다른 한편으로, 이름을 다시 의미의 측면에서 달리 바라볼 수 있다. 이미 앞에서 이름이 가진 의미들이 이름이 가리키는 대상과 직접적으로 관련되지 않음을 언급함으로써 이름의 의미를 논하는 것의 효용에 대해 회의적인 시각을 피력했는데, 그렇다면 이름은 의미가 없는 것인지 다시 생각해 볼 필요가 있다. 전통적으로 언어학적 의미론은 주로 어휘의미론이었는데, 언어학적 의미론은 기본적으로 개념적 의미론이며 어휘 이면에 있는 개념들 사이의 관계망 속에서 특정 단어의 개념 의미를 확인하려 한다. 어휘의미론적으로 이름을 연구한 사례를 거의 접하지 못했지만, 다룰 수 있다고 해도 이름 자체로서보다는 그 이름이 널리 알려진 존재들 사이에 일정한 관계가 성립하는 경우에만 가능할 것 같다. 예컨대, '삼장법사-손오공-사오정-저팔계'라든지, '아토스-아라미스-포르토스-달타냥'이라든지 하는 부류를 떠올릴 수 있겠는데, 실제 세상의 인물로 그런 계열을 구성하는 것이 그리 용이해 보이지 않는다. '김홍도-신윤복-장승업', '이병철-정주영-구인회', '박정희-김대중-김영삼-김종필' 등 몇 가지 가능성을 생각해 보지만 실존 인물의 경우 그들의 특성을 단순하고 뚜렷하게 한정하기가 어렵기 때문일 것이다. 어떻든 이와 같은 접근 방식으로 이름의 본질에 다가갈 수 있다고는 생각되지 않는다. 이름의 본질은 그 인물의 특성과 무관하게 특정 대상을 다른 대상과 구별해 혼동되지 않게 가리키는 데 있기 때문이며, 오히려 그 대상의 특성이 일반인들에게 알려지지 않은 경우의 이름이 그 본질에 더 충실하다고 볼 수 있다.

이름의 의미에 대해 가장 풍부한 논의를 생산한 유파는 밀, 프레게, 러셀, 크립키 등으로부터 후대로 이어지고 있는 철학적 의미론이라고 해야 할 것이다. 이들의 의미론은 이름의 의미를 대상 그 자체 내지는 그 대상에 대한 지시로 본다. 이들은 언어기호 속에 담긴 개념적 의미보다는 언어기호와 세상 사이의 연결에 더 관심이 있으며, 기술적 의미에 준하는 어휘적 의미가 있다고 보기도 하지만 그것은 이름을 구성하는 단어의 어휘적 의미, 즉 뜻과 관련된 것이 아니라 대상의 기술과 관련된 것일 뿐이다. 이 책에서는 철학적 의미론에서 말하는 대상에 대한 지시가 결국 위에서 언급한 담화 기능과 통하는 것이라고 보며, 그러한 담화 기능을 인지 화용론의 시각에서 설명하고자 한다. 이름은 그것이 담고 있는 말의 뜻보다는 대상을 구별해 지시하는 기능이 그 본질이 되므로, 이름의 연구는 그러한 지시가 이루어지는 인지적 기제를 전제하지 않고는 명확하게 이루어지기 어렵다.

이름은 사실 그것이 가리키는 대상을 대변한다. 따라서 우리가 이름의 의미를 논할 때 혼란스러워질 수 있는 까닭은 이름을 구성하는 언어 단위들의 뜻이 아니라 그 이름이 가리키는 대상에 대한 우리의 지식과 의미의 혼동 때문이다. 위에서 우리가 '김홍도-신윤복-장승업'을 연결할 수 있는 것은 우리가 '김홍도(金弘道)', '신윤복(申潤福)', '장승업(張承業)'의 말뜻을 알기 때문이 아니다. 그 존재들을 직접지(直接知; acquaintance)로 알지 못한다 해도 우리는 살아오면서 그러한 이름이 가리키는 대상들에 관한 지식들을 접해 왔다. 물론 같은 한국어 화자라도 그들을 모르는 사람이 있을 수 있고 그들을 안다고 해도 그들에 관해 구체적인 것들까지 아는 사람들은 많지 않다. 하지만 그들이 화가라는 정도는 웬만한 사람들은 다 알 것이고, 중등교육을 받은 사람이라면 '조선 시대의 풍속화가'라는 정도는 알 것 같다. 만일 그들의 구체적인 활동 시기가 언제라든가, 호가 '단원', '혜원', '오원'이라든가, 그래서 그들을 '삼원(三園)'이라고 부른다든가, 그들의 대표작으로 어떤 작품이 있는지까지 안다면 한국 미술에 상당히 조예가 있는 사람이라는 소리를 들을 수도 있을 것이다. 러셀은 우리가 이름의 지시대상을 이 정도 아는 것은 그 대상을 직접 아는 것이 아니라 하여 모두 기술구로 환원될 수 있는 것으로 보기도 하지만, 도넬란의 지적과 같이 기술구일 때라도 지시적 용법과 속성적 용법은 구별되어야 하고 이름의 주된 기능은 지시에 있다.

따라서 이름을 언어학적으로 연구하려 하는 때라도, 이름에 관한 지식이 우리의 의사소통 중에서 그 이름을 포함한 언어 표현의 의미 해석에 기여하게 되는 기제를 먼저 이해하는 것이 필요하다. 이 책의 제1부는 대체로 이러한 기제를 이해하는 데 기반해 이름을 언어학적으로 바라보는 전반적인 논의를 포함하고 있다.

제1부가 이름의 본질을 탐구하는 데 바쳐졌다면 제2부는 이름을 가지는 실체의 외연을 최대한 펼쳐 보이려는 의도를 담고 있다. 실제로 이름은 언어 지식의 영역이 아닌 것이어서 국어사전에도 충분히 담

기지 못하기 때문이다. 국립국어원 〈표준국어대사전〉의 홈페이지 하단 메뉴 가운데 사전 통계는 그 사전에 실린 표제어 통계와 품사별 현황을 보여 준다. 이 글을 쓰는 현재 표제어 가운데 단일 항목인 것의 수는 36만 3,103개인데, 그 가운데 품사별 비율을 살펴보면, 명사가 26만 8,221개로 73.87%를 차지하고 그다음으로 많은 동사가 5만 6,191개로 15.48%다. 그런데 〈표준국어대사전〉(이하 〈표준〉)의 표제어 가운데 명확히 이름을 나타내는 전문어로 분류된 것(인명, 지명, 책명, 고유명 일반)은 채 2만 개가 되지 않는다(2020년 말 기준). 하지만 실제 이름은 그 유형이나 개수에 있어서 우리가 상상할 수 있는 것보다 훨씬 많다. 간단한 예로 세계 인구의 수가 얼마인가만 확인해 보면 전체 인명의 수를 알 수 있다. 현재 세계 인구는 약 77억 8600만 명이다. 거기에다가 우리 중 누군가의 기록과 기억 속에 남아 있는 과거의 사람들까지 고려한다면 이 세상의 인명만 해도 책으로 담아낼 수 있는 숫자 범위가 아님을 알 수 있을 것이다.

그런데 이름은 인명만 있는 것이 아니다. 이 세상에는 이름을 가질 수 있는 실체의 유형이 매우 다양하게 존재하며, 그 각각에 해당하는 구체적인 개체도 매우 많다. 제2부에서는, 그 모든 유형을 다룰 수는 없지만 개체 단위가 이름을 가질 수 있는 실체 유형들에 한정해 그것들의 특징을 살피고 각 실체 유형별로 원형적으로 요구되는 공통된 지식 유형을 확인하고자 했다. 이름을 가지는 개체는 그 개체가 속하는 실체 유형이 가진 원형적 개념 프레임을 상속하며, 그렇기 때문에 그 개체가 어떤 실체 유형에 속하는지를 알면 자연히 그 실체 유형의 개념 프레임에서 요구되는 속성들의 값이 구체적으로 주어져 있을 것으로 기대된다고 보는 것이다. 특히 제2부의 논의와 관련해서는, 언어학 분야 내에서도 어휘들 사이의 관계를 넘어 존재론적 관점에서 어휘 의미를 분석하는 시도가 늘어나기를 기대하며, 여기서는 그 초석을 제공하는 정도에 그치지만 향후에는 많은 파생적 논의가 가능할 것으로 본다.

한편, 이름의 기본적인 용도는 지시대상을 확인하는 것이다. 그런데 그 이름으로 그 대상을 확인할 수 있는 것은 그 이름이 그 대상의 고유한 표식이고 그런 사실을 그것을 확인하고자 하는 사람들이 공유하고 있기 때문이다. 그런데 이름을 공유하는 공동체의 크기는 이루 말할 수 없이 다양하다. 어떤 이름은 둘만 아는 것도 있을 수 있고, 어떤 이름은 소규모의 사적인 집단 속에서만 통용되며, 어떤 이름은 국가적으로 공인되는 것이 있고, 어떤 이름은 전 세계인이 공유한다. 어떻든 그 속에서 그 이름을 가진 대상을 확인하는 것이 이름의 주된 기능이다. 그렇기 때문에 그 이름 속에 크고 작은 집단에서 그 이름의 주인이 가지는 위상을 드러내는 요소가 들어 있기도 하다. 그런 점은 인명만이 아니라 단체명이나 지명 등에서도 그러하며, 그래서 이름은 그 이름으로 불리는 존재의 얼굴, 자존심, 대표성과 동일시되기도 한다. 이름은 사람들 속에서 고유한 위상을 가지기 때문에 같은 이름이 다른 집단에 의해 다르게 해석되기도 하고 때로 집단의 이해관계가 충돌하는 지점이 되기도 한다. 이름이라고 해서 모두 동질적인 사회적 위상을 가지는 것이 아니며 시대에 따라 그 위상이 달라지기도 하고 아예 다른 이름으로 교체되기도 한다.

제3부에서는 이와 같은 이름의 실현 혹은 사용의 양상과 관련된 다양한 주제들에 대해 살펴보기로 한다. 이름의 호칭적 쓰임, 이름과 관련된 연상적 의미들, 이름에 반영된 정체성의 문제, 이름의 변경, 지명과 관련된 분쟁, 상표권 분쟁 등 모두 이름이 문제가 되는 흥미로운 사례가 무궁무진하게 나올 수 있는 주제들이다. 이 책이 이해하는 이름의 형식적 구성과 해석 기제에 기초해 인류학, 사회학, 심리학, 문학, 철학, 지리학, 정치학, 법학 등 다양한 분야와의 학제적 연구의 단초가 제공될 수 있기를 기대한다.

제1부

이름이란 무엇인가

제1장

이름의 정의와 대상의 한정

1. 이름이 될 수 있는 조건

누군가가 "저 동물은 이름이 뭐야?"라고 물을 때, 그 문장 속에서 '이름'이라는 말은 어떤 의미를 가지는 것일까? '이름(名; name)'의 사전적 정의를 살펴보자면, 이름은 "다른 것과 구별하기 위하여 사물, 단체, 현상 따위에 붙여서 부르는 말"이다.[1] 그렇다면 "저 동물은 이름이 뭐야?"의 대답으로는 '개!' 또는 '고양이!' 정도의 유개념을 뜻하는 말이면 충분할 것이고 그렇게 대답하는 것이 가장 적절할 것이다. 그렇게 '개'와 '고양이'는 이름으로 불려도 전혀 이상하지 않은 단어들이다. 하지만 "저 개는 이름이 뭐야?"라고 물으면 어떻게 대답해야 할까? 이때는 '시추', '몰티즈', '치와와' 등으로 답해야 할까, 아니면 '뭉치', '별이', '초코'라고 답해야 할까? 상황에 따라 다르겠지만, 이렇게 물어 나가면 그 마지막에는 특정 유일한 개체의 이름을 묻는 데까지 이르게 된다.

1 〈표준〉'이름'의 뜻풀이 「1」.

(1)

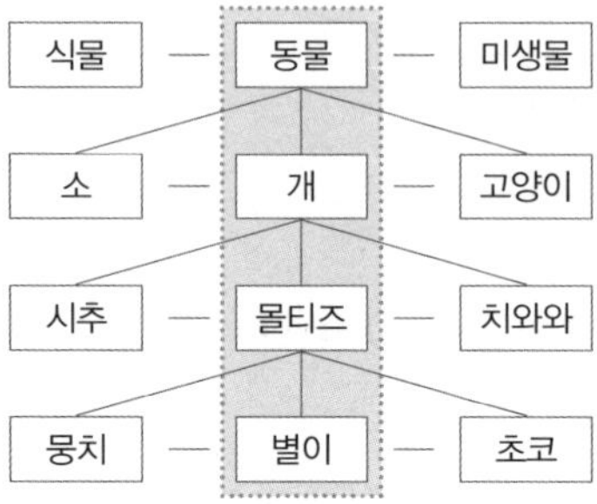

'이름'은 이렇게 어떤 상위의 개념(상위어; superordinate 또는 상의어; hyperonym)에 속하는 하위 개념들(하위어; subordinate 또는 하의어; hyponym) 중 어떤 유일한 사물, 단체, 현상 따위와 결부해 놓고 그것을 그것과 동위적인 것들(동위어; coordinate)과 구별해서 가리키고자 할 때 반복적으로 사용할 수 있는 말이다. 우리는 대개 (1)의 말단에 놓인 '뭉치', '별이', '초코' 같은 것만을 이름이라고 생각하는 경향이 있지만, 그보다 상위어인 '몰티즈'나 '개'나 '동물'도 그와 동위의 개념들과 대비해 본다면 그것을 다른 것들과 구별해서 가리킬 수 있게 해 주기 때문에 모두 '이름'이라고 봐서 안 될 이유가 없다.

하지만 (1)의 말단에 놓인 이름들과 그보다 상위 계층에 오는 이름들 사이에는 차이가 있다. 말단의 이름들은 언제나 하나의 개체만을 가리키기 위해 사용되는 반면, 상위 계층에 오는 이름들은 유개념이 되어 그 이름 아래 포괄되는 개체들을 가리킬 때도 활용될 수 있다는 점 때문에 그렇다. 이러한 차이는 섬세한 구별을 요한다. '몰티즈'라는 이름을 생각해 보자. 이것은 개의 어떤 부류를 '시추'나 '치와와' 등 다른 개의 하위 종들로부터 구별해서 가리킬 수 있게 해 주는 이름이다. 그런데 우리는 '몰티즈'라는 종에 속하는 특정 개체, 즉 '별이'에 대해서도, 그 개체의 진짜 이름을 모른다면 "저 몰티즈는 뉘 집 개야?"라는 질문에서처럼 그놈을 '몰티즈'라고 이를 수 있다. 그러니까 (1)의 말단에 놓이는 '별이'를 '별이'라고 이를 때와 그놈을 '몰티즈'라고 이를 때는 분명히 그 용법이 차이가 나는 것을 볼 수 있다. 우리는 대개 '별이'라는 존재를 '별이'라고 이를 때 그 이름을 고유명칭[2]이라고 한다. 즉 특정 개체를 유일하게 가리키는 이름이 고유명칭이다.[3] 그러나 '별이'를 '몰티즈'라고 부를 때 '몰티즈'는 '별이'만을 위한 이름이 아니므로 그 이름은 고유명칭이라고 볼 수 없다. 이런 이름은 고유명칭을 상대해 일반명칭 혹은 보통명칭[4]이라고 부를 수 있을 것이다. 즉 이러한 이름은 본래 다른 유개념과 구별하기 위해 사용된 이름이지만 그 이름에 해당하는 유개념에 속하는 개체들을 두루 가리킬 때도 사용할 수 있는 말인 것이다. 우리는 이렇게 어떤 유개념에 속하는 개체들을 두루 가리키는 말에 대해서는 '이름'이라고 하기를 꺼린다. 내가 '갑돌이'라는 이름을 가진 남자 사람인데 누군가가 나를 '남자' 혹은 '사람'이라고 부른다면('남자야!', '사람아!') 나는 그런 말들을 나의 이름이라고 받아들일 수는 없을 것 같다.

2. 고유명사의 범위

또한 국어학에서, '-사(詞)'라는 접미사가 붙은 말은 품사(品詞)를 이루는 경우를 가리킨다. 품사라는 것은 단어의 문법적 갈래를 이른다. 즉 하나의 단어가 고유명칭으로 사용되는 명사일 때 고유명사가 되고, 보통명칭을 사용되는 명사일 때 보통명사가 되는 것이다. 이렇게 실제 쓰임에서의 기능을 가리키는 용어와 통상적인 쓰임에 따른 표현(여기서

---

2 'proper name'의 역어로 '고유명'이라고 옮기는 경우도 흔하다.

3 고유명칭은 고유명사(proper noun)와는 구별되는데, 고유명사는 고유명칭으로 쓰이는 단어 부류로 품사적 개념이다. 고유명칭이라는 용어는 그런 단어 부류를 가리키기보다 유일한 개체를 가리키는 말이라는 기능적인 측면에 방점을 두고 있다.

4 'common name'의 역어로 그런 단어들의 부류를 우리는 일반명사 혹은 보통명사(common noun)라고 부른다.

는 단어)의 분류(품사)를 가리키는 용어는 서로 구분되어 쓰인다. 이름에 관한 논의를 단어의 갈래로 연장해서 말해 보자면, '별이'는 고유명사가 되고 '몰티즈'는 보통명사가 되는 것일까?

'별이'에 대해서는 별다른 어려움 없이 그것이 고유명사라고 말할 수 있을 것이다. 하지만 '몰티즈'에 대한 답은 그리 간단치 않다. 우리는 앞에서 '몰티즈'가 '개'의 특정 하위종을 '시추'나 '치와와'와 구별해 가리킬 때는 '이름'이 될 수 있음을 보았다. 얼마든지 "저 개는 이름이 뭐야?"라는 물음에 "몰티즈야."라고 답할 수 있기 때문이다. 이와 같은 때는 '몰티즈'가 고유명칭으로 사용되었다고 말할 수 있다. 반면, 앞서 '별이'를 '저 몰티즈'라고 가리킬 때처럼 '몰티즈'가 그 종에 속하는 개체들을 두루 가리키는 말이 될 때는 보통명칭으로 사용되었다고 말할 수 있다. 따라서 '몰티즈'의 하위 품사(단어 부류)를 묻는다면 우리는 고유명사와 보통명사 중에서, 그 용법들 간 비중의 경중에 따라 선택을 해야 하는 상황에 놓인다.

임홍빈·장소원(1995)에서는, '소나무'는 보통명사지만 '백송', '적송'과 같은 단어는 고유명사로 보아야 할 것이라고 서술하고 있다. 아마도 그 취지는, 소나무의 구체적인 한 그루 한 그루가 고유한 이름을 가지고 있는 경우는 극히 드물 것이므로[5] '백송'이나 '적송'이라는 단어가 그러한 식물 관련 개념의 상하 계층에서 가장 말단에 놓일 것으로 보았기 때문일 것이다. 하지만 그런 경우라도 "저 적송은 얼마예요?"와 같은 질문에서처럼 '적송'도 특정 개체와 무관하게 같은 유개념의 개체들에 두루 적용될 수 있는 말이기 때문에 모든 용법이 다 고유명사적인 것은 아니다. 어떻든 임홍빈·장소원(1995)은 '적송'의 경우 두 용법

5 그런 경우가 있기는 하다. 완도에는 조선 후기 문인 원교(圓嶠) 이광사가 심었다는 수령이 250년인 소나무가 있는데, 완도군은 이 소나무의 이름을 '원교목(圓嶠木)'이라 명명했다(『중앙일보』, 2018. 5. 29.).

가운데 고유명사적인 측면이 더 우세하다고 판단한 것이다.[6]

유사한 시각을 적용한다면 '몰티즈'도 고유명사로 판단하는 것이 무난할 것이다. 그러나 이러한 판단보다 더 중요한 것은 유개념을 가리키는 단어들이 그 유개념이 고유명칭으로 사용되었을 때와 그 유개념에 속하는 개체들에 두루 적용되는 보통명칭으로 사용되었을 때의 용법을 구별하는 일이다. 어쩌면 '몰티즈'뿐만 아니라 '적송', '백송'도 보통명사 아니면 고유명사인 것으로 단순히 구별해 그것의 범주를 확정하기보다는 그것들이 사용되는 용법에 따라 나누어 부르는 것이 더 엄밀한 기술 방법이 된다.

'개'의 층위로 올라가면 어떨까? '개'도 마찬가지다. '개'를 놓고 고유명사인지 보통명사인지를 고민할 사람은 거의 없을 것으로 보이지만, '개'도 어떤 경우에는 '소', '고양이', '말', '원숭이' 등의 다른 종들과 구별해 '개'라는 특정 종을 가리키기 위해 사용되는 일이 있다. 그런 때의 '개'는 고유명칭으로 사용된 것이고, 이때의 '개'는 고유명사적이라고 말하는 것도 가능한 일이다. 물론 '개'는 '몰티즈'보다 훨씬 더 보통명칭으로 사용되는 경우가 많고 언중에게 그렇게 인식되어 있지만 말이다.

(2) ㄱ. 개는 멸종했다.
ㄴ. 개는 충직한 동물이다.
ㄷ. 내가 제일 좋아하는 동물은 개다.

(2)와 같이 '개'가 특정 개를 가리키는 경우가 아니라 종 자체를 가

6 어떤 단어를 고유명사로 판정하는 데는 좀 더 다양한 고려가 필요하기는 하다. 이에 대해서는 국내 자료로는 박재연(2012)과 최성호(2016a-c)를 우선 참조할 수 있을 것이다.

리킬 때, 그런 '개'의 용법은 고유명칭으로 사용된 것으로 볼 수 있다.[7] 이렇게 아무런 수식어 없이(특히 '이, 그, 저' 등의 지시적 관형사 없이) 바로 말해도 알아들을 수 있는 경우라면 대개는 종 자체를 주목하는 경우이고, 그런 경우엔 보통명사라도 고유명칭으로 사용되었다고, 혹은 고유명사적으로 사용되었다고 말할 수 있다.[8]

이상의 논의는 (3)과 같이 정리될 수 있겠다.

(3)

사례	용법	품사
'별이'	고유명칭	고유명사
'몰티즈'	일반명칭/ 고유명칭	고유명사
'개'	일반명칭/ 고유명칭	보통명사

이 책에서 사용하는 '이름'이라는 용어는 이 모든 고유명칭으로서

7 자연종의 이름도 고유명칭과 같다는 주장은 퍼트넘(Putnam 1973)을 참조할 만하다. 그는 '물, 금, 호랑이' 등과 같이 물질명이나 동물명 등도 고유명칭처럼 고정 지정어(rigid designator)라고 주장했는데, 이런 자연종(natural kind)의 이름도 그것들을 가리킬 때는 심리적 의미인 뜻(어의; sense)의 도움을 받는 것이 아니라 사회적 협동과 실제 세계의 도움에 의해 바로 가리킬 수 있다는 주장이다. 퍼트넘은 자연종에 대해서만 그런 주장을 했지만, 이런 주장은 종류(kind)가 인식될 수 있는 인공물로도 확대될 수 있을 것으로 보인다.

8 이와 같은 경우를 가리켜 흔히 총칭적(generic) 용법으로 사용되었다고 한다. 총칭적 용법은 다음과 같은 예들을 포함한다.

(i) ㄱ. 사자는 갈기가 있다.
ㄴ. 늑대는 북쪽 지방으로 갈수록 털색이 짙어진다.

(iㄱ)은 사자의 원형(prototype)에 대한 서술이고 (iㄴ)은 늑대 집합에 속하는 개체들 전체에 대한 서술이다. 이럴 때 '사자'와 '늑대'는 특정 개체를 가리키는 것이 아니라 그 종 전체를 가리키는 것으로 보아야 한다. 종이 하나의 실체(entity)로 이해되는 점에 주목할 필요가 있다.

의 용법을 아우른다.[9] 오직 개체의 이름으로 사용되는 경우만이 아니라 종의 이름으로 사용되는 경우도 포함한다는 뜻이다. 본래 종의 이름이어도, 개체를 두루 가리키는 데 사용되는 일반명칭적 용법에 대해서는 굳이 '이름'이라는 용어를 사용할 이유가 없고, 그러한 용법은 언어 의미 연구에서의 주된 관심사이기는 하나 이 책의 주된 관심사는 아니다.[10] 다만, 고유명칭으로서의 용법과 일반명칭의 용법의 구별, 즉 이름인 경우와 이름이 아닌 경우를 구별하기 위해서는 후자로 판정하는 사례들에 대해서도 기회가 주어지는 대로 함께 논의할 수밖에 없을 것이다.

3. 이름과 고유명칭의 구별

추가적으로, '이름'과 '고유명칭'이라는 두 용어도 경우에 따라서는 구별이 필요하다. 최성호(2016a)에서는 한국어 사용자들의 이름 짓기 관행에 대해 논의하고 있는데, 언어공동체 내에는 이름을 갖는 개체와 이름을 갖지 않는 개체가 구별된다는 것이다. 그를 인용하자면, "사람, 애완동물, 도시, 국가, 산, 강, 행성, 별, 선박, 상점, 학교, 예술 작품 등에는 이름을 부여하고 그 이름을 통해서 그들에 대하여 사고하고

---

9 하지만 기본적으로는 고유명사의 고유명칭적 용법이 가장 중심이 될 것이다.

10 기호논리학에 기반을 둔 형식의미론에서는, 이와 같이 명사류가 일반명칭적 용법으로 사용된 경우는 일종의 서술어(predicate)로 처리하고, 해석적인 면에서는 집합(set)에 상응하는 것으로 본다. 반면 고유명칭은 'a, b, c...' 등과 같은, 상항(constants)인 논항(argument)으로 처리되고, 개체(individual)로 해석된다. 예컨대, 'Dog(a)'라는 표상은 "a가 Dog 집합에 속한다.", 즉 "a가 Dog다."라는 뜻이 된다.
그러면 '개'가 고유명칭으로 사용된 경우에 대한 표상이 궁금해질 수 있을 것이다. 예를 들자면, 'BecomeExtinct(dog)'("개가 멸종했다."는 뜻)와 같은 표상을 생각할 수 있겠다. 하지만 '개'가 그 내부적으로 개체들을 포함하고 있는 집합이기도 하므로 더 복잡한 표상을 고안할 수도 있다. 총칭성에 관한 논의는 Carlson & Pelletier(1995) 등 관련 문헌을 참조하기 바란다.

또 소통한다. 하지만, 모든 개체에 이런 식으로 이름을 부여하지는 않는다. 예를 들어, 필자가 지금 사용하고 있는 컴퓨터, 그 컴퓨터 옆의 찻잔, 그것들을 받치고 있는 책상, 필자가 앉아 있는 의자, 필자가 입고 있는 옷, 거실의 소파, 주방의 냉장고 등은 이름을 아예 갖지 않는다."(최성호 2016a: 55) 이러한 차이를 가장 명료하게 드러내 주는 예는 선박과 비행기는 모두 운송수단임에도 불구하고 선박은 '타이타닉호', '시프린스호', '세월호', '동진호', '천안함' 등과 같이 고유한 이름을 가지는 데 반해, 비행기의 경우는 라이트 형제의 '플라이어(Flyer)'나 미국 대통령 전용기 '에어 포스 원(Air Force One)'을 제외하곤 공식적으로 자신의 이름을 가지는 경우가 없다는 것이다(최성호 2016a: 55).[11] 그는 모든 개별 비행기에 부여되는 국제민간항공기구(ICAO)의 '항공기 등록부호(Aircraft Identification Marks)'(예컨대, HL9294 같은 것)는 그것의 이름으

---

11 '플라이어'라는 이름도 특정 비행기 한 개체의 이름이라고는 볼 수 없다. 라이트 형제(Wright Brothers)는 실제로는 세 개의 플라이어를 만들었고 각각을 다 '플라이어'라고 부른 것으로 보이는데 당시 '비행기(airplane)'라는 용어가 없던 시절이어서 보통명사처럼 사용한 것 같기도 하다. 국문 위키피디아에서는 '플라이어 1호', '플라이어 2호', '플라이어 3호'라는 이름을 사용하고 있는데 영문 위키피디아에서는 'first Flyer', 'new Flyer', 'third Flyer' 정도로 부르고 있는 것이 흥미롭다. 어떻든 여기서 Flyer를 보통명칭이 아닌 이름으로 판단한다면 무엇에 대한 이름일까? 일종의 모델명처럼 생각해야 하지 않을까 싶다. 라이트 형제가 나름의 제작 원칙, 즉 글라이더에 엔진으로 동력을 추가하는 방식으로 만든 비행체 모형을 그렇게 부른 것으로 이해해야 할 것이다.

'에어 포스 원'도 실제로는 특정 개체의 이름이 아니다. 그것은 미국 항공 교통 관제 호출 부호(call sign)로, 미국 대통령이 탑승한 미국 공군기라면 기종에 관계없이 부여된다. '에어 포스 원'을 이름으로 파악한다면 이것은 도대체 무엇의 이름일까? 미국 공군기로서 미국 대통령이 탑승해 있을 때의 이름이 된다. 그러면 이것이 '샛별'이나 '개밥바라기' 같은 것일까? 그런 경우와는 다르다. 왜냐하면 '샛별'과 '개밥바라기'는 동일한 대상의 다른 시간의 모습이지만, '에어 포스 원'은 서로 다른 개체들이라도 특정 조건(대통령 탑승)하에서 같은 이름을 가지게 되는 것이니까 말이다. 여기서는 대통령이 탄 비행기라는 것이 특정 종을 형성하는 것이고 실제 개체보다는 그런 종 자체가 부각되는 경우로 이해해야 할 것이다. 이런 점들을 고려한다면, 각 비행기 개체들은 여전히 그 자체의 이름은 없는 것이다.

한편, 이 책에서 간혹 〈위키백과〉와 〈나무위키〉를 인용하는 것은 학문적 권위를 빌어오기 위함이 아니라 언어 자료 수집의 차원임을 밝혀 둔다.

로 볼 수 없다는 입장이다.[12] '장동건'이라는 배우가 '장동건'이라는 이름을 가질 뿐 아니라 '681111-1222222'라는 주민등록번호를 가지고 있다고 가정할 때, '장동건'은 그 배우의 이름이 될 수 있지만 '681111-1222222'는 그의 이름이 될 수 없다는 것이다. 이 글을 쓰다가 필자의 노트북 컴퓨터 바닥면에서 식별부호를 찾아보니 'MSIP-REM-SEC-NT900X5N'이라고 쓰여 있다.[13] 이런 식별부호가 이름이 못 된다 하니 내 노트북은 별도의 이름이 없이 그저 '삼성 노트북' 내지는 '박철우의 노트북'으로 불리는 것으로 만족해야 할 것이다. 최성호(2016a)는, 이름은 어떤 개체에 대한 직접지에 의한 사고(단칭 사고; singular thought)를 타인에게 불러일으키는 데 중요한 역할을 하는 반면, 식별부호는 그러한 역할을 하지 못한다는 점을 들어 이름이 될 수 없다고 주장하고 있다.[14]

이 책에서는 이러한 시각을 어느 정도는 이해하지만, 어떤 개체에 대해 사람들이 부르는 별도의 이름이 없고 식별부호가 그것을 부르는 유일한 방식이 된다면, 그것도 그 개체의 이름이 될 수 있다는 정도로 입장을 정리하고자 한다. 다시 말하자면, 식별부호를 이름이라고 주장할 수는 없는 상황이 많이 있지만, 식별부호라고 해서 고유명칭이 아닌 것은 아니라는 입장이다. 엄밀히 살펴보자면, 최성호(2016a)는 그 논

---

12 비행기 편명은 그 비행기 자체와는 직접적으로 상관이 없으니 이것을 고유명칭이라고 보기 어려운 것은 자명하다. 비행기 편명은 항공사마다 조금씩 차이가 있지만 항공사명, 정기성(定期性) 여부, 운항 방면 내지는 노선, 출발/도착 여부 등을 조합해 표시하는 기호다. 예를 들어, 'KE 081'은 대한항공 국제선으로 한국에서 출발해 미주 동부 지역으로 운항하는 비행기를 뜻한다. 같은 편명이라도 다른 비행기가 배치될 수 있고 같은 비행기가 다른 편명을 부여받을 수도 있다.

13 그와 별도로 일련번호가 따로 있는 것을 보니 필자의 노트북 아래에 적힌 식별부호라는 용어는 애초에 모델명을 가리키는 용어로 보인다. 필자의 노트북 일련번호는 'OPW091CJ300502Y 03 2017'이다.

14 단칭 사고란 일반 사고(general thought)에 대립되는 용어로, 어떤 표현을 통해 사물을 대상 그대로 바로 지칭하는 방식을 말하며 지시물에 대한 사고(de re thought)라고도 불린다. 반면, 일반 사고는 대상을 어떤 속성의 연언으로 사고하는 방식으로, 말한 것에 대한 사고(de dicto thought)라고도 불린다.

의에서 이름과 식별부호가 같지 않다고 주장하고 있지만 그 논문의 핵심 논지는 단칭 사고를 가능하게 하는 개체만이 이름을 가질 수 있다는 점을 지적하는 데 있었고 그 점만을 충실히 논증했다. 그러니까 배는 단칭 사고를 가능하게 할 만큼 사람들이 자주 접하고 또한 동일성이 유지되는 개체이며 다른 사람에게도 단칭 사고를 불러일으킬 수 있는 수단으로서의 이름을 필요로 하는 존재지만 비행기나 자동차 등은 그런 존재가 되지 못하므로 이름을 가지기 어렵다는 점이 주요 논점이었던 것이다. 그런 논의의 중간에 장동건의 예를 들면서 '장동건'이라는 이름은 그 배우에 대한 단칭 사고를 가능하게 하지만 '681111-1222222'는 그렇지 못하다는 논의가 끼워 넣어져 있는데, 장동건이라는 배우는 영상을 통해서이기는 하지만 이미 사람들에게 단칭 사고를 가능하게 할 만한 경험을 주고 있는 존재이고 더군다나 자신의 주변에는 그에 관한 직접지를 제대로 가진 사람들이 많이 있을 것이므로 충분히 이름을 가질 만한 존재다. 따라서 장동건이 이름을 가질 수 있을지 없을지는 더 이상 논의의 여지가 없다. 그런데 그 예와 관련된 논점은 '장동건'이라는 이름이 그 배우에 대한 단칭 사고를 가능하게 할 수 있을지, '681111-1222222'라는 주민등록번호가 그 배우에 대한 단칭 사고를 가능하게 할 수 있을지에 대한 것으로 전환되어 버렸는데, 최성호(2016a)는 이 새로운 주제에 대해서는 충분한 논증을 제공하지 않았고 주장만 내세운 것이다. 우리는 그 배우를 '681111-1222222'로써 확인해 본 적이 없고 이 주민등록번호 또한 이 논문에서 가상적으로 제시하고 있는 것이어서 이 숫자들이 그 배우의 이름이 되지 못한다는 주장은 편파적이다. 사실 어떤 기호는 이름이 될 만큼 특정 개체에 대한 단칭 사고를 불러일으킬 수 있는 반면, 어떤 기호는 그렇게 하기 어려운 까닭을 논하는 것은 또 다른 주제이고 그것을 논증하는 것은 그리 쉬운 일이 아니다.

다음과 같은 가상적 상황을 설정해 보자. 나는 내 인생에서 상당히 비중이 큰 시간을 감옥에서 보낸 사람이다. 대략 이삼십 년쯤이라고 하자. 그런데 수감 기간 중 상당한 시간 동안 나는 '0716'이라는 수인번호를 가진 수감자와 비교적 가까운 관계로 지냈다. 10년 이상 그렇게 지냈다고 치자. 나는 그동안 언제나 그를 '0716'이라고 불렀고 그 번호를 떠올리거나 부를 때마다 그 수감자의 생김새와 태도, 특징적 행동 방식이 바로 떠오를 정도였다. 그러기는 나 이외의 동료 수인과 간수들도 마찬가지였다. 그가 수감 생활 중에 자기 본명이라고 말해 준 이름도 있었지만 그 이름은 입에 잘 붙지 않았고 단둘이서도 그렇게 부르면서 이야기 나눌 만한 기회는 많지 않았다. 나는 그의 이름보다 '0716'이라는 숫자들을 들을 때 그가 더 쉽게 연상되었다. 그가 나보다 일찍 출감한 뒤 들려오는 소문에 의하면 그는 수감 생활 중 자신의 사회에서의 신분을 숨겼었고 본명이라고 알려준 이름도 사실은 가짜였다. 다시 그의 진짜 본명을 들었지만 그건 또 어떻게 믿을 수 있단 말인가. 그리고 그 이름을 통해 그를 떠올리는 것이 내겐 더 낯설고 어색했다. 나는 그의 이름을 '0716'으로 알고 있으면 안 되는 걸까? 무엇인지도 알 수 없고 남은 생애에 내게 그것을 확인할 기회가 주어지지 않을지도 모르는 그의 본명만이 그를 단칭 사고로 연결해 주는 진짜 이름이어야 하는 걸까? 이름은 화자인 내 머릿속에 기억되는 것으로서 의미가 있는 것인가, 아니면 실제 그 개체 스스로가 가진 이름 획득 과정이 중요한 것인가?

이 책에서는 이런 질문의 대상이 되는 이름들에 대해 대체로 열린 입장을 취한다. 모두 이름이 될 수 있다는 입장이다. 이름이 여럿이면 왜 안 되겠느냐는 것이다. 유일한 개체를 지시할 수 있는 기호라면 그것이 바로 그 개체의 이름이지, 그것이 보통명칭은 아니지 않은가. 다만 '이름'이라고 부르기 어색한 식별부호는 그렇게 부르기 어색하다면 그것들에 대해서는 이름이라는 용어를 절제하는 것도 좋겠다. 이름은 아니어도 고유명칭이 될 수는 있다는 정도로 말이다.

4. 이름을 가지는 것들

뒤에서 이름을 가지는 실체들의 유형을 분류하는 시도를 할 것이지만 여기서는 〈표준〉에서 표제어가 '명'으로 끝나는 말과 뜻풀이가 '이름.'을 포함하고 있는 말을 검색해 봄으로써, 전통적으로 우리 사회에서 무엇의 이름을 아울러 이르던 단어들 속에서 무엇이 이름을 가지는 것으로 이해되어 왔는지에 대해 살펴보고자 한다.[15]

(4) 건명01(件名): 일이나 물건 따위의 이름.
관명01(官名): 벼슬 이름.
관명03(冠名): 관례(冠禮)를 치르고 어른이 되면서 새로 지은 이름. 보통 항렬에 따라 짓는다.
관직-명(官職名): 관직 이름. 또는 벼슬 이름.
교명01(校名): 학교의 이름.
국명01(國名): 나라의 이름. =국호(國號).
기명01(妓名): 본명 외에 기생으로서 가지고 있는 다른 이름.
노명01(奴名): 종의 이름.
당명02(黨名): 정당이나 당파의 이름.
도명04(都名): 도시의 이름.
도서-명(圖書名): 책의 이름.
동명05(洞名): 동(洞)이나 동네의 이름.
물명(物名): 물건의 이름.
물품-명(物品名): 물품의 이름.
반명03(班名): 반(班)의 이름. 예) 해바라기 반.
병명(病名): 병의 이름.
사명03(寺名): 절의 이름.
사명07(社名): 회사나 결사(結社)의 이름.
산명01(山名): 산의 이름.

15 동형어 번호는 〈표준〉의 것이다. 이 뒤로도 사전 표제어를 가져올 때는 인용한 사전의 번호를 그대로 사용할 것이다.

상표-명(商標名): 상표 이름.

상품-명(商品名): 사고파는 물품의 이름.

색명(色名): 색깔의 이름. =색-이름(色이름).

서명01(書名): 책의 이름.

선명03(船名): 배의 이름. =선호01(船號).

성휘02(聖諱): 죽은 성인의 이름.

소-지명(小地名): 마을 이름 따위와 같은, 작은 지역의 이름.

시명01(市名): 시(市)의 이름.

약명(藥名): 약의 이름.

약품-명(藥品名): 약품의 이름.

역명07(驛名): 역의 이름.

옥호04(屋號): 술집이나 음식점 따위의 이름.

왕명01(王名): 임금의 이름.

원소-명(元素名): 원소의 이름.

인명01(人名): 사람의 이름.

작명04(爵名): 작위(爵位)의 이름.

점명01(店名): 상점이나 점포의 이름.

제명04(題名): 책, 시문 따위의 표제나 제목의 이름.

종명01(宗名): 종파의 이름.

죄명(罪名): 죄의 이름.

지명01(地名): 마을이나 지방, 산천, 지역 따위의 이름.

직명(職名): 직업이나 직무, 직위, 벼슬 따위의 이름.

책명01(冊名): 책의 이름.

초명02(草名): 풀의 이름.

촌명(村名): 마을의 이름.

표제02(標題/表題): 「1」 서책의 겉에 쓰는 그 책의 이름.

「2」 연설이나 담화 따위의 제목.

「3」 연극 따위의 제목.

「4」 신문이나 잡지 기사의 제목.

「5」 서적이나 장부 가운데 어떤 항목을 찾기 편리하도록 베푼 제목.

풀-이름: 풀의 이름.

품명01(品名): 「1」 물품의 이름.

「2」 품종의 이름.

학교-명(學校名): 학교의 이름.
화명02(花名): 꽃의 이름.
회명03(會名): 단체나 조직의 이름.

(4)에 제시된 단어들은 '무엇의 이름'이라는 뜻의 표현이 한 단어로 오랫동안 사용되어 왔을 정도로 그러한 사람 또는 사물이 이름을 가지는 것을 매우 당연한 일로 여겼음을 드러내 주는 일종의 증거라고 할 수 있는 것들이다. 그러니 적어도 여기에 포함된 실체들은 이름의 유형을 고려할 때 마땅히 포함되어야 할 것이다. (4) 외에도 '명(名)02'이라는 단어는 "(일부 명사 뒤에 붙어) '이름'의 뜻을 나타내는 말."로 정의되어 있고, 그 뜻풀이에 대한 예시로서 '곡명, 작품명, 저자명' 등을 포함하고 있는데,[16] 이러한 예들은 이 세상에는 이름을 가질 수 있는 것들이 (4)에 예시된 것보다 훨씬 많을 수 있고 우리는 그 뒤에다 '명'이라는 명사를 띄어쓰기 없이 붙여서 무엇의 이름을 통칭하는 말로 사용할 수 있음을 알 수 있다. 이런 점은 '이름'이라는 명사도 마찬가지여서, 원칙적으로 띄어 쓴다는 점만 다를 뿐 '꽃 이름, 나무 이름, 사람 이름...' 등으로 확대될 수 있다.

(4)가 그리 많지 않은 다른 이유는 전문어를 포함하지 않고 검색했기 때문이다. 그래서 '곡명(曲名)'('음악' 영역의 전문어) 같은 예도 포함되어 있지 않았던 것이다. 검색의 범위를 전문어로 넓히면 더 많은 결과를 얻을 수 있다. 검색된 예는 훨씬 많아지지만 전문어에서는 '무엇의 이름'으로 정의된 그 '무엇'이 특정 개체인 경우도 많으므로 그런 경우들을 걸러내고 가급적 그 안에 개체 이름들을 원소로 가지는, 종류인 것들의 이름만을 찾아서 추가해 본 목록이 (5)다.

16 이러한 명사들(위의 '명' 같은 것들)은 앞 명사에 붙여 쓰지만 의존명사로 분류하지는 않는다. 실제로는 의존명사에 가까운 것들이다. 그러니 이 예들이 '명'으로 끝나는 표제어들((4)에 제시된 것들) 가운데 없을 수도 있는 것이다.

(5) 계명04(階名): 『음악』 음계를 이루는 자리의 이름. 각 음의 높이의 상대적인 관계를 나타내는 것으로, 절대 음높이를 나타내는 음이름과 구별된다. 서양 음악의 '도, 레, 미, 파, 솔, 라, 시'와 국악의 '궁, 상, 각, 치, 우'가 이에 해당한다. =계이름.

곡명(曲名): 『음악』 악곡의 이름. ≒곡목, 곡 이름.

속명02(屬名): 『생명』 생물을 분류할 때에 과(科)와 종(種) 사이의 속(屬)에 주어진 이름.

십진급-수(十進級數): 『수학』 십진법으로 얻은 여러 가지의 단위에 붙는 이름. 십, 백, 천, 만, 억, 또는 할, 푼, 리, 모 따위가 있다.

예산^과목(豫算科目): 『경영』 예산을 부(部), 항(項), 목(目) 따위로 나눈 것의 이름.

율명(律名): 『음악』 십이율(十二律)의 음이름. 황종(黃鍾), 대려(大呂), 태주(太簇), 협종(夾鍾), 고선(姑洗), 중려(仲呂), 유빈(蕤賓), 임종(林鍾), 이칙(夷則), 남려(南呂), 무역(無射), 응종(應鍾)을 이른다.

음명(音名): 『음악』 개개 음의 절대적인 높이를 가리키기 위하여 음마다 붙이는 이름. 서양 음악에서는 'C, D, E, F, G, A, B', 우리나라에서는 '다, 라, 마, 바, 사, 가, 나'의 일곱 문자와 샤프(#), 플랫(♭) 따위로 나타낸다. 국악에서는 십이율의 이름을 쓴다. =음이름.

종명03(種名): 『생명』 생물의 분류학에서 종(種)에 부여한 이름.

형명01(刑名): 『법률』 형벌의 이름. 사형, 징역, 금고, 구류, 과료, 벌금 따위이다.

표제어로 올라 있지는 않지만 뜻풀이를 전체적으로 살펴보자면 『언어』 영역의 '자모 이름', 『한의』 영역의 '혈(穴)의 이름' 등도 빈번하게 출현한다. 이 예들은 언어의 '자모'나 한의학의 '혈'도 이름을 가질 수 있는 실체적 존재가 될 수 있음을 보여 준다.

이상으로부터 우리는, 실제로 이름을 가지는 존재들로 아주 작고 특별한 것도 있을 수 있지만, '무엇의 이름'을 뜻하는 말이 무수히 많은 것은 아님을 알 수 있었다. 이름을 가질 수 있는 존재들을 좀 더 확인해 다시 좀 더 많은 예를 확보하기 위해 〈우리말샘〉에서 '무엇의 이름'으로 정의된 것 중 종류의 이름인 것들을 찾아보자. 그 결과는 다음 (6)과 같다.

(6) 강의-명: 강의의 제목이나 이름.

강좌-명: 강좌의 이름.

객체-명: 『정보·통신』 객체를 식별하는 이름. 객체 식별자 값과 공용 식별자를 할당하는 정보이다.

건물-명: 어떤 건물에 붙여진 이름.

검사점^식별명: 『정보·통신』 프로그램의 작동 상태를 확인한 시점에 대하여, 각 시점에서 저장된 데이터를 식별하고 그 성질을 표시하기 위하여 붙이는 이름.

견명: 애완견, 군견 따위의 이름.

경기-명: 경기의 이름.

공통^블록명: 『정보·통신』 포트란에서 사용되는 공통 블록에 붙는 이름.

공통^블록^이름: 『정보·통신』 포트란에서 사용되는 공통 블록에 붙는 이름.

과제-명: 과제 이름.

구동^장치^이름001: 『정보·통신』 여러 개의 저장 장치가 하나의 시스템에 설치되어 있을 때, 그 장치들을 서로 구분하기 위해 운영 체제(OS)가 각 저장 장치마다 부여하는 이름.

기관-명: 기관의 이름.

기능^식별자: 『정보·통신』 프로그램에서 기능을 식별하는 고유의 이름.

기능^이름: 『정보·통신』 프로그램의 다양한 기능들을 서로 구분하기 위해 각 기능에 할당한 고유의 이름.

기업-명: 기업의 이름.

길드-명: 인터넷상의 게임에 몹시 열중하는 사람들 집단의 이름.

길-명: 길의 이름.

노래-명: 노래의 이름.

단락-명: 『정보·통신』 코볼 언어에서 절차부에 절차를 구성하는 내용을 구분하기 위하여 부여하는 이름.

단위-명001: 길이, 무게, 수효, 시간 등을 나타낼 때 기초가 되는 일정한 기준의 이름. 예를 들면, '근', '되', '자', '그램', '리터', '미터', '초' 따위가 있다.

단위-명002: 하나의 조직 따위를 구성하는 기본적인 한 덩어리의 이름.

단체-명: 같은 목적을 달성하기 위하여 모인 사람들로 이루어진 일정한 조직체의 이름.

데이터^사용^식별자: 『정보·통신』 데이터를 구성하는 각 항목을 구분하기 위하여 부여한 이름.

데이터^이름: 『정보·통신』 프로그램에서 사용하는 데이터를 가리키는 이름.

데이터^정의명: 『정보·통신』 프로그래머가 데이터 정의문에 부여하는 이름.

도로-명: 도로에 붙인 이름.

도메인^네임: 『매체』 인터넷상에서 개인이 소유하고 있는 인터넷 주소의 이름. 보통 영문이나 한글로 표기한다.

도메인-명: 인터넷상에서 개인이 소유하고 있는 인터넷 주소의 이름. 보통 영문이나 한글로 표기한다.

도메인^이름: 『정보·통신』 숫자·문자·기호 또는 이것들의 결합으로 된 인터넷 주소의 이름.

도시-명: 도시의 이름.

동아리-명: 같은 뜻을 가지고 모여 한패를 이룬 무리의 이름.

드라이브^이름001: 『정보·통신』 컴퓨터 시스템에 설치되어 있는 장치를 구분하기 위하여, 각 장치에 부여한 고유의 식별 이름.

드라이브^이름002: 『정보·통신』 여러 개의 저장 장치가 하나의 시스템에 설치되어 있을 때, 그 장치들을 서로 구분하기 위해 운영 체제(OS)가 각 저장 장치마다 부여하는 이름.

디렉터리^이름: 『정보·통신』 디렉터리 내 항목의 이름.

디바이스^네임: 『정보·통신』 입출력 장치 또는 보조 기억 장치 등과 같이 컴퓨터 시스템을 구성하는 각각의 장치를 구분하기 위하여, 각 장치에 부여된 고유의 이름.

로그인-명: 『정보·통신』 컴퓨터 시스템에 로그인을 할 때 쓰는 사용자의 이름.

로그인^이름: 『정보·통신』 컴퓨터 시스템에 로그인을 할 때 쓰는 사용자의 이름.

매체-명: 작품을 비롯한 기사, 정보 따위를 대중에게 공개한 매체의 이름.

모델-명: 어떤 상품이나 제품 따위를 식별할 수 있도록 제조사가 붙여 놓은 이름. 고유 번호 따위로 이루어져 있다.

문서-명: 문서의 이름.

방송-명: 라디오나 텔레비전을 통하여 널리 듣고 볼 수 있도록 음성이나 영상을 전파로 내보내는 프로그램 이름.

법인-명: 법인의 이름.

변수-명: 『정보·통신』 프로그램에서 기억 장소를 상징적으로 나타내기 위해 사용하는 이름. 프로그램 작성 언어에 따라 변수를 정의하는 규칙과 최대 변수의 길이에 제약이 따른다.

부서-명: 기관, 기업, 조직 따위에서 일이나 사업의 체계에 따라 나뉘어 있는, 사무의 각 부문의 이름.

불명: 『불교』 부처의 이름.

브랜드^네임: 『경제』 해당 상품의 상표 이름.

브랜드-명: 브랜드의 이름.

블록-명: 『정보·통신』 블록에 붙여진 이름.

사업-명: 사업의 이름.

사호: 회사의 이름.

상호: 『법률』 상인이 영업 활동을 할 때에 자기를 표시하기 위하여 쓰는 이름. 회사는 반드시 그 이름을 정하고 합명, 합자, 주식 따위의 종류를 명시하여야 하며, 회사가 아닌 것은 회사를 나타내는 문자를 써서는 안 된다. =상호-명.

생물-명: 생명을 가지고 스스로 생활 현상을 유지하여 나가는 물체의 이름.

생약-명: 『한의』 동물, 식물, 광물에서 약효를 갖는 약재에 붙인 이름. 사용 부위가 표시된다.

성분-명: 물질의 일부를 이루는 성분의 이름.

섹터^식별자: 『정보·통신』 디스크를 구성하는 각각의 섹터를 구분하기 위하여 각 섹터에 부여되어 있는 고유의 식별 번호 또는 이름.

수도-명: 수도의 이름.

식당-명: 식당의 이름.

식별-명002: 『정보·통신』 컴퓨터 시스템에서 파일 이름, 태스크 이름과 같이 각 실체를 구별하기 위한 이름.

식별^이름001: 『정보·통신』 컴퓨터 시스템에서 파일 이름, 태스크 이름과 같이 각 실체를 구별하기 위한 이름.

식별^이름002: 『정보·통신』 컴퓨터 시스템 또는 하나의 소프트웨어를 구성하고 있는 자원들을 구분하기 위하여 각각에 할당되어 있는 고유의 이름. 예를 들어 아이비엠 피시에서는, 첫 번째와 두 번째 플로피 디스크 장치는 각각 'A:'와 'B:'로, 첫 번째와 두 번째 하드 디스크 장치는 각각 'C:' 와 'D:'로 이름을 붙여 사용하고 있다.

식별-자: 『정보·통신』 사용하는 기본 요소들을 구분하기 위하여 정해진 규칙에 따라 부여한 이름.

언어-명: 언어의 이름.

업소-명: 업소의 이름.

업체-명: 업체의 이름.

연구-명: 연구의 이름.

연호: 해의 차례를 나타내기 위하여 붙이는 이름. 우리나라에서는 '서기'를 쓰고 있다.

영화-명: 영화의 이름.
요리-명: 요리의 이름.
음식-명: 음식의 이름.
자료-명: 자료의 이름.
작전-명: 작전의 이름.
작품-명: 작품의 이름.
잡지-명: 잡지의 이름.
재료-명: 재료의 이름.
전시-명: 전시의 이름.
제품-명: 제품의 이름.
제형-명: 『약학』 의약품 제형에 부여하는 이름. 예를 들면 정제, 액제, 산제, 과립제 따위가 있다. 대한 약전 9개정 제제 총칙에는 36가지 이름이 실려 있지만, 산포제 따위처럼 실려 있지 않은 이름도 있다.
종목-명: 증권 시장에서, 매매 거래의 대상이 되는 유가 증권을 내용과 형식에 따라 분류한 이름.
주소: 사람이 살고 있는 곳이나 기관, 회사 따위가 자리 잡고 있는 곳을 행정 구역으로 나타낸 이름.
주파수대^명칭: 『정보·통신』 무선 통신에 사용하는 주파수대에 붙여진 주파수대 번호. 또는 그 이름.
지역-명: 지역의 이름.
직급-명: 직급의 이름.
직업-명: 직업의 이름.
직위-명: 직위의 이름.
직장-명: 직장의 이름.
질병-명: 질병의 이름.
질환-명: 질환의 이름.
차명: 차의 이름.
천기: 별 이름.
총서-명: 『매체』 여러 개로 분리된 출판물이 한 무리를 이룰 때 그 무리 전체에 통용되는 집합적인 책 이름. 각 출판물에는 그 자체의 책 이름과 이 이름이 같이 들어간다. =총서^표제.
출판사-명: 서적이나 회화 따위를 인쇄하여 발행하는 회사의 이름.
트림-명: 『기계』 자동차의 세부 모델이나 등급을 나타내는 이름.

파일-명: 파일로 된 문서의 이름.
파일^이름: 『정보·통신』 파일을 식별하기 위해서 사용하는 이름. 문자나 숫자로 구성된다.
폴더-명: 『정보·통신』 폴더의 이름.
프로그램^이름: 『정보·통신』 컴퓨터 프로그램 간의 식별을 위하여 사용하는 이름.
프로젝트-명: 연구나 사업 또는 그 계획의 이름.
필드^이름001: 『정보·통신』 프로그램 내 데이터의 특정 필드에 부여하는 이름.
학과-명: 학과의 이름.
학교-명: 학교의 이름.
학원-명: 학원의 이름.
행사-명: 행사의 이름.
호스트^이름: 『정보·통신』 컴퓨터에 지정된 이름.
화학^물질명: 『화학』 국제 순수 응용 화학 연합이나 미국 화학 학회의 화학 초록의 기준에 의해 정해진 화학 물질의 이름. 또는 국제 표준화 기구의 명명법에 따른 화학 물질의 일반명.
회사-명: 회사의 이름.

(6)에서도 우리의 일상에서 자주 접하는 많은 이름들이 포착되고 있다. 이상과 같이 이 세상에 이름을 가질 수 있는 존재는 무수히 많다. 물론 앞에서 살펴보았듯 이름을 가질 수 없는 존재도 무수히 많지만 그 많은 존재들 중에서 어떤 존재는 사람들에게 개체로 인식되고 그것만을 위한 이름을 가질 수 있다. 이상에서 살펴본 〈표준〉과 〈우리말샘〉에 등재된 단어들은 그런 개체들의 이름을 아울러 이르는 이름인 만큼 그런 존재들이 이름을 가지는 것이 한국어 화자들에게는 당연시되고 있음을 알려 주고 있다.

이러한 이름들을 검색하는 가운데, '-의 이름.'으로 정의되어 있다고 해서 모두 그 표제어가 '종류로서의 무엇의 이름'을 뜻하는 말인 것은 아님을 알 수 있었다. 앞서 언급했지만 경우에 따라서는 특정 '개체 하나의 이름'을 뜻하는 경우들이 있었다.[17]

(7) ㄱ. 가위-표: 틀린 것을 나타내는 '×'의 이름.

ㄴ. 각소: 『음악』 임금이나 조정의 신하에게 들려주던 가락의 이름.

ㄷ. 간장002: 『인명』 중국 춘추 시대에 칼을 잘 만들던, 오나라 장인(匠人)의 이름.

ㄹ. 간장003: 『역사』 중국 춘추 시대에 간장이 만든 명검의 이름.

ㅁ. 갈호-배: 『역사』 조선 태조 초에 임금이 승정원에 하사한 술잔의 이름.

ㅂ. 강장-법사: 『불교』 아미타불의 성불하기 전의 이름.

그러나 (7)과 같이 정의되는 경우는 실제로는 드물고, 고유명칭은 주로 '무엇의 이름'으로 정의되기보다는 존재가 속하는 종을 가리키는 말 자체, 즉 유개념으로 끝마쳐지도록 정의되는 것이 일반적이다. 〈우리말샘〉에 '고유명 일반' 영역의 전문어로 분류되어 있는 몇몇 예들을 살펴보자. 편의상 정의 부분만 추출했다.

(8) ㄱ. 계마-수: 『고유명 일반』 조선 인조가 보위에 오르기 전 담양군 고서면 연동리 인근을 지나다가 말의 고삐를 묶어 두고 쉬었다는 나무. 또는 조선 원종이 잠저 시절에 손수 심고, 아침저녁으로 사랑하고 구경하며 때로는 말을 매어 두었다는 나무.

ㄴ. 고사-족: 『고유명 일반』 대만의 원주민.

ㄷ. 고스트^파크: 『고유명 일반』 경상남도 합천군에 귀신이나 유령 따위를 주제로 하여 조성한 테마파크.

ㄹ. 과학^기술^정보^통합^서비스: 『고유명 일반』 한국 과학 기술 정보 연구원에서 제공하는 국내외 학술 정보 통합 서비스.

ㅁ. 과학의^날: 『고유명 일반』 과학 기술의 중요성을 인식하고 앞선 과학 기술로 국가 경쟁력을 강화하기 위하여 제정한 날.

ㅂ. 광저우^타워: 『고유명 일반』 중국 광둥성 광저우에 있는 전파 탑을 겸한 전망대.

(8)의 예들은 각각 '나무의 이름', '원주민의 이름', '테마파크의 이름' 등과 같이 정의할 수도 있었던 것들이다. 이와 같이 (7)과 (8)은 모

17 뒤에 이어질 논의와 연결해 말하자면 이것들을 고유명사인 것들로 이해해도 좋겠다.

두 고유명칭을 가진 실체들인데, (7)의 경우는 그 단어가 '-의 이름'으로 정의되고 있고 (8)에서는 그 실체가 속한 유개념으로 정의되고 있다. 그렇다면 (7)과 (8) 중 어느 쪽이 더 타당한 정의인지에 대해 생각해 보아야 하는데 본질적으로는 (8)이 적절할 것으로 판단된다. '이순신'을 '- 무신'으로 정의하는 것과 '- 무신의 이름'으로 정의하는 것을 비교해 보면 알 수 있듯이 전자가 더 본질적이라고 생각되며, '-의 이름'이라는 것은 그 단어의 상위언어적인 부분이라고 볼 수 있는 청각 이미지로서의 '[이순신]'을 정의한 것이 되기 때문에 부수적이라고 판단되는 것이다. 그럼에도 (7)과 같은 정의가 필요하기도 한 것은 그 이름을 가진 종류가 일반적으로 이름을 가지는 종류가 아니어서 그 표제어가 이름임을 명시적으로 드러낼 필요가 있기 때문이거나, (7ㅂ)과 같이 그 이름이 그 개체를 가리키는 보다 보편적인 이름이 아닌 부차적인 이름일 때, 그 표제어가 또 다른 이름임을 보이기 위함인 것으로 이해된다.

(7)이 이름을 정의하는 일반적인 방식이 아니라 해도 '-의 이름.'으로 검색한 표제어들 가운데 상당수가 (7)과 같이 개체의 이름을 가리키는 경우인데, 그것들이 '종류로서의 무엇'의 이름인 경우와 다르다는 점은 이미 위에서 언급했다. 그런데 (7)과 (8)은 종류인 경우와 다른 점이 있다. (7ㄷ)에서의 '중국 춘추 시대에 칼을 잘 만들던, 오나라 장인'이나 (7ㅁ)에서의 '조선 태조 초에 임금이 승정원에 하사한 술잔'과 같이, (7)의 정의들은 하나의 개체를 가리킬 수 있을 정도로 수식에 의한 한정이 이루어지는 데 반해, (6)의 정의들은, '강의명'이 '강의의 제목이나 이름', '강좌명'이 '강좌의 이름'으로 정의된 것과 같이 특정 개체로의 한정적 수식이 없는 것을 볼 수 있다.[18]

---

18 (7)에 속하는 경우라 해도, (7ㄱ)의 '틀린 것을 나타내는 '×''는 실제로 매번 사용된 '×' 하나를 의미하는 것은 아닐 것이므로 다시 종류(타입인 것)로 이해될 수 있고, (7ㄹ)의 '간장이 만든 명검'이 하나만 만들어진 것이 아니라 간장의 생애 동안 여럿이 만

마지막으로 '무엇의 이름'을 나타내는 단어가 존재하는 것은 아니지만 이름을 가질 수 있는 종류를 좀 더 확인하기 위해 국립국어원 〈우리말샘〉에서 뜻풀이에 '의 이름.'을 포함하고 있는 표제어들을 검색해서 '의' 앞에 오는 말들을 찾아보았다.

(9) 자모, 가락, 장인(匠人), 명검, 술잔, 말, 준마, 혈(穴), 악장(樂章), 부호, 화합물, 거문고(향비파, 당비파, 가야금) 줄, 역괘의 양효(陽爻), 계산법, 군대, 샘, 커서, 양(羊), 술, 창사(唱詞), 귀신, 슈퍼컴퓨터, 주파수대, 프린터, 큰 바위, 돌, 장단, 왕조, 사(詞), (캐릭터인) 쥐, 개, 복제 송아지, 신(神), 가무(歌舞), 괴물, 교판(敎判), 엽전, 아이콘, 도자기, 고기 부분, 뱀, 교과 과정, 통신 위성, 별, 별자리, 우주선, 짐승, 산(酸), 규제 기준, 기억 장치, 돼지, 신선, 키(key), 별당, 효소군, 선단(仙丹)

'의'가 붙어 있지는 않았지만 '무엇 이름'으로 된 경우로 다음과 같은 것들을 더 찾아볼 수 있었다.

(10) 거리, 마스코트, 통신망, 풍류, 마을, 신문, 주(州), 잡지, 현(縣), 태풍, 관아(官衙), 부족

들어졌을 때 다시 종류로 이해될 여지가 있다. 제작자가 다수의 작품을 만들었을 때 그 이름이 종류를 가리키게 되는 경우의 대표적인 예로는 '스트라디바리우스'라는 바이올린을 들 수 있다.

(i) 스트라디바리우스: 『음악』 17세기부터 18세기에 걸쳐 이탈리아의 바이올린 제작자 스트라디바리 일가(一家)가 제작한 바이올린. 명기(名器)로 진귀하게 여긴다.

(i)에서 '바이올린의 이름'이 아닌 '바이올린'으로 정의했지만 하나의 개체를 가리키기보다는 종류를 가리키는 것으로 이해된다. (ii)가 그런 점을 잘 보여 주고 있다.

(ii) 이 명기(名器)는 현재 전 세계에 600여 개(비올라 12개, 첼로 약 50개, 바이올린 약 540개)가 있는 것으로 알려져 있으나, 실제 연주에 사용되고 있는 것은 50여 개에 불과하다(출처: https://iskim3068.tistory.com/36 [ikfluencer]).

그러나 이와 같은 경우가 종류의 이름보다 개체의 이름으로 여겨지는 이유는 이들 종류(간장, 스트라디바리우스 등)에 속하는 개체들이 다시 그 자체의 이름을 가지는 경우는 없기 때문이다. 즉 (6)보다는 (5)와 같은 유형의 이름에 포함된다.

이상과 같이 무엇이 이름을 가진다고 할 때 그것이 무엇의 이름인지에 대해 매우 폭넓은 범위를 상정할 수 있음을 알 수 있었고, 필자는 가급적 사전에서 확인할 수 있는, 이름을 가질 수 있는 존재들은 최대한 검색해 내고자 했다.

제2장

이름의 의미론

1. 의미의 의미

이름은 무엇을 의미할까? 이름의 의미에 대해서는 많은 철학적 논의가 있었다. 그러나 이름의 의미를 알기 위해서는 먼저 의미의 의미를 알아야 한다. 소쉬르-적(Saussure 1915) 기호론에서는 기호(sign)의 두 측면을, 나타내 주는 측면과 나타내지는 측면으로 나누고 기호는 이원적인 성질을 가진 것으로 보았다. 이를 프랑스어 그대로 시니피앙(signifiant), 시니피에(signifié)로 부르기도 하고 한자어로 각각 기표(記標)와 기의(記意)로 옮기기도 하지만, 결국 기호는 형식과 내용의 두 측면이 있음을 말해 주는 것이다. 언어도 기호이므로 이렇게 형식적 측면과 내용적 측면이 나뉘는데, 언어기호에서 형식적 측면은 일차적으로 음성(말소리) 혹은 청각 영상(sound image)이고, 내용적 측면은 개념(concept)이 된다. 그러므로 소쉬르의 입장을 따른다면, 의미란 음성 연쇄로 이루어진 형식과 짝을 이루는 개념적 내용이라고 말할 수 있다.

(11)

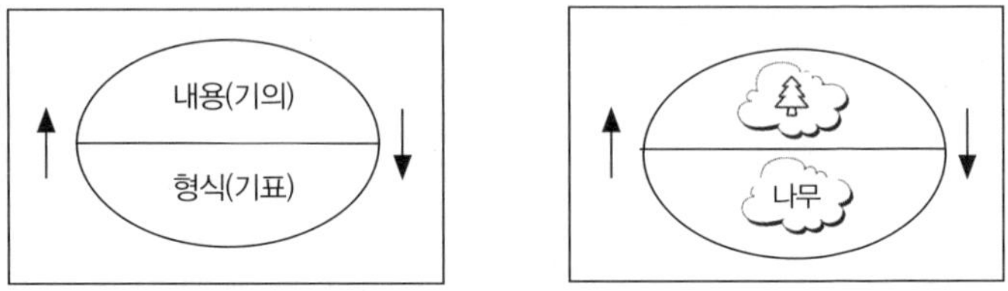

(11)의 도식은 소쉬르-식 기호의 이원적 측면을 잘 보여 주고 있고 좌우에 있는 화살표는 그 두 측면 사이의 관계를 보여 주는 것으로 이를 소쉬르는 의미작용(signification)이라고 했다. 의미작용이란 기호의 두 측면, 즉 시니피앙(기표)과 시니피에(기의)는 서로 아무런 필연적 관계가 없는 임의적 관계임에도 불구하고, 화자가 특정 기의를 나타내기 위해서 특정 기표를 사용하고 청자가 그렇게 사용된 특정 기표를 지각하고 특정 기의를 해석해 내는 일을 가리킨다.

이때 소쉬르의 기의는 실제 세상에 존재하는 대상, 즉 지시물(referent)과는 구별된다. 형식에 해당하는 청각 영상이나 내용에 해당하는 개념은 모두 인간의 마음속에 존재하는 심리적 대상이기 때문이다. 소쉬르-적 기호와 지시물 사이의 관계를 이해하기 위해서는 오그던·리처즈(Ogden & Richards 1923: 11)의 의미 삼각형을 참조하는 것이 유용하다.

(12)

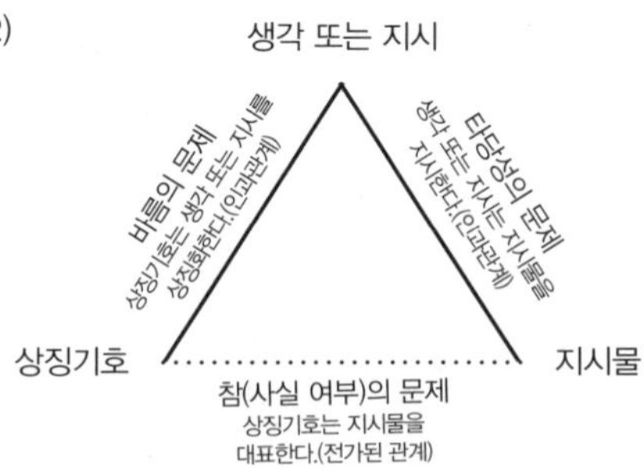

그들은 소쉬르의 기표를 '상징기호(symbol)'라 하고 그에 대응하는 기의를 '생각(thought) 또는 지시(reference)'라 하면서 그 기표, 기의와 구별되는 실제 존재로서의 '지시물(referent)'과의 상관관계를 (12)와 같이 표상한다.[1] 그들은 상징기호(기표)가 그것을 들으면 어떤 생각이나 지시(기의)가 떠오르도록 관습화되어 있는 측면에 주목해, 이들 사이(기표-기의)는 직접적으로 연결될 수 있는 관계인 것으로 보았다. 또, 생각이나 지시(기의)와 지시물 사이의 관계는, 화자들이 가진 생각이나 지시(기의)는 직접적으로든 간접적으로든 지시물을 경험함으로써 형성된 것이기 때문에 때론 간접적이지만 대체로 직접적이라고 볼 수 있다고 한다. 그러나 상징기호(기표)와 지시물 사이의 관계는 생각이나 지시(기의)가 그 매개가 되는 두 단계에 걸친 관계이므로, 그것들 사이의 관계는 간접적이라고 한다.

그들은 의미가 생각 또는 지시(기의)인 것으로 보지만 언어기호는 다의적인 해석이 가능하므로 그 해석이 하나로 고정되지 않음을 보이고 실제 의사소통은 맥락 속에서 언어기호를 통해 어떤 지시물을 가리키는가에 따라 성립되는 것으로 봄으로써, 지시물이 의미 결정의 준거가 됨을 지적하고 있기도 하다.

이후 의미를 보는 관점은, 순수 언어학의 전통을 잇는 어휘의미론에서는 개념(기의, 생각, 지시)이 의미라고 보는 입장('개념설')이 계속 이어져 내려오고 있으며, 분석 철학의 전통에서 갈라진 형식의미론에서는 지시물이 곧 의미라고 보는 입장('지시설')이 이어져 오고 있다.[2]

---

1 '생각 또는 지시'에서 '지시(reference)'라는 용어를 사용하고 있는 것에 주목할 필요가 있다. '생각'과 '지시'는 서로 다른 개념일 것으로 보이는데 모두 '내용' 혹은 '개념'에 해당하는 자리에 놓여 '지시물(referent)'과 구별된다. 즉 '지시물'은 세상 속의 존재이지만 '지시'는 그런 존재를 가리키는 일로서 관념화된 개념인 것이다. 그러니까 이름이 '별이'인 개가 있다고 하면 세상의 존재로서의 별이는 지시물이고, 별이의 이름이 별이여서 그 이름으로 별이라는 개를 가리킬 수 있다고 하는 지식 또는 그 둘을 연결하는 일을 '지시'라고 부를 수 있는 것으로 이해된다.

2 '지시'는 '지시물'과 구별되는 개념이므로 '지시설'이라고만 말하면 혼동의 여지가 있을

2. 이름의 의미를 바라보는 여러 시각

이제 우리의 관심사인 이름의 의미에 대해 생각해 보기로 하자. 이름의 의미에 대한 가장 기본적인 시각은 19세기 중엽에 활동했던 밀(J. S. Mill)로 거슬러 올라간다. 밀(Mill 1973)은 고유명칭이 의미에 기여하는 부분은 지시물밖에 없다는 입장이다. 그는 표의(表意; denotation)와 내포(connotation)라는 개념을 처음 구분한 사람이기도 하다.[3] 표의란 지시물로의 해석이 언어 표현과 어휘적으로 결부되어 있을 때 그 지시물들을 가리키는 말이다. 그는 고유명칭에는 표의만 있고 내포는 없다고 했다. 어떤 아이를 '폴'이라고 부르거나 어떤 개를 '시저'라고 부르는 것은 그런 개체들에 대해 무언가를 말하려 하는 것을 가능하게 하겠다는 표시일 뿐, 그 개체들의 속성에 대해서는 아무것도 말해 주지 않는다는 것이다. 다트머스(Dartmouth)라는 지명을 가진 장소가 실제로 다트강의 어귀에 있을 때 지어진 이름이고 나중에 강의 흐름이 바뀌어 더 이상 그 장소가 다트강의 어귀에 놓여 있지 않더라도 여전히 다트머스로 불릴 수 있음을 예로 들면서 고유명칭은 내포를 가지지 않음을 논증한다.

것 같아 '지시설'이라는 용어는 '지시물설'로 고쳐 말하고 싶지만, 실제로 지시설은 지시물이 바로 의미라고 본다기보다는 그 기호와 지시물 사이의 연결 자체가 의미라고 보는 것('개념'의 매개가 반드시 필요한 것이 아니라고 보는 것)이므로 '지시설'이라고 부르는 것이 더 타당할 것이다.

3 표의로 번역한 'denotation'은 외연 혹은 외연지시로 옮겨지기도 하지만 외연은 'extension'의 번역어이며 지시물을 뜻한다는 점에서 'denotation'과 많이 다르지는 않지만 언어기호와 고유하게 결부되어 있다는 의미가 포함되어 있지 않으므로 동일하게 볼 수는 없다.

'connote'라는 용어는 스콜라 철학에서 가져온 것이라고 한다. 밀은 표의가 지시물을 가리킨다면 내포라는 용어는 속성(attribute)을 가리키기 위한 것이라 한다. 즉 '희다'는 흰 것들, 즉 '눈, 종이, 바다 거품' 등을 표의하며, 흼의 성질을 내포한다는 것이다. 따라서 그의 내포는 위에서 언급한 개념적 의미, 즉 '기의, 생각, 지시' 등과 상통하는 개념으로 볼 수 있겠다. 그러나 오늘날 '내포적 의미(connotative meaning)'라는 용어는 언어학에서는 리치(Leech 1981)를 따라 개념적 의미로 엄밀하게 규정할 수 없는, 지시물의 속성에 귀속되는 연상적 의미를 가리키는 데 주로 사용된다.

이후에 이름의 의미가 바로 그 지시물이라는 이러한 주장은 많은 도전에 직면한다. 프레게(Frege 1986[1892])는 실재하지 않는 가상적인 존재에 대해서도 고유명칭이 무의미해지지 않고 여전히 적용될 수 있음을 지적했고("오디세우스는 깊이 잠든 채 이타카 해안에 상륙했다."), 또 둘 이상의 고유명칭이 같은 뜻을 갖지 않으면서도 같은 실체를 확인해 줄 수 있음을 보였다. 그는 "호머는 샛별을 개밥바라기라고 믿었다.(Homer believed the Morning Star was the Evening Star.)"와 같은 문장이 유의미할 수 있고, 동어반복에 의한 항진명제(tautology)가 아닐 수 있는 것은 '샛별'과 '개밥바라기' 각각이 동일한 지시물을 가리키는 것 외에도 나름의 의미를 가지고 있기 때문일 것으로 보았다.[4] 그리고 이러한 지시(표의) 외의 의미를 뜻(sense)이라 하여 구별했다.[5] 즉 고유명칭도 나름의 뜻이 있다는 것이다.

여기서 먼저 고유명칭의 의미에 대한 프레게의 입장을 정리하고 비평을 덧붙이자면, 그의 입장은 고유명칭이 지시물에 대한 지시를 그 의미로 가지지만 그 외에 별도의 뜻도 가진다는 것이었다. 그러나 우리는 프레게의 예에서 '샛별(the Morning Star)'과 '개밥바라기(the Evening Star)'의 의미 차이가 있다면 그것은 그것들이 별도의 뜻으로 가지고 있는 '아침에 뜬다는 사실'과 '저녁에 뜬다는 사실'의 차이가 아니라, '샛

---

4 'the Morning Star'와 'the Evening Star'의 실사(實辭)들을 대문자로 쓴 것은 그것들이 단순한 기술구가 아니라 고유명칭임을 보이고자 한 것이다. 그리고 각각을 우리말로 '샛별'과 '개밥바라기'로 옮겼는데, '샛별'은 어원적으로 '동쪽에서 뜨는 별'이라는 뜻을 가져서 주로 새벽에 뜨는 금성을 가리키는 말이 된 것이며, '개밥바라기'는 저녁에 개가 배가 고파서 저녁밥을 바랄 무렵에 서쪽 하늘에 뜬다고 해서 생긴 금성의 다른 이름이다.

5 이 '뜻'이라는 용어는 다시 정교하게 구별해 내지 않는 한, 위에서 논의했던 기의, 생각, 지시, 내포 등의 개념과 상통하는 것으로 볼 수 있다. 언어학에서는 사전에서 의미를 기술할 때 그것들을 뜻 단위로 구별한다. 그래서 다의어는 여러 개의 뜻을 가지는 것으로 기술한다. 우리는 이 뜻이 단어에 국한될 때는 '어의(語義)'라는 용어를 사용하기도 하고 언어 단위에 대한 한정이 없이 언어기호의 뜻을 가리키고자 할 때는 '말뜻'이라고 표현하기도 한다.

별'이라는 이름이 '금성'을 지시한다는 사실과 '개밥바라기'라는 이름이 '금성'을 지시한다는 사실의 차이일 뿐이라고 본다. 물론 '샛별'은 주로 '아침에 뜨는 별'을 가리키고 '개밥바라기'는 '저녁에 뜨는 별'을 가리키지만 '샛별'이라는 이름을 '아침에 뜨는 별'로 교체할 수 없고 '개밥바라기'라는 이름을 '저녁에 뜨는 별'로 교체할 수는 없는 것이다. 아침에 뜨고 저녁에 뜬다는 사실은 각각 그것이 가리키는 대상, 즉 '금성'의 다른 속성들일 따름이며, 이렇게 대상에 대한 지식이 그 이름과 연상관계를 가지는 것은 사실일 테지만 그런 지식이 그 표현이 가진 뜻이라고 말할 수 있는지에 대해서는 별도의 논의가 필요하다는 점을 이해해야 할 것이다. 이 점은 앞서 밀이 다트머스가 더 이상 다트강의 어귀에 위치하지 않게 되더라도 여전히 다트머스로 불릴 수 있다고 지적한 취지와 다르지 않다.

(13) ㄱ. 샛별은 지구와 같이 태양을 돈다.

ㄴ. 개밥바라기는 새벽에도 뜬다. 물론 그때는 개밥바라기라고 부르지 않고 샛별이라고 부르겠지만.

(13ㄱ)의 '샛별'이나 (13ㄴ)의 '개밥바라기'는 시간과 무관하게 금성을 지시하고 있음을 알 수 있으며 (13ㄴ)에서처럼 보충 설명을 덧붙이는 일이 있다고 해도 그러한 지시가 문장을 비문으로 만드는 것은 아니다.

또 한 가지, 프레게의 주장과 관련해 지적해 둘 필요가 있는 부분은 'the Morning Star(샛별)'와 'the Evening Star(개밥바라기)'를 지시와 뜻을 둘 다 가지는 예로 제시하고 있는 것이 교묘한 책략으로 보인다는 점이다. 왜냐하면 이 표현들은 실제로는 고유명칭이지만 매우 기술적(descriptive)인 면을 가지고 있는 표현이어서 마치 그 기술적인 뜻 때문에 그 표현이 유일한 지시물을 가리킬 수 있게 된 듯한 인상을 주는

데, 실제로 고유명칭들은 기술적인 내용을 포함하고 있지 않더라도 지칭만을 위해 사용되는 것이 더 본질적인 기능임을 이해해야 할 것이다.

러셀(Russell 1905)도 고유명칭이 바로 지시물을 지시한다는 견해에 반대했는데,[6] 그는 우리가 어떤 존재를 직접 경험해서 아는 경우는 많지 않기 때문에, 그렇게 직접지에 의해 안 것이 아닌 고유명칭은 실제로는 그 실체를 정확히 지시하는 것이 아닐 수 있음을 지적했다. 고유명칭이 그대로 그 지시물을 의미한다고 했을 때, 고유명칭과 그 지시물이 연결되는 이유를 설명하기도 어렵고, 프레게가 제기한 것과 같은, 동일한 실체를 가리키는 두 개의 고유명칭의 동일성이 정보적 가치를 갖게 되는 것도 설명해야 하며, 어떤 고유명칭을 가진 실체의 존재를 부정하는 명제의 경우에도 그 주어의 존재가 전제되어야 하는 역설[7]에 관해 설명할 필요가 있었기 때문이다. 그래서 러셀은 우리가 직접지에 의해 알 수 있는 논리적 고유명칭은 이것, 저것 등의 지시사와 1인칭 대명사 '나' 외에는 없다고 보고, 일상적인 고유명칭들은 모두 유일한 대상을 한정할 수 있는 한정 기술구(definite description)의 축약된 형식이라고 주장한다.

기술주의(descriptivism)는 많은 경우에 우리가 어떤 실체에 대한 지식을 직접적인 경험으로 인지하게 되기보다는 간접적인 경험으로 획득하게 된다는 점에 비추어 볼 때 매우 통찰력 있는 시각임이 분명하다. 하지만 기술주의는 결국 지시 자체보다 기술에의 부합을 지시물을 확인하는 조건으로 삼게 된다는 점에서 고유명칭의 지시 기능보다

---

6 뒤에 바로 설명이 이어지지만 이 단정에 대해서는 오해가 있을 수 있으므로 보충 설명을 덧붙인다. 러셀은 고유명칭이 바로 지시물을 지시한다고 보는 입장이지만, 진정한 고유명칭을 극도로 제한적으로 바라보고, 여기서 논의하는 일반적인 고유명칭을 고유명칭이 아니라 한정 기술구인 것으로 보기 때문에, 크게 분류할 때는 여기서 논의하는 고유명칭에 대해서는 바로 지시물을 지시하지 못한다고 보는 것이 된다.

7 "아리스토텔레스는 존재하지 않는다."라는 문장에서 '아리스토텔레스'의 존재가 전제되는 것으로 보아야 하는 것은 문제가 있다는 지적이다. 이 문제에 대해서는 이 절의 끝자락에서 좀 더 논의하기로 하겠다.

그 실체에 대한 기술이라는 조건을 더 의식하게 만든다. 우리가 아리스토텔레스를 직접적인 경험으로 알 수는 없기 때문에, 아리스토텔레스라는 이름을 알렉산더 대왕의 스승이라든지 플라톤의 제자 중 가장 유명한 사람이라든지 하는 기술구와 동일하게 이해하고 있을 수 있지만, 아리스토텔레스라는 이름은 그가 실제로 알렉산더 대왕의 스승이나 플라톤의 제자 중 가장 유명한 사람이 아닌 것으로 밝혀진다 해도 여전히 아리스토텔레스가 아니겠냐는 것이다. 우리가 아무런 배경지식 없이 어떤 이름을 들었을 때 그 이름을 특정 존재(지시물)와 연결하는 것이 어렵기 때문에 어떤 지시물을 유일하게 기술하는 한정 기술구가 그 지시물의 확인을 가능하게 해 주는 면이 있지만, 그렇다고 해서 한정 기술구가 고유명칭의 기능을 완전히 대체하기는 어려울 것이다.[8]

다른 한편으로, 이름은 '○○라는 이름을 가진 사람' 혹은 '○○라고 불리는 사람'의 축약된 표현이라고 말할 수 있을지도 모르겠다. 그런 표현 속에 들어 있는 '○○'는 이름으로 사용되었다기보다는 소리 연쇄로서의 ○○를 상위언어적(上位言語的; metalinguistic)으로 가리키는 것이라고 볼 수도 있을 것이다. 그러나 "영호라고 불리는 사람은 내 친구다."와 "영호는 내 친구다."는 같다고 보기 어렵다. 역시 위에서 말한 것과 같은 이유에서다.

크립키(Kripke 1980)는 기술주의를 거부하고 대신 지시에 대한 인과-역사 이론을 개진했다. 그의 이론이 주장하는 것은, 이름이 개체적 지시물에 연결되는 것은 사회 집단들의 명명 사건(예를 들자면, 세례식 같은 것) 때문이고, 그 이후로 그 사건은 그 이름의 값을 그 공동체 내의 특정 지시물에 고정한다는 것이다. 그래서 그 이름은 그 지시물의 고정

8 영어의 경우 한정 기술구가 정관사('the')를 포함해 담화 맥락이나 상황 맥락 속의 선행어를 가리킬 수 있는 지표성을 가지므로 한국어의 기술구보다는 지시물이 명확히 한정되는 면이 있다. 하지만 고유명칭과 한정 기술구의 차이가 언어에 따라 달라지는 것 같지는 않다.

지정어(rigid designator)가 되어 어떠한 가능 세계에서도 동일한 지시물을 가리키게 된다는 것이다.

이상의 논의를 거치면서 우리는 고유명칭에 대해 지금까지 이루어진 논의들의 입장을 정확히 구분할 필요가 있고 또한 명확히 정의되지 않은 용어들에 대해서는 보다 엄밀한 한정이 필요함을 인식하게 되었다. 우선 첫 번째로 언급할 필요가 있는 것은, 지금까지의 논의를 살펴보면 아주 섬세하게 들여다보지 않는 한 고유명칭의 의미에 대한 입장이 지시물설과 개념설로 양분되는 것처럼 보인다는 것이다. 밀이 지시물설을 시작했었는데, 프레게와 러셀이 단순히 지시물만을 고유명칭의 의미로 볼 수 없고 지시물과 개념적 의미가 공존하는 것으로 보아야 한다는 설을 주장했다가 크립키에 이르러 다시 지시물설로 돌아가게 되었고 결국은 지시물설이 우세한 것처럼 이해될 수도 있겠다는 것이다. 그러나 좀 더 면밀히 들여다본다면, 밀은 고유명칭의 해석이 그것의 지시물이면 된다는 설을 제시했고, 나머지 설들은 모두 고유명칭이 그 지시물을 가리킨다는 것을 어떻게 알 수 있기에 그 둘이 연결되는가에 초점이 맞추어져 있음을 볼 수 있다. 오그던·리처즈(Ogden & Richards 1923)에서 상징기호와 지시물의 관계를 생각이나 지시에 의해 매개되는 간접적인 관계로 보았던 것처럼 상징기호가 지시물과 아무 이유 없이 연결되기는 어렵다. 밀이 고유명칭인 상징기호의 의미가 바로 그 지시물인 것으로 보았다면, 프레게와 러셀은 그 둘 사이를 맺어 주는 뜻이나 기술이 필요함을 지적했고, 크립키는 고유명칭의 경우에는 그 매개체를 굳이 뜻이나 기술에 돌릴 필요가 없고 사회 구성원으로 하여금 그 이름을 듣고 특정 지시물을 바로 연결할 수 있게 해 주는 사회 집단 내에서의 명명 사건이 상징기호와 지시물 사이의 관계를 직접 맺어 준 것으로 이해해야 한다는 입장을 제시했다고 볼 수 있다. 이것은 결국 화자가, 청자가 특정 상징기호가 특정 지시물의 이름임을 알고 있다고 믿을 때는 그 지시물을 가리키기 위해 그 지시물을 포함하는 상위 개념에 의존하지 않고도 바로 가리킬 수 있음을 주목하고, 이러한 의사소통 기제 속에서 그 이름의 의미를 무엇이라고 말해야 할까에 대해 고민한 결과라고 정리할 수 있겠다.

3. 지시물 그 자체가 아닌 의미란?

다음으로 용어의 정의를 명확히 할 필요가 있는 것은 소쉬르가 기의를 설명하기 위해 사용했던 '개념', 또 오그던·리처즈가 '생각'이라고 표현했던 것에 대응하는 용어로 밀은 내포, 프레게는 뜻, 러셀은 기술 등을 사용했는데, 이러한 용어들을 모두 동일한 개념으로 이해할 수 있는가다. 리치(Leech 1981)는 의미를 크게 개념적 의미, 연상적 의미, 주제적 의미로 나누었고 연상적 의미를 다시 내포적 의미, 사회적 의미, 감정적 의미, 반사적 의미, 배열적 의미로 구분해 도합 일곱 가지 의미 유형을 논의한 바 있는데, 이 가운데 개념적 의미와 내포적 의미의 구분이 참조될 만하다. 개념적 의미는 그 단어를 필요충분조건으로 정의할 때 핵심이 되는 의미를 말한다. 예컨대, '총각'이라는 단어는 [+인간][+수성][+성숙][-혼인]이라는 의미 특질들의 결합으로 필요·충분하게 정의될 수 있다. 반면, 내포적 의미는 순수하게 개념적인 차원을 넘어서 그 표현이 가리키는 대상에 기인하는 전달적 가치로 규정된다. 예컨대 '여자'라는 단어가 가질 수도 있을 것으로 여겨지는 '여럿이 어울려 다니기를 좋아함'이라든지 '모성애가 있음' 등의 의미는 그 단어의 필요충분조건이라기보다 그 표현의 지시물들이 가지는 경향성이기는 하지만, 절대적인 것으로 보기는 어렵다. 이러한 의미를 내포적 의미라 하는데, 이것은 과연 그 단어의 의미로 포괄될 수 있는 것인지 의문시된다.[9]

9 이러한 시각은 그라이스(Grice 1975)가 제기한 발화의 함의(含意; entailment)와 고정함축(conventional implicature) 내지는 일반대화함축(generalized conversational

이러한 기준으로 볼 때, 프레게나 러셀에 의해 고유명칭의 의미로서 제안된 '뜻'과 '기술'이 과연 그 고유명칭이 가진 개념적 의미라고 볼 수 있을지 의문이다. '샛별(the Morning Star)'이 '아침에 뜨는 별'이어야 한다는 것이 그 단어의 의미라고 할 수 있을까?[10] '아리스토텔레스'가 '알렉산더 대왕의 스승'이었지만, '알렉산더 대왕의 스승'이라는 것이 그 단어('아리스토텔레스')의 의미라고 할 수 있을까? 우리는 단어의 의미인 것과 그 단어가 가리키는 대상이 가진 속성 내지는 그 대상과 관련된 경험적 지식을 구별해야 할 것이다.[11] 이와 같은 시각에서 이 책에서는 '개념'이라는 용어에 해당하는 의미를 리치의 개념적 의미로 한정해 이해하고자 하며, '내포(connotation)'라는 용어에 해당하는 의미는 그 지시물의 속성에 의해 연상되는 의미로 구별해 내고자 한다. 그렇게 하면, 고유명칭은 그것이 어떤 지시물을 가리키기 위한 지표가 된다는 것 외에는 아무런 개념적 의미를 가지지 않는 것으로 보는 것이 옳을 것이다. 즉 샛별이 저녁에 떴을 때 그것을 샛별이라고 부르면서 어떤 명제를 발화하는 것이 언제나 거짓이라고 말할 수 없고, 아리스토텔레스가 역사적 고증을 통해 알렉산더 대왕의 스승이 아니라고 밝혀지는 일이 생기더라도 그것만으로 아리스토텔레스가 특정인의 이름인 것까지 부인할 수는 없는 일이다. 고유명칭 가운데는 지시물의 속성을 매우 근접하게 기술한 표현으로 이루어진 것도 있다. 예컨대 '안양대학교

---

implicature)의 구분과도 상통하는 면이 있다. 개념적 의미는 함의된 의미에 해당할 것이지만, 내포적 의미를 비롯한 여타 연상적 의미는 단어 의미의 일부라고 판단되면 고정함축이 되고 그렇지 않다면 일반대화함축이나 아니면 그보다도 언어기호와의 관련성이 낮은 함축으로 평가될 것이다.

10 이 경우는 리치의 구분으로는 반사적 의미(reflected meaning)로 처리되는 것이 적절해 보인다.

11 프레게는 뜻(sense)이라는 용어를 사용했고 러셀은 기술(description)이라는 용어를 사용했으므로 전자는 개념적 의미에 가깝고 후자는 내포적 의미에 가까운 것으로 처리하는 것이 마땅해 보이나, 프레게의 예들이 고유명칭에 적용될 때는 개념적 의미로 용인하기 어려운 면이 있어서 여기서는 그 두 가지를 명확히 갈리는 것으로 규정하지 못했다.

인문과학연구소'라는 고유명칭이 있다고 할 때, 이 이름이 단순히 안양에 있는 대학교의 인문과학을 연구하는 장소라는 기술구로서의 의미가 있다고 보아서는 안 될 것이다. 이 연구소가 실제로 안양에 있는 대학교(안양대학교) 내에 있고 인문과학을 연구하는 곳이기는 하지만 그 이름에는 실제로 기술적인 부분에서 어긋남이 있다고 해도[12] 이름으로서의 지표성이 덧붙어 있는 것이고, 이름이 아닌 기술구로서의 동일한 표현은 반드시 그 지시물이 아니라 다른 지시물에도 적용될 가능성이 언제나 열려 있다고 보아야 한다.

요컨대, 고유명칭의 의미는 지시물도, 개념이나 내포도 아닌, 특정 지시물과의 연결, 즉 지시(reference) 그 자체라고 보아야 한다는 것이다.

4. 이름의 지시물의 존재 자체가 부정될 때

보충적으로, 앞서 러셀이 고유명칭을 한정 기술구로 대체했던 이유 가운데 하나로 이름의 지시물의 존재를 부정하는 경우에 대해 생각해 보자.

(14) 아리스토텔레스는 존재하지 않는다.

(14)에서는 '아리스토텔레스'가 이 문장의 주어이자 화제로 제시되어 있다. 이렇게 한정 표현이 문장의 주어이자 화제가 될 때 그 한정 표현은 그것이 가리키는 지시물의 존재를 전제한다. 즉 우리는 '아리스토텔레스'를 이미 알고 있고 그의 존재를 의심하지 않기에 그것을 내세

12 일테면, 안양대학교 인문과학연구소가 군포나 의왕에 별도의 사무실을 마련하게 되어 소재지가 안양이 아니라 군포나 의왕으로 바뀌는 경우가 생긴다 해도, 심지어 학교 캠퍼스가 과천으로 이전해 연구소만이 아니라 학교 전체가 다른 곳에 소재하게 된다고 해도 교명을 바꾸지 않는 한 그 연구소의 명칭은 바뀌지 않는다.

워 논의의 대상으로 삼을 수 있는 것이다. 그런데 그에 대한 서술이 그가 존재하지 않는다는 것일 때 과연 이때의 주어이자 화제인 '아리스토텔레스'도 존재를 전제하고 있는 것일까?

이 경우, 우리는 먼저 (14)의 진의가 무엇인지에 대해서부터 생각해 볼 필요가 있다. 아마도 그 진의는 우리가 지금까지 '아리스토텔레스'라고 알고 있었던 존재, 즉 '플라톤의 제자' 혹은 '알렉산더 대왕의 스승', 혹은 '『니코마코스 윤리학』의 저자' 등으로 알고 있던 인물은 이름이 '아리스토텔레스'가 아니었다는 뜻이 아닐까? 아니면 그런 서술의 주체가 되는 '아리스토텔레스'가 실존 인물이 아니라는 뜻일까? 이러한 해석이 맞는다면 (14)는 적절한 표현이 아니라는 것이 이 책의 입장이다. 즉 아리스토텔레스로 가리켜진 인물이 실제로 존재하지 않는다면 (14)와 같은 문장 자체가 성립할 수 없다고 본다.

(14)가 우리가 달리 생각해 본 그런 뜻을 가지고 있다면 (14)의 표현은 바뀌어야 한다. 일테면, "(우리가 아는) 아리스토텔레스는 이름이 아리스토텔레스가 아니다." 내지는 "(우리가 아는) 아리스토텔레스는 실존 인물이 아니다."라고 표현되는 것이 옳다. 하지만 비록 그의 이름이 아리스토텔레스가 아닐지라도 (14)의 '아리스토텔레스'가 아무도 가리키고 있지 않다고 볼 수는 없다. 만일 우리가 아리스토텔레스로 알았던 그런 인물에 대한 모든 기록이 허구, 즉 소설가의 상상 속에서 만들어진 것이었다 해도 우리가 그런 이야기 속에서 접한 가상적 인물을 알고 있고 그를 '아리스토텔레스'로 부르고 있다면 그의 이름은 '아리스토텔레스'이고 그렇게 가리켜질 수 있는 것이다.

만일 (14)가 "(네가 아는) 그런 아리스토텔레스는 존재하지 않는다."라는 뜻이라면 그렇게 수식이 붙어야 하며, 아무런 수식이 없는 "아리스토텔레스는 존재하지 않는다."와는 판연히 다른 뜻이 된다. 이렇게 '그런'과 같은 수식이 붙을 때의 '아리스토텔레스'는 더 이상 고유명칭으로 사용된 것이 아니고, '아리스토텔레스'를 대체할 수 있는 한정 기술구적 내용을 대신하는 보통명칭으로 사용된 것으로 이해할 수 있게 된다. 마치 '이순신'이 '위대한 해군 제독'을 상징하는 표현으로 이해되듯이 '아리스토텔레스'도 '알렉산더 대왕의 스승'과 같은 기술 내용을 대신하는 표현으로 사용될 수 없는 것은 아니다. 하지만 이런 용법으로 사용된 표현은 더 이상 고유명칭으로 보기 어렵다.

고유명칭은 언제나 지시물이 먼저 확인되어야 하고 그것을 가리키기 위해 사용되어야 한다. 우리(같은 언어의 화자들, 혹은 동시대를 살아가는 세계인들)가 공유하고 있는 많은 고유명사는 이미 무엇인가 유명한 기술 내용을 가지고 있는 경우가 많다. 그 고유명사가 가리키는 지시물을 먼저 인지하지 못하고 그 기술 내용에 더 주목하게 된다면 그때의 그 고유명사는 더 이상 고유명칭으로 사용되지 않은 것이고 보통명칭으로 사용되었을 수 있다. 이에 대해서는 뒤에서 다시 더 살펴보기로 하겠다.

5. 한정 기술구의 두 가지 용법

앞서 고유명칭의 주된 기능이 개체를 지시하는 기능임을 확인했고, 고유명칭이라는 언어 표현의 의미가 그 언어 표현이 그것이 가리키는 지시물을 가리키도록 연결해 주는 것 외에, 실제로 그 대상에 대해 무언가 말해 주는 것이 있는지에 대해서는 부정적인 입장을 취할 수밖에 없음을 충분히 제시했다고 생각된다. 이러한 판단에 대해서는 고유명칭의 의미에 대해 논의를 베풀었던 학자들이 대체로 동의하는 것으로 이해된다. 그런데 도넬란(Donnellan 1966)은 고유명칭만이 아니라 한정 기술구의 사용도 개체를 가리키는 데 주된 목적을 두어 그것을 사용하는 경우와 특정 대상을 염두에 두지 않고 그 기술구의 속성에 부합하는 대상을 한정하는 데 목적을 둔 경우로 구분되어야 함을 심도 있게 제시하고 있다.

즉 한정 기술구는 이름이 아니어서 기본적으로는 그 기술구의 속성을 가진 대상을 한정하는 데 목적을 두지만, 실제로 한정 기술구가 사용될 때는 그 기술에 부합하는 대상이 없어도 청자가 찾아갈 수 있게 하는 지시에 주목적을 두고 사용될 수도 있다는 것이다. 그는 이 두 쓰임을 각각 한정 기술구의 속성적 사용과 지시적 사용이라고 불렀다.

(15) 형호의 살해범은 미친놈이다.

(15)에서 '형호의 살해범'이라는 한정 기술구는 그 범인이 이미 잡혔고 화자가 그 범인을 확인했을 경우 그 범인을 바로 가리키기 위한 표현으로 사용된 것이 되고(지시적 사용), 아직 범인이 누구인지 모르는 경우엔 그 대상을 특정할 수는 없지만 그 기술구의 속성에 부합하는 사람을 한정하는 데 사용된 것이 된다(속성적 사용).

러셀이 고유명칭을 한정 기술구로 치환될 수 있다고 보았을 때는 한정 기술구의 속성적 사용만을 염두에 두었고 그럴 경우 그 기술에 부합하는 유일한 지시물이 존재한다고 믿었던 것이다. 그래서 그는 그 지시물이 존재하지 않을 때 그러한 한정 기술구를 가진 전체 문장은 거짓이 된다고 보았다. 하지만 스트로슨(Strawson 1950)은 속성적 사용과 지시적 사용 사이의 구별에는 관심이 없고 속성적 차원에서 거짓인 한정 기술구라도 지시에 성공했을 경우, 그렇게 가리켜진 대상의 존재를 전제로 보고 그것에 대한 서술이 참인지 거짓인지를 따질 수 있을 뿐, 한정 기술구에 해당하는 지시물이 없거나 확인되지 못했을 경우 그러한 한정 기술구를 포함한 전체 문장은 참인지 거짓인지 알 수 없다고 보았다. 하지만 도넬란은 한정 기술구의 속성적 사용과 지시적 사용을 구분해 한정 기술구가 지시에 성공한 경우라도, 속성적인 면에서 참인 경우와 거짓인 경우를 더 세분할 수 있음을 지적한 것이다.

여기서는 고유명칭만이 아니라 한정 기술구도 그 기술적 속성과 부합하지 않는 지시적 사용이 가능하고 속성적 사용도 일반적으로는 지시성을 가질 것이므로[13] 속성적 사용으로부터 지시적 사용이 구별되는 것이 고유명칭의 발생과 동일한 원리에 의한 것일 수 있음을 지적해 두고자 한다.

즉 한정 기술구는 어의가 없다고 할 수 없고 일반적인 언중의 공유된 지식 속에 한정적으로, 즉 영어에서는 정관사 'the'로 표시될 수 있듯이 유일하게 한정될 수 있는 존재가 있다고 전제하면서 화자가 말을 하고 그에 상응하는 실재 지시물이 있다는 것은 그 지시물이 그 한정 기술구의 표의라고 할 수 있는 것이다. 그러한 언어 표현과 지시물 사이의 대응은 언어의 사용, 즉 화용론적 문제가 아니라 언중의 언어 지식에 의해 합의된 내용, 즉 사전적 지식이어서 의미론의 문제가 되는 것이다. 그것이 한정 기술구의 속성적 용법이고 이때는 그 가리킴의 대상이 존재하는 것이 정상적이다. 그런데 그런 지시물이 존재하지 않는다면 그것은 의미론적 오류가 개재되는 것이니 그런 표현이 들어 있는 문장이 거짓이라고 말할 수도 있을 것이다. 하지만 지시적 용법은 그 언어 표현과 그 속에 이미 존재하는 의미론적 지식을 활용해 실제 상황 맥락에서 해당 지시물을 찾아가는 과정이 되는 것이고, 그것은 화용론적 문제이며, 표의상으로는 지시물이 존재하지 않더라도 상황 속에서 화자가 의도하는 지시물이 확인된다면 그 상황 속에서는 그 언어 표현의 내용적 의미와 지시물의 부합 여부만을 가지고 그것을 포함한 문장을 거짓이라고 말할 수는 없고, 이어지는 서술의 타당성에 따라 참, 거짓 여부가 가려지게 되는 것이다.

13 이때의 지시성에 의한 지시물은 표의라고 부를 수 있다.

제3장

이름의 화용론

1. 지시물과 연결되는 언어 범주

앞 장의 내용을 간단히 정리하자면, 결국 고유명칭은 의미를 가지지 않고 지시물과의 연결만을 가진다는 얘기가 된다. 여기서 말하는 의미라는 것은 주로 개념적 의미, 즉 뜻을 말하는 것으로, 그러한 의미는 언어기호 속에 청각 영상과 관습적으로 결합되어 있는 개념 영상을 가리킨다. 고유명칭은 그렇게 사용되는 말 자체에는 뜻이 있는 것처럼 보이더라도 그 말을 정보 제공을 위해 사용하는 것이 아니라 지시물에 연결하는 용도로만 사용하기 때문에, 그 말의 뜻을 화자가 전혀 보장해 주지 못한다는 의미에서 고유명칭에는 뜻이 없다고 말하는 것이 정확하다고 보는 것이다. 어떤 화자가 '미숙(美淑)이'라는 이름을 가진 사람을 미숙이라고 이르거나 부를 때, 그 화자는 그가 가리키고 있는 미숙이가 아름답고 맑은 존재라는 점을 기술하고 있는 것이 아니라는 뜻이다.

그가 미숙이를 미숙이라고 이를 수 있는 것은 단지 그렇게 일러지는 그 사람의 이름이 미숙이라는 것을 자신이 알고 있고 청자도 그 사실을 알고 있어서 그렇게 일렀을 때 청자가 누구에 대한 이야기인지를 알아들을 것이라는 점을 믿기 때문이다. 그래서 지시가 곧 이름의 의미라고 한 것은 이름이 그것이 가리키는 지시물과 연결된다는 것 때문인데, 그렇게 이름이 특정 지시물과 연결되는 것은 실제로는 어떤 언어공동체 전체의 문제가 아니며 그 이름과 지시물 사이의 관계를 아는 사람들 사이에서만 성립된다. 고유명칭의 문제를 논할 때 많은 경우, 유명인이나 공적인 존재의 이름을 예로 드는 일이 많은데 그런 예들은 문제의 성격을 왜곡할 가능성이 적지 않다. 이름은 존재가 먼저 부각되어야 한다. 우리가 그 이름을 이름으로 사용할 수 있게 되는 것은 그 존재(대상)의 이름이 무엇이라는 것을 아는 지식 때문이지 그 이름이 그 언어를 아는 사람이 다 알 수 있는 어떤 의미(뜻)를 가지고 있기 때문이 아니다.

언어에는 이렇게 지시물의 존재를 전제한 표현들이 존재한다. 할리데이·하산(Halliday & Hasan 1976)은 지시의 유형을 크게 둘로 나누어 내부 지시(endophoric reference) 또는 내부 조응(endophora)과 외부 지시(exophoric reference) 또는 외부 조응(exophora)으로 대별했는데, 여기서 내부와 외부는 텍스트를 기준으로 텍스트 내부의 것을 지시하는가 아니면 텍스트 외부의 것을 지시하는가를 뜻한다. 그리고 그들은 내부 지시를 다시 순행 지시(anaphoric reference) 또는 순행 조응(anaphora)과 역행 지시(cataphoric reference) 또는 역행 조응(cataphora reference)으로 구분했다.

(16)

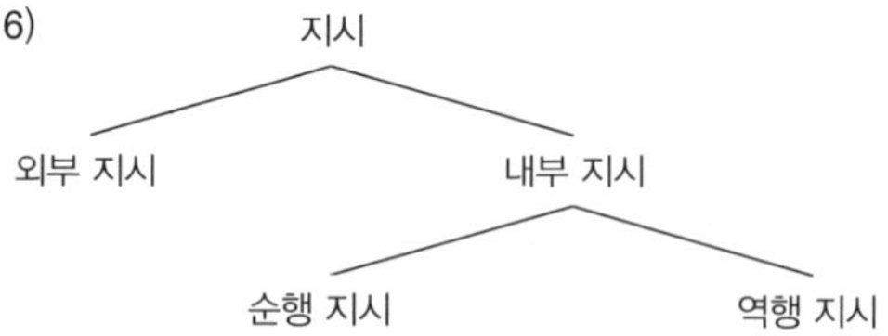

ㄱ. 쟤 저기서 뭐하니? (외부 지시)

ㄴ. 나 어제 새로 생긴 빵집$_i$ 가 봤어. 거기$_i$ 정말 좋더라. (내부 지시 중 순행 지시)

ㄷ. 너 거기i 가 봤어? 우리 동네에 새로 생긴 빵집i 말이야. (내부 지시 중 역행 지시)[1]

(16)에 제시된 '걔', '저기', '거기' 같은 표현들은 그 의미가 무엇일까? '걔'는 '화자로부터 멀리 있는 개체', '저기'는 '화자로부터 멀리 있는 장소', '거기'는 '현재의 발화보다 앞이나 뒤에서 언급된 적이 있는 장소'를 의미한다고 말할 수 있을 것이다. 그러나 이런 표현들은 그러한 뜻이 그 표현 속에 있지만 실제 지시물을 알지 못하면 해석이 불가능하다.[2]

이와 같이 언어에는, 의미론적으로는 그 표현이 실제 지시물과 어떤 방식으로 관계하는지를 아는 것으로 충분하고, 그 해석의 나머지 부분(실제 지시물)은 그 표현을 사용하는 맥락 속에서 확인되어야 하는 표현들이 다수 존재한다. 위의 지시 표현들의 뜻이 위에 제시한 것들과 같다면 이름에는 어떤 뜻이 있을까? 이미 앞 절에서 이름에는 별도의 뜻이 없음을 논의한 바 있기도 하거니와, 이름은, 반복적 경험으로 그것이 이름이라는 사실을 짐작하거나, 인명의 경우, 때로는 성별이 짐작될 수 있다는 것 외에, 필요·충분하게 요구되는 의미는 없는 것으로 판단된다.[3]

언어의 해석이 전달되는 메시지에 전적으로 의존하는 것이 아니라

---

1 i는 지시의 동일성을 표시하기 위한 지표다.

2 이 표현들이 담고 있는 의미가 제시하는 조건에 맞는 실제 지시물 가운데서 화자가 가리키고 있는 것을 알아차리는 것이 제일 중요하다.

3 한국 성명학에서 1940년대 여성 이름으로는 '자(子)', '숙(淑)', '정(貞)', '경(敬)', '순(順)' 등의 글자를 넣는 것을 선호했고 1960년대 이후에는 '미(美)'가 많이 쓰이게 되었다고 한다(김만태 2016). 그러나 그렇다고 해서 이러한 글자들이 들어 있는 이름은 그 이름의 주인이 여성이라는 뜻을 가지고 있다고 볼 수 있을까? 이런 것이야말로 관습적, 그래서 언어 표현에 결부되었다고도 볼 수 있는 고정함축이다. 이것을 고정함축으로 보는 것은, 그것이 명백히 개념적 의미는 아니지만 그런 글자 가운데 하나를 남성의 이름으로 사용했을 때에도 우리는 그가 여성에게 주로 쓰이는 글자를 이름으로 가졌다는 점을 상기시키거나 그를 놀림의 대상으로 삼기도 할 수 있다는 점까지 고려할 수 있기 때문이다.

그 메시지가 사용되는 언어 맥락(문맥)과 상황 맥락(화맥)을 고려해야 가능한 것이라면 그러한 해석의 원리를 다루는 분야는 더 이상 통사론이나 의미론이 아니라 화용론이 된다. 화용론은 사용된 발화에 대해 그것을 둘러싼 모든 맥락, 즉 화자·청자 요인과 언어 맥락, 상황 맥락 등을 고려해 최적의 해석을 산출하는 원리를 다루는 분야이기 때문이다.

(17)

통사론과 의미론의 연구 범위는 (17)의 도식 중 메시지에 국한된다. 통사론은 음성 형식들 사이의 결합 가능성을 다루는 분야이며, 의미론은 각 음성 형식에 관습적으로 결합되어 있는 뜻들과 그것들 사이의 합성성(合成性; compositionality)을 다루는 분야다. 그러나 이러한 형식과 의미 내용은 말의 구성 원리와 보편적 해석을 보여주는 데 그치며 실제 사용된 말(발화)의 맥락 요인을 모두 고려한 구체적인 해석, 즉 실제로 화자가 언어를 사용해 전달하고자 하는 의도까지를 모두 찾아내주지는 못한다. 따라서 언어 의사소통을 이해하고자 할 때는, 화자, 청자를 포함한 모든 상황 맥락과 선·후행 언어 맥락을 모두 활용해 화자가 청자에게 보내는 의도, 청자가 스스로 구성해 내는 추리까지를 연구 대상으로 삼는 화용론적 접근이 필수적이다.

(16ㄱ)의 외부 지시는 (17)의 상황 맥락에서 지시물을 확인해 언어 표현 '재', '저기' 등의 표현을 사용하고 있으며, (16ㄴ, ㄷ)의 내부 지시에 속하는 순행 지시와 역행 지시는 모두 (17)의 언어 맥락에서 확인되

는 지시물을 확인해 언어 표현 '거기'를 사용하고 있는 예이다.

2. 화시 표현

이렇게 맥락 속의 지시물을 바로 가리킬 수 있는 언어 표현으로 세 가지 유형을 들 수 있는데, 그것들은 화시 표현, 대용 표현, 고유명칭이다. 그 가운데 화시 표현(話示表現; deictics)이라는 것은 화자가 자신의 위상(인칭 면에서의 '나', 장소 면에서의 '여기', 시간 면에서의 '지금')을 참조점으로 하여 상황 맥락적 요소를 직접 가리키는 표현들을 말한다. 이러한 표현들은 상황 맥락을 알지 못하면 그 표현들 자체로서는 정확한 해석이 불가능하다. '나 지금 여기 있어요.'라는 문장이 있을 때 이 문장의 의미는 무엇인가? 우리는 이 문장을 어떻게 해석해야 할까? '나'는 누구이며, '지금'은 언제이며, '여기'는 어디인가? 화자가 그 말을 하는 현장에서만 그 표현들의 의미를 확인할 수 있다. 즉 그 표현들은 상황 맥락 속의 요소를 가리키는 것이 주된 기능이며, 그 과정에서 그 표현의 뜻은 지시물을 찾아가는 일을 도와준다. 이러한 현상을 화시(deixis)라고 부르며 대표적인 화용론적 현상들 가운데 하나다.[4] (16)의 외부 지시가 바로 화시에 해당하는데, 화시 표현 가운데는 인칭 화시 표현, 장소 화시 표현, 시간 화시 표현이 있고 이것들로부터 사회 화시 표현, 담화 화시 표현 등으로 더 확장될 수 있다. 인칭 화시 표현은 화자와 청자를 아우르는 '우리'로부터 1인칭에만 쓰이는 '나', 2인칭에만 쓰이는 '너, 너희' 등으로 분화되는 차원이다. 장소 화시 표현은 '여기, 거기, 저기'를 비롯해 '이, 그, 저'와 결합되는 모든 표현들을 들 수 있고 동사인

4 '화시'는 '직시(直示)'라고 옮기기도 한다. 그러면 '화시 표현'은 '직시 표현'이 된다. 직시가 직관적으로 더 쉽게 다가와서 더 널리 쓰이는 경향이 있는 것 같지만, 발화 상황 속에서 맥락을 가리킨다는 의미를 살리기에는 화시가 더 나아 보인다.

'오다, 가다'도 화자의 위치를 참조해야 정확히 해석할 수 있는 표현들이다. 시간 화시 표현은 '지금'으로부터 확장된 '오늘, 어제, 그저께(그제), 그끄저께, 내일, 모레, 글피, 그글피' 등의 날짜를 가리키는 표현들을 비롯 '옛날, 아까, 방금, 곧, 이따가'나 '오분 전', '삼십분 후', '-었-, -겠-, -(으)리-, -을 것이다' 등이 대표적이다. 사회 화시는 화자가 자신의 사회적 위상을 기준으로 청자를 하대하거나 존대하는 모든 표현 방식으로, '자네, 당신, 그대'만 해도 화자가 청자를 자신과 대등하거나 낮은 사회적 위상을 가지고 있다고 여기면서 이르는 표현임을 알 수 있고, '-습니다, -오, -게, -(어)라, -어(요)' 등의 종결어미도 그것들을 사용할 때 화자 자신과 청자 사이의 사회적 높낮이가 고려된다. 담화 화시 표현은 텍스트 내에서의 특정 발화의 위치를 표시하는 말들로, 텍스트 내에서 시간 표현('지금까지')이나 장소 표현('앞에서', '여기서는')이 쓰이면 그런 역할을 하며 '상기(上記)' 등 문어적인 표현도 있다.

의미론적 해석을 위해서라면 그저 가리키는 대상이 채워지고 특정 시간, 특정 장소가 필요한 경우에 정해져 있기만 하면 되는데, 화시 표현은 그 구체적인 값들을 찾아가기 위해 맥락이 활용되어야 한다는 점이 특징적이다.

3. 대용 표현

다음으로, 대용 표현에 대해 생각해 보자. 대용 표현(代用表現; substitutional expressions)이란 말 그대로 다른 표현을 대신해 사용하는 표현을 가리킨다. 품사로 말하자면 대명사가 될 텐데, 대명사이기는 앞에서 살펴본 1, 2인칭 화시 표현도 마찬가지다. 따라서 대용 표현이라는 것은 대명사라고 말하는 것보다 더 한정된 의미를 가진다. 대명사는 무엇인가를 대신해 사용하는 말이기 때문에 앞의 (16)에서 살펴보았던 외부 지시 표현이나 내부 지시 표현이 모두 해당되지만, 화시는 외부 지시에 상응하는 개념이고 대용(代用; substitution)은 내부 지시, 즉 텍스트의 선·후행 언어 맥락에 나온 표현을 대신 가리킬 때에 한정되며, 주로 3인칭 대명사에 해당한다.[5] (16ㄴ, ㄷ)의 '거기'가 좋은 예인데, '거기'는 그렇게 선·후행 맥락 속의 다른 표현을 대신 받는 대용 표현이기도 하지만, 앞서 살펴본 화시 표현에도 포함되어 있었다. 그렇지만 표현이 동일해도 화시인 경우와 대용인 경우는 구별된다. 화시인 '거기'는 선·후행 맥락이 없이, 화자가 청자에게 가까운 장소를 바로 가리키는 표현일 때다. 그것은 (16ㄴ, ㄷ)과 같이 언어 맥락을 가리키는 경우와는 다르다. 대용일 때는 선행 발화나 후행 발화에 출현했거나 출현할 표현을 대신 가리키는 표현이므로 청자와의 거리를 고려한 표현이 아니니까 말이다. 현대국어에서는 화시 표현인 '이, 그, 저' 중에서 '이, 그'나 그것들과 결합하는 표현들은 대용에도 많이 사용되지만 '저'나 '저'와 결합하는 표현들은 대용에서 사용되지 않는 점이 눈에 띈다.

(18) 어제 옛 친구i를 만났는데, {이 녀석i/그 녀석i/*저 녀석i}은 학창 시절 나와 단짝이었다.

(18)에서 '이'나 '그'와 결합하는 '이 녀석'과 '그 녀석'은 선행 언어 맥락의 '옛 친구'를 가리킬 수 있지만 '저 녀석'은 그러기 어렵다.[6] 이런

---

5 또한 대명사(代名詞)는 품사 분류 차원의 개념이며 대용(代用)은 기능 분류 차원의 개념이어서 이 두 개념이 동일 선상에서 비교될 수 있는 것은 아니지만, 두 개념의 외연이 동일하지 않음은 지적해 둘 만하다.

6 '저'가 대용적 기능을 잃어버린 것은 20세기 중반 이후의 일이라고 추정된다. 한국어 성경 판본 중 1952년에 나온 개역한글판『성경전서』에서는 '저'가 대용의 기능을 수행하고 있다.

(i) 하나님이 세상을 이처럼 사랑하사 독생자를 주셨으니 이는 저를 믿는 자마다 멸망치 않고 영생을 얻게 하려 하심이니라.(요한복음 3:16)

대용적 상황에서 '이'와 '그'의 차이는, '이'는 화자가 청자에게 좀 더 감정을 이입하는 경우에 사용할 수 있는 표현이고 '그'는 적당히 거리를 두고 중립적으로 가리키는 경우에 사용할 수 있는 표현이라는 점이다.

'이, 그, 저'가 결합될 수 있는 화시 표현들 가운데 대용어로 발전한 것은 '이, 그'와 결합될 수 있는 '이것', '그것', '얘('이 아이'의 줄어든 말)', '걔('그 아이'의 줄어든 말)', '이이', '그이', '이분', '그분' 등이 있다. 다른 명사가 결합되지 않은 '이'나 '그'도 대용적 대명사일 수 있으나 '이'는 사람이 아닌 추상적인 사실을 가리킬 때 주로 사용되고 '그'는 사람을 가리킬 때 주로 사용된다는 차이가 있다.

(19) ㄱ. <u>이</u>는 그의 말이 사실이 아님을 보여 주는 확실한 증거다.
ㄴ. <u>그</u>는 나를 어떻게 생각할까?

어떻든 이러한 대용 표현들도 의미론적으로는 그저 값(지시물)이 주어지면 되는 자리에 대해, 가깝고 먼 언어 맥락으로부터 그 값이 채워질 것을 요구한다. 그래서 그 값을 직접적으로 가리키는 표현이 얼마나 가까이 있어야 하는지를 통사적으로 규정하려는 노력들이 있고, 그런 형식적 조건은 또한 인간의 기억 여건과 같은 인지적 요인과도 무관하지 않을 것이다. 대용 표현은 그 선행어가 같은 문장 속에서 찾아진다면 화용론에 의지하지 않고 통사적으로 해소될 수 있지만, 한 문장의 범위를 넘어서게 되면, 선행 문장의 해석이 전제되어야 하기에 담화론과 화용론의 연구대상이 된다.

반면, 1998년에 나온 개역개정판에서는 '저'가 '그'로 대체되어 있다.

(ii) 하나님이 세상을 이처럼 사랑하사 독생자를 주셨으니 이는 <u>그</u>를 믿는 자마다 멸망하지 않고 영생을 얻게 하려 하심이라. (요한복음 3:16)

4. 고유명칭

세 번째로, 맥락 속의 지시물을 직접 가리킬 수 있는 표현이 바로 고유명칭이다. 그런데 고유명칭이 가리키는 지시물은 어떤 맥락 속에 있는 것일까? 메시지 속에 있다고 보기는 어렵다. 어느 정도 메시지, 즉 언어기호 속에 관습화된 부분이 있다고 해도 지시물을 먼저 알지 못하면 소용이 없다. 그런 의미에서 고유명칭이 특정 지시물과 연결된다는 자체가 모국어 화자의 언어지식의 문제인지에 대해 답하는 것은 쉽지 않다. 모든 지시물이 특정 언어의 개별 화자들의 머릿속에 존재하지는 않기 때문이다. 일정 부분 대다수 모국어 화자의 머릿속에 공통적으로 존재하는 지시물들의 범위가 있을 것이지만, 대부분은 모든 화자들에게 공통적이지 않으며, 개별 화자의 경험에 따라 극소수의 머릿속에만 공존할 수도 있고, 상당히 많은 사람들의 머릿속에 공존하지만 모든 화자들에게 공통적이라고는 할 수 없는 경우에 이르기까지 다양할 것이다.

앞서 종의 이름도 그것을 유일하게 가리키기 위해 사용되었을 때는 고유명칭으로 보아야 함을 언급했었는데, '개', '고양이' 등 보통명사로 쓰이는 일이 많은 종의 이름은 대체로 그 언어를 사용하는 언중들의 머릿속에 공통적으로 존재한다고 볼 수 있다. 그런 맥락에서는 동물 이름뿐만 아니라 '사람', '밥', '옷', '집', '남자', '여자', '김치' 등 많은 보통명사들이 그러한 종을 유일하게 가리키는 이름이 될 경우에는 그것들이 화자와 청자의 머릿속에 존재하는 공유지식(共有知識; shared knowledge)으로서 바로 가리켜질 수 있다. 종의 이름이 아니라 특정 실체의 이름이라도 '한국', '서울', '이순신', '세종대왕', '한강' 같은 것들은 한국어를 사용하는 화자라면 대체로 다 아는 이름들이 아닐까? 이런 고유명칭들은 종의 이름처럼 한국어를 사용하는 언중들의 머릿속에 공통으로 존재한다고 보아도 될 만한 것들이다. 하지만 내 친구 '박인

규', 내 아이 '동현이' 같은 이름은 그렇지 않을 것이다.

어떻든 이런 이름들이 바로 어떤 실체를 가리킬 수 있는 것은 그런 실체들이 적어도 화자와 청자의 머릿속에 공유지식으로 존재하기 때문이다. 이러한 현상은 화시나 대용과도 구별될 수 있다. 화시와 다른 점은 화자와 청자가 교체되는 등 상황 맥락의 변화에 따라 시시각각 다른 실체를 지시하는 것은 아니라는 점이다. 그래도 동명이인과 같은 동음이의적 이름들의 중의성이 해소될 수 있는 것은 상황 맥락이 참조되기 때문이므로, 화시와 유사한 점은 있다. 많은 사람이 공유한 이름이 아닌 소수의 사람들만이 공유한 이름은 그 이름으로 그 이름이 가리키는 대상을 가리킬 수 있다는 것이 그 소수의 사람들이 대화하는 상황 속에서만 일어날 수 있는 일이기는 하니까 말이다. 다른 한편으로 이런 현상은 당연히 대용과도 구별된다. 대용이란 언어적 선·후행 맥락에 출현했던 지시 표현의 지시물을 되가리키는 일인데, 이름은 그런 언어적 맥락과 상관없이 바로 그 이름이 표의하는 대상을 가리킬 수 있게 해 주기 때문이다.

우리는 이러한 고유명칭의 특성을 전제(前提; presupposition)라는 현상의 일종으로 설명할 수 있다.

(20) 프랑스 왕은 대머리다.

(20)이 발화될 수 있기 위해서는 '프랑스 왕'의 존재가 전제되어야 한다. (20)에서 '프랑스 왕'의 존재를 전제라고 말할 수 있는 것은, (20)이라는 단언에서 문제가 되는 부분은 '프랑스 왕'의 존재 여부라기보다는 그가 대머리인지 아닌지 여부이기 때문이다. '프랑스 왕'의 존재가 전제되지 않는다면 (20)은 해석될 수 없는 문장일 뿐 아니라, 왜 그런 말을 했는지 이해할 수 없는 발화가 된다. 이런 문제 때문에 스트로슨(Strawson 1950)은 이런 경우 그 말을 사용할 수 있는 맥락이 존재하지

않는다면 그 발화 자체가 무의미해 참/거짓 여부를 따질 수 없다고 주장한다.[7]

여기서 말하는 전제라는 것은 화자가 어떤 발화를 통해 어떤 발화행위(發話行爲; 화행; speech act)를 할 때 발화행위의 일부가 아니라 그 발화와 구별되는 당연시되는 부분, 즉 전제된 부분을 언어적으로 구별해 두는 현상을 가리킨다.[8]

(21) ㄱ. 그는 친구에게 나쁜 말 한 것을 후회한다.
ㄴ. 넌 나를 왜 배신했니?

(21ㄱ)의 '후회하다'와 같은 동사는 어떤 행동이나 일과 관련된 내용을 목적어로 요구한다. 따라서 명사내포절(여기서는 '친구에게 나쁜 말 한 것')을 목적절로 가지는 경우가 흔하다. 그러면서 이 '후회하다'라는 동사는 이미 일어난 일에 대한 감정적 판단을 표현하는 단어이기 때문에 어떤 일을 후회하기 위해서는 그 일은 이미 일어난 일이어야 한다. 이와 같이 감정이나 인식에서의 어떤 판단을 표현하는 동사들은 통사적으로 명사절을 요구하는 것과 마찬가지로 그 판단의 대상이 되는 행동이나 사건이 이미 기정사실이기를 요구하는 것이기도 하다. 이런 경우에 '후회하다'라는 동사는 어휘적으로 그 내포절의 내용을 전제로 요구한다. 따라서 누군가가 (21ㄱ)을 참이라고 단언한다면 그가 친구에게 나쁜 말을 한 일도 참이 된다. 내포절이 전제되는지 아닌지를 판단할

7 이는 '프랑스 왕'이 유일한 지시물로 존재하지 않을 경우 그것을 포함한 문장을 거짓이라고 했던 러셀(Russel 1905)과는 대비되는 입장이다.

8 발화행위(화행)의 예로는 진술, 단언, 질문, 요청, 약속, 감탄, 허락, 경계, 축하, 사과, 경고, 조언, 비난, 명명, 선포 등 우리가 말로서 할 수 있는 모든 행위들을 들 수 있다. 여기서 전제가 어떤 화행의 일부가 아니라고 하는 말은, (21ㄱ)을 진술 화행이라 할 때, "그가 친구에게 나쁜 말을 했다."는 참·거짓을 논할 대상이 아니라 기정사실이라는 것이다. 그러니까 (21ㄱ)은 "그는 친구에게 나쁜 말을 했다."는 전제로 삼고 '후회한다'를 진술 행위의 대상으로 삼고 있다는 뜻이다.

때 유용한 테스트는 '후회하다'를 부정해 보는 것이다. 그러면 "그는 친구에게 나쁜 말 한 것을 후회하지 않는다."가 되는데 이때도 그가 친구에게 나쁜 말을 한 것은 기정사실화 되어 있다. (21ㄱ)에서 전제된 부분과 진술된 부분을 구별해 표시하자면 다음과 같을 것이다.

(21ㄱ') [그가 친구에게 나쁜 말을 했음]$_{\text{전제}}$ [그는 그 일을 후회한다.]$_{\text{진술 (발화행위)}}$

(21ㄴ)은 의문사 '왜'를 가지고 있는데 의문사는 대개 이유를 묻는 표현이다. 우리가 어떤 일과 관련된 무엇을 묻는다는 것은 이미 그 일이 일어난 것을 기정사실화하고 있다는 뜻이 된다. 그러니까 (21ㄴ)은 "너는 나를 배신했다. 그런데 네가 나를 배신한 것은 왜이니?"가 되며 의문사는 그 의문사를 제외한 나머지 부분을 전제로 요구한다.[9] 이러한 전제는 (21)과 같이 서술어나 의문사에 의해서만 언어적으로 요구되는 것 외에도 언어적으로 요구되는 경우가 다양하다.

(17')

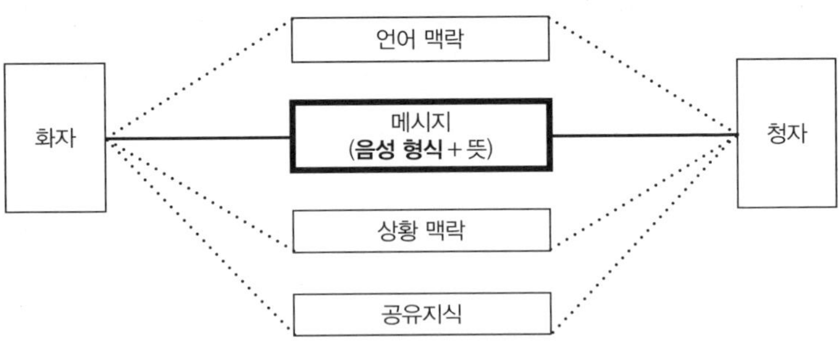

9 이때는 부정 테스트를 활용할 수 없는데 그 이유는 평서문이 아니어서 내포절 이외의 부분을 부정하기가 어렵기 때문이다. 굳이 생각하자면 "너는 나를 배신했는데, 나는 그 이유가 궁금하지 않아."와 같은 의미를 가진 발화가 되어야 할 것이다.

화시가 화자와 청자를 포함한 상황 맥락적 요소를 바로 가리키는 표현이었다면 전제는 (화자에 의해서) 화자와 청자가 공유하고 있는 것으로 가정되는 지식을 바로 가리키는 현상을 뜻한다. (17')는 (17)의 도식을 확장해 제시한 것이다.

즉 전제를 유발하는 표현들은 어떤 의미 내용을 화자와 청자가 공유하고 있었던 것으로 기정사실화하면서 다시 그것에 대해 새로운 내용을 덧붙이는 형식을 구성하는데, 그러한 전제들은 언어 표현의 어휘적 의미에 의해 유발될 수도 있고 언어의 구조나 문법소에 의해 유발될 수도 있다.

화시는 상황 맥락에서 자명하거나 확인 가능한 것을 바로 가리키는 현상으로 언어마다 그런 표현들이 있고, 대용은 언어 맥락에서 자명하거나 확인 가능한 것이 가리키는 대상을 바로 가리키는 현상으로 언어마다 그런 표현들이 있다. 이에 반해 전제는 어떤 지식 내용을 제시하면서 그것이 화자와 청자의 공유지식으로 이미 존재하는 것처럼 취급해 바로 가리키는 현상이고 언어마다 그런 처리를 도와주는 표현이나 문법적 수단이 존재하는 것이다.

전제와 관련해서는 특히 전제가 언어적으로 구별되게 표시되는 경우, 즉 전제 유발자(presupposition trigger)가 나타나는 경우를 언어학에서는 의미론적 전제라고 부른다. 앞서 (14)에서와 같은 존재 전제는 (20)에서 '프랑스 왕'이 주어이기도 하면서 {은}에 의해 화제로 표시되기 때문에 그런 통사적 위치에 의해 유발되는 의미론적 전제라고 말할 수 있다. 또한 어휘적으로도 한정 기술구로서 그 지시대상이 존재하지 않는다면 그런 표현을 쓸 수 없을 것이므로 존재 전제를 가진다고 볼 수 있다.[10] 고유명칭도 이런 면에서 그 지시물이 존재하지 않는다면 필요없는 언어적 표현이다. 가리키는 대상이 없는 이름이 어떻게 있을 수

10 영어의 경우 'the king of France'에서와 같이 정관사 'the'가 의미론적 존재 전제를 보장해 주기도 한다.

있겠는가. 즉 고유명칭은 맥락상에 존재하는 대상을 직접 가리키는 표현으로서 존재적 전제를 의미론적 전제로 가지는 표현 범주다.[11]

또한 (21)의 '후회하다', '왜' 따위가 의미론적 전제를 표시해 준다. 일어나지 않은 일을 후회할 수 없고 일어나지 않은 일의 이유를 물을 수 없으니까 말이다.

5. 화용론적 전제

그런데, 고유명칭을 의미론적 전제의 일종으로만 다루는 것은 지시 표현의 세 유형, 화시 표현, 대용 표현, 고유명칭의 차이를 드러내기에 적절치 않은 면이 있다. 왜냐하면 화시 표현과 대용 표현도 전제 유발 장치이기 때문이다. 그러니 전제라는 용어로는 고유명칭을 화시 표현이나 대용 표현으로부터 구별해 낼 수 없다. 그럼에도 고유명칭을 전제

11 문장의 화제가 전제를 표시해서 생기는 의미론적 전제와 한정 기술구나 고유명칭이 관사에 의해서나 내재적으로 가지는 의미론적 전제는 구분되어야 할 것이다. 한 문장 속에는 여러 가지의 전제가 중첩될 수 있지만 그렇다고 해도 각각의 전제는 구분될 수 있다.

예컨대, 스트로슨(Strawson 1964)은 "The exhibition was visited by the king of France."는 "The king of France is bald."의 경우와 달리, 'the king of France'가 지시물을 가지지 못한다 하더라도 문장의 참/거짓을 따질 수 있어서, 거짓으로 판정할 수 있다고 한다. 이 논의를 고유명칭으로 확대하면, "그 전시회에는 이몽룡이 다녀갔다."라는 문장을 생각해 볼 수 있다. 이때의 '이몽룡'은 춘향전의 주인공 가운데 한 사람인 가상적 인물이므로 실제로는 전시회에 다녀갈 수 없다. 그렇다고 해도 이 문장의 진위는 '말한 것에 대한 사고(de dicto)'에 의한 해석에 의존하게 될 뿐, '지시물에 대한 사고(de re)' 해석을 받을 수는 없을 것이다. 한정 기술구나 고유명칭도 그러할 것이지만, 화자가 진정성 있게 이런 문장을 말하려면 그런 표현들의 지시물을 전제해야만 할 것인데, 화자가 없는 지시물에 대해 그렇게 진정성을 넣어 발화할 수 있는 상황은 근본적으로 상정하기가 어렵다.

물론 "그 전시회에는 문재인 대통령이 다녀갔다."라고 말하는 경우에, '문재인 대통령'은 말한 것에 대한 사고 해석을 받을 수도 있고 지시물에 대한 사고 해석을 받을 수도 있다.

의 일종으로 봐야 한다고 하는 것은, 전제라는 용어가 상황 맥락이나 언어 맥락이 아닌 인지 맥락 속의 요소를 바로 가리키는 현상을 가리키는 용어로 사용되기 때문이다.

전제는, 전제가 언어적으로 확인되는 경우인 의미론적 전제를 넘어 화용론적 전제라는 개념으로 발전한다. 어떤 문장의 화용론적 전제라는 것은 화자가 어떤 문장을 발화할 때 통상적으로 그와 청자 사이에 그 대화가 가능하도록 해 주는 공통적인 지식 기반으로서 서로에게 유지되고 있을 것으로 기대되는 조건을 말한다.

화자는 청자에게 자신이 전달하고자 하는 내용을 전부 말로 설명하지 않고 청자가 그들 사이의 공유지식으로부터 말로 설명되지 않은 부분을 메우도록 요구하기도 한다. 아니, 더 나아가 청자에게는 그런 지식이 없다 할지라도 그들 사이의 공유지식 속에 그것을 넣도록 요구한다. 이러한 현상은 전제의 수용(受容; accommodation)이라고 부른다.[12] '전제의 수용'이 일어나는 예로는 (22)를 들 수 있다.

(22) 아이가 아파서 늦었어요.

이 말을 듣는 청자는 그 말을 듣기 전에 그 사실을 몰랐다면 그 화자에게 아이가 있다는 지식을 공유지식으로 수용하게 된다. 그러나 고유명칭은 청자에게 전제의 수용을 요구하는 정도는 아니다. 청자가 모르는 이름을 듣고서 그 이름의 지시물을 무턱대고 공유지식으로 수용할 수는 없는 일이기 때문이다.

절 단위에서도 화용론적 전제가 작동한다.

---

12 '수용(accommodation)'이라는 개념은 카르투넨(Karttunen 1974)과 스톨네이커(Stalnaker 1974)에 의해 논의되기 시작했고, 이 용어를 사용한 것은 루이스(Lewis 1979)에서다.

(23) A: 몇 시까지 돌아올 거예요?
B: 8시까지 돌아와야 하지만 영국 기차가 어떤지 알잖아요?[13]

(23B)의 '알다'는 인식적 판단을 표현하는 동사로 '후회하다'와 유사하게 그 내포절의 사실성을 의미론적으로 전제한다. 따라서 (23B)는 '영국 기차가 어떠하다'를 전제하고 있다. 그러나 '영국 기차가 어떠하다'의 실제 내용은 (23B)만으로는 알 수 없다. 그럼에도 불구하고 (23B)의 청자는 대개 그 발화를 통해 화자가 전달하고자 하는 의도를 이해하는데, 그럴 수 있는 것은 '영국 기차는 시간을 제대로 지키는 일이 없다.'고 하는 세상 지식이 많은 사람들에게 널리 알려져 있기 때문이다. 만일 그런 지식이 없다면 청자는 (23B)만으로는 화자의 의도를 알 수 없을 것이다. 이렇게 화자가 어떤 말을 했을 때 그 말의 해석을 위해 화자와 청자가 공유하고 있는 어떤 공통적 지식이 활용될 필요가 있다면 그런 공유지식은 그 발화의 화용론적 전제가 되는 것이다.

고유명칭은 화용론적 전제를 가지는데, 수용을 요구하는 정도는 아니고 지식적 전제를 가진다. 우리가 어떤 고유명칭이 고유명칭, 즉 이름이라는 것을 안다는 것은 그것이 가리키는 지시물의 존재를 전제한다는 정도를 보장해 주지만, 실제로 화자가 청자에게 어떤 이름을 사용할 때는 청자가 그것이 이름이라는 사실 외에 그 이름이 가리키는 대상과 관련된 사실들을 함께 전달할 것이기 때문이다. 그중에서도 가장 대표적인 화용론적 전제는 그 대상이 그 이름으로 불린다는 사실 자체일 것이다. 즉 이름이라는 것은 그 지시물의 속성이기도 하며 그 사실을 화자와 청자가 공통 지식으로 알고 있을 때 화자는 그 이름을 청자에게 사용할 수 있기 때문이다. 화자는 그가 청자에게 그의 머리에 떠올리도록 만들려고 하는 사람의 이름이 갑돌이고 청자도 그 사실

---

13 그런디(Grundy 2008)의 예를 조금 수정한 것이다.

을 알고 있다는 것을 안다. 그래서 화자는 그를 갑돌이라고만 가리키면 청자도 자신이 누구에 대한 앎을 전제하고 있는지 알 것이라고 믿는 것이다.

이름은 화자와 청자가 그 지시물에 대해 공통 지식을 많이 가지고 있을수록 더 많은 화용론적 전제를 도입할 수 있다. 예를 들어, 내가 피아니스트 조성진의 콘서트를 관람하고 나오면서 함께 갔던 친구에게 "역시 조성진은 조성진이야."라고 말했다면 그건 무슨 뜻일까? 앞쪽에 주어이자 화제로 쓰인 '조성진'은 그 사람 자체로서의 조성진을 가리키는 것이고 서술어 쪽에 쓰인 '조성진'은 쇼팽 콩쿠르에서 우승하기도 한 세계적인 피아노 연주자로서의 조성진을 뜻할 것이다.[14] 이와 같이 이름은 그것이 그 지시물의 이름이라는 전제 말고도 그 지시물의 속성이나 그와 연결될 수 있는 많은 사실들을 함께 전제로 가질 수 있다. 하지만 일차적으로는 상대방(청자)이 알고 있는, 그 이름으로 불리는 사람을 환기하게 하는 것이 고유명칭의 기능이다.

고유명칭은 상황적 요인에 따라 지시물의 값이 결정된다는 점에서 화시 현상과도 상통하지만 그 상황적 요인이 의사소통 상황의 현장에서 바로 결정된다기보다는 화자와 청자의 공유지식 속에서 결정되기 때문에 화시라고 말하기보다는 전제라고 말하는 것이 적절하다. 전제는 화시가 화자와 청자의 머릿속으로 확장된 것이라고 이해해도 좋을 것이다.

---

14 이때 '조성진'이 주어에 사용될 때와 서술어에 사용될 때 각각 다른 전제가 활용되는 것을 설명하는 데는 함축 이론의 도움이 필요하다. 주어로 사용된 '조성진'은 '어떤 사람이 조성진이라는 이름으로 불린다는 것을 아는 것'이라는 화용론적 전제를 활용하여 '조성진'의 지시대상을 확인하는 데 활용했지만, 서술어로 사용된 '조성진'은 주어와 동일한 표현이어서 동어반복이 되고 만다. 따라서 이 경우에는 그렇게 정보의 양이 없다는 것이 오히려 조성진은 조성진이라는 말로 표현하는 것이 가장 적절하다는 함축을 일으켜서 그런 조성진의 화용론적 전제("쇼팽 콩쿠르 우승자로서 세계적인 피아니스트다.")를 모색하게 만드는 것이다.

6. 고유명칭을 통한 지시물 도입의 메커니즘

고유명칭의 성격을 전제의 일종으로 규정하기는 했으나, 보다 인지적 관점에서 다시 한번 고유명칭의 성격을 정리해 볼 필요가 있겠다. 고유명칭은 대상을 지시하는 지시 표현이지만 화시 표현이나 대용 표현과는 구별된다. 화시 표현은 화자와 청자를 포함한 상황 맥락(상황 속에서 현저한 대상)을 바로 가리키는 언어 표현이고, 대용 표현은 선행 혹은 후행 언어 맥락에 이미 출현했던 지시 표현의 지시대상을 대체해서 가리키는 언어 표현이다. 그에 반해 고유명칭은 화자와 청자의 공유지식 속에 전제되어 있는 지시대상을 바로 가리키는 표현이다. 이때 그 공유지식은 화자가 청자가 이미 알고 있는 것으로 간주하는 정보이므로 화용론적 전제라고 볼 수 있다. 청자는 화자와의 공유지식 속에 있는 지시물을 알고 있고 그것이 그 화자와 자신 사이에 공유되어 있는 지시물임을 알기 때문에 그것의 이름을 들었을 때 그 지시물을 떠올릴 수 있다. 그렇기 때문에 화자는 고유명칭을 사용하면, 대용 표현의 경우와 달리 별도의 존재 도입의 과정 없이도 바로 특정 존재를 가리킬 수 있게 되는 것이다. 이러한 의미에서 고유명칭은 일종의 전제로 규정될 수 있다. 다만, 상황 맥락(화맥) 지시, 언어 맥락(문맥) 지시와 균형을 맞추려면 '인지 맥락(공유지식) 지시'라는 용어를 도입하는 것도 유용할 것이다.

실제로 고유명칭이 발화상에 나타났을 때 우리가 그 고유명칭의 지시물을 확인하는 과정은 스퍼버·윌슨(Sperber & Wilson 1995[1986])의 연관성(relevance) 이론이 적절한 이해의 틀을 제공한다.

어떤 발화가 특정 화자에 의해 산출되었어도 그 발화가 실제 의사소통을 위한 것이 아니라면 그 발화는 그 발화가 산출된 맥락과 아무 상관이 없을 것이고, 그럴 때 그 발화는 그 발화에 속한 개별 표현들이 그 언어사회에서 일반적으로 통용되는 관습적 의미와 그것들의 결합

이상이 아닐 것이다. 그럴 때 그 발화가 가장 기본적으로 가지고 있는 그러한 의미를 우리는 문자적 의미(literal meaning)라 할 것인데, 어떤 발화가 문자적 의미만을 가지는 상태에서는 그 발화가 통사·의미론적으로 적격한 것인지를 따질 수는 있지만 진정한 해석(interpretation)에 이르지는 못한다.

예를 들어, "어제 준혁이가 집으로 찾아왔더라."라는 문장이 있다고 치면, 문자적 의미의 단계에서 이 발화에 들어 있는 표현들은 다음과 같은 의미를 가질 것이다.

(24) ㄱ. 어제: 화자가 이 말을 하기 전날.
ㄴ. 준혁이: 누군가(혹은 무엇인가)의 이름.
ㄷ. -가: 주어 표지.
ㄹ. 집: 사람이나 동물이 들어가 살려고 지은 건물.
ㅁ. -으로: 사건의 도구, 방향, 결과상태, 원인 등을 표시하는 부사어 표지.
ㅂ. 찾아오-: 누군가가 화자에게 볼일이 있어 화자가 있는 곳으로 옴.
ㅅ. -ㅆ-: 어간이 의미하는 사건이 과거에 일어났거나 완료되었음을 뜻하는 표지.
ㅇ. -더-: 화자가 어떤 사건을 자신이 과거에 경험하였음을 회상적으로 보고함을 뜻하는 표지.
ㅈ. -라: 화자가 자신이 말한 명제적 내용이 참이라고 진술함을 표시하는 표지.

(24)를 종합하면 대략 이런 의미가 될 것이다.

(24') 화자가 이 말을 하기 전날에 준혁이라는 이름을 가진 존재가 화자가 사는 공간으로 볼일이 있어서 온 일이 자신이 직접 경험한 일임을 회상하여 보고하는 일이 참이라고 진술한다.

그런데 (24')가 의사소통에 활용되기 위해서는 맥락에 직접 연결되지 못하는 여러 가지 정보에 대한 보완이 필요하다.

(25) ㄱ. 화자가 이 말을 한 시간은 언제인가?
ㄴ. 이 발화에서 '어제'는 언제인가?
ㄷ. '준혁이'는 누구인가?
ㄹ. '찾아오다'의 생략된 목적어의 선행어는 누구인가?
ㅁ. '집'은 누구의 집인가?
ㅂ. 이 발화의 화자는 누구인가?

(24)를 해석하기 위해서 (25)가 필요한 이유는 (25ㄱ)이 없이는 '어제'가 언제인지 알 수 없고, '어제'가 언제인지 알아야 화자가 말하고자 하는 일(사건)이 일어난 때(25ㄴ)를 가늠할 수 있기 때문이며, (25ㄷ)을 알아야 그 사건의 주체가 누구인지 해석할 수 있다. (25ㄹ)에서 목적어의 존재는 '찾아오다'가 타동사이므로 그 논항구조에 의해 전제되는 정보이며, 그 선행어는 '찾아오다'가 화시어로서 '화자' 쪽으로의 이동이라는 의미를 가지므로 화자가 되어야 함을 알 수 있다. 그리고 (25ㅁ)처럼 한정되지 않으면 이 세상에 집은 너무나 많아서 이동의 장소를 특정할 수 없으므로, (25ㅂ)이 있어야 '찾아오다'의 목적지가 어디인지 알 수 있다. (25ㄹ)의 목적어 덕분에 '집'이 그 목적어의 선행어와 공지시 관계여야 함을 알 수 있고, 따라서 그 집은 화자의 집임을 추론할 수 있다. 그리고 화자가 누구인지 알아야 그의 집의 위치를 특정할 수 있다.

스퍼버·윌슨(Sperber & Wilson 1995[1986])은 이와 같이 어떤 발화에 의해 최초에 주어진 명제의 논리 형식을 최대한 명확해지도록 보완한 정보를 명시의미(explicature)라고 불렀다. 명시성(explicitness)과 명시의미에 대한 그들의 정의는 다음과 같다.

(26) 명시성
발화 U에 의해 소통된 가정(assumption)은, U에 의해 부호화된 논리 형식의 전개로 볼 수 있으면 그리고 그럴 때만(iff), 명시적이다.

(26)에 따라 (24)를 명시적인 것으로 만들면 다음과 같다.

(24") 2019년 8월 13일로 특정할 수 있는 날에 (화자와 청자가 알고 있는 특정의) 준혁이라는 이름을 가진 존재가 화자 철민을 오류동 금강수목원아파트 103동 20x호로 특정할 수 있는 곳으로 그에게 볼일이 있어서 온 일이 자신이 직접 경험한 일임을 회상하여 보고하는 일이 참이라고 진술한다.

그리고 그들은 이렇게 명시적으로 소통된 가정을 명시의미라고 부른다. 이것은 논리 형식으로 부호화할 수 없는, 즉 암시적으로 소통된 현시적인 자극(ostensive stimuli)을 암시의미(implicature)라고 부르는 데서 유추한 것이다. 발화 의미는 이렇게 최초의 문자적 의미로부터 명시의미로 전개되어야 실제로 소통될 수 있게 된다.[15]

화시 표현, 대용 표현, 고유명칭 등은 그 지시물이 확인되어야 하며, 어휘적으로 중의적인 표현들은 중의성이 해소됨으로써 명시의미를 확보하게 되는데, 그 과정은 모두 맥락을 통해 이루어진다. 발화에는 화자가 있고, 그 발화의 객관적 시점이 있고, 발화가 이루어지는 공간이 있고, 화자와 청자가 공유하고 있는 공유지식이 있다. 이것들이 그 발화와 그 안에 들어 있는 표현들의 상황 맥락이 되고, 한 발화의 선행 발화와 후행 발화, 그리고 그 발화 안에 들어 있는 표현들이 배열되는

15 여기 제시한 '명시의미'와 '암시의미'는 이미 학계에서는 '외축'과 '함축'으로 통용되고 있지만, 필자는 전문용어라 하여 본의와 거리가 있는 용어를 양산하는 것이 바람직하지 않다는 입장에서 본의에 가까운 '명시의미'와 '암시의미'를 사용하고자 한다. 그라이스의 'implicature'가 먼저 만들어진 용어이고 이것이 '말해진 것(what is said)' 이외의 의미를 위한 용어이다 보니 '함축(含蓄)'으로 옮겨졌는데, 이 경우도 '암시의미'가 더 본의에 가깝다고 판단되며, 스퍼버·윌슨의 'explicature'가 부호화된 것이 전개된 정보라고 하여 그렇게 부른 것인데, 학자들에 따라서는 '명시의미'라고 부르기에는 말해지지 않은 정보가 포함되는 것 같다 하여 '명시의미'라는 역어를 피하고 '외축'이라는 만들어진 용어를 선택했던 것이다. 그러나 영어에서도 'explicit meaning'이 'explicature'라고 정의하고 있고, '명시성'을 본래의 논리 형식으로부터 '전개된 것(development)'까지 포함해 정의하고 있으므로, 우리는 '명시의미'라는 용어를 그대로 사용하면서 그것이 '문자적 의미'와는 구분되는 것임을 정확히 이해하면 될 것이다.

과정에서 한 표현의 왼쪽과 오른쪽에 함께 어울리는 다른 표현은 그 표현의 언어 맥락이 된다. 우리는 한 발화와 관련해서 주어지는 상황 맥락과 언어 맥락 속에서 표현들의 지시물을 확인하고 그 표현이 가질 수 있는 중의적 의미들 가운데서 더 적절한 의미를 찾아낸다. 이 과정이 명시의미 도출의 과정이다.

우리는 이렇게 문자적 의미로부터 명시의미가 구별되고 그것이 의미론과 화용론의 차이, 사전적 의미와 발화 의미(소통된 의미)의 차이를 보여 줄 수 있음을 이해해야 한다. 이 과정에서 문자적 의미에서 명시의미를 도출하는 과정에도 많은 맥락 정보와 그것들에 따른 추론이 활용되고 있음을 확인할 수 있었다.

실제 의사소통에는 이렇게 문자적 의미와 명시의미만 활용되는 것도 아니고, 이미 소개했듯이, 다시 그것들과는 구별되는 '암시의미'의 단계가 있다. 즉 어떤 발화에 대해 직접적인 맥락만을 확인하는 것이 아니라 그 이전에 가지고 있던 맥락 정보들을 함께 전제(premise)로 상정해 제공된 발화의 논리 형식과는 무관한 정보를 결론적으로 도출하는 경우를 말한다.

(27) ㄱ. 지열: 너 메르세데스 한번 몰아 볼 테야?
ㄴ. 홍구: 난 비싼 차는 운전 안 해.

(27ㄱ)은 지열이 홍구에게 메르세데스라는 상표의 차의 존재를 도입하면서 그 차를 홍구가 한번 운전해 볼 마음이 있는지 묻고 있다. 이 질문이 판정의문(YES-NO question)이므로 이 질문에 대한 적절한 홍구의 대답은 "그래, 나는 그 메르세데스를 몰아 볼 테야." 아니면 "아니, 나는 그 메르세데스를 몰아 보지 않을 테야." 둘 중 하나가 되어야 한다. 그러나 (27ㄴ)에 제시된 홍구의 대답은 "나는 비싼 차는 운전하지 않겠다."는 것이다. (27ㄴ)을 있는 그대로 그 명시의미만 해석하자

고 하면, "홍구는 원칙적으로 가격이 높은, 바퀴로 움직이는 지상 이동 수단을 움직여 부리는 일을 하지 않음을 단언한다."는 것인데, 이것은 (27ㄱ)에 대한 직접적인 대답일 수 없다. 따라서 청자는 (27ㄴ)을 통해 바로 화자의 의도를 이해하는 것이 아니라 (27ㄴ)을 대전제로 삼고 그와 더불어 판정의문에 적절한 대답을 결론으로 도출하기 위한 소전제로서 "메르세데스는 비싼 차다."라는 맥락 가정(contextual assumption)을 도입하게 되며 그로부터 "홍구는 메르세데스를 운전하지 않을 것이다."를 도출하게 된다. 스퍼버·윌슨(Sperber & Wilson 1995[1986])은 이때 "메르세데스는 비싼 차다."를 암시된 전제라 부르고, "홍구는 메르세데스를 운전하지 않을 것이다."를 암시된 결론이라고 부른다. 이것들은 명시의미와 구별되는 암시의미들인 것이다.

정리하자면, 우리가 청자로서 누군가가 한 말을 이해한다고 하는 것은 우선 그 발화가 가진 문자적 의미를 이해하는 것과 그 문자적 의미가 현재의 맥락과 어떻게 연결되는가를 이해하는 것, 그리고 다른 맥락 지식이 활용될 수 있다면 화자는 이 발화를 통해 무엇을 전달하고자 하는가를 추론하는 것까지를 포함한다.

(28) 문자적 의미 ⇒ 명시의미 ⇒ 암시의미

그리고 이러한 메커니즘에서 볼 때, 고유명칭은 문자적 의미가 명시의미로 구체화되는 단계에서 화자가 그가 가진 청자와의 공유지식을 활용해 지시물을 추론함으로써 해석되는 것으로 이해할 수 있다.

7. 언어와 세상의 접점

언어기호는 잠재적으로 그 기호를 사용할 경우 가리킬 수 있는 대상의 범위를 그 뜻으로 가진다. 그래서 그 내용이 사전에 기록될 수 있다. 우리 머릿속 사전에도 그런 정보가 저장되어 있다. 그렇지만 우리가 세상의 사물을 가리키기 위해서 언어기호들을 결합해 명사구나 문장을 구성한다고 해도 그것이 실제로 사용되기 전까지는 그 문장이 정확히 세상의 무엇을 가리키게 될는지 확인되지 않는다. 이런 점을 가장 확연히 보여 주는 언어 현상이 위에서 살펴본 화시다. 화시 표현이 맥락 속의 대상과 연결되는 상황을 실감 나게 보여 주는 예로 다음을 보자.

(29) ... 유리 뚜껑이 있는 설탕 병을 생각해 보자. 그 뚜껑에 파란색 잉크로 'sugar'라는 단어가 쓰여 있다. 누군가가 그의 손가락 끝을 그 'sugar'라는 단어 속의 글자 'u' 바로 아래 놓으면서 '이게 뭐예요?'라고 말한다. 이때 우리의 대답은 아마도 그 사람의 관심—그가 영어를 공부하고 있는 사람인가, 아니면 양념 사용법, 물리학, 또는 다른 분야에 관심이 있는 사람인가—에 대한 우리의 해석에 따라, 다른 것도 많겠지만, '글자 u', '단어 sugar', '잉크', '파란색 잉크', '영어', '뚜껑', '유리', '유리 뚜껑', '병', '설탕', '설탕 병' 등등이 될 수 있을 것이다.
(Morgan 1978: 264. Green 1996: 18에서 재인용)

(29')는 '이게 뭐예요?'를 대체할 수 있는 표현이 다음과 같이 다양할 수 있음을 보여 주고 있다.

(29') ㄱ. 이 글자('u')가 뭐예요?
ㄴ. 이 단어('sugar')가 뭐예요?
ㄷ. 이 물질('잉크')이 뭐예요?
ㄹ. 이 색깔('파랑')이 뭐예요?
ㅁ. 이 언어('영어')가 뭐예요?
ㅂ. 이 부분('뚜껑')이 뭐예요?
ㅅ. 이 재질('유리 뚜껑')이 뭐예요?
ㅇ. 이 물건('병')이 뭐예요?
ㅈ. 이 병 속의 물질('설탕')이 뭐예요?

ㅊ. 이 물건의 용도('설탕 병')가 뭐예요?

...

상황이 이러할 때, 의미론자는 이때의 '이거'의 의미에 대해서 어디까지 책임져야 할까? 실제로 〈표준〉은 '이거'의 본말인 '이것'에 대해 다음과 같은 뜻풀이를 제공하고 있고 그만하면 어휘의미론 분야에서 할 수 있는 일은 다 한 것으로 볼 수 있다.

(30) 「1」 말하는 이에게 가까이 있거나 말하는 이가 생각하고 있는 사물을 가리키는 지시 대명사.

실제로 언어기호로서의 '이거'가 (29) 가운데 하나의 의미를 가지게 되는 것은 그것을 통해 무엇을 가리키는 상황이 일어나기 전에는 알 수 없는 일이기도 하다.

그러나 과연 이것으로 언어기호의 의미에 대한 설명이 충분한 것일지에 대해서는 더 많은 논의가 필요하다. 왜냐하면 우리가 언어기호를 사용하는 것은 실제 세상과의 연결을 의도하기 때문이다. (30)에서는 '말하는 이' 정도로 표현하고 있지만 이를 좀 더 정확히 표현하자면, '발화 사건이 일어나는 그 시간, 그 장소에서의 말하는 이'가 되어 실제 세상과의 연결이 포함되어 있기 때문이다. 화시 표현은 이런 측면을 가장 극명하게 보여 주는 언어 범주다. 그런데 위에서 대용 표현과 고유명칭도 지시 표현으로서 각각 언어 맥락, 인지 맥락(공유지식)과의 연결, 즉 맥락 지시를 내재적 의미로 가지는 표현임을 지적했다. 화시 표현이 실재 세상의 대상과의 연결을 확인할 때 화자의 의도를 확인하는 과정이 필요하듯이, 이들 표현도 그것들이 가리키는 대상을 확인하는 화용론적 과정을 필요로 하는 것이다. 그럴 때 이 모든 지시 표현들이 그 자체로서 지시를 보장하고 있다는 것은 매우 중요한 해석의 출발점이다. 앞서 제2장에서 살펴본 도넬란의 논의에서처럼 지시가 승한 표현은 속성적 의미가 오인될 때조차도 지시에는 성공하여 세상과의 연결을 성립시키는 면이 있기 때문이다. 화시 표현, 대용 표현, 고유명칭의 속성적 의미는 지시를 돕기 위해 부수적으로 존재할 뿐이고 지시 자체가 그 범주들이 존립하는 목적이며 대상의 존재를 어휘적으로 전제하고 있음을 간과해서는 안 될 것이다.

제4장

이름의 형태·통사론

1. 이름의 내적 구성

통사론(統辭論; syntax)은 단어와 단어를 결합해 그보다 큰 문법적 구성(構成; construction)을 산출하는 원리에 관한 이론이다. 이름은 하나 이상의 단어로 구성되는 일이 잦으므로 그런 단위의 내적 구성에 관심을 가지는 것도 필요한 일이다. 그러나 그 내적 구성이 바로 이름이 이름이 될 수 있는 조건은 아니다. 이름이 한 단어로만 되어 있을 때 그것은 대개 고유명사라고 불리고 그렇게 분류될 것인데, 고유명사라는 용어는 단어들 가운데 이름으로 주로 사용되는 것을 분류적인 차원에서 부르는 말일 뿐이라서, 한 단어로만 이루어진 이름은 그 자체가 고유명사가 되는 것이 일반적이겠으나, 이름이 반드시 고유명사로만 이루어져야 하는 것도 아니고, 심지어 이름 안에 고유명사가 하나도 포함되지 않을 수도 있다.

'홍길동'이라는 사람 이름(인명)은 '홍(洪)'이라는 고유명사와 '길동(吉童)'이라는 고유명사가 결합해 하나의 이름을 이루고 있는 경우이고, '금강산'이라는 지명은 '금강(金剛)'이라는 고유명사와 '산'이라는 보통명사가 결합해 하나의 이름을 이루고 있는 경우이며, '제일은행'이라는 기관명은 '제일(第一)'이라는 보통명사와 '은행(銀行)'이라는 보통명사가 결합해 하나의 이름을 이룬 경우로 볼 수 있다.[1]

2. 쉽지 않은 고유명사 판정

하지만 이상의 예들에 대해서도 진지하게 숙고해 보기 시작하면 그러한 판단들이 명확한 것인지 의심스러울 만한 경우도 많다. 우선 성씨의 명칭인 단어들이 고유명사인가에 대해서도 정확한 판단을 내리지 못하는 경우를 볼 수 있다. 다음은 국립국어원 〈온라인 가나다〉에 올려진 질문과 답변(2008. 9.)이다.[2]

(31) 질문: 일반적으로 이름은 고유명사인 것을 알고 있습니다. 그런데 성씨의 경우 이(李)씨, 박(朴)씨, 김(金)씨도 고유명사로 보아야 하는지 궁금합니다.

답변: 안녕하십니까?
이름은 특정한 사람을 다른 사람과 구별해 부르는 말이므로 고유명사가 됩니다만, 성씨의 경우 특정한 사람을 지칭한 것이 아니라면 고유명사로 보기 어려울 것입니다.

(31)과 같은 답변이 나오는 이유는 무엇일까? 사람은 이름을 가질

1 여기서의 '제일'은 실제로는 보통명사라기보다 고유명사로 규정해야 할 것이다. 여기서는 기능보다 형태를 중시하는 관점에서 단순하게 판단한 것이다. 즉, 품사적으로 보통명사인데 고유명칭으로 사용되었다고 본 것이다.

2 국립국어원 〈온라인 가나다〉에 성을 고유명사로 답변한 예도 확인되었다. 그러나 그 답변 내용은 여전히 적절한 이유를 제시하지 못하고 있다.

(i) [답변] '김', '이', '박' 등은 구체적으로 고유명사입니다. 견해 차이가 있을 수도 있겠지만 '김 씨', '이 씨', '박 씨'처럼 특정인을 가리키기도 하고 '김철수', '이영자', '박영호'처럼 성명을 이루어 고유명사로 쓰이기도 하므로 고유명사로 볼 수 있겠습니다.

수 있지만 사람의 집단인 씨족은 사람이 여럿이 속하니까 이름을 가질 수 없다는 뜻일까? 우리는 이름을 가질 수 있는 단위의 단위성에 대한 판단을 매우 구체적이고 개별적으로 인식이 가능한 존재에 한정하려는 시각을 종종 접하게 된다. 하지만 집단이나 단체도 엄연히 이름을 가질 수 있고 그럴 때 그 이름은 고유명칭이며 그런 용법이 주된 것이라면 고유명사가 된다.

중국 후한(後漢) 말에 봉기했던 황건적(黃巾賊)의 그 '황건적'이라는 이름은 개인의 이름인가, 아니면 단체의 이름인가? 그 단체에 속한 한 사람 한 사람이 머리에 노란 두건을 쓰고 다녔다 해도 개개인은 한 사람 한 사람 나름의 이름이 있었을 것이다. 그들이 황건적이라고 불리는 것은 당시 사람들이 그러한 사람들의 무리를 다른 무리들과 구별해 부르고자 했기 때문이었을 것이다. 물론 그렇다고 해도 사람들은 그 집단에 속한 개개인을 다시 황건적이라고 부를 수도 있다. 그렇게 할 수 있는 것은 서두에서 자연종인 명사들이 모두 종의 이름이라고 했지만 그것이 개체에도 적용될 수 있다고 했던 설명과 같은 맥락에서 이해되어야 하며, 이때의 황건적이라는 이름이 고유명사인지 보통명사인지를 판정하는 것은 그것이 단체를 가리키기 위해 사용되는 것이 일반적인지 아니면 개인을 가리키기 위해 사용되는 것이 일반적인지에 대한 판단에 달린 문제가 되는데, 우리의 판단이 단체를 가리키는 고유명사적 용법이 일반적이라는 쪽으로 기울게 되므로 그것을 고유명사로 보는 것이다.

좀 더 이해에 도움이 될 만한 예로는 '인민군(人民軍)'을 들 수 있다. '인민군'은 단체인 군대의 이름인가, 아니면 개인의 이름인가? 당연히 군대의 이름(북한군 군대, 정식 이름은 '인민군대') 아닌가? 하지만 한국전쟁 당시 인민군에 속하는 군인 개개인을 보았을 때 사람들이 그들을 인민군이라고 부른 것도 우리는 알고 있다. "나는 숨어서 어떤 인민군이 총을 들고 지나가는 것을 지켜보았다."와 같은 표현이 충분히 가능하니까 말이다. 하지만 인민군은 그 개인의 이름이 아니라 군대의 이름이며, 그 개인에 적용될 때는 그 군대의 이름이 그 개인도 가리킬 수 있도록 보통명사화된 것으로 이해하는 것이 마땅하다.

'홍길동'의 '홍'과 같은 성씨가 고유명사가 아니라면 보통명사가 돼야 하는데, 그것을 보통명사로 이해하는 것은 더 어려운 일이다. 홍씨 성을 가진 사람 한 사람 한 사람을 우리가 '홍'이라고 부르는 일이 있는가? 지극히 드문 예로, '저는 책 팔고 다니는 박이라고 해요.'와 같은 예가 있다. 그러면 이런 드문 용법이 있기 때문에 '박'을 보통명사라고 할 수 있을까? 성씨는 씨족 집단을 가리키는 고유명칭으로서 고유명사이고 때로 개인을 가리키는 특수한 사례가 있지만 그것은 고유명사의 보통명사화의 일례로 보는 것이 적절할 것이다.

'김씨'라는 말이 특정 개인을 부르는 말일 때는 고유명사가 된다는 이해도 잘못이다. '김씨'는 성씨의 이름일 때 고유명사가 되는 것이지 개인을 부르는 말이 될 때는 고유명사가 아니라 보통명사화된 것이고, 그렇게 보통명사적인 표현이 그 개인을 부르기 위한 한정 기술구로 사용되다 보니 마치 유일한 대상을 위한 이름처럼 인식된 것일 테지만 그것이 그 사람의 이름으로서의 고유명사인 것은 아니다. 세상에 '김씨'라는 성씨에 속한 사람이 한두 사람인가? 우리가 '김○○'라는 이름을 가진 사람을 '김씨'라고 부르기도 하는 것은 그가 김씨 성을 가졌고 그렇게 부르는 순간 주변에 그 호칭 때문에 혼동이 될 만한 사람이 없기 때문이지, 그의 이름이 바로 '김씨' 혹은 '김'이기 때문인 것은 아니다. 그리고 이럴 때 '김' 뒤에 붙은 '-씨'는 특정 사람을 높여 이르기 위해 붙이는 의존명사 '씨'와는 구별되는 '그 성씨의 가문이나 문중'을 뜻하는 접미사로서의 '-씨'라는 점도 분명히 이해해 둘 필요가 있다.

이상의 논의는 '홍길동'이 '홍'이라는 고유명사와 '길동'이라는 고유명사의 결합이라는 설명이 얼마나 명확한 것인가를 숙고해 보기 위한 과정의 출발이었다. '길동(吉童)'이라는 이름이 고유명사라는 데는 이의를 제기할 사람이 별로 없을 것 같지만 그 점에 대해서도 좀 더 부연설명을 해 두고자 한다. '길동'이라는 이름은 '길한 아이'라는 뜻이 있으니 보통명사로도 볼 수 있지 않겠느냐는 의문을 가지는 사람이 있을 수도 있어서다. 그러나 '길동'이 그러한 뜻을 가지고 있다는 자체가 그것이 보통명사임을 보장하지는 않는다. 한국어에서 우리에게 좋은 일을 가져도 주는 아이를 일반적으로 '길동'이라고 부르는 일은 없으니까 말이다. "저 아이는 참 길동이야."라는 쓰임은 우리에게 곧바로 어떤 유의미한 해석을 가져다주지 못한다. 그 이름을 해석해 화자가 말하는 바를 추론하는 것이 불가능하지는 않지만 한국어에서는 '길동'이라는 단어가 보통명사로서 바로 '길한 아이'를 의미한다고 말할 수 없으므로 그러한 해석이 실제로 이루어진다면 그것은 화용론적 추론의 결과라고 설명하는 것이 바른 방향이 될 것이다.

'금강산'의 '금강(金剛)'은 고유명사인가? '금강'의 사전적 의미는 '금강석을 일상적으로 이르는 말', '매우 단단하고 부서지지 않는 것을 비유적으로 이르는 말', 불교 용어로 '대일여래의 지덕을 비유적으로 이르는 말' 등의 뜻이 있다. 그중에 '금강산' 이름의 유래는 불교 용어인 세 번째 뜻에서 온 것으로 알려져 있다. 산의 이름으로서만 보면 '금강'은 고유명사라야 하는데, '금강석'을 뜻하는 '금강'은 고유명사라고 말하기는 어려울 것이다. '다이아몬드'를 고유명사라고 말하기 어렵듯이 '금강'도 고유명사라고 말하기는 어렵게 된다. 그러면 불교 용어인 '대일여래의 지덕'을 뜻하는 '금강'은 어떻게 이해해야 할까? 그 '대일여래'의 지덕을 다른 사람도 소유할 수 있는 지덕으로 보아 그와 같은 속성을 의미한다고 하면 그것은 보통명사일 수 있겠지만 그것이 대일여래만의 유일한 속성을 가리키는 말이라면 그것은 다시 고유명사가 될 터인데, 대체로 불교 문헌의 맥락에서는 후자인 것으로 보이므로 그렇다면 이 경우는 다시 고유명사가 되는 것이 맞을 것이다. 이렇게 따져서 '금강산'의 '금강'은 고유명사라고 볼 수 있게 되는데, 논의가 이쯤 되면

'금강산'의 '금강'을 굳이 연원을 따져서 고유명사로 판정하는 과정이 필요할지에 대해 의문을 가지게 된다. 단순히 '금강산'의 이름이기 때문에 '금강'이 고유명사가 되는 것이지 그 단어의 다른 쓰임을 고려하여 그것이 보통명사가 될 수 있다고 말하는 것은 적절해 보이지 않기 때문이다.

이러한 입장을 받아들이면, 앞서 '제일은행'의 '제일'을 보통명사로 판정했던 것도 무의미하게 된다. '제일은행'의 '제일'은 실제로 그 은행이 여러 은행들 가운데 첫째가는 은행이기 때문이 아니라, 그런 좋은 의미를 빌었지만 그 은행을 부르는 이름으로 삼았기 때문에 그렇게 불리는 것이므로 이때의 '제일'은 은행의 이름으로서 고유명사로 판정하면 그만이라는 논리가 더 힘을 얻게 된다. 유사한 예로 '우리은행'도 들 수 있겠는데 여기서의 '우리'가 1인칭 복수 대명사라는 것이 실질적으로는 무슨 의미가 있겠는가? 그저 은행의 이름으로서 의미가 있는 것일 뿐, 우리은행이 꼭 우리의 은행일 필요는 없다. 또한 '국민은행'도 국민의 은행이라는 실질적인 의미가 있다고는 보기 어렵고 그렇게 되고 싶은 소망을 이름에 담았다는 정도로 이해하면 될 일이다.

이상으로 볼 때, 이름의 통사론을 살펴보기 위한 과정으로서 이름의 구성이 고유명사로 되어 있느냐 보통명사로 되어 있느냐 아니면 그것들이 혼합되어야 하느냐 등의 논의는 그다지 유의미한 것이 되지 못함을 알 수 있었다. 하지만 이 과정을 통해서 이름이 무엇의 이름이 된다는 것을 이해하기 위해서는 그것이 유일하게 가리키는 지시물의 단위성을 확인하는 일이 필요하고, 그것을 정확히 분별하는 일이 선행되어야 함을 구체적으로 살펴볼 수 있었다.

3. 이름 구성에 대한 의미 제약

이름의 구성을 이해하는 데는 그것의 품사적 분류를 고려하기보다 그 구성 요소들 사이의 의미관계를 확인하는 일이 보다 실질적인 결과를 제공해 준다. 지금까지 제시된 유형들을 가지고 다시 논의하자면, 우선 한국의 인명은 '성^이름'의 구성 방식을 가지고 있다는 점을 들 수 있다. 그리고 '성(姓)'과 '이름' 사이의 관계는 그 개인이 속한 집단(혈족)을 먼저 한정하고 그다음에 그 혈족 내에서 다른 사람들과 그 개인을 구별해 부르기 위한 개인과 개인의 구별 표지를 부여한 것으로 이해된다.

한국어의 고유명칭은 이렇게 인명의 경우처럼, 더 큰 범위로부터 작은 범위로 범위를 좁혀 가서 유일한 대상을 가리킬 수 있게 만드는 문법이 하나의 유형을 이룬다. 집 주소를 생각해 보자. 별도로 '여유당(與猶堂)', '매월당(梅月堂)' 등과 같은 당호(堂號)를 가진 경우도 있지만 그렇지 않은 경우에는 집 주소가 그 집의 고유명칭이라고 해야 할 것이다.[3] 지번 주소로 '(대한민국) 서울시 종로구 팔판동 100번지 7호'라는 주소가 있다고 하면, 그 집은 서울시라는 큰 구획 속에 25개의 구가 있는데 그 중에서 종로구에 속하고 그 종로구의 87개 동 중에서 팔판동에 속하며 그 팔판동 내에서 번호를 붙여 나눈 땅덩어리 중에서 100번째 구획 속에 들어 있는 여러 집 가운데 7번째 집이라는 뜻이 될 것이다. 큰 범위로부터 작은 범위라 했는데 이 단위들 사이의 관계는 의미관계로 보면 전체어(holonym)와 부분어(meronym)의 관계라고 할 수 있을 것이다. 또 다른 예로 날짜를 가리키는 방식도 그렇다. '(서기) 2019년 1월 15일'은 2019번째 해의 첫 번째 달 중에서 15번째 날을 뜻한다.

한국어 고유명칭을 이루는 또 다른 문법으로는 동격 구성이 있다. 이것은 앞에서도 계속 제시되었던 예들인데, '금강산', '제일은행', '서울

---

3 앞에서 굳이 구별했던 방식으로 말하자면, '여유당'은 집의 이름이고, '서울시 종로구 팔판동 100번지 7호'는 집의 식별부호로서의 고유명칭으로 볼 수 있을 것이다.

시', '2019년' 등과 같은 예들에서 볼 수 있듯이, '금강^산', '제일^은행', '서울^시', '2019^년' 등과 같이 구별을 위한 이름과 그 이름을 가지는 존재의 유형을 그 순서로 나열하는 경우다. 그러한 구성을 동격 구성이라고 하는 이유는 그 두 구성요소들이 동일한 지시물을 가리키는 개념들이기 때문이다. '금강^산'에서 '금강'도 그 산의 이름이고 '산'도 그 산의 존재론적 유형이어서, 앞서 살펴보았던 더 큰 단위를 먼저 가리키고 다시 그 속의 더 구체적인 부분을 가리키는 유형과는 다르다. 범위로 보자면 오히려 작은 범위에서 큰 범위라고 해야 하겠지만 두 번째 쓰인 '산'과 같은 요소는 대상을 가리키는 용법이 아니라 속성을 표시하는 용법을 가진 보통명사여서 같은 대상의 속성을 가리킨다고 말할 수 있다. 한국어의 이름 구성 방식 가운데 가장 일반적인 형식이 바로 이 방식이다. '충심 교회', '정 다방', '국제 상회', '양명 고등학교', '삼성 병원', '신세계 백화점', '월계수 양복점', '호암 미술관' 등 이름과 그 이름을 가지는 실체의 유형을 보여 주는 이러한 방식만 있다면, 이름을 가질 수 있는 실체 유형을 정리하는 일은 더없이 편리할 것이다. 앞서 살펴보았듯이, 이 경우 선행 성분을 고유명사, 후행 성분을 보통명사라는 식으로 정리하는 것은 정확히 맞아떨어지기 어렵다. 하지만 선행 성분이 고유명칭의 기능을 하고 있음은 틀림없고, 뒤에 따라오는 성분은 그 고유명칭이 속하는 유형을 보여 주는 보통명칭이며, 이렇게 구성된 전체 구성은 그 자체로도 고유명칭이라고 보아야 할 것이다.

이러한 동격 구성에서 선행 요소와 후행 요소 사이의 관계는 통사적인 관계일 때도 많지만 형태론적 관계일 때도 많다. 통사적 관계는 단어와 단어가 만나 구 이상의 단위를 형성하는 차원이라면 형태론적 관계는 두 요소의 만남이 단어와 단어의 만남이라기보다는 둘이 만났지만 하나의 단어를 형성하는 데 그치는 관계를 가리킨다. 즉 두 개의 요소이지만 각각이 전체 문장 속에서 두 개의 단어로서 역할을 하지 못하고 하나의 단어 정도의 역할만을 하게 되는 관계라고 보면 된다. 위에서 살펴본 예들, '월계수 양복점', '호암 미술관' 등은 동격 구성이어서 두 개의 단어라고 하는 것이 그리 실감이 나지 않는다. 두 개의 요소가 하나의 단어인지 아닌지 알아보기 위해서는 그 둘이 각각 다른 것 없이도 문장 속에서 독립적인 기능을 할 수 있는가를 확인해야 하는데, 그러기 위해서는 대개 그 둘을 이어서 발음할 때 중간에 휴지(休止; pause)를 둘 수 있는지와 그 둘 사이에 다른 단어를 집어넣을 수 있는지 등을 살펴야 한다. 그런데 동격 구성으로 된 고유명칭은 그 사이에 쉼을 두는 것도 자연스럽지 않고 중간에 무엇을 끼워 넣기도 어렵다. 하지만 선행 요소나 후행 요소를 생략해도 문장 속에서 하나의 성분으로 기능한다면 아쉬운 대로 각각 독립성이 있는 단어로 볼 수 있을 것이다.[4]

(32) ㄱ. 나는 월계수 양복점에서 양복을 맞추려고 한다.
ㄴ. 나는 월계수에서 양복을 맞추려고 한다.
ㄷ. #나는 양복점에서 양복을 맞추려고 한다.[5]

(32ㄴ)은 (32ㄱ)과 마찬가지로 월계수 양복점에서 양복을 맞추려고 한다는 뜻으로 이해될 수 있다. 그러니 후행요소인 '양복점'은 생략이 가능하다. (32ㄷ)은 (32ㄱ)과 동일한 의미를 가지지 않고 (32ㄱ)을 함의하는 일반적인 의미를 가진다. 하지만 후행 요소만으로도 문장이 성립될 수는 있음을 보여 준다.

그런데 이런 분리가 더 어려운 구성들이 있다. '금강산'만 해도 그렇고 '서울시', '2019년', '기독교', '불국사' 등은 둘 이상의 구성요소로

4 이러한 판단이 충분하지 않을 경우, 이러한 구는 관용어의 일종으로 봐야 할 것이다. 여기서는 적어도 형태론적 구성과는 구별하고자 한 것이다.

5 여기서 문장 앞의 '#' 표시는 비문이나 의미론적으로 이상한 문장을 가리키는 것이 아니라 (32ㄱ, ㄴ)과는 완전히 같은 맥락에서 쓰일 수는 없는 문장이라는 것을 보이기 위한 표식으로만 사용했다.

이루어진 것이 맞지만 그 두 요소들을 서로 분리해서 하나의 독립성을 확인할 수는 없는 구성들이다.[6]

이러한 구성의 내부 요소들은 실제로는 통사 단위가 아니라 형태 단위로 보아야 할 것인데 형태론에서는 그 단위들의 상대적인 성격에 따라 구성요소들을 어기(語基; base)와 접사(接辭; affix)로 구분한다.[7] 어기는 단어에서 중심부의 역할을 하는 요소이며 접사는 어기와 결합해야만 단어 속에 나타날 수 있는 의존적 요소다. 이러한 어기와 접사 관계는 한 단어 내에서도 중첩적으로 발생할 수 있어서, '지우개가'는 '[지우/어기+개/접사]/어기+가/접사'와 같이 계층적인 구조를 가지는 것으로 분석된다.

(33)

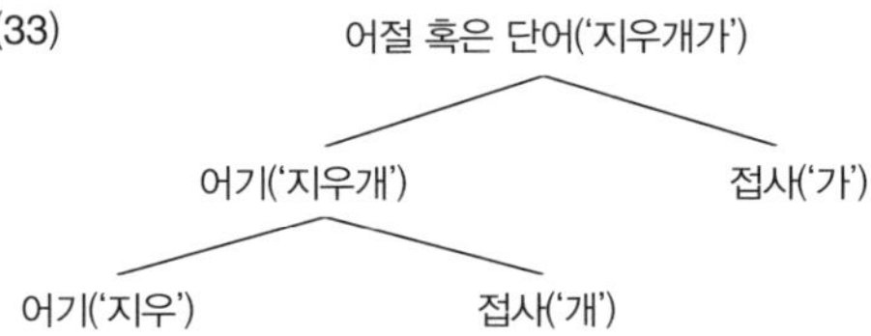

'지우개'는 명사인 어기이며 '가'는 조사인 접사로 분석할 수 있고 이러한 관계를 명사 어절과 관련된 어간(語幹; stem)과 어미(語尾; ending)의 관계로 이해할 수도 있다. 그렇게(조사를 어미로) 분석하는 시각을 '(준)굴절법'이라고 한다. 굴절법(屈折法)이라는 것은 한 단어의 근간인

---

6 여기서부터는 형태론적 구성에 대해 말하려고 하는 것이지만, 위에서 논의하던 통사적 기준으로 접근하면 다시 애매해지는 면이 있다. '금강산'의 '금강'이나 '서울시'의 '서울', '2019년'의 '2019'가 독립성이 있다고 여겨지는 경우들이 있고 그 뒤에 이어지는 '산', '시'는('년'은 아니지만) 독립성이 있다고도 말할 수 있을 것이기 때문이다. 여기서는 그런 경우 이미 전체 이름을 염두에 둔 것이므로 일종의 준말이 된다고 이해하면 좋을 것이다.

7 여기서의 '어기' 개념을 그대로 '어근(root)'으로 표현하는 경우도 있지만 '어근'은 단어 전체의 핵심 의미를 가지는 부분만을 가리키는 용법이 있으므로, 여기서는 접사가 붙을 수 있는 근간이 되는 단위는 '어기'로 통칭하기로 한다.

어기(어간)에 그것의 문법적 성격을 접사(어미)를 덧붙여 표시해 주는 방식으로, 서양 언어에서는 어간에 어미가 붙을 때 어간도 함께 변화되는 면이 있어 마치 전체 단어가 굴절(휘어짐)을 겪은 것과 같다고 해서 굴절이라는 용어를 썼는데, 한국어는 어간이 거의 변하지 않고 거기에 문법적 형태소만 덧붙는 교착어지만 서양 언어와 평행하게 굴절이라는 용어를 사용해 오기도 한 것이다. 물론 국어의 학교문법에서는 명사는 명사대로 단어로 보고 조사는 조사대로 단어라는 시각을 채택하고 있어서 여기서 제시한 일반적 개념 체계와는 다소 차이가 있을 수 있음을 언급해 둔다.[8]

명사에 조사가 붙은 방식, 즉 명사 어간에 조사로 불리는 어미가 붙는 방식을 (준)굴절법이라고 한다면, 어미가 붙기 이전 단계, 즉 '지우개'는 다시 '지우/어기+개/접사'와 같이 분석되는데, 이렇게 굴절 이전 단계에서 어간이 다시 내부 구조를 가지는 경우, 그 내부의 요소들은 '어기+접사'의 구조도 있고 '어기+어기'의 구조도 있는데 이러한 어기(어간) 형성 방식은 '굴절법'과 구분되며 '조어법(造語法)' 혹은 '단어형성법(單語形成法)'이라는 용어로 불린다. '지우개'는 '지우다'라는 동사의 어간 '지우'를 어기로 하고 '개'를 접사로 하여 새로 '지우개'라는 명사를 형성하는 조어 형식을 가지고 있다. 이렇게 접사가 어기보다 뒤에 놓이는 경우 그 접사는 접미사라고 불린다. 조어법은 굴절법과 달리 어기 앞에 접두사가 붙은 방식과 어기 뒤에 접미사가 붙는 방식 둘 다 있다. 조어법에서 이렇게 '어기+접사'의 구조로 단어가 형성되는 방식은 굴절법과 구분되어 파생법(派生法)이라고 불린다. 그리고 조어법에는 '어기+어기'의 구조로 된 단어 형성 방식도 있는데 이 경우는 합성법(合成法)이라고 불린다. 합성법에 의해 형성된 단어 예는 '산돼지' 같은 것

8 학교문법에서도 동사와 형용사(묶어서 용언이라 함)에 대해서는 처음부터 어간과 어미를 인정하고 있고 어간에 덧붙는 어미를 별도의 단어로 보지 않는다. 예를 들어 '먹이고'의 경우 '[먹/어기+이/접사]/어기(=어간)+고/접사(=어미)'와 같이 분석된다.

이다. '산+돼지'의 구조를 가지는데, 어느 하나를 접사라고 말할 수 없기 때문에 둘 다 어기로 본다. 접사는 어기가 없이는 문장 속에 실현될 수 없는 요소지만 어기는 다른 어기가 없어도 단어로 쓰일 수 있는 것들이다.

형태론의 기본 개념을 간략히 도입했는데, 그렇다면 여기서 논의하고자 하는 '금강산', '서울시', '2019년', '기독교', '불국사'의 내부 구조는 어떻게 봐야 할까? '금강산'의 경우는 '금강 산'과 같이 두 개의 단어가 구를 형성하고 있다고 보기에는 그 둘 사이가 긴밀해 형태론적 구성으로 보인다. 그래서 내부를 들여다보자면 '금강'이 어기이고 '산'도 어기이기 때문에 어기와 어기의 만남에 의해 이루어진 합성어로 봐야 할 것이다. '금강산'은 사전에 표제어로 나온다. '금강'은 그 이름의 핵심을 이루는 부분이므로 단어에서 중심적 의미를 제공하고 있으며 '산' 또한 어기에 의존해야만 단어 속에 나올 수 있는 접사라고 볼 수는 없다. '금강산'은 이름 가운데는 동격 구성 형식이면서 합성어로 된 것들도 있을 수 있음을 보여 주는 예다.

'서울시'는 어떤가? 이 경우는 우리가 붙여서 쓰기는 하지만 실제로는 '서울 시'와 같은 구로 보아야 한다. '서울시'는 '금강산'과 같이 한 단어가 되었다고 보기는 어렵고,[9] 한글맞춤법 제49항 "성명 이외의 고유명사는 단어별로 띄어 씀을 원칙으로 하되, 단위별로 띄어 쓸 수 있다."에 따라 '서울 시'를 원칙으로 하지만 '서울시'로 붙여 썼을 뿐인 것이다.

'2019년'도 비슷한데, '2019년'이 사전에 표제어로 나오지 않을 것은 너무나 자명하며, 이 경우는 '년'이 완전히 자립적인 명사라고 보기는 어렵고 단위성 의존명사다. 의존명사는 명사지만 완전히 자립적인 것은 아니어서 반드시 그 앞에 관형어(명사류(체언)의 수식어)가 와야만 한다. 하지만 선행어(어기)에 붙어 새로운 단어를 만들어 주는 접사는

9 '서울시'는 사전에 표제어로 나오지 않는다.

아니다. 띄어쓰기도 원칙은 띄어서 쓰는 것이 맞지만 한글맞춤법 제43항 "단위를 나타내는 명사는 띄어 쓴다. 다만, 순서를 나타내는 경우나 숫자와 어울리어 쓰이는 경우에는 붙여 쓸 수 있다."는 규정에 따라 그렇게 쓴 것이다. 흥미로운 것은 '일월(1월)'-'십이월(12월)' 등의 달 이름은 합성어로 사전에 올라 있고, '일일(1일)'-'삼십일일(31일)'과 같은 날짜는 사전에 올라 있지 않다는 점이다.

다음으로 '기독교'에 대해서 생각해 보자. 언뜻 보기엔 '기독'이라는 어기에 '교'라는 접사가 붙은 것으로 보여 이것은 파생어가 아닐까 하는 생각이 든다. '기독교'는 〈표준〉에 표제어로도 나오니 한 단어인 것은 분명하다. 그런데 '교(敎)'는 사전을 찾아보면 접사라는 말이 없고 단지 '종교(宗敎)'의 동의어로만 나온다. 그렇다면 '기독교'도 파생어일 수는 없고 '금강산'과 마찬가지로 합성어인 것으로 판단할 수밖에 없다.

마지막으로, '불국사'도 그런가? '불국사'는 그 자체로도 〈표준〉에 표제어로 올라 있지만, '-사(寺)'도 사전에 접사로 올라 있다. 사전 정의를 보면, '(일부 명사 뒤에 붙어) '절'의 뜻을 더하는 접미사'로 정의되어 있고 '불국사/월정사/해인사'가 용례로 제시되어 있다. 이 경우는 파생어인 것이다. 찾아보면 고유명칭 중에 이러한 파생적 유형도 적잖이 존재할 것이다. 앞에서 살펴본 예 가운데 '김씨'와 같은 구성도 '-씨'가 접사이므로 일종의 파생어라고 볼 수 있을 것이다. 다만 '김씨' 같은 예는 사전에 나오진 않는 파생어가 될 것인데, 때로 생산적인 파생접미사에 의해 파생되는 단어들은 사전에 올리지 않는 경우가 꽤 있다.[10]

이상을 통해, 고유명칭의 통사적 구성과 형태론적 구성이 모두 단일하지 않고 다양한 유형이 있을 수 있음을 알 수 있었다. 통사적 구성 가운데는 전체-부분의 관계에 있는 단어들이 그런 순서로 연쇄를 이루어 하나의 고유명칭을 이루는 유형과, 다른 실체와 구별되는 고유성을

10 체언에 덧붙는 '-들', '-쯤', '-답-' 등이 그렇고, 용언 어간에 덧붙는 '-시키-'도 그렇다.

담당하는 부분과 그 실체가 속하는 존재 유형이 병렬적으로(동격적으로) 연쇄를 이루어 하나의 고유명칭을 이루는 유형으로 대별될 수 있었으며, 이 가운데 후자는 형태론적으로 하나의 단위로 합쳐져서 합성어나 파생어를 이루는 경우도 있음을 알 수 있었다.

4. 고유명칭의 통사적 특징 – 관형어에 의한 꾸밈

고유명칭은 그 자체로 명사구를 이루며 그래서 고유명칭은 관형사의 수식이 어색할 경우가 많다.

(34) {?이 철수, ?두 영희, ?새 갑돌이}-는 정말 똑똑하다.[11]

(34)에서 '이 철수'의 '이'는 성씨를 가리키는 것이 아니라 화자에게 가까운 것을 지시하는 지시관형사 '이'다. 인명은 그것을 듣는 순간 누구를 가리키는지 알 수 있기 때문에 '이, 그, 저' 따위를 인명 앞에 덧붙이는 것은 기본적으로 어색하다. 물론 절대 안 되는 것은 아닌데 그것이 앞에 와서 어색하지 않은 경우는 '철수'라는 이름을 가진 사람이 둘 이상 있을 때 그들을 구별하기 위해 지시관형사를 붙이는 경우다. 그럴 때는 그 이름이 이름으로 사용되었다고 보기 어려울 것이다. 다른 경우도 마찬가지인데, '두 영희'도 통상적으로는 어색한 표현이다. '이'와 마찬가지로 '한, 두, 세, 네...' 등의 수량관형사도 인명 앞에 붙는 것은 어색하고 굳이 붙일 필요가 있는 경우라면 그런 이름을 가진 사람이 여럿 존재할 때다. 그런 '영희'는 고유명칭의 용법으로 쓰인 것이라고 보기 어렵다. '새, 헌, 옛, 순(純), 잡(雜)...' 등의 성상관형사도 인명

11 ?는 의미론적으로 어색함을 뜻한다.

앞에 쓰이는 것은 같은 이유로 기본적으로 어색하다. 물론 '고(故)'('돌아가신'의 뜻)와 같이 오히려 인명 앞에 쓰이는 것만이 더 자연스러운 경우도 있기는 하지만 말이다. 이렇게 고유명칭은 이들 관형사들과 어울리기 어려운데, 이러한 점은 고유명칭이 이들 관형사들과 어울리는 것이 자연스러운 보통명사들과 대조된다. 고유명칭은 유일한 대상을 가리키는 데 아무 어려움이 없기 때문에 그것의 지시성을 보완해 주기 위해 다른 대상과 구별하는 데 도움을 주는 관형사들이 잉여적이고 대체로 불필요하다. 그래서 그런 관형사들과의 어울림이 부자연스러워진 것이다.

이에 반해, 보통명사는 오히려 그런 관형사의 도움이 없을 때 보통명사로 해석되기가 어렵다.

(34') {이, 두, 새} 사람은 정말 똑똑하다.

(34')에서 관형사의 도움이 없어도 "사람은 정말 똑똑하다."라는 문장은 해석될 수 있지만 그럴 때 이 문장의 일반적인 해석은 총칭적 해석이다. 즉 사람은 일반적으로 똑똑하다는 뜻이 될 것이다. 그렇다면 그것은 이미 살펴보았듯이 '사람'의 고유명칭적 용법이다. 따라서 여기에 쓰인 '사람'이 특정한 사람으로서의 지시성을 확보하기 위해서는 관형사의 도움이 필요하다. 기왕 관형사의 도움을 받아야 한다면 지시관형사('이')나 수량관형사('두')가 더 도움이 되고 성상관형사('새')는 다소 도움이 약해 보인다. 그렇지만 그래도 '사람'만 쓰인 경우보다는 훨씬 구체화된 느낌이 든다.[12] 통사적으로 고유명사와 보통명사의 차이는 이렇게 관형사의 수식이 부자연스러운 경우와 오히려 관형사의 수식이 있어야 자연스러운 경우로 나뉜다. 이는 고유명사는 그 자체로

12 경우에 따라서는 '새 사람'이 일종의 종을 이루어 총칭적 해석을 낳을 것 같기도 하지만 여기서는 더 깊이 들어가지는 않기로 하자.

명사구(NP; Noun Phrase) 층위를 이루는 데 반해 보통명사는 관형사와 결합해야 명사구 층위가 될 수 있음(NP→Adn+N; Adn: Adnoun(관형사); N: Noun(명사))을 보여 주는 것으로 볼 수 있다. 즉 명사구는 지시성이 확보되어야 하는데, 고유명사는 그 자체로 지시성을 확보하지만 보통명사는 그것을 한정해 줄 수 있는 관형사의 도움을 받아야 지시성을 확보한 명사구가 될 수 있다는 것이다.

5. 문장 성분과 고유명칭

명사구는 문장 속에서 다양한 역할을 할 수 있는데, 문장 속에서 단어들이 할 수 있는 역할을 국어 문법에서는 문장 성분이라고 부르고 대개 일곱 가지를 든다. 그것들은 주어, 목적어, 보어, 서술어, 관형어, 부사어, 독립어다. 절이나 문장이 성립하기 위해서는 주어와 서술어가 반드시 있어야 하고, 서술어에 따라서는 보어나 목적어를 요구하는 경우가 있다. "영희가 선생님이 되었다."의 '선생님이'는 보어고, "영호가 밥을 먹었다."에서 '밥을'은 목적어다.[13] 여기서 '선생님이'는 '되다'에 의해 요구되는 것이며 '밥을'은 '먹다'에 의해 요구된다. 그러니 이런 서술어들이 출현한 문장에서는 보어나 목적어가 빠지면 그 문장이 완전하기 어렵다. 따라서 주어, 서술어, 보어, 목적어는 문장을 이루는 필수 성분(혹은 주성분)이라고 흔히 불린다. 관형어는 명사를 수식하며 부사어 서술어나 그보다 큰 단위를 수식한다. 그래서 이 둘은 수식성분에 속한다. 마지막으로 독립성분은 문장 내에 쓰이지만 주어-서술어를 중

13 보어와 목적어를 구분하는 기준은 여러 가지가 이야기될 수 있는데, 보어는 그것이 보완해 주는 성분(여기서는 주어)과 동일한 존재를 가리키며, 목적어는 주어와 다른 존재가 된다는 점이 보어와 목적어를 구분하는 주요한 기준 가운데 하나라고 생각된다.

심으로 한 문장의 기본 구조와 직접적인 관계를 맺지 않고 독립적으로 쓰이는 요소다.

(35) 민호야, 네가 어제 앞집 유리창을 깨뜨렸니?

민호야,	네가	어제	앞집	유리창을	깨뜨렸니?
독립어	주어	부사어	관형어	목적어	서술어

이 성분들 사이의 관계는 서로 대등한 것이 아니어서 수식성분이 관형어와 부사어는 각각 체언이나 용언에 종속되고, 체언이 주로 주어, 목적어, 보어가 되며 용언이 주로 서술어가 되므로 수식성분은 주성분에 종속된다고 말할 수 있다. 또한 주성분 사이에서도 주어는 독립적이지만 목적어와 보어는 서술어에 종속된다고 말할 수 있다. 그래서 문장은 '주부-술부'로 대별될 수 있고, 주부의 핵심 성분은 주어이며 술부의 핵심 성분은 서술어가 되지만, 보어와 목적어는 술부에 속하면서 서술어의 의미를 완전하게 실현하는 역할을 한다고 볼 수 있다.

(36)

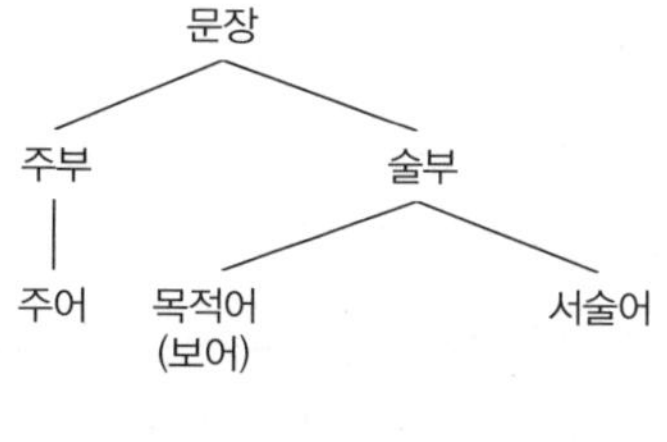

주어 → 체언구[+주격]

목적어 → 체언구[+목적격]

서술어 → 용언구

체언구 → (관형어) + 체언

관형어 → {관형사, 체언구[+관형격]}

용언구 → (부사어) + 용언

부사어 → {부사, 체언구[+부사격]}

(36)에서 문장을 이루는 핵심 요소는 주어와 서술어지만 주어와 서술어 각각은 다시 그것들에 종속되는 다른 성분들과 결합해 주부와 술부를 형성함을 알 수 있다.

고유명칭은 이러한 7성분 가운데 어떤 자리에도 나타날 수 있다. (37ㄱ)의 '민호야'에서 보듯이 독립어 자리에 나타날 수 있고, 다른 성분의 자리에도 문제없이 다 출현할 수 있다.

(37) ㄱ. 민호야, ... (독립어)
ㄴ. 철수는 정말 똑똑하다. (주어)
ㄷ. 나는 영희가 아니다. (보어)
ㄹ. 네가 어제 정현이를 만났니? (목적어)
ㅁ. 그가 은수의 책을 잃어버렸다. (관형어)
ㅂ. 윤정이가 인호에게 사과를 주었다. (부사어)
ㅅ. 저 아이가 영주야. (서술어)

고유명칭은 그 자체로 존재를 전제하는 표현이므로 그 고유명칭이 화자와 청자가 공유하고 있는 어떤 대상을 가리키는 경우라면 (37)의 예처럼 언제나 지시적으로 사용될 수 있고 (37)의 예들은 다 그럴 수 있다. (37ㄷ)과 같은 경우처럼 '영희'가 아닌 경우라도 우리는 우리가 알고 있는 '영희'를 염두에 두고 말할 수 있는 것이다. 그러나 (37ㄷ)처럼 보어 성분일 때는 실제로 화자가 '영희'가 누구인지 모른다고 해도 그 문장 자체는 성립될 수 있다. 가상적인 상황으로 어떤 우편물이 나에게 전달되었는데 거기에 수신자가 '○영희'로 쓰여 있을 때, 내가 그 영희가 누구인지 모른다고 해도 나는 (37ㄷ)을 말할 수 있으니까 말이다. 이런 경우의 '영희'는 고유명칭으로 사용되었다기보다는, '영희라는 이름을 가진 사람'과 같은 기술구의 축약으로 이해될 수 있어서, 고유명사가 보통명사화된 사례로 이해할 수 있다. (37ㅅ)의 '영주'도 (37ㄷ)과 유사하게 이해될 수 있는 사례다. (37ㅅ)의 '영주'도 이미 알려졌던 존재일 수도 있고 보통명사화된 일종의 기술구일 때도 있다. 어떻든 고유명칭이 문장 구성요소가 되는 데는 특별한 제약이 없다고 말할 수 있다.

6. 발화 단위와 명사구의 인지적 위상

문장의 통사구조와 관련해 고유명칭을 평가하고자 한다면 위에서 살펴본 문장 성분들이 형성하는 맥락 중립적인 구성체를 살피는 것만으로는 부족하다. 통사론의 범위는 구나 절과 같이 품사 범주의 확장 방식에 머무르지 않고 실제 사용된 언어 속에서 정보 전달의 효율과 관련된 구조를 아우른다. 이렇게 바라보면, 문장은 그 형성 동기에 따라 두 가지 차원이 구별되어야 할 것으로 보인다. 라이언스(Lyons 1977)는 이러한 차이를 반영해 문장을 체계문(system-sentence)과 텍스트문(text-sentence)으로 구별했는데, 후자는 발화문으로 옮기는 것이 더 쉽게 이해될 듯하다. 그에 따르면 체계문은 "추상적인 이론적 구성체로서 문법성의 개념으로 포괄되는 발화 신호의 용인 가능성 부분을 설명하기 위해 언어학자의 모형에 의해 생성되는 것에 대응한다." 반면 발화문은 "문맥의존적 발화 신호로서, 텍스트에서 나타날 수 있는 토큰"이라고 정의된다(Lyons 1977: 622). 이러한 발화문의 차원도 문법, 곧 통사론의 연구대상이 될 수 있다.

예를 들어, "지원이가 꽃을 좋아한다."라는 문장은 한국어에서 적형식(適形式)의 문장이지만 실제 대화 상황에서는 다양하게 변이된 모습으로 실현된다. (38)은 그 변이 양상을 잘 보여 준다.

(38) ㄱ. 지원이가 꽃을 좋아한다.
ㄴ. 지원이가 좋아한다, 꽃을.

ㄷ. 꽃을 지원이가 좋아한다.
ㄹ. 꽃을 좋아한다, 지원이가.
ㅁ. 좋아한다, 지원이가 꽃을.
ㅂ. 좋아한다, 꽃을 지원이가.
ㅅ. 지원이는 꽃을 좋아한다.
ㅇ. 꽃은 지원이가 좋아한다.
ㅈ. 좋아하기는 지원이가 꽃을 좋아한다.
ㅊ. 지원이가 좋아하기는 꽃을 좋아한다.
ㅋ. 꽃을 좋아하기는 지원이가 좋아한다.
ㅌ. 지원이 꽃 좋아한다.
ㅍ. 지원이 좋아한다, 꽃.
ㅎ. 꽃, 지원이 좋아한다.
ㄲ. 꽃 좋아한다, 지원이.
ㄸ. 좋아한다, 지원이 꽃.
ㅃ. 좋아한다, 꽃 지원이.
ㅆ. 꽃을 좋아하는 것은 지원이다.
ㅉ. 지원이가 좋아하는 것은 꽃이다.
ㅏ. 지원이가 (꽃을 좋아한다).
ㅑ. (지원이가) 꽃을 (좋아한다).
ㅓ. (지원이가 꽃을) 좋아한다.
…

(38)이 전부라고 할 수 없고 더 다양할 것인데, 이러한 문장들이 하나의 문장의 변이형들이라는 것은 무슨 근거에서인지 물을 수 있다. 물론 이러한 부분도 이론적 가정에 따라 달라질 수 있겠지만, (38)은 전부 동일한 명제적 의미를 전달하는 문장들이라는 공통점이 있다. 다만 맥락에 따라서 다른 전달적 효과를 기대하는 발화들인 것이다. 따라서 (38)의 모든 문장들을 대표하는 맥락에 중립적인 문장을 "지원이가 꽃을 좋아한다."로 상정하고 이 문장이 다양한 맥락 속에서 나름의 담화적 기능을 가진 문법소들에 의해 변이형으로 구현되는 것으로 이해할 수 있다. 램브렉트(Lambrecht 1994)가 이러한 문장의 변이형들을

이문장(異文章; allosentence)이라고 부른 것을 수용해 이 책에서도 이러한 발화들을 이문장이라고 부르고, 이러한 문장들의 대표형을 문장소(文章素; sentenceme)로 부를 것을 제안한다.

문장소는 그 문장을 구성하는 단어들이 적절한 방식으로 결합되어 형성된 완결된 문장으로서 맥락에 관계없이 모국어 화자의 직관으로 그 언어의 적형식이라고 판정될 수 있는 것이라고 규정할 수 있을 것이며, 이 문장소는 맥락에 따라 (38)을 포함한 다양한 방식으로 달리 구현된다고 볼 수 있을 것이다. 이때 변이를 일으키는 주요 요인 가운데 하나로, 문장에 의해 전달되는 정보 가운데는 이미 주어진 것과 새로운 것이 구분될 수 있다는 점이 있다. 정보가 주어져 있다는 것은 상황 맥락 속에서 확인 가능하거나 이미 언어 맥락 속에서 언급되었다든가 하여 화자와 청자에 의해 공유된 정보임이 분명한 경우를 말하는 것이고, 새롭다고 하는 것은 주어져 있지 않고 새로 덧붙이는 정보를 말한다. 새로운 정보는 완전히 새로운 정보일 수도 있고, 정보 자체는 주어진 것이지만 해당 발화 속에서 이미 주어진 부분과 관련지어서는 관계적인 면에서 새로운 정보인 것도 있다.

발화문을 크게 양분해 주어진 부분과 새로운 부분으로 나눌 때 문장은 기본적으로 (39)와 같이 다양한 방식으로 구분될 수 있다. 이때의 주어진 정보는 논의에 따라 전제라고 불릴 수도 있고 보다 인지적인 시각에서 배경이나 바탕(ground)으로 불리기도 한다. 새로운 정보는 초점(focus)이라고 불리는 것이 일반적이다.

(39)
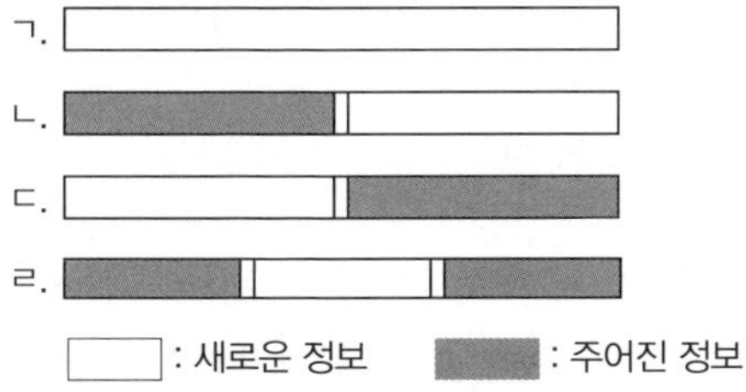

이러한 구분도 통사적 장치로 표시된다면 통사론의 영역으로 보아야 하며, 일반적으로 이러한 구분은 어순, 형태적 표지('는' 등), 억양, 강세, 연접(쉼) 등에 의해 이루어진다. 이러한 구조를 정보구조(情報構造; information structure)라 하며, 주어진 정보 부분의 일부(대체로 문두에 나타나는 경우)는 화제(話題; topic)라 하여 따로 구분하기도 한다. 이때의 화제는 '문장의 나머지 부분이 그것에 관한 것이 되는 실체'로 정의할 수 있다. 주어진 부분이 다 그렇지만 화제는 그 가운데서도 주어짐의 정도가 높은 명사구만 그 자리를 차지할 수 있다.

프린스(Prince 1981)는 이러한 주어짐-새로움의 구분이 모든 명사구들에 대해서도 적용될 수 있는 것으로 보아 명사구의 인지적 위상을 다음과 같이 구분했다.

(40)

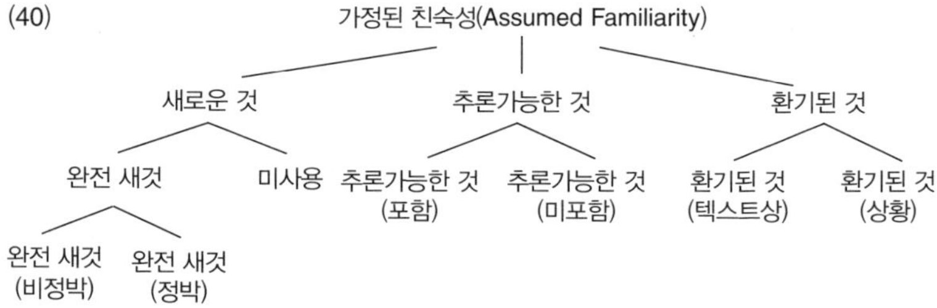

우선 (40)의 각각에 해당하는, 그가 제시한 예들을 살펴보자면 다음과 같다.

(41) ㄱ. 완전 새것(비정박): 나 예쁜 옷 샀어. (I bought a beautiful dress.)

ㄴ. 완전 새것(정박): 내가 아는 한 부자가(/는) 캐딜락을 샀더라. (A rich guy I know bought a Cadillac.)

ㄷ. 미사용: 빌어먹을 리조는 세 번째 학기로 넘어가지 못할 거야. (Rotten Rizzo can't have a third term.)

ㄹ. 추론가능한 것(미포함): 우체국으로 달려갔는데 멍청한 직원이 우표를 못 찾는 거야. (I went to the post office and the stupid clerk couldn't find a stamp.)

ㅁ. 추론가능한 것(포함): 악마가 영어를 역순으로 말한다는 믿을 수 없는 주장을 넌 들어 봤니? (Have you heard the incredible claim that the devil speaks English backwards?)

ㅂ. (텍스트상에서) 환기된 것: 수지가 자기 할머니를 방문하러 갔는데, 그 사랑스러운 분은 북경 오리 요리를 준비하고 계셨다. (Susie went to visit her grandmother and the sweet lady was making Peking Duck.)

ㅅ. (상황 속에서) 환기된 것: 운 좋게도 내가 뭔가에 끼어들었어. (Lucky me just stepped in something.)

여기서 새롭다고 한 것은 세 가지 면에서 새롭다는 것인데, 그것은 첫째, 이전에 언급된 적이 없고, 둘째, 청자가 머릿속에 바로 떠올릴 수가, 즉 환기시킬 수가 없고, 셋째, 알고 있지도 않은 것을 말한다. 첫째에 해당된다면 둘째와 셋째는 당연히 해당되며, 둘째에 해당한다면 셋째는 둘째에 포함된다고 볼 수도 있을 것이다. (41ㄱ)의 '예쁜 옷'은 어떤 면에서나 완전히 새로운 것이고 (41ㄴ)에서 '정박(anchored)'이라고 덧붙인 것은 '한 부자'가 '내가 아는'에 의해 막연한 어떤 부자가 아니라 화자가 아는 어떤 부자인 것으로 지시적으로 제한되는 면이 있음을 보여 준다. 그렇기 때문에 (41ㄱ)의 '예쁜 옷'은 주어 자리에 오기 어려운데 반해, (41ㄴ)의 '내가 아는 한 부자'는 주어 내지는 화제의 자리를 차지하는 것이 가능하며, 그렇게 (41ㄱ)과 (41ㄴ)에 나타난 명사구들 사이에도 인지적 위상에 큰 차이가 있음을 알 수 있다.

그런데 (41ㄷ)의 미사용(unused)은 고유명칭의 예인데 새로운 것으로 분류되어 있다. 프린스가 고유명칭을 미사용으로 분류한 까닭은, 고유명칭은 이전 언어 맥락에 나왔을 수도 있고 안 나왔을 수도 있는데, 영어에서는 그것이 이미 나온 적이 있다면 대명사로 표현할 가능성이 크니 안 나온 것으로 판단한 것이며, 청자가 머릿속에 바로 떠올릴 수 있을지 없을지에 대해서는, 청자가 이미 알고 있는 이름이라면 떠올릴 수 있을 것이지만 그렇지 않다면 떠올리기 어려울 것이다. 그런데 화자가 청자가 전혀 모르는 인물에 대해 갑자기 고유명칭을 주어로 내세워 무엇인가를 말하는 상황은 상정하기 어려우므로 이 경우에는 청자가 이미 알고 있고 머릿속에 바로 떠올릴 수 있는 존재일 가능성이 크다. 그렇게 본다면 미사용 명사구를 새로운 것으로 분류한 것은 그리 적절한 처리가 아닌 듯하다. 프린스는 그 이후(1992)에 다시 '[담화 신]'과 '[담화 구]', '[청자 신]'과 '[청자 구]'로 명사구의 인지적 위상을 재조정하는데, 그러한 기준들을 도입한다 해도 고유명칭이 [청자 신]인지 [청자 구]인지는 제삼자가 언어 자료만으로 판정할 수는 없는 노릇이어서 고유명칭의 처리는 여전히 용이하지 않았다. 그러나 고유명칭이 출현하면 청자가 그 이름의 지시대상을 알지 못한다 하더라도 화자가 그 지시대상이 존재한다고 수용하기 요구하는 것이므로, 바로 화제가 될 수도 있을 정도로 주어진 정보로 보는 것이 옳을 것이다.

(41ㄹ, ㅁ)에서는 각각 '우체국'과 '악마가 영어를 역순으로 말한다는 주장'이 '멍청한 직원'과 '믿을 수 없는 주장'의 지시물을 확인할 수 있는 추론 근거가 되어 주고 있다. 하지만 이런 경우들이 오히려 (41ㄷ)의 고유명칭보다도 주어짐의 위상이 높다고 하기는 어렵다. 이전에 언급된 적도 없는데 바로 그것을 화제로 삼기도 어려운 것을 보면 주어짐의 정도가 가늠이 될 수 있을 것이다.

(42) ㄱ. 우체국으로 달려갔다. #멍청한 직원은 우표를 못 찾았다.
ㄴ. #악마가 영어를 역순으로 말한다는 믿을 수 없는 주장은 네가 들어본 적이 있니?

(42ㄱ, ㄴ)은 각각 (41ㄹ, ㅁ)으로부터 그 명사구들을 화제가 되도록 재배치해 본 것인데, 그것들이 화제가 될 만큼 주어짐의 정도가 큰 것 같지는 않다.[14] (41ㅁ)도 뜬금없이 어떤 주장 내용을 말하면서 그것을

14 (42ㄱ)의 '멍청한 직원은'이 화제가 되기 어려운 것은 우체국에 직원이 한 명만 있지는 않을 것이기 때문에 더 그렇다. '개인병원-의사', '가게-주인' 등에서와 같이 한 명

화제로 삼는 것은 어색하다. 마치 고유명칭의 지시물을 모르는 청자에게 갑자기 그 고유명칭을 화제로 삼는 경우와 유사하다 하겠다. 따라서 이미 청자가 알고 있는 고유명칭을 말한다면 (41ㄷ)은 (41ㄴ)이나 (41ㄹ, ㅁ)처럼 지시물을 확인하기 위해 다른 매개체가 필요한 경우보다 훨씬 주어짐의 정도가 높다고 말할 수 있다.

(41ㅂ, ㅅ)은 그 지시물을 확인하기 위해 다른 매개가 필요하지 않고, 청자가 이미 언어 맥락이나 상황 맥락을 통해서 지시물을 환기하고 있음을 추정할 수 있는 경우들이다. (41ㅂ)의 '그 사랑스러운 분'은 선행 언어 맥락에도 주어져 있고 그렇기 때문에 청자가 바로 떠올릴 수도 있고 알고도 있는 완전히 주어진 정보이며, (41ㅅ)의 '내가는 청자가 상황 속에서 누가 그 발화의 화자인지를 알기 때문에 바로 확인하여 떠올릴 수 있는 정보이고 그래서 알고 있기도 한 정보다. 이들 각각은 위에서 살펴본 대용 표현과 화시 표현에 해당한다고 고쳐 말할 수도 있을 것이다.

(41ㅂ, ㅅ)에서 볼 수 있듯 언어 맥락과 상황 맥락에 이미 주어진 정보를 담고 있는 명사구들은 그 주어짐의 인지적 위상이 매우 높은 것들이다. 그리고 이 책에서는 (41ㄷ)과 같은 고유명칭도 그것들에 못지않게 주어진 정보로 처리되어야 함을 주장했다. 마찬가지로 박철우(2017: 141-2)는 한국어 명사구의 인지적 위상을 다음과 같이 구분했다.

(43) 한국어 명사구의 인지적 위상[15]

주의의 초점: ≒인가된 화제 (FOC)	철수i는 참 착한 아이입니다. Øi 선생님 말씀도 잘 듣고, 친구들에게도 너그럽습니다.

만 있을 것으로 상정될 만한 명사구가 화제로 된다면 훨씬 나아질 것이기는 하다.

15 i, j, k는 같은 대상을 지시함을 표시하기 위한 지표다.

텍스트상에서 환기된 것: 선행 발화에 출현했던 것 (EVT)	그 집에는 할아버지와 할머니가 개i와 고양이j를 기르며 오순도순 정답게 살고 있었습니다. ... 자식이 없는 할아버지와 할머니는 개i와 고양이j를 친자식처럼 귀여워하고 아꼈습니다. / 내가 어제 길에서 예쁜 여자 한 명i을 봤는데 말이야. 알고 봤더니 그 여자i는 바로 내 친구 동생이더라구. / 내가 아끼는 후배 하나i가 있는데, 이 친구i가 어찌나 일을 열심히 하는지 자기 몸을 돌보지 않아.
상황 속에서 환기된 것: 상황 속에 현저한 것, 화시 표현들 (EVS)	나는 요즘 많이 바빠. / 너 지금 어디 가? / 우리 영화 보러 갈까? (청자에게 가까운 곳에 놓여 있는 볼펜을 가리키며) 그 볼펜은 내 거야. / 저 종이 좀 집어 줄 수 있어요?
알고 있는 것(사용된 적 없는 것, 친숙한 것): 고유명칭, 총칭 표현 등(KNO)	철수는 요즘 사랑에 빠져 있다. / 엄마, 마이클 잭슨은 어른들도 좋아한대요. / 개는 포유동물이다. / 철수는 개를 좋아한다.
추론가능한 것(INF)	쓰러진 오크들i을 살펴보니 얼굴j은 멧돼지와 흡사하고 몸k은 근육질이었다. / 그 식당i은 입구 분위기j가 너무 좋아서 끌려 들어갔는데 인테리어k도 정말 돼 있더라구요.
추론가능한 것(내용 포함) (INFc)	복숭아벌레 먹으면 예뻐진다i는 얘기i 들어 봤니? / 모든 사람에게 코딩을 가르치라i는 주장i은 과연 옳은 것일까?
지칭적인 것들: 특정적인 것 (REF)	내i가 아는 선생님 한 분j은 90이 넘었는데도 정정하시다. / 우리 옆집i에 있는 개 한 마리j는 나만 보면 짖는다. / 경기고등학교i의 럭비부 학생들j은 선배가 죽으라면 죽는다. / 철수i의 손j은 피투성이가 되었다.
유형 확인이 가능한 것(TID)	옛날 옛적 어떤 시골 마을에 한 선비가 살고 있었습니다. / 그 집에는 할아버지와 할머니가 개와 고양이를 기르며 오순도순 정답게 살고 있었습니다. ... 자식이 없는 할아버지와 할머니는 개와 고양이를 친자식처럼 귀여워하고 아꼈습니다. / 운동장에 개가 많다. / 개 짖는 소리가 나의 잠을 깨운다.

그리고 이러한 명사구의 인지적 위상, 즉 주어짐의 정도에는 다음과 같이 선행 위상이 후행 위상을 함의하는 관계가 성립된다고 주장했다.

(44) FOC 〉 EVT/EVS 〉 KNO 〉 INF/INFc 〉 REF 〉 TID

그러면 앞에서 살펴본 (39)와 같은 정보구조의 기본 틀과 이러한 명사구들의 인지적 위상 사이의 관계에 대한 설명이 필요해지는데, 박철우(2017: 143)는 명사구 자체의 주어짐은 발화의 정보구조에 대한 일종의 제약으로 작용하는 것으로 이해해야 한다고 정리하고 있다.

(45) 정보구조의 인지적 제약

ㄱ. 화제로는 FOC(주의의 초점)로부터 REF(지칭적인 것)까지의 인지적 위상을 가진 표현들이 올 수 있다. 그러나 TID(유형 확인이 가능한 것)는 화제가 될 수 없다.

ㄴ. 초점으로는 EVT(텍스트상에서 환기된 것)로부터 TID(유형 확인이 가능한 것)까지의 인지적 위상을 가진 표현들이 올 수 있다. 그러나 FOC(주의의 초점)는 초점이 될 수 없다.

요컨대, 고유명칭은 발화문 차원의 통사적 구조인 정보구조에서 화제, 초점 등에 두루 활용될 수 있지만, 화시 표현, 대용 표현과 함께 화제 자리에 무리 없이 출현할 수 있을 만큼 인지적으로 주어짐의 정도가 높다.

언어의 단위들은 이렇게 형태-단어-문장-담화의 차원으로 확대되면서 각각의 단위가 담고 있는 의미의 차원이 다르고 전체 구성에서 역할을 하는 그 구성소들의 기능이 다르다. 이것들을 들여다보는 과정에서 우리는 언어가 의미를 담기만 하는 것이 아니라 의미를 합치거나 연결하는 기제이기도 함을 알 수 있었다. 또한 고유명칭은 고유한 의미 내용보다는 지칭의 수단으로서 기능하는 언어 단위이지만 형태소로서, 단어로서, 문장 성분으로서, 정보 단위로서 그 모든 형식적 차원에 연결될 수 있는 흥미로운 언어 요소임을 확인할 수 있었다.

7. 문장 구조가 요구하는 지시성

앞서 명사구가 완결되기 위해서 요구되는 명사구의 구조적 지시성에 대해 언급했지만, 문장 또한 문장으로 완결되기 위해서는 주어에 대한 지시성이 요구된다. 문장이 그러한 것은 서술어 자리에 투사되는 동사부터가 지시성이 있는 명사구를 주어로서 요구하기 때문에 그렇기도 하거니와, 특정 발화문의 추상적 문장소라고 할 수 있는 체계문 자체가 그러한 지시적 주어를 필수적으로 가지며, 그것이 발화문으로 실현될 때도 대다수의 발화문이 화제를 비롯한 주어진 정보를 가진 부분이 그 발화를 담화 맥락에 연결해 준다. (39ㄱ)과 같이 문장 전체가 초점이 되는 발화문이라도 생략된 화제가 있거나 시공간적 상황에 화제의 역할을 하여 그 발화문은 대체로 담화 상황에 연결되어 있다고 볼 수 있기 때문이다. 체계문의 주어는 발화문인 다양한 이문장의 대표로서 기본형 내지는 기저형이라고 고쳐 말해도 되는 것이므로 담화 맥락에서 요구되는 지시성이 이미 구조적인 지시성으로 요구되고 있는 것으로 이해해도 좋겠다.

발화문의 경우는 담화상에서 다르게 해석될 여지가 있지만, 어떤 문장이든 문장은 반드시 주어를 가지며 그 주어는 지시적이어야 한다. 문장의 구조를 분석할 때 지나치게 표면 형식에 집착하면 사용된 문장, 즉 발화문은 모두 적형식(well-formed structure)이라고 생각할 수 있으나, 발화문들은 담화 맥락에 따른 생략이 빈번하며 생략된 채 자주 사용되는 발화문이라도 그것의 모태가 되는 체계문의 형식으로 실현될 때가 있기 때문에 담화론으로 확대되지 않은 통사론적 분석에서는 다소 추상화된 형식인 체계문을 연구대상으로 삼는 것이 마땅하다 하겠다.

예를 들어, 우리는 일상에서 "코가 길더라."라는 문장을 들을 수 있지만 '코가 길다.'를 한국어의 정문이라고는 말하지 않는다. 이러한 표현이 너무 단정적이라면 다소 누그러뜨려, 필자는 그것을 정문이라고 보지 않으며 이러한 입장이 일반적이라고 믿는다. "코가 길더라."라는 문장을 들었다면, 대개 그런 경우에는 "나 어제 동물원에 가서 코끼리 봤어."나 "어제 티비에 바브라 스트라이샌드 나왔더라." 등과 같은 선행 맥락이 앞에 있었을 것이다. 따라서 그런 경우 "코가 길더라."의 추상적인 체계문, 즉 문장소에서는 주어를 복원해서 그것을 분석의 대상으로 삼는 것이 타당하다. 그렇게 하여 "코끼리가 코가 길다."를 분석

대상으로 삼는다면, 전체 문장의 주어를 '코끼리'로 분석해 내는 것이 어렵지 않으며, '코가 길다'를 서술문으로 분석해 낸다고 해도 그 자체로 문장이 되는 것이 아니라 "코끼리의 코가 길다."가 서술문이 된다. 그러면 '코끼리가 [(Ø(코끼리의) 코가 길다.]'와 같은 분석이 가능해지고, '코끼리의 코'가 서술문의 주어라고 해도 모문의 주어로서 '코끼리가'가 있기 때문에 그런 생략된 대명사의 복원이 가능해짐을 이해할 수 있게 된다. 이때 주어의 '코끼리'는 동물의 한 종류를 가리키는 종류로서의 고유명칭이며 그렇기에 지시성을 어휘적으로 확보하고 있어 주어로서 성립될 수 있었던 것이다. 주어는 그 자체적으로 지시적이어야 하고 그 주어가 상정될 때 문장은 완결성을 가질 수 있음을 이 예가 잘 보여 주고 있다.

만일 "코가 길더라."가 그 자체로 정문으로 성립되는 상황을 찾고자 한다면, 누군가가 "이 세상에 긴 것은 무엇이 있을까?"라고 물었을 때 떠올린 대답으로 그 문장이 사용된 경우를 생각할 수 있는데, 그런 경우가 과연 상식적인 상황일지 의구심이 생긴다. 어떻든 필자는 '무엇이 어떠하다'라는 문형도 국어에서는 가능하다는 것을 부인하지 않는다. 그런 문형으로 쓰이는 지극히 상식적인 발화문도 많이 있으니까 말이다. 일테면 "코끼리는 착하다." 같은 문장 말이다. 그러나 그런 경우가 아니고 속성적으로 쓰인 '코'가 들어 있는 '코가 길다'는 그 자체로 완결된 문장으로 보기 어렵고 '무엇이 무엇이 어떠하다'도 국어의 가능한 문형으로 성립될 수 있음을 보여 주는 전형적인 용례가 될 수밖에 없는 것이다.

주어가 없어 보이는 다른 예로, "비가 온다." 같은 문장을 생각해 볼 수 있다. 이때의 '비'는 분명히 명확히 지시대상이 한정된 특정한 비가 아니다. 이 문장이 과연 비에 관한 일반적 진술인가? 그렇지 않다. 그러면 이 문장의 주어는 무엇인지를 묻지 않을 수 없고, 여기서도 눈에 보이는 형식으로만 판정한다면 '비가'가 주어라고 말하는 시각이 가능하다. 이 경우는 위의 '코가 길다'의 경우보다는 더 많은 지지자를 가질 것 같다. 그러나 이 경우에도 우리는 어떤 맥락에서 그런 발화가 나올 수 있는지를 생각해 볼 필요가 있다. 가능한 맥락을 복원해서 문장을 구성해 본다면 "지금 우리 집 밖은 비가 온다."나 "지금 이곳은 비가 온다."와 같은 것이 가능할 것 같다. 왜 없는 것을 복원하느냐고 물을 수 있겠는데, 복원된 문장도 충분히 가능한 한국어 문장이고 그 경우에 분명한 주어가 될 수 있는 명사구가 실현되어 있기 때문이라고 답할 수 있다. 그리고 그런 명사구가 있어야 맥락과의 연결점이 생기는 것이고 맥락과의 연결점이 있어야 실제로 용도가 있는 문장이 된다. 추상적인 통사론의 층위에서는 적어도 그것이 가능할 주어만 확보되어 있으면 적형문이 되는 것으로 볼 수 있다.

그 외에도 무주어문이라고 불리곤 하는 "이만하면 됐다.", "그만하면 충분하다." 등 '되다, 충분하다'라는 용언이 실현되는 문장도 그것의 체계문을 찾는 노력이 필요하다고 본다. 예에 따라서는 선행 맥락에 적절한 주어 후보가 보이지 않는 경우도 있다. 한국어 통사론 연구자들이 자주 관심을 갖곤 하는 "나는 짜장면이다."와 같은 문장도 '짜장면이다'의 주어는 '나'가 아니다. 그런 경우 '짜장면이다'의 주어는 무엇이 되어야 하겠는가? 많은 흥미로운 논제들이 있지만 여기서는 체계문에서 서술어가 요구하는 주어는 반드시 지시성이 확보되어 있어야 한다는 점이 이해될 수 있었다면 (논의가) 충분하다고 본다.[16]

16 '충분하다'의 주어로 '논의가'를 상정해 보았다. 무엇인가 충분할 수 있는 것은 [행위성]을 가지는 일이어야 할 것 같다.

제5장

이름의 음운론

1. 언어기호의 음상과 의미 사이의 관계

기본적으로 이름의 음운 배열이 이름의 유형과 일정한 상관성을 가질 것이라는 기대는 좋은 발상이라고 보기 어렵다. 언어의 가장 기본적인 특질 가운데 하나로 익히 알려진 사실이 언어의 형식인 음상과 그에 짝이 되는 의미 내용 사이의 관계는 자의적이라는 것 때문이다. 음상과 의미 사이의 관계가 가장 유사한 경우가 의성어(擬聲語; onomatopoeia)일 때인데, 의성어라 해도 언어에 따라 그 언어가 가진 기본적인 음소 목록과 음소 배열 규칙 또는 음절 구조 제약과 같은 구조적 조건을 벗어날 수 없다. 인간이 실제 동물의 울음 등 자연의 소리를 그대로 모방할 수는 있지만 그것이 언어화될 때는 그 언어의 형식적 한계를 벗어나지 못한다.

(46) woof(영어), gav(러시아어), waouh(프랑스어), guau(스페인어), blaf(네덜란드어), wan(일본어), voff(아이슬란드어), ham(루마니아어), bau(이탈리아어), wong(광둥어), hev(터키어), guk(인도네시아어), haap(페르시아어), meong(한국어)

(46)은 언어와 관련된 그림을 주로 그리는 제임스 채프먼(James Chapman)의 웹사이트에서 가져온 것으로, 14개 언어의 개 짖는 소리를 모아 놓은 것이다.[1]

하지만 여전히 의성·의태어의 존재가 그렇고, 과거 인간 언어의 기원과 관련해서도 소위 '멍멍설(bow wow theory)'이라 하여 인간의 언어는 자연의 소리를 모방하는 데서 출발했다고 보는 시각이 존재하는 것을 보아도 그렇듯이, 인간의 언어 속에는 이 세상의 실제 소리나 인간과 사물의 특징을 모방한 말소리로 이루어진 말들이 상당히 존재할 것이고, 그렇기 때문에 어떤 말을 이루는 말소리 그 자체나 그것들의 연쇄가 그러한 일종의 의미를 반영하고 있을 것이라는 추정을 완전히 배제할 수도 없는 것이 사실이다.

의성·의태어를 제외하고 말소리와 의미가 어느 정도 관련성을 보이는 사례를 검토하기에 유용한 경우가 특별한 내부적 구성이 없는 이름들일 것이다. 김종미(2017)는 45개의 다른 모국어 배경을 가진 384명의 피험자를 대상으로, 25개의 음성적으로 대조적인 쌍을 형성하는 50개의 브랜드명을 고안해 피험자들이 브랜드명으로서 선호하는 음성 연쇄를 고르게 하는 실험적 연구를 수행했는데 그 결과는 현장 설문에 의한 기관 내부인 조사에서나 온라인 익명 설문에 의한 조사에서나, 또 서로 다른 어족의 언어 화자들 사이에서나 일관된 결과를 나타냈다고 한다. 그 결과는 다음과 같다.

(47) ㄱ. 음절 첫머리에는 자음군보다 단자음이 선호된다. (예: *Pensing* 〉 *Spensing*)
ㄴ. 음절 말에는 자음군보다 단자음이 선호된다. (예: *Sisun* 〉 *Sisunts*)
ㄷ. 음절 첫머리에는 한 개의 자음이 오고 음절 말에는 자음이 없는 음절이 선호된다. (예: *Dina* 〉 *Din*)
ㄹ. 두 개의 음절이나 세 개의 가벼운 음절로 구성된 이름이 단음절이나 그보다 많

1 https://www.tumblr.com/search/chapmangamo.

은 음절로 구성된 이름보다 선호된다. (예: *Bindang* 〉 *Bindangsi*, *Binaro* 〉 *Binarodi*)

ㅁ. 음절 말에는 비강 폐쇄 자음이 마찰 자음보다 선호된다. (예: *Tinsen* 〉 *Tisnem*)

ㅂ. 소리 연쇄는 영어의 음소 배열 제약에 일치해야 한다. (예: *Seboon* 〉 *Seboong*, *Oray* 〉 *Orae*)

ㅅ. 소리들은 선호되는 소리 인상을 가지고 있어야 한다. (예: *Samonan* 〉 *Sumoonen*: 가볍고 행복한 인상)

ㅇ. 소리들은 발음하기에 쉬워야 한다. (예: *Kandi* 〉 *Khandi*)

ㅈ. 소리들은 덜 유표적이어야 하고 많은 언어들에 공통된 것이어야 한다. (예: *Pumbi* 〉 *Peumbi*)

ㅊ. 이름은 익숙한 철자를 가져야 한다. (예: *Youngsin* 〉 *Yeongsin*)

이 연구는 흥미로운 경향성을 포착하고 있기는 하지만, 이 가운데 다수가 음절의 구조나 소리의 배열에 관한 것이어서, 위의 의성·의태어의 경우와 마찬가지로 의미의 영향을 받고 있기보다는 발음이나 소리의 느낌 가운데 선호되는 것이 있다는 점을 주로 포착하는 정도의 의의를 가지는 것으로 보인다. 이 가운데 영어의 구조나 배열이 선호되는 것은 영어의 국제어로서의 영향력이 다른 어떤 언어보다 크기 때문으로 보이는데, 영어가 아닌 언어를 모국어로 가지는 화자들도 영어로 된 브랜드명을 선호하는 것은 영어가 가진 상품성이 브랜드의 상품성에도 전이가 된 것일 수 있겠다. 어떻든 이 연구도 의성·의태어가 언어의 구조의 영향에서 벗어날 수 없음을 확인한 것과 마찬가지로, 언어라는 것이 모음을 중심으로 앞뒤에 자음이 하나 내지 둘 이상 놓일 수 있는 기본적 제약 속에서 가능한 조합들 가운데 화자의 상대적 기호가 반영되는 방식으로 형성될 것이라는 추정을 가능하게 한다.

2. 음성과 음성 배열이 주는 심리적 인상

그럼에도 불구하고 각 언어에서 사용되는 음성(말소리)들은 서로 다른 음가를 가지고 있기 때문에 그 서로 다른 음가들 각각이, 혹은 그 소리들이 특정한 배열을 이루었을 때 그 소리 연쇄가 만들어 낼 수 있는 독특한 청각적 인상이 있을 수 있고, 그래서 특정 유형의 의미나 느낌을 표현하기 위해 특정한 음성이나 음성 연쇄를 활용하게 되는 경우가 생겨날 수는 있을 것이다. 하지만 이러한 인상을 얼마나 객관화할 수 있을지는 의문이다.

2008년 10월 17일 『월간식당』이라는 정간물에 실린 「음의 이미지가 집객력에 변화를 가져온다」는 기사에서는 일본의 감성리서치사(社)에서 소비자 200명을 대상으로 조사한 앙케이트 결과를 소개하고 있다.[2] 제시된 예들을 살펴보자면, '메가맥'(한국에서의 '빅맥')과 '와퍼'는 각각 '맥도날드'와 '버거킹'의 햄버거 상품명인데, 이 중 어느 쪽의 양이 더 많다고 느껴지느냐는 질문에 대해 위 응답자 중 90%가 '메가맥'이라고 답했다고 한다. 이에 대해 어감 분석 전문가로서 이 조사를 지도한 구로가와 이호코 감성리서치 사장은 '메가맥'이라는 단어가 더 풍부해 보이는 인상을 주는데 그 이유는 2개의 'M' 소리가 아기가 젖을 빨 때 발생하는 소리로 충족감과 연결된다고 설명했다고 한다.

다음으로 '초콜릿'과 '쇼콜라'를 조사했는데, 의미는 같지만 교제 상대에게 선물 받고 싶다고 생각하는 것은 어느 쪽이냐고 물었을 때, 여성 응답자는 80%가 '쇼콜라'를 선택했고, 남성 응답자는 60%가 '초콜릿'이라고 답했다고 한다. 이에 대해 구로가와 씨는 'S' 음의 미끄러지는 듯, 공기를 머금은 듯한 음은 여성이 선호하는 반면, 남성은 'ㅊ'나 'ㅌ' 같은 감촉이 있는 음에 호감을 느낀다고 설명했다고 한다. 특히 'T' 음

---

2 http://month.foodbank.co.kr/etc/search_view.php?secIndex=1334&page=2&section=&serial=&keyfield=all&key=%C1%FD%B0%B4%B7%C2.

은 내용물이 가득 찼다는 확실함을 느끼게 하며 'K' 음은 단단함과 견고함을 느끼게 하므로 이 음을 반복하는 '초콜릿'에 비해 '쇼콜라'는 남성에게는 종잡을 수 없는 불안한 것으로 느껴지게 된다는 것이었다.

또 다른 예로, '캐스트'와 '아르바이트'를 제시하고, 이 둘도 같은 의미로 쓰이는 단어이지만 당신이라면 어느 쪽으로 불리고 싶으냐는 질문에 대해, 응답자의 60% 이상이 '캐스트'를 선택했다고 한다. 이에 대한 구로가와 씨의 설명은 '캬, 큐, 쿄'는 즐거움을 느끼게 하는 반면 '바'는 강한 힘과 끈기, '트'도 강함과 확실함을 느끼게 하는데, 응답자는 '아르바이트'는 힘들어 보인다고 느꼈을 것으로 해석했다고 한다.

같은 의미를 가지는 단어들에 대해 어떤 음성 연쇄가 더 마음에 드느냐고 물었을 때, 응답들이 한쪽을 선호하는 유의미한 경향성이 찾아질 수는 있을 것이다. 하지만 그에 대해 적절한 설명을 내놓기 위해서는 가능한 변수를 잘 통제할 필요가 있다. 많은 경우, 단어의 일부 또는 전체가 특정한 의미를 가진 단어를 연상시키는 일이 많을 것이므로 그러한 반사적 연상을 제거할 수 있어야만 순수하게 말소리가 주는 느낌을 한정할 수 있을 것인데, 과연 그러한 변수들을 완전히 제거할 수 있을지, 또 제거할 필요가 있을지도 확신하기 어렵다. 그리고 그렇게 순수하게 말소리가 주는 느낌만을 포착하고자 할 때 얼마나 유의미한 결과를 얻을 수 있을지에 대해서는 앞으로 충분한 심리학적 실험 연구가 필요할 것으로 보인다.

제6장

고유명사의 비고유명사적 용법

1. 단체명이 구성원 개체를 나타낼 때

그런데 고유명칭이 항상 고유명칭으로만 쓰이는 것일까? 고유명칭은 고유한 지시물을 가리키는 기능에 대한 용어이므로, 고유명칭으로서의 용법을 고유하게 가진 단어 부류인 고유명사를 중심으로 살펴보자면, 먼저 단체명이 개체를 나타내는 용법으로 전환되는 경우들이 있다. 아래 (48)은 박철우(2004/2016)에서 가져온 것이다.

(48) ㄱ. 소대원들이 정찰을 하던 중 인민군(두 명)을 목격하였다고 한다.
ㄴ. 경찰이 오늘 마피아단(다섯 명)을 검거했다고 한다.
ㄷ. 내가 음식점에 들어가려고 하는데 노찾사(일곱 명)가(/이) 우루루 몰려나왔어.
ㄹ. 오늘 방송국 앞에서 지오디(두 명)를(/을) 봤어.
ㅁ. 중국에서 사인방(두 명)이 축출되었대요.
ㅂ. 길에서 삼총사(두 명)를(/을) 만났다.
ㅅ. 나는 그 음악회를 마치고 트윈폴리오(한 명)에게 사인을 받았다.

박철우(2004/2016)에서는 이를 고유명사가 보통명사화한 예로 보았지만, 다시 생각해 보면 (48)에 출현한 단체명들이 완전히 보통명사화한 것인지가 그리 명확하지는 않다. 뒤 괄호 속에 제시된 '수관형사+의존명사('명')' 구성이 없다면, 실제로는 몇몇의 개체에 대한 서술이라 하더라도 개체보다 단체에 대한 진술이라고 이해할 수 있고 그렇다면 그 때의 그 단체명은 여전히 고유명칭으로 사용되었다고 판단할 수 있을 것이다. 또한 뒤에 개체를 나타내는 구성이 따라오더라도 단체를 나타내는 표현과 그와 동격인 개체 표현 사이에 일종의 전체-부분 관계 같은 것이 성립한다고 보면 선행하는 단체명은 여전히 고유명칭으로 사용되었다고 볼 수도 있을 것이다.

그러나 이때의 단체명은 달리 보면 개체들의 집합이 이룬 종류와 같은 용법으로 전환되었다고 할 수도 있을 것이어서, 마치 '개 세 마리'의 '개'처럼 보통명사이지만 종류로서의 용법을 가져 고유명칭으로 보이게 되는 용법과 합류된 것 같은 양상을 띤다. 단체명은 단체로서의 일체성이 또 다른 문제가 될 수 있기 때문에 그런 속성을 가진 개체들의 집합으로 이해되는 경우와 미세한 차이가 있을 수 있을 것이다. "저 그룹이 지오디다."라고 말할 때 '지오디'와 "김태우가 지오디다."라고 말할 때의 '지오디'가 다른 것과 같이, 단체를 하나의 단위로 보고 그것을 가리키는 것과 그 구성원이 그 단체의 속성을 가지고 있다고 보아 그 단체명으로 가리키는 것은 같지 않으니까 말이다. 그렇게 보면 이런 단체명의 용법은 일반명칭화 이후의 고유명칭화를 연속으로 겪은 결과라고 볼 수 있을 것이다.

(49)

2. 고유명사의 보통명사화

같은 논문에 제시된 단체명 이외의 경우를 살펴보기로 하자(박철우 2004: 57; 박철우 2016: 294).

(50) ㄱ. 내가 아는 영미 세 명은 다 공부를 잘한다.
ㄴ. 그 수집가는 지역 미술관에 허백련 세 점을 기증하였다.
ㄷ. 형은 서점에 가서 어린왕자 두 권을 사왔다.

(50ㄱ)의 '영미'는 이름에 '영미'라는 음상(音像)을 공유하는 사람을 가리키되 특정 개체를 가리키는 것이 아니니 그런 이름을 가진 사람 종류를 가리킨다고 볼 수 있을 것이고, (50ㄴ)의 '허백련'은 허백련 화백의 그림 종류를, (50ㄷ)의 '어린왕자'는 '어린왕자'라는 제목을 가진 책 종류를 각각 가리킨다고 볼 수 있을 것이다. 이러한 의미의 확장은 환유(換喩; metonymy)에 의한 것으로 볼 수 있다. 이때 이러한 예들에서 '영미', '허백련', '어린왕자'는 더 이상 특정 개체를 가리키는 고유명칭으로 기능하지 못하고 각각 특정 속성('영미라는 이름을 가진 사람', '허백련 화백의 작품', '어린왕자라는 제목의 책자')을 가지는 개체에 대한 일반명칭으로 이해되므로, 이런 경우는 고유명사의 보통명사화 과정이 더욱 분명하게 드러나는 사례라고 부를 수 있을 것이다. 단체명의 경우보다 이러한 단정이 더 가능해지는 이유는 단체명의 경우 해당 단체가 유일한 개체로서 가리켜지는 면이 있어서 여전히 고유명칭이라고 말할 수 있는 반면, 이들 '영미', '허백련', '어린왕자'의 경우는 각각의 표현이 그러한 존재들의 집합으로 되어 종류 해석을 받게 되기는 하지만 그러한 종류의 단위성이 단체명의 경우처럼 명확하게 부각되지는 않기 때문일 것이다.

'명사+수관형사+분류사' 구성이 논의를 더 복잡하게 만들기도 한다. 이러한 구성의 선두에 오는 명사는 종류를 지시하고 뒤따르는 분류사가 그것을 개체화한다고 이해하는 것이 유효하기 때문이다. 이러한 고유명칭화를 배제하려면 이들 고유명칭이 온전히 서술적으로만 사용된 예를 살펴보는 것이 유용할 것이다.

(51) ㄱ. 저 아이의 이름도 영미야.
ㄴ. 이 그림은 허백련이야.
ㄷ. 이 책은 어린왕자야.

그러면 (51ㄴ, ㄷ)은 고유명칭의 보통명사를 잘 드러내 주는 예가 될 것이다. (51ㄱ)도 그러한데, 이 경우에는 '영미'라는 고유명칭이 여전히 고유명칭으로 사용된 것이 아닌지에 대해 의문을 가지는 사람도 있을 수 있을 것 같다. 그러나 고유명칭이 고유명칭으로 쓰인 경우와 그렇지 않은 경우는 그 지시성을 가늠해 봄으로써 이해할 수 있다. (51ㄱ)의 '영미'는 실제 존재인 영미를 가리키기 위해 사용된 표현이 아니라 '영미'라는 음상만을 가리키고 있음을 이해해야 할 것이다. "이 사건의 범인은 영미다."라고 할 때의 '영미'는 존재를 가리키고 있지만 "이 아이의 이름이 영미야."에서의 '영미'는 존재를 가리키는 것이 아니라 음상만을 보여 줄 뿐이다.[1]

보다 더 명확한 경우로는 고유명칭이 그 지시대상의 속성을 가진 존재를 두루 가리키는 이름으로 사용되는 경우다.

(52) ㄱ. 난 어제 페스탈로치 한 분을 만났다네.
ㄴ. 김 박사야말로 한국의 아인슈타인입니다.

(52ㄱ)은 '페스탈로치'라는 실제 인물로부터 그의 속성인 위대한

1 이를 상위언어적 사용(metalinguistic use)의 한 예로 보아도 좋겠다. 그러나 상위언어적 용법이라는 것이 바로 현상에 대한 설명이 되는 것은 아니므로, 고유명칭으로 사용되지 않았다고 말하는 것이 더 나은 설명 방식이 될 것이다.

교육자라는 의미의 일반명칭으로 전성된 것이며, (52ㄴ)은 '아인슈타인'이라는 실존했던 인물로부터 그의 속성인 '천재' 내지는 '위대한 과학자'라는 의미의 일반명칭으로 전성된 것이다. 두 경우 모두 더 이상 특정 개체의 고유명칭이 아니므로 종류를 나타낼 수 있다 해도 일단 보통명사화했다고 볼 수 있을 것이다.

그러면 서두에서 제시했던 용법과 품사의 관계 도표는 다음과 같이 개체의 이름인 경우에도 일반명칭으로서의 용법이 가능한 것으로 보완되어야 하겠다.

(53)

사례	용법	품사
'별이' '어린왕자'	고유명칭/ 일반명칭	고유명사
'몰티즈'	일반명칭/ 고유명칭	고유명사
'개'	일반명칭/ 고유명칭	보통명사

결국 고유명사와 일반명사는 품사 구분은 있지만 용법에 있어서는 서로 통용될 수 있는 면이 열려 있는 것이다.

3. 보통명사의 기원

고유명사로부터 보통명사가 파생되는 과정은 최초에 어떤 개체적 존재를 인식하고 그것에 이름을 부여할 때는 고유명칭이 되고 그것의 품사가 고유명사로 규정되겠지만 그것과 동일한 속성으로 한데 묶일 수 있는 또 다른 개체가 확인되는 순간 그 최초의 고유명칭은 일반명칭으로 확대되고 그래서 보통명사화되거나 더 나아가 보통명사로 편입되기에 이를 수 있으리라고 추정된다.

박철우(2004/2016)는 영국 네스호(Ness湖)에 산다고 알려진 가상의 동물 네시(Nessie)를 예로 들고 있다. 다른 곳에서 같은 동물이 관찰된 적이 없고 그 호수에서도 두 마리 이상이 무리지어 다니는 것이 포착된 적도 없기 때문에 대체로는 한 마리가 사는 것으로 이해될 것이고 그럴 때는 네시라고 하는 것이 그 동물 한 마리의 고유명칭이 되겠지만, 사실상 동물이라는 것이 한 마리만 존재한다는 것은 납득하기 어려운 일이고 실제로 최초에 네시라고 불린 동물과 외형이나 특성이 유사해 보이는 또 다른 개체들이 가족 단위로 발견되어 충분히 확장성을 가지는 것으로 보이게 되면 네시라는 그 이름이 보통명사화할 가능성이 큼을 지적한 것이다.

실제로 영어에서 한 예를 보자면, 조언자(助言者)를 뜻하는 '멘토(mentor)'라는 말은 그리스신화의 '멘토르(Mentor)'에서 유래한 말인데, 신화에서의 멘토르는 오디세우스가 트로이 전쟁에 출정하면서 집안일과 아들 텔레마코스의 교육을 맡긴 그의 친구의 이름이다. 그 멘토르는 오디세우스가 전쟁을 마치고 돌아오기까지 무려 10여 년 동안을 왕자의 친구, 선생, 상담자를 넘어 때로는 아버지가 되어 그를 잘 돌봐 주었다. 그래서 그 이후로 멘토르라는 그의 이름은 지혜와 신뢰로 한 사람의 인생을 이끌어 주는 지도자의 동의어로 사용되고 있다. 그런데 지금은 조언자를 뜻하는 멘토라는 말이 이렇게 고유명칭으로부터 유래되었다는 것을 아는 사람은 거의 없고, 'ment'라는 동사에 '-er'의 이형태인 '-or'이 붙은 것으로 유추하게 되기 쉬운 보통명사로 인식되고 있다. 멘토의 조언을 받는 사람을 멘티(mentee)라고 부르는 데서도 짐작할 수 있듯이 말이다. 이와 같이 '멘토'는 처음에는 특정 개인을 가리키는 고유명칭이었지만 지금은 성실하고 지혜로운 조언자로서의 그의 속성이 적용될 수 있는 사람이라면 누구에게나 쓸 수 있는 보통명사가 되어 있다.

이렇듯 세상에는 수많은 이름이 있는데, 어떤 것을 고유명사로 규정하는 일도 쉽지 않지만, 보통명사도 고유명칭으로 쓰이는 경우가 있고, 고유명사도 일반명칭으로 쓰이는 경우도 있을 뿐만 아니라 보통명사화하기도 한다. 그렇기 때문에 이름을 분류하는 일과 그것의 용법을 직시하는 일은 인간이 말로써 사물을 지시하는 일 자체의 기본 메커니즘을 정확히 이해하는 데서 시작되어야 한다.

4. '해', '달', '지구'의 경우

이 장을 끝내기 전에, 고유명사인지 보통명사인지 판정하기 애매한 예를 하나만 더 보기로 하자. 바로 '해, 달, 지구'다. 이것들은 그 지시대상이 분명하며 바로 그 유일한 지시대상을 가리키는 이름들이어서 고유명칭인 경우가 대부분이고, 따라서 고유명사로 판정하는 것이 문제될 것이 없어 보임에도 국어학에서 이것들을 고유명사로 판정하는 시각을 만나기 어렵다. '해'와 '달'을 보통명사로 보는 시각은 일찍이 최현배(1961: 213)에서 찾아볼 수 있는데, 그는 "그 스스로 하나밖에 없기 때문에 그 말의 쓰이는 범위도 저절로 하나에 한하게 될 수밖에 없는 것"이라고 했고, 임홍빈·장소원(1995: 121)에서는 이를 좀 더 구체화하여 "(어떤 사물에) '해'라고 하는 이름을 붙였는데 우연히 그 해가 하나뿐이었을 뿐, 만일 그와 똑같은 것이 몇 개 더 나타나도 역시 '해'라는 이름을 붙일 수 있을 것"이라고 설명하고 있다. 홍재성(2001: 123)은 "반드시 한국어만의 문제는 아니지만 '해'나 '지구'는 지시대상의 유일성에도 불구하고 보통명사로 분류되며…"라고 언급하고 있다. 최현배(1961)의 설명을 이해해 보고자 한다면, 고유명사라는 것은 대개 어떤 상위 부류에 속하는 개체들에 주어지는 것이어서 사람 부류 속에 '철수, 영희, 순이, 미자…' 등이 소속되는 것으로 보고 싶은데, '해'는 해 부류 속에 우연히 해밖에 없어서 굳이 고유명사를 부여할 필요가 없었고 그 상위 부류인 '해'에 그것만 속하는 것이기 때문에 상위 부류인 것은 고유명사로 볼 수 없고 보통명사로 보아야 한다는 뜻으로 이해된다.

그러나 여기에서는 이러한 시각에 반론을 제시해 보고자 한다. 같은 사물을 가리키는 말은 언어 보편적으로 고유명사인지 보통명사인지에 대한 판정이 동일해야 한다는 시각을 절대시할 필요도 없을 듯하고, '해, 달, 지구'를 보통명사로 보려는 것은 서구어 중심의 시각으로 판단된다. 영어에서 이것들은 각각 'the Sun, the Moon, the Earth'로 표현되면서 보통명사의 고유명사적 용법 정도로 이해된다. 그렇기 때문에 'sun, moon, earth'는 보통명사라는 것이다. 이것들을 국어로 옮겨 보자면 각각 '항성, 위성, 흙'쯤의 의미로 이해된다. 하지만 국어에서는 '해, 달, 지구'가 과연 그러한 의미로 사용되는지 검증이 필요하다. 우주에는 태양계 외에도 해들이 존재한다고 말할 수 있는 것인지, 때로 목성이나 토성이 여러 개의 달을 가지고 있다는 기록을 접하게 되는데 이때 '달'이라는 표현을 쓰는 것이 영어의 'moon'의 번역이기 때문에 가능한 것인지 아니면 우리말로도 위성을 그렇게 부를 수 있는 것인지, 지구는 우리가 사는 별 말고도 또 지구라고 불러도 될 만한 다른 존재가 있을 수 있다고 보는 것인지 등에 대해 면밀히 검토해 볼 필요가 있다는 말이다.

이상으로 볼 때, 필자는 한국어의 '해, 달, 지구'는 고유명사로 보는 편이 낫겠다고 판단한다. '달'이 보통명사로 이해될 가능성이 가장 높지만 '위성'이라는 의미로는 '위성'을 사용하는 것이 가장 정확할 것이다. '해'는 '태양'이라는 다른 이름도 있고 이 둘은 동의어로 볼 수 있겠는데 '태양'을 보통명사라 할 수 있을까? 다만 '해'가 고유어이고 언제 그런 이름이 붙여졌는지 그 기원을 정확히 모른다는 것이 '해'를 고유명사로 규정하기에 가장 꺼려지는 부분이지만, 국어에서는 항성이라는 의미가 약하고, 수성, 금성, 지구, 화성, 목성, 토성, 천왕성, 해왕성 등

태양계 행성들의 중심을 이루는 별의 이름으로 이해된다 해도 문제되지 않을 것 같다. 같은 층위의 별이라고 하기에는 크기와 위상이 많이 다르다 해도 별로 묶이지 못할 이유가 없을 것이다. 특히, '지구'는 고유명사로 볼 하등의 이유가 없다고 본다.

최현배(1961: 215)에서는 결론적으로 "홀로이름씨(고유명사)와 두루이름씨(보통명사)는 질적으로 구별이 있다 하기보다 양적으로 차이가 있을 뿐이요; 이론적으로 구별이 있다 하기보다 실제적으로, 관용적으로 구별하는 것이라 할 것이다."라고 선언하고 있다. 하지만 우리는 고유명사를 관용적으로 구별한다는 말을 어떻게 받아들여야 할까? 고유명사라는 것이 직관적으로 판단될 수 있는 현상일까? 혹여 이론의 구별이 없는 것이 아니라 우리가 구별을 위한 이론을 마련하지 못했던 것이 아닐까? 우리는 이렇게 지시대상을 가리키는 표현들의 품사를 판정할 때 그것들이 고유명칭으로 기능하는가, 아니면 일반명칭으로 기능하는가를 정확히 판단할 수 있어야 하며 두 가지 기능이 모두 나타날 경우 무엇이 그 단어의 보다 본유적인 기능인지를 확인할 수 있어야 한다. 박철우(2004/2016)에서는 이 책 서두에서 살펴보았던 '개'-'몰티즈'와 같은 예를, '장미'-'퀸엘리자베스', '승용차'-'프라이드' 등으로 예시하고, 그 단어가 고유명칭으로서의 용법과 보통명칭으로서의 용법 중 어느 쪽을 더 기본적인 것으로 하고 있는지에 대한 통계적 검증을 통해서 언중의 인식의 전형성을 판정하는 방식으로 이루어져야 할 것이라고 결론짓고 있지만, 단순히 통계적으로 접근하기 이전에 용법의 파생 방향은 선험적으로 구분지을 수 있는 문제일 것 같다. '해'의 경우, 고유명칭적 용법이 더 먼저 존재하고, '해'가 해가 지구를 한 바퀴 도는 시간을 의미하기도 한다든지, 하루 중 해가 떠서 지기까지의 시간을 의미한다든지, 아니면 '해'의 빛, 또는 '해'의 별을 환유적으로 의미하게 되는 것과 같은 용법들이 그로부터 파생된 것으로 이해할 수 있을 것이기 때문이다.

제7장

이름의 유형별 구성 방식

이 장에서는 앞서 살펴본 이름을 가지는 실체들의 유형 가운데 하나의 단어로 고유명칭을 이루는 방식이 아니라 구 이상의 구성을 가지는 유형들을 선별해 그것들의 구성 방식에 대해 살펴보고자 한다.

이미 제2-4장에서 하나의 단어보다 큰 단위로 이루어진 고유명칭들 가운데는, 주소의 경우와 같은 전체-부분 관계가 성립되는 고유명칭들로 이루어진 구성과, '월계수 양복점', '호암 미술관', '금강산' 등과 같이 이름이 되는 부분(고유명칭)과 이름을 가지는 실체의 유형을 나타내는 보통명사로 이루어진 동격 구성 등이 있음을 살펴본 바 있다. 어떤 구성이 고유명칭을 이루는 경우는 이 두 가지가 가장 대표적이고 그 밖의 경우는 영화나 연극 제목, 책 제목, 노래 제목, 가게 이름 등 이름이 그 실체 유형을 직접 나타내지 않는 경우들일 것이다.

고유명칭의 전체-부분 구성은 문법이나 어휘·의미적 관계도 중요하겠지만 실제 실체들 간 부분-전체 관계의 성립이 관건이고 이름을 가지는 실체 유형에 따라 그 유형에 속한 실체들 사이의 실질적인 범위가 한정되어 있다. 이 부분은 아래에서 구체적인 예들을 통해 다시 논의하기로 하겠다.

동격 구성의 경우, 그러한 구성들을 동격 구성이라고 부르는 것은 선행어와 후행어가 별도의 실체를 가지는 것이 아니라 같은 실체를 가리키게 되기 때문이다. 그래서 X와 Y 사이에 그 둘을 연결해 주는 말을 넣을 때 'X-의 Y'와 같은 형식으로 환원될 수 없고, 'X-인 Y' 형식이 되어야 한다. 즉 '월계수 양복점'에서 '월계수'와 '양복점'이 서로 다른 것을 가리키는 것이 아니며, 다른 형식으로 고치자면 '(이름이) 월계수인 양복점'이 될 수 있으나 '월계수의 양복점'이 될 수는 없는 것이다. 그렇기는 한데 과연 '월계수'라는 말만으로, 또한 '양복점'이라는 말만으로 '월계수 양복점'이 가리키는 실체를 동일하게 가리킬 수 있는지는 의문이다. 특히 후행어인 '양복점'은 그 자체가 특정 양복점인 '월계수 양복점'을 가리킨다기보다 '양복점'이라는 실체의 종류를 가리키는 것으로 보일 수 있기 때문이다. 따라서 이러한 구성을 동격 구성이라고 부를지라도 보다 엄밀히 분석하자면, '월계수'가 먼저 특정 실체를 한정해 주고, '양복점'은 본래 양복점의 집합을 가리키는 것으로 볼 수 있지만 결국 '월계수'라는 이름으로 한정될 수 있는 양복점을 가리키게 되어, 구성의 형성 방식은 일종의 수식 구성이 이름으로 굳어져 연어적 구성으로 되었다고 보아야 할 것이다.[1]

이 장에서는 제2부에서 보일 다양한 실체 유형 가운데 고유한 구성을 가지는 유형들을 실제 예들과 함께 보다 구체적으로 분석해 보고자 한다.

1. 사람 이름의 구성

사람 이름은 성과 이름으로 이루어진 것이 보편적이고 한국어에서도

1 '월계수 양복점'을 동격 구성이라고 부른 것은 위에서 언급했듯이 '월계수의 양복점'으로 환원될 수 없고 후자와 달리 전자는 하나의 대상만을 지시하기 때문이지만, 통사적으로 동격이라고 부르기 위해서는 보다 심도 있는 논의가 필요하다.

마찬가지다. 다만 한국어는 성이 앞에 오고 이름이 뒤에 따라오는 유형에 속한다. 성과 이름이 합쳐진 성명(姓名)을 이름이라 이를 수도 있고 성을 제외한 이름만을 이름이라고 이를 수도 있다. 정식 이름은 성과 이름을 아우른 것이고, 약식 이름은 성을 제외한 이름만 있으면 된다고 볼 수도 있겠다. 대체로 공식적인 문서에 기록하거나 공식적인 용도로 사용될 때는 성과 이름이 모두 있어야 하고, 이름만 있으면 되는 경우는 사적인 관계가 형성되어 있는 가까운 사람들 사이에서 서로를 이르거나 부를 때다.

성과 이름으로 결합된 한국어 이름의 기본적인 유형은 (54)와 같다.

(54) ㄱ. 황보민호-황보 민호
ㄴ. 김영수, 최율리아나
ㄷ. 채 윤-채윤-채륜

한국어의 성씨는 대부분 한 음절, 한 글자로 이루어져 있고 두 음절로 이루어진 소수의 성씨들이 있다. 그에 반해 이름은 특별한 제한이 있는 것은 아니지만 두 음절이 가장 일반적이고 한 음절이나 셋 이상의 음절로 이루어진 경우도 드물지 않다.[2] 성과 이름은 분명하게 구별될 수 있지만 1988년 이후 한글맞춤법(제48항)에서는 원칙적으로 성과 이름을 붙여 쓰도록 규정하고 있다.

---

2 네 음절을 넘어가면 전체를 부르기 어렵고 실제로 그런 이름은 극히 드물다. 하지만 최대 16음절의 이름이 대한민국 국적자로 등록되어 있으며, 그 이름은 '박하늘별님구름햇님보다사랑스러우리'라고 한다(「국내 가장 긴 이름 글자수는? "17자"」, 『노컷뉴스』, 2010. 1. 18. 기사에서는 성을 포함해서 17자라 함). 지금까지 우리나라에 등록된 가장 긴 이름은 이중 국적자인 '프라이인드로스테쭈젠댄마리소피아수인레나테엘리자벳피아루이제' 씨로 성과 이름이 정확히 구분되지 않는데, 여하튼 전체 이름이 30자에 달한다(위의 기사). 그밖에 상당히 긴 이름으로는 '박차고나온노미새미나(9자), 하늘빛실타래로수노아(9자), 강뜰에새봄결(5자)' 등을 들 수 있다(인터넷 Jtbc뉴스, 2013. 10. 9. https://bit.ly/3B9NIfJ).

성은 혈족, 즉 같은 조상으로부터 갈려 나온 친족의 이름으로 기본적으로 종을 가리키는 고유명칭으로 보아야 한다. 따라서 이 성은 이름과 결합될 때, 전체-부분 관계를 이루며, 의미적으로는 성이 이름을 수식하는 형식이 된다. 왜냐하면 그 둘이 결합된 전체 단위는 집단으로 해석되지 않고 개체로 해석되므로 성과 이름의 결합에서 성은 그 성을 가진 존재라는 속성적(술어적) 의미로 전성된 의미를 가지게 되기 때문이다.

우리나라에 5명 이상의 구성원을 가진 성이 2015년 인구주택총조사 기준 성씨(姓氏)별로 532개 있다고 하니 적어도 성을 표시해 주는 것이 그 사람을 한정할 수 있는 가능성을 그만큼 좁혀 주며, 2008년에서 2019년 사이에 출생신고된 아이의 이름이 62,782개라고 하니 이름을 말한다는 자체가 한 아이를 한정할 수 있는 가능성을 또 그만큼 좁혀 주는 것이다. 그러니 성을 300개로만 잡고 이름의 종류를 10만 개로 잡는다면 성과 이름을 다 말한다는 것만으로도 같은 사람을 가리킬 가능성을 3천만분의 1로 좁혀 주는 것이다. 우리나라 인구를 4500만으로 잡는다면 전체 인구 중 1.5명만이 같은 성과 이름을 가질 것이라고 볼 수 있게 된다. 물론 이것은 그야말로 평균의 논리일 뿐, '민준'이라는 이름은 2008년에서 2019년 사이에 3만 6,580명이 출생신고되었다고 하니 그 이전 세대를 포함해서 6만 명 정도가 존재한다고 보고 그 중 4분의 1이 김씨라고 보면 우리나라에 1만 5천 명 정도의 '김민준'이 살고 있을 수 있는 일이다. 그러나 그렇게 흔한 이름을 가진 사람이라도 우연히 모인 한국인 100명 중에 둘 이상이 포함되어 있을 확률은 극히 희박하다.[3] 성을 제외하고 같은 연령대에서는 선호되는 이름이 제한적이라는 점을 고려하면 그 가능성은 그보다는 많이 상향되겠으나 한 개인이 살아가면서 같은 시점에 같은 성과 이름을 가진 사람 둘 이

3 4500만 중 1만 5천이면 3천분의 1의 확률인데 그런 사람이 한 자리에 둘 이상 모이려면 그런 확률이 서로 곱해져야 하니 9백만분의 1의 확률이 된다.

상을 구별하면서 생활하게 되는 상황은 그리 흔하지 않다. 그리고 어쩌다 그런 상황에 닥친다 해도 간단한 수식어를 하나 더 추가한다면(예컨대, '큰'과 '작은' 같은 것) 그조차 쉽게 해결될 수 있다.

우리나라의 성씨에 대해 조금 더 언급하자면, 1486년(성종) 『동국여지승람(東國與地勝覽)』에 277개, 1766년(영조) 『도곡총설(陶谷叢說)』에 298개, 1908년 『증보문헌비고(增補文獻備考)』에 496개, 1960년 대한민국 국세조사에서는 258개의 성씨로 나타났다고 하는데(『매일신문』, 2014. 9. 6.) 〈표준〉에는 '성(姓)의 하나.' 또는 '성의 하나.'로 뜻풀이 된 표제어가 252개 등재되어 있어, 우리나라의 전통 성씨만을 나름의 기준으로 선별해 등재하고 있는 것을 알 수 있다. 그 정의는 모두 매우 단순해 그 성씨에 속하는 주요 본관에 대해서만 언급하는 정도다.

(55) 허3(許)

「명사」

우리나라 성(姓)의 하나. 본관은 김해(金海), 양천(陽川), 하양(河陽), 태인(泰仁), 함창(咸昌) 등 30여 본이 현존한다.

성씨는 이름만으로 충분히 한정되지 않는 존재를 더 구별해 주는 기능 외에는 별다른 의미론적 의미를 가지고 있지 않다. 따라서 그 기능은 '이, 그, 저'나 '어느, 어떤, 한'과 같은 범주에 속하는 일종의 지시적 기능으로 보는 것이 적절하다고 판단된다.

이름도 의미 있는 단위들을 활용해 부모의 기대와 바람을 담기도 하지만 의미론적 의미를 가지고 있다고는 보기 어렵다. 본질적인 기능은 다른 존재와 혼동되지 않게 그 대상을 한정해 부르거나 이르는 기능이라고 할 수 있다. 따라서 성이나 이름이 모두 지시의 기능을 가진 단위라 할 수 있겠다.

2. 직명(직함), 선수권(타이틀), 수상자 영예의 구성

그 자체로는 고유명칭이 아니지만 때로 고유명칭처럼 기능하는 것이 가능한 표현들이 직명, 선수권, 수상자 영예를 나타내는 표현들이다. 간단히 예를 들자면, '대통령', '금메달리스트', '미스코리아' 같은 표현들을 들 수 있다. 그 자체로는 어떤 특정인을 가리키는 명칭으로 이해되기 어렵지만 보다 구체적이고 복합적인 표현이 되면 특정 대상을 가리키는 유일한 이름으로 이해될 수 있다.

(56) ㄱ. 대한민국 제19대 대통령
ㄴ. 2016년 제31회 리우데자네이루 하계 올림픽 사격 남자 50m 권총 금메달리스트
ㄷ. 제50회(2006년) 미스코리아 선발대회 미스코리아 진

이러한 명칭들은 표현 자체가 정식으로 어떻게 이루어져 있는지 엄밀히 확인하지 않으면 일반인들은 그리 정확하게 기억하지 못하는 경향이 있고 그것 자체가 고유한 명칭인지 단순히 기술구인지 혼란스럽다. 그러나 공식 명칭으로 부르든 약식으로 부르든 이러한 표현들은 그 직책, 선수권, 수상자 영예라는 그 자리의 명칭임은 부인할 수 없다. 먼저 대상자의 고유명칭을 떠올려 놓고 이러한 자리 이름을 서술적으로 사용한다면 그 표현은 기술구가 되겠지만 대상자를 떠올리지 않고, 어떤 경우에는 그 대상자에 해당하는 사람이 없다고 하더라도 그 자리의 이름으로서 고유한 명칭일 수 있다. 그럴 때 그 표현들은 단순히 '대통령', '금메달리스트', '미스코리아(진)'로서는 부족하며 (56)에 제시된 것처럼 하나의 자리로 한정될 수 있는 표현을 사용해야 한다.

때로 직위, 직급, 직책 등의 표현이 혼란스러운데, 직위는 직무상의 서열이나 위치(예: 부장-차장-과장-대리-사원), 직급은 그러한 직위를 더욱 잘게 나눈 최소 구분 단위(예: 9급 공무원 24호봉), 직책은 맡은 일에

대한 책임이나 권한(예: 팀장, 본부장, 파트장 등)이라고 볼 수 있고 이러한 구분에서 직명으로 사용될 수 있는 것은 직위나 직책이겠다. 그러나 직위나 직책이 하나가 되는 표현만으로는 유일한 자리를 한정할 수 없으니 특정한 자리를 유일하게 한정하기 위해서는 그 조직의 직제 구성을 먼저 이해해야 할 것이다.

여기에서 직명(직함), 선수권(타이틀), 수상자 영예라는 말을 사용했는데, '수상자 영예'라는 말은 '타이틀'로 묶일 수 있을 것이다. 그러나 사전적으로 타이틀은 선수권과 유의어로 사용되고 '미스코리아'나 다른 대회의 수상자 자격을 모두 선수권으로 묶을 수는 없었기 때문에 달리 적절한 표현이 없어서 사용한 것이다. '영예'는 '좋은 명성이나 명예'를 뜻하고 '영명', '영문', '영칭'과 같은 유의어가 있는데, '영예'는 단순히 명성이나 명예를 뜻하는 것을 넘어 '... 대상의 영예를 차지했다.'와 같은 표현에서처럼 '타이틀'과 유사한 의미로 사용될 수 있을 것이다.

3. 학명의 구성

학명(學名; scientific name)은 생물학에서 생물의 종에 붙인 분류학적인 이름이다. 생물 명명의 표준 체계를 세우려는 노력은 4-5년 주기의 국제회의를 통해 진행되어 왔는데, 여기에 참여하고 있는 주요 유기체 명명 규약으로는, (1) 조류(algae), 균류(fungi) 및 식물(plants)에 대한 국제규약, (2) 국제 동물 명명 규약, (3) 원핵생물의 명칭에 관한 국제 규약, (4) 재배 식물 명칭에 관한 국제 규약, (5) 세균과 바이러스 명칭에 관한 국제 규약 등이다.

학명은 스웨덴의 식물학자 린네가 창안한 것으로, 계-문-강-목-과-속-종의 분류 체계 가운데, 라틴어를 사용해 앞에는 속명을, 그 뒤에는 종명을 붙이는 이명법으로 되어 있다(예: *Homo sapiens*).[4] 생물의 이름은 나라나 지역에 따라 나름의 토착적 표현이 있을 수 있는데 그렇게 제각각 다른 이름을 사용하다 보면 학문적 엄정성을 기하기 어렵기 때문에 세계의 어떤 나라도 사용하지 않는 사어인 라틴어를 사용해 보편적이고 불변적인 명칭으로 통일하려는 노력인 것이다. 이제 과학 논문에서는 학명의 사용이 표준화되었고 이 규칙을 따르지 않은 것은 엄정한 과학적 연구로 인정받기 어렵다. 학명은 몇 가지 원칙에 따라 여러 학명 중 하나를 정명(正名; correct name)이라 하며 표준으로 정하는데, 유효한 등록 기준을 충족했지만 정명이 되지 못한 나머지 학명은 이명(異名; synonym)이라 부르고, 아예 처음부터 학명으로서 유효한 등록 기준을 충족하지 못한 것은 비합법명(invalidly published name)이라고 부른다(산림청 국립수목원 2020: i).

분류학상의 정식 명칭을 쓴다면 학명 뒤에 이름을 붙인 사람과 이름을 붙인 연도까지 밝혀 주어야 한다(예: *Perotripus koreanus* Lee & Hong, 2010('세아가미불구다리원시바다대벌레'의 학명)).[5]

명명자의 이름은 때로 축약되기도 한다. 예컨대 린네가 명명한 학명이라면 뒤에 'Linnaeus'를 붙여 줘야 하지만 식물학에서는 L.로 축약이 가능하다. 하지만 아무나 그렇게 줄이는 것은 아니고 등록된 저자에 한해서 그렇게 하며, 그것도 식물학에서만 허용된다.

종 분류군에서 변이가 심한 다형종이 있어 각각의 분화된 종을 명명해야 한다면 동물분류학에서는 아종명을, 식물분류학에서는 변종명이나 품종명을 추가한다. 동물분류학에서 속명+종소명+아종명으로 명명하는 방법을 삼명법이라 하는데, 삼명법은 동물분류학에서

---

4 예에서 보듯이, 첫 글자는 대문자이고 이어지는 종소명은 소문자로 표기하는 것이 일반적이나 명명자의 이름을 땄을 경우에는 대문자로 쓴다.

5 '*Leptostylis hexaspinula*(Liu & Liu 1990)'('여섯가시짧은꼬리올챙이새우'의 학명)와 같이 명명자와 명명 연도가 괄호 속에 표기된 경우는 그 종의 학명이 어떤 연유로 바뀌게 되었음을 표시한 것이다.

만 쓰인다. 예를 들어 개의 학명인 *Canis lupus familiaris*는 속+종명인 *Canis lupus*에 아종명인 *familiaris*가 추가된 것이다. 부분적으로 단순하게 표기할 때에는 *Canis l. familiaris*나 *C. lupus*나 *H. sapiens*로 적기도 한다. 식물분류학에서 사용하는 변종명은 종명+'var.'+변종명, 품종명은 종명+'f.'+품종명 형태로 표기한다. 예를 들어, 정영엉겅퀴(*Cirsium chanroenicum* (L.) Nakai)의 변종인 가는정영엉겅퀴는 *Cirsium chanroenicum* var. lanceolata Kitam.으로, 지느러미엉겅퀴(*Carduus crispus* L.)의 품종인 흰지느러미엉겅퀴는 *Carduus crispus* f. *albus* (Makino) Hara로 표기한다.

동식물 외에도 여러 사물 종과 관련해 나름의 명명 체계가 있는 경우가 있다. 예를 들자면, 와인 이름이나 각국의 음식 이름 등이 대표적일 것이다. 이 책에서는 가급적 개체 단위가 이름을 가지는 경우를 위주로 논의하므로 이러한 종 단위의 이름 체계는 별도의 연구로 미루고, 여기서는 학명을 제시하는 데서 그치고자 한다.

4. 군부대 명칭의 구성

군의 부대 단위는 일종의 단체라고 할 수 있겠는데 계층적인 구조를 이루고 있기 때문에 하위 단위를 특정하기 위해서는 상하관계의 연쇄가 활용된다. 먼저 부대 단위의 전체적인 계층을 살펴보자면 다음과 같은 틀의 범위에 있다고 하겠다.[6]

(57) 전구(戰區; Theater) - 전역(戰役; Region) - 군집단(軍集團; Army group) - 야전군(野戰軍; Field army) - 군단(軍團; Corps) - 사단(師團; Division) - 여단(旅團;

---

6 Encyclopaedia Britannica, "military unit", https://www.britannica.com/topic/military-unit.

Brigade) - 연대(聯隊; Regiment) - 대대(大隊; Battalion) - 중대(中隊; Company) - 소대(小隊; Platoon) - 반(班; Section) - 분대(分隊; Squad) - 사격조(Fireteam)

이 가운데 전구는 사전적으로는 "독자적으로 맡아서 전투를 수행하는 구역"으로 정의되어 있으나, 전쟁 구역을 나타내는 가장 포괄적인 용어라는 것이 중요하다. 규모 면에서 볼 때 300만에서 1천만 명에 이르며 8개 이상의 군집단으로 이루어진 경우를 가리킨다. 다음으로 전역은 넓은 의미에서는 전쟁과 유의어로 쓰이며, 엄밀하게는 '전쟁의 각 전선에서 특정한 지리적·시간적 제한하에 벌어지는 특정한 목표를 가진 작전들'을 의미한다. 전역에는 4개 이상의 군집단, 100만에서 300만의 병력이 관여된다고 간주된다. 그다음인 군집단은 둘 이상의 야전군으로 구성되어 무기한으로 자급자족이 가능한 군사 조직의 부대 단위인데, 지금까지 제2차 세계 대전 중 주요 국가만이 운용한 경험이 있다. 일반적으로 40만에서 150만의 병력으로 이루어지며 하나의 국가가 갖는 총병력과 맞먹는 규모이기도 하다. 군집단 이상의 단위는 지휘관이 원수(5성 장군)나 대장(4성 장군)급이다. 야전군은 2개 이상의 군단 또는 사단으로 이루어진다. 병력 규모는 8만에서 20만이며 대장이나 중장이 지휘관이 된다. 냉전 종식 이후 대규모 군비 축소와 함께 거의 사라진 편제인데, 대한민국 육군, 한미연합사령부, 중국 인민해방군, 북한 조선인민군 정도만이 야전군 체계를 유지하고 있다.[7]

육군에서는 사단급이 마지막 규정 단위부대이며, 군단 이상은 직할부대를 제외하곤 규정된 직속부대가 없이 배속으로 편성되므로 규모가 들쑥날쑥하다. 즉 필요에 따라 부대가 가감되며, 심한 경우에는 직할부대를 제외하면 배속부대가 없을 수도 있다. 군단은 두 개 이상의 사단으로 이루어지며 병력 규모는 2만에서 8만이고 지휘관은 중장

---

7 〈위키백과〉, "야전군".

이다. 야전군과 사단의 중간에 해당하는 전술 단위 부대로 어느 정도 규모를 가진 국가 내 군대의 최소 기본 규모가 1개 군단이다. 대한민국은 현재 8개의 군단을 가지고 있다. 그다음은 사단인데, 제식편성(규정편성) 부대의 최상급부대다. 병력 규모는 3천에서 1만 5천이며 4개의 여단 또는 연대로 이루어지고, 지휘관은 소장이나 준장이다. 여단은 2천에서 5천 규모이며, 4 내지 6개의 대대로 이루어지고 지휘관은 준장이나 대령이다. 연대는 1천에서 3천의 병력 규모이며, 3개 이상의 대대나 직할중대로 이루어지고 지휘관은 대령이나 중령이다. 그다음으로 대대는 300에서 1천 명 규모이며, 5개의 중대나 포대로 이루어지고 지휘관은 중령이나 소령이다. 그 아래인 중대는 60에서 255명 규모이며, 3개의 소대로 이루어지고 지휘관은 소령이나 대위다. 소대는 20에서 55명 규모이며, 3개의 분대로 이루어지고 지휘관은 중위로부터 중사까지 가능하다. 소대 아래의 반은 8에서 20명 규모로 2개 이상의 분대, 조 또는 사격조로 이루어지며 중사나 하사가 담당한다. 분대는 8 내지 15명 규모로 2개 이상의 사격조나 1개 이상의 셀(Cell)로 이루어지고 지휘관은 하사로부터 상병까지 가능하다. 사격조는 2에서 5명 규모이며 그 아래 단위는 없고 지휘관은 병장이나 상병이다.

사단급 이상의 부대에서 소속 부대를 지휘·통솔하는 일을 맡아 보는 본부는 사령부라 불리며 그 자체가 하나의 부대가 되어 '육군수도방위사령부'와 같은 명칭을 가지고 그 예하에 사단급 부대들이 배속되어 있지만 대개는 지휘계통에 따른 편성상의 편제이며 직할부대로는 대대급 정도의 부대가 포함되어 있곤 한다.

단위부대의 이름은 사단이 최상위 단위가 되며, 사단 단위에서는 이름이 제○○와 같은 서수로 시작되고 마지막이 사단으로 끝나는데, 그 사이에 '보병', '기계화보병', '향토보병', '동원보병' 등 그 부대의 성격을 나타내는 말이 포함되는 방식으로 구성된다(예: 제60동원보병사단). 그리고 그 아래 예하 부대로 여단이나 연대가 배속되어 있지만, 여단이나 연대도 사단의 명칭과는 별도로 자체적으로 구별되는 서수 번호를 부여받고 부대의 성격이 드러나는 기술적 명칭이 부여된다(예: 제501보병여단, 제1경비단, 제1101공병단, 제11정보통신단 등). 이러한 방식이 연대까지 이어진다. 연대도 연대 내에서 겹쳐지는 번호가 없이 고유한 서수 번호를 부여받고 연대로 끝나지만, 그 사이에 그 부대의 성격이 끼여 있는 방식으로 명명된다(예: 제11보병연대, 제308경비연대, 제23교육연대 등).

대대 단위에서는 특공대대와 같이 특별한 목적을 가진 대대들끼리 별도의 서수 번호를 부여받기도 하지만, 일반 편제에서는 특정 여단이나 연대 예하에 제1대대로부터 제3대대 혹은 제4대대와 같이 타 부대와 구별되지 않는 서수 번호가 배정된다. 그 외에 특수 목적의 대대는 서수 번호 대신, 전차대대, 공병대대, 수색대대 등과 같이 별도의 명칭으로 구별되기도 한다. 어떻든 이러한 대대 단위의 명칭은 그 자체가 그 부대의 고유명칭이라고 보기는 어렵다. 사단, 여단, 연대 단위의 구별이 없다면 그 부대가 정확히 특정되기 어렵기 때문이다. 따라서 대대 이하의 단위는 고유명칭으로 구별되는 상위 부대의 이름이 선행되고 그 뒤에 대대 이하의 단위를 나열하는 방식으로 이름이 구성된다.

(58) (제)3사단 (제)18보병연대 (제)1대대 (제)2중대 (제)3소대 (제)2분대

(58)에서 연대 이상의 단위는 그 자체가 고유명칭이 될 수 있지만 대대 이하의 단위는 상위 단위에 종속되며 그것들을 포함한 전체가 그 부대의 고유명칭이 된다.

5. 주소의 구성

주소는 대기권과 우주, 그리고 바다 지역을 제외하면 모든 대륙과 섬

이 다 가지는 것이다. 우주와 바다도 필요에 의해서는 정밀한 주소 체계를 부여할 수 있겠지만 사람이 거주하고 있지 않은 곳에 그렇게 할 만한 필요를 인간사회가 느끼고 있지 않기 때문에 그렇게 하지 않고 있는 것뿐이다. 그러나 그런 지역에 대해서도 지구를 중심으로 해서 경도와 위도, 그리고 높이의 좌표를 통해 특정 지점을 인지하는 체계는 항공우주 분야나 군사 분야에서 그 필요에 따라 활용하고 있다. 여기서는 막연한 공간을 특정하기보다 건물이나 주거지의 주소는 단순히 공간적 위치를 확인하기 위한 기술적인 측면에 그치지 않고 그러한 주소가 국가 행정 기관에 등록되고 그렇게 되면 다시 그것이 그 공간의 식별부호이자 이름으로 기능하게 되기 때문에 이름의 한 유형으로 다룰 필요가 있으므로, 그것의 내부 구조에 대해 생각해 보고자 하는 것이다.

한국의 주소 체계로 1918년 지번 주소가 도입되었다. 지번 주소는 토지 구획을 정리한 지번을 구분자로 이용하는 경우로 주로 다음과 같이 쓰인다.[8]

(59) 지번 주소의 예

광역지방 자치단체	기초지방 자치단체	시·군·구	읍·면	동·리	번지	상세주소
서울특별시	강남구			삼성동	338-3	○○빌딩 A호
경기도	수원시	장안구		정자동	687	○○ 아파트 A동 B호
경상남도	창원시	의창구	대산면	가술리	323-4	
제주 특별자치도		서귀포시	성산읍	성산리	160	
세종 특별자치시			조치원읍	신흥리	24-3	

8 〈위키백과〉, "대한민국의 주소".

그러다가 지번 주소상의 번지수가 물리적 순서가 아니라 생성 순서이기 때문에 지번상 연속성이 없어 위치 찾기의 기능이 거의 상실되었고, 그에 대한 대안으로 도로명 주소 체계가 도입되어 2014년 1월 1일부터 전면 시행되었다.

(60)

광역지방 자치단체	기초지방 자치단체	시·군·구	읍·면	도로명	건물 번호	상세 주소	참고 항목
서울특별시	강남구			남부순환로	지하 2744		(도곡동)
대구광역시	달성군		현풍면	비슬로134길	157		
경상북도	문경시			매봉4길	12		(모전동)
제주 특별자치도		서귀포시	성산읍	고성동서로 56번길	10	가동 104호	(동명아파트)
경기도	수원시	영통구		영통로	124		(망포동)

이 체계들은 기본적으로 가장 광역의 공간 단위인 행정 기관으로부터 그보다 하위인 행정 기관의 단위로 순차적으로 공간을 한정해 나가는 방식이다. 지번 방식은 행정동 단위에서 지번이 나뉘는 방식인데 반해 도로명 방식은 읍·면 이하에서 도로명을 기준으로 좌우로 각각 홀수와 짝수를 부여하는 기초번호를 (대로나 로는 20m 간격, 길은 10m 간격으로) 정한 뒤 건물의 출입구 방향에 맞닿는 기초번호가 그 주소의 번지가 되며 그런 건물이 여럿 있을 때는 '-1, -2, -3' 등과 같은 부번을 부여받아 주소의 번지가 완성된다.

이러한 주소의 내용은 단순한 수식이 아니라 법적으로 규정된 통사적 형식이 그 내용적 프레임을 한정해 주어 그 프레임에 맞게 채워진 전체-부분 관계의 공간들을 따라 마지막 시설물을 확인할 수 있도록 구성되어 있다. 따라서 주소의 형식과 의미제약을 이해하기 위해서는 (59)와 (60) 상단의 분류 항목들과 그것들이 구성하는 어휘범주를 확인하는 것이 중요하다. 그렇기에 (59)와 (60)은 공간과 시설물 사이의 온톨로지가 보다 정교하게 구축되어 있어야 함을 전제하기도 하는 것이다.

주소의 경우, 행정동명이나 도로명까지는 고유명칭으로서 지시적 기능을 가진다. 그 이하의 단위들, 즉 번지나 건물번호, 상세주소 등은 그것들 자체가 고유명칭이라고는 볼 수 없지만 상위 단위에 의존해 지시성을 획득하게 된다고 말할 수 있다.

6. 시간 표현의 구성

시간 표현은 이미 앞 장에서도 살펴보았지만, 연도의 고유성과 지시성에 의존해 그 나머지 하위 단위들이 지시성을 부여받게 되는 방식으로 구성된다.

(61) ㄱ. 연도-월-일-오전/오후-시(12시간 체계)-분-초
ㄴ. 연도-월-일-시(24시간 체계)-분-초

(61)에서 연도 이외의 나머지 단위는 모두 연도의 지시성이 없다면 지시적으로 한정될 수 없으나 연도가 지정되면 그 안에서 고유한 지시성을 확보하게 된다.

7. 창작물 출처 표시의 구성

창작물도 고유한 대상이다. 책이나 음반처럼 많은 복제물을 가진 창작물이라고 해도 그 내용이 고유한 것이기 때문이다. 그런 작품들은 고

유한 제목을 가지는 것이 일반적이지만 그럼에도 유사한 제목의 작품들 사이에 혼동이 있을 수도 있고 같은 작품도 변경이 가해져서 새로운 모습으로 공개되는 일이 있을 수 있기 때문에 그 작품의 고유성을 충분히 드러내기 위해서는 공식적인 명칭이 필요하다. 여기서는 창작물의 출처 표시 형식이 일종의 공식 명칭에 준한다고 보고 그러한 형식을 가지는 사례들을 살펴보고자 한다. 물론 실제로 통용되는 명칭과는 차이가 있고 출처 표시가 바로 공식 명칭이라고 할 수는 없겠으나, 출처 표시가 실제로 사용되는 명칭 표기 가운데 하나이며 그 목적에 충실한 것이라는 점은 부인할 수 없다.

먼저 책의 서지 정보를 살펴보기로 하자. 구체적인 세부사항보다는 반드시 포함되어야 할 구성 요소들을 중심으로 논의하고자 한다. 구체적인 세부사항, 예컨대 구성 요소의 작성 순서나 문장 부호, 구두점 따위는 분야나 출판 단체의 관행에 따라 결정되는 것이어서 다양한 변이가 가능하기 때문이다. 표기에 어려움을 주는 것은 그러한 변이들이지만, 표기 차이의 부담을 덜 수 있는 첩경은 무엇이 필수 구성 요소가 되어야 하는가에 대한 이해라고 말할 수 있을 것이다.[9]

책 관련 서지 정보는, 단행본 단독 저서인 경우와 공저나 편저인 저서 속의 논문이나 글인 경우, 그리고 연속간행물 속의 논문인 경우 등이 구별된다.[10]

(62) ㄱ. 김광해(1993), 『국어 어휘론 개설』, 서울: 집문당.

---

9 책의 서지 정보를 표시하는 방법 가운데 많이 준용되는 것으로, APA는 미국심리학회(American Psychological Association)의 약자로 그 학회에서 표준화한 참고문헌 작성법인데 그것이 일반 사회과학 분야 참고문헌 작성의 표준으로 활용되다 보니 권위를 가지게 된 것이고, MLA(Modern Language Association) 형식은 인문학에서, Chicago/Turabian 형식은 비즈니스, 역사, 미술 분야에서 활용하는 형식이며, IEEE(Institute for Electrical and Electronics Engineers)는 공학, 컴퓨터과학, 정보기술 분야에서 표준으로 삼곤 하는 인용 형식의 체계다.

10 (62)는 그러한 차이에 따라 필자가 임의로 국어학 관련 논저 중에서 가져온 것이다.

ㄴ. 박철우(2005), 「국어 총칭문의 의미 해석과 문장 구조 분석」, 이정민 외 편, 『의미구조와 통사구조 그리고 그 너머』, 서울: 한국문화사, 131-146.
ㄷ. 강범모(1999), 「어휘 의미 정보의 구조와 표상」, 『한국어 의미학』 5, 한국어의미학회, 83-118.

글인 경우, 저자 이름, 발간 연도, 글(책)의 제목, 출판사 정보(지역명: 출판사명) 또는 발간 기관, 쪽번호 등이 주요 구성 요소를 이루는데, 전체 제목을 쓰지 않는 경우에는 저자 이름과 발간 연도만으로 전체 제목을 대신하기도 한다. 다만, 같은 저자의 글이 같은 연도에 둘 이상 나왔을 때는 연도 뒤에 a, b, c..., 또는 ㄱ, ㄴ, ㄷ...과 같은 구별 표시를 덧붙인다.

그 외에 신문이나 잡지의 기사, 웹사이트나 특정 웹페이지 등도 출처 표시의 대상이 될 수 있다.

(63) ㄱ. 「나주 경략 주역은 왕건 아닌 궁예」, 『한겨레』, 2011년 07월 11일.
ㄴ. 고미석, 「명복을 빕니다: 정창섭 서울대 명예교수」, 『동아일보』, 2011년 02월 25일.
ㄷ. 최완수, 「최완수의 우리문화 바로보기 24 - 신라 선종과 비로자나불의 출현」, 『신동아』, 2001년 6월호.
ㄹ. EBSCulture (EBS 교양), 「EBS 기획 시리즈, 최완수의 우리미술 바로보기 - 선각왕사 형미의 유적_#001」(방송일: 2002.11.08.), *YouTube*, 작성일: 2013년 04월 18일.

위의 서지 정보와 평행하게 '「」'로 묶인 내용은 논문 등 작은 단위를 가리키고 '『』'로 묶인 내용은 큰 단위를 가리킨다. (63ㄹ)의 '*Youtube*'는 영어로 된 큰 단위여서 이탤릭체로 표시된 것이다.

다음으로 노래나 음악의 제목의 구성을 생각해 보자. 노래의 경우, 무엇을 가리키느냐에 따라 출처 표시는 달라질 것으로 보인다. 가사 위주의 인용에서는 그 곡의 작곡자나 음원 제작 여부가 중요하지 않고 작사가 이름과 곡의 제목 그리고 연도 정도의 정보면 충분하다. 그러나 음원으로 제작되었을 경우에는 부른 가수와 수록 음반 정보가 더욱 중요하게 부각된다.

(64) ㄱ. 김메리(1948), 「학교종」.
ㄴ. 윤상(1990), 「한 걸음 더」, 『남겨진 이야기』(정규), 지구레코드, 트랙 7.

음원의 경우에는 (64ㄴ)에 제시된 것 외에도, 음원 제공 웹사이트 주소나 URL, 음원에 온라인으로 접속한 시간, 제작 참여자 등 그 밖의 정보도 필요한 경우 (64ㄴ) 뒤쪽에 첨가할 수 있다.

클래식 음악의 경우는 음원을 논하기 전에 악곡 자체의 이름이 복잡하다. 클래식의 경우에는 가수가 가창을 하는 경우보다 기악곡이 많고 제목보다는 음악 자체의 아름다움을 중요하게 생각하기 때문에 굳이 특정한 제목을 붙이지 않는다. 그러니 그 곡의 내용을 구체적으로 기술하는 형식을 취하고 있다고도 볼 수 있겠다. 마치 요리를 간단한 이름으로 말하지 않고 그 재료와 조리법을 나열하는 것과도 비슷하게 느껴진다.

(65) 루드비히 판 베토벤, 현악 4중주 10번 E♭ 장조 Op. 74 하프(Ludwig van Beethoven, String Quartet No. 10 E♭ Major Op. 74 Harp)

그 구성 요소를 살펴보자면, 먼저 작곡자의 이름을 제시하고, 그 다음으로 음악 형식을 제시하는데, 음악 형식으로는 교향곡(Symphony), 소나타(Sonata), 협주곡(Concerto), 진혼곡(Requiem), 모음곡(Suite), 오페라(Opera), 캐논(Canon), 야상곡(Nocturne), 현악(String) 등 다양하다. 또 연주 인원에 따라 독주(Solo), 2중주(Duo), 3중주(Trio), 4중주(Quartet), 5중주(Quintet), 6중주(Sextet) 등으로 나뉜다. 그다음은 음악 형식 번호인데

No. 10이라 하면 그런 형식의 곡으로 10번째 나온 곡이라는 뜻이다. 즉 (65)에서는 현악 4중주 곡으로서 10번째 만들어진 곡이라는 것이다. 다음은 조성으로 C, D, E, F, G, A, B에 ♯이나 ♭이 붙을 수 있고 장조(Major)인지 단조(Minor)인지가 표시되며, 이어서 Op.로 시작하는 작품 번호가 주로 붙는다. Op.는 라틴어로 '작품'을 뜻하는 '*Opus*'의 약자로 작곡가가 악보를 출판한 순서로 붙이는 것이다. 궁정이나 귀족에 소속되지 않고 자신의 악보를 출판하는 것으로 생활을 한 최초의 작곡가라고 할 수 있는 베토벤에 의해 처음으로 붙게 되었다. 베토벤 이전에는 Op.가 아닌 다른 방식으로 작품 번호를 매겼는데, 바흐는 볼프강 슈미더가 그의 작품을 장르별로 정리해서 바흐의 작품 목록이라는 뜻으로 'BWV(Bach Werke Verzeichnis)' 번호를 붙였고, 그후 헨델의 작품은 헨델의 작품 목록이라는 뜻으로 HWV가 붙었으며, 그들과 함께 바로크 시대 작곡가인 비발디는 P, F, R 등의 번호가 쓰이는데, 가장 많이 쓰이는 번호는 프랑스 음악학자 피터 리옹이 정리한 R(Ryon)번호다. Op.를 쓰지 않는 작곡가들의 작품 번호는 R번호처럼 정리한 사람의 이름을 따서 번호를 매기는 것이 대부분이다. 베토벤 작품에 WoO. 번호를 쓰기도 하는데, 이것은 독일어로 '작품 번호가 없는 작품(Werk ohne Opuszahl)'의 약자로, 작곡가가 생전에 작품 번호를 매기지 않은 작품을 모아 따로 분류해 놓은 것이다. 제목이 여기에서 끝나지 않고 마지막으로 곡의 속도를 쓰고 또 그 뒤에 곡의 느낌을 부제로 쓰기도 한다.

제2부

이름을 가지는 실체의 유형

제8장

실체 온톨로지와 이름

1. 실체 온톨로지

이 장에서는 이름을 가질 수 있는 존재, 즉 실체(實體; entity)의 유형을 파악하고 그것들의 온톨로지(ontology)를 구성할 수 있는 가능성을 모색해 보고자 한다. 이때 '실체'라는 용어는 '속성(屬性; attribute)'에 대비되는 '직접 가리켜질 수 있는 존재'로 이해할 수 있다. 이는 구체물만이 아니라 추상물도 아우를 수 있으며, 앞서 언급했던 '지시물'과 유의적(類義的)인 개념으로 이해하면 되겠다. 흔히 이 용어를 '개체(個體)'로 옮기곤 하는데, 'entity'와 'individual'은 구별될 필요가 있으므로 '개체'라는 용어는 'individual'을 위한 것으로 남겨 두는 것이 적절하며, 이 책에서 이미 개체라는 용어를 줄곧 그렇게 사용해 왔다. 칼슨(Carlson 1977)은 실체에는 세 유형이 있는 것으로 보는데, 그 세 가지는 종류(kind), 개체, 장면(stage)이다.[1] 이와 같은 구분에서 '개체'란 그야말로 낱낱의 존재를 가리키는 것이며, 영어 단어 'individual'의 어원적 분석이 보여 주듯

1 여기서 '장면'은 개체의 '국지적 현현(local manifestation)'으로 정의된다. 즉 특정 상황(시공간) 속에 실현된 개체와 관련된 사태로서, 일시적 혹은 일회적 속성을 가리킬 수 있는 대상으로 단위화한 것으로 이해할 수 있다.

이 더 쪼개어 나눌 수 없다는 의미가 포함되어 있다. 반면, '종류'는 앞서 언급해 온 유개념(類槪念; genus), 즉 종(種; species)이나 그 이상의 상위적 단위를 가리키는 것이다. 이 책에서는 이미 개체와 종을 모두 이름을 가질 수 있는 존재로 보고 있으므로 이제는 이것들을 아우르는 '실체'라는 용어를 더욱 본격적으로 사용하기로 하겠다.

온톨로지는 '존재론(存在論)'이라 옮길 수도 있으며, 본래 철학의 한 연구 영역이어서 사물의 존재 의미를 논의하는 분야를 뜻하는 말이다. 이러한 존재론은 "이 세계에는 어떤 종류의 존재자들(물리적, 현상적, 개념적, 추상적, 감성적)이 있는가, 그것들의 본성(본질)은 무엇인가, 또 그 존재자들 사이에는 관련성이 있는가, 그 존재자들로부터 세계가 어떤 방식으로 구성될 수 있는가"를 다루는 분야다.[2] 그러나 비교적 최근에 나타난 시맨틱 웹, 지식공학, 인공지능, 자연어처리 등 정보기술 분야에서의 온톨로지는 각각의 지식(혹은 단어, 개념)이 전체 지식 체계 중에서 어디에 위치하는지를 밝히고 어떤 단어와 단어 사이의 상관관계를 보다 빠르고 편하게 검색할 수 있도록 돕는 연구 분야를 의미하게 되었다. 그러나 그렇다고 해서 이 두 분야가 서로 상관없는 분야인 것은 전혀 아니다. 철학에서는 인간의 이성에 근거한 논리적 접근을 통해 존재론을 추구해 왔다면, 공학에서는 전산학을 기반으로 공학적 구현을 목적으로 하기 때문에 서로 접근 방식이 다른 정도로 이해할 수 있을 것이다. 때로 철학에서 세밀하게 다루어진 많은 논의의 역사와 구체적인 자료들이 경우에 따라 공학에 쉽게 녹여 내어질 수 있는 부분도 있겠고, 그렇지 못하거나 공학적 구현의 시각에서는 불필요한 것도 있을 것으로 이해된다. 이 책에서는 언어학적인 시각에서 공학적 구현 이전에 범용적 온톨로지의 합리적 설계를 염두에 두는 정도로 접근하려 한다.

---

2 온톨로지는 '실재'라는 의미의 그리스어 'onto'와 학문 또는 강연 등의 의미를 갖는 'logia'의 합성어로부터 유래되었다.

2. 유개념과 종

논의를 더 진행하기 전에 유개념과 종이라는 용어에 대해 조금 더 부연하자면, '종'은 이미 개체에 대비되는 집합적 개념이다. 그러나 '종'이라는 용어는 때로 그런 집합적 개념 가운데 가장 작은 것을 뜻하기도 하여, 종개념과 유개념을 대비할 때는 마치 종개념은 개체이고 유개념이 집합적 개념을 대표하는 것처럼 이해된다. 이러한 차이는 앞서 살펴본 '몰티즈'와 '개'의 대비에서도 확인할 수 있다. 그 둘 가운데는 '몰티즈'가 더 개체적으로 이해되고 '개'가 더 집합적으로 이해되었다. 그래서 '종'과 '유'는 그러한 상하관계 혹은 포함관계에 두루 적용되는 용어가 된 것이다. 생물 분류학에서는 린네가 제시한 위계인 '계-문-강-목-과-속-종'이 활용되는데, 여기에서는 우리말로 '속(屬)'으로 옮기는 용어가 'genus'로 '유(類)'에 해당하고 '종'은 그대로 'species'의 옮김이다. 이와 같이 '유'와 '종'의 관계는 그것이 '계'와 '문' 사이의 관계이든 '문'과 '강' 사이의 관계이든 반복적으로 적용될 수 있는 관계로서 일종의 집합과 원소의 관계의 모형인 것이다.[3]

(1) 계(界; Kingdom)
문(門; Phylum, Division)
강(綱; Class)
목(目; Order)
과(科; Family)
속(屬; Genus)
종(種; Species)

전산학의 온톨로지 공학에서는 이러한 관계를 '클래스(class; 부류)'

3 물론 '종류(種類; kind)'라는 것은 '종'과 '유'의 합성어이니, '종' 이상의 모든 상위 개념들을 일반화한다는 뜻일 것이다.

와 '인스턴스(instance; 사례)'의 관계로 모형화하곤 한다. 그러나 기본 개념은 모두 이러한 '집합-개체' 관계를 가리키는 것이다. 더 상위적인 개념과 대비되면 이미 집합적 개념이라도 개체적으로 이해될 수 있고, 고유명칭은 이러한 상하관계에서 하위 개념에 해당하는 단위에 두루 적용될 수 있다. 그러니 고유명칭은 언제나 '인스턴스'인 것으로 이해될 수 있겠다.

이어지는 제9장에서는 일차적으로 이름을 가진다고 말할 수 있는 실체 유형들을 수집해 봄으로써 실체 온톨로지 구성의 가능성을 모색해 보고자 한다. 체언류의 전체 온톨로지를 구성하는 일은 이 책의 한계를 넘는 일이므로 고유명칭의 대략적 한계를 가늠해 보고 고유명칭을 가지는 실체들의 유형에 따라 온톨로지의 내부구조가 다각적으로 달라질 수 있음을 보이는 것으로 충분하다고 본다. 구체적이고 전문적인 논의를 하자 치면 하나의 실체만으로도 매우 정밀한 연구가 가능하겠으나 이 책에서는 교양 있는 한국인 화자의 직관에 부합하는 수준의 개괄적 연구에 그치고, 그러한 실체 유형에 따른 명칭 구성의 언어학적 특성을 살피는 논의로 이어 가고자 하는 것이다. 여기에 수집한 이름을 가지는 실체들의 유형은 일차적으로는 인터넷 사이트에서 '이름', '명칭', '제목' 등의 주요 키워드로 검색한 결과로부터 추출된 것들을 대상으로 한다.

제9장

이름을 가지는 실체의 유형

1. 사람

1.1. 사람의 하위 분류를 위한 모색

이름이라고만 하면 사람의 이름만을 떠올릴 수도 있을 정도로 이름을 가지는 실체 가운데 대표적인 유형이 '사람'이다. 사람이라는 실체 유형의 이름 대신 '인간', 혹은 '인류'를 사용해도 마찬가지다. 종의 층위에서 이러한 단어들은 사람의 동의어다. 같은 실체를 가리키는 말들이기 때문이다. '사람'은 생물학적으로는 '척추동물문 포유강 영장목 사람과'에 속한다. 이러한 분류는 사람을 사람과(科) 아래에 속하는 오랑우탄, 고릴라, 침팬지와 동위에서 대비되는 하나의 종으로 자리매김되게 하지만, 일반인의 인식 속에서는 넓은 의미의 동물 아래의 사람과 좁은 의미에서의 동물이 다시 동위에서 대비되는 것으로 이해될 수도 있을 것이다.

(2)

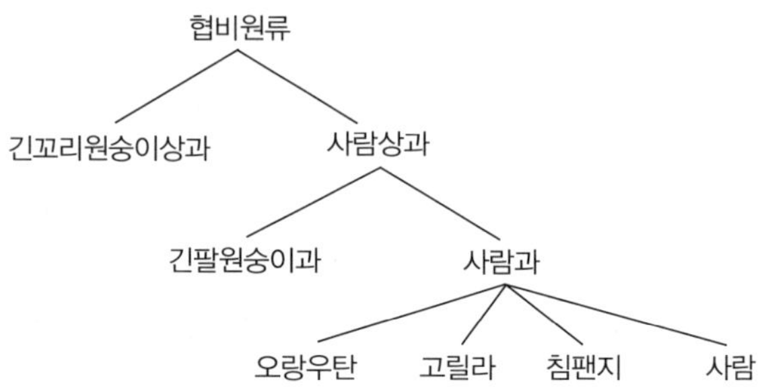

(3)

(4)

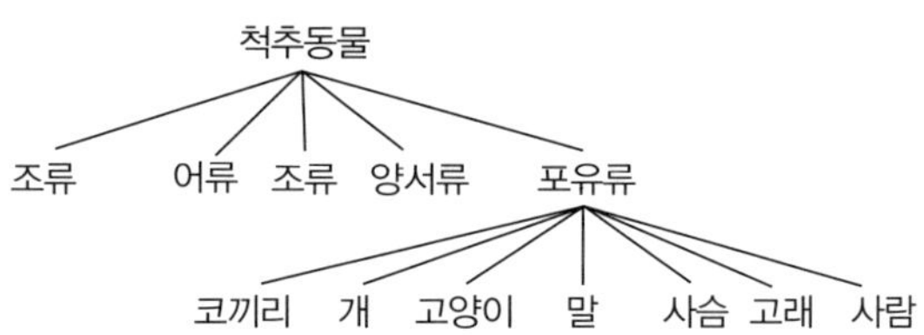

(2)와 관련해 '사람' 이상의 유개념, 혹은 클래스로 '협비원류'나 '사람상과', 혹은 '사람과'가 과연 일반적 한국인의 개념 혹은 범주 인식에서 하나의 단위로 이해될 수 있을지는 의심스럽다. 이와 같이 온톨로지를 구성하는 일은 전문성의 정도나 구축 목적에 따라 상당한 정도로 다른 결과를 가져올 수 있다. 따라서 여기서는 일반인 이상의 전문성을 추구하지 않고 (3)이나 (4)와 같은 상식적인 수준의 온톨로지 정보를 확보하는 것으로 만족하려 한다. 어쩌면 그것이 일반인의 언어지식 수준에서는 더 표준적인 것일 수도 있다고 가정하는 것이다.

오히려 '사람'을 클래스로 상정했을 때, 그 아래 층위의 구성이 더 문제가 될 것이다. '사람' 아래로 추가적인 하위 클래스가 필요할는지에 대해서도 검토가 필요하고, 그렇지 않다면 속성이나 관계로 정의될 내용들이 추가되어야 한다. 우선 '사람'을 하위 집단으로 더 구분해 나갈 경우, 다양한 가능성을 생각해 볼 수 있다.

사람은 우선 피부색에 따라 인종으로 구분하는 것이 일반적이다. 여기서의 인종은 사람이라는 종이 생물학적으로 더 하위종으로 나뉠 수 있다는 뜻은 아니다. 하지만 유전학적으로는 가능한 구분이므로 그러한 구분을 받아들인다면, 사람은 니그로 인종(흑인종/흑색 인종), 몽고 인종(황인종/황색 인종), 코카서스 인종(백인종/백색 인종)으로 구분될 수 있고, 더 세분하는 경우 오스트레일리아 인종을 추가하는 경우도 있다.

그러나 사람이 이렇게 인종으로만 구분될 수 있는 것은 아니고 또 인종이 반드시 사람 분류의 첫 번째 하위 구분일 필요도 없다. 실제로 인종보다 더 사람을 크게 대별하는 분류는 성별일 것이다. 사람은 생물학적으로 남자와 여자로도 구별될 수 있으니까 말이다.

(5)

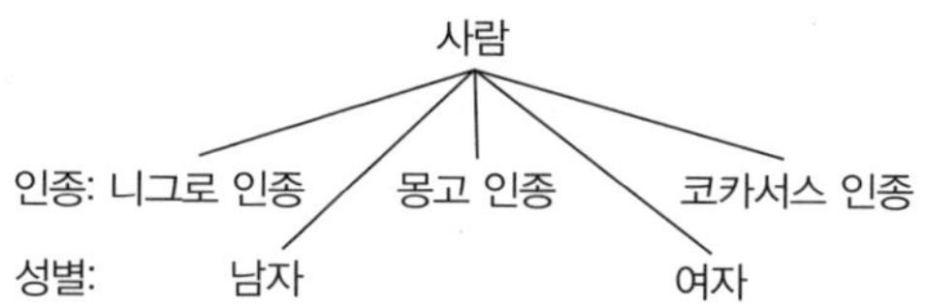

(5)의 '남자'와 '여자'는 어찌 보면 (3)에서 상위어인 '동물'이 '암컷'과 '수컷'으로 나뉘는 의미 특성을 상속한다고도 볼 수 있다. 그러나 특정 성별의 사람을 따로 이르는 이름이 있다는 것은 그 집단이 종류로서 주목받는 경우도 있다는 뜻이고, '남자는 어떠하다'나 '여자는 어떠하다'와 같은 일반화에 의한 총칭적 서술도 흔히 일어날 수 있다는 얘기가 된다. 따라서 성의 구별이 있다는 것은 사람의 상위 범주인 동물의 속성(암성(자성) ↔ 수성(웅성))이기도 하지만 그 속성이 사람 범주를 하위 범주로 구분하는 기준(남성 ↔ 여성)이 되기도 하는 것으로 이해하

면 될 것이다. 사람 이외의 다른 종들도 다양한 방식으로 하위종으로 구분될 것인데, 피부색으로 하위종이 구분되는 것은 사람에게만 있는 사례라고 볼 수 있겠다.

이렇게 특정 종을 하위 구분하는 방법이 둘 이상이 될 때 (2-5)와 같은 분지(分枝) 방식의 도식은 서로 다른 두 가지 이상의 분류에 의한 하위종들이 전부 서로 배타적이라는 것을 보여 주기에는 충분하지 않을 것이다. 따라서 일단 필자는 이를 보완하기 위해 (5)에서는 분류 기준이 되는 속성을 같은 기준에 의한 동위어들 왼편에 쌍점을 붙여 구분하는 방식으로 표상해 보았다.

사람을 더 세분하려는 시도 가운데는 인종학적 관점에서의 하위분류가 있다. 인종학적 관점은 유전형(genotype)과 표현형(phenotype)으로 나누고 결국 표현형과 주로 관련된 형태적 기준(피부 빛깔, 머리털의 형태와 빛깔, 눈의 빛깔, 생김새 등)과 그것을 좀 더 세분한 계측적 기준(키, 머리 모양, 코의 모양, 혈액형, 지문 등), 안면계수 기준(이마 넓이, 미간 거리, 인중 거리 등), 편두지수 기준(두개골 형태에 의한 분류)에 의해 그 하위 유형을 가르는 것인데, 실제로는 혼혈이 많아서 엄밀하게 분류하기에는 곤란한 경우가 많다.

인간 표현형 온톨로지(Human Phenotypes Ontology; HPO, https://hpo.jax.org/app/)는 인간 표현형 표준화를 위한 세계적으로 공인된 데이터베이스로서 매년 자료가 업데이트되고 있다. DOKUMEN.TIPS에 게시된 〈인간 표현형 편람〉(Humman Phenotypes Manual)에는 그 결과물이 알기 쉽게 정리되어 있다. 그 편람의 분류에 따르면, 인종의 표현형은 크게 다음 (6)과 같이 대별되고 그 안에서 다시 세부 항목으로 더 분류될 수 있다.[1]

1 이 분류를 일목요연하게 표로 제시한 자료는 https://imgur.com/gallery/AjmjJJm를 참조할 수 있을 것이다.

(6) 인종 표현형: 니그로 인종, 몽고 인종, 코카서스 인종

(7) ㄱ. 니그로 인종: 니그로형(흑인형), 동아프리카형(뿔나팔수형), 나일강형, 잡종 아프리카인형, 태평양 도서민형, 니그리토형(대양 피그미형)

ㄴ. 몽고 인종: 북아시아인형, 퉁구스인형, 남아시아인형, 아메리카 토착인형

ㄷ. 코카서스 인종: 노르드형, 노르드 주변형, 단두(短頭) 유럽인형, 유럽 지중해형, 동-발트 부분 몽고형, 함형, 타우루스인형, 이란-아프간형, 아랍형, 인도-드라비다형

그러나 (6), (7)과 같은 분류는 흥미롭기는 하지만 사람의 유형에 대한 보편적인 시각에서는 그다지 유의미하지 않아 보인다. 의학적 목적을 가졌거나 영화, 패션 등 이미지 관련 산업에 종사하는 사람에게는 전문적인 자료로 활용될 수도 있을 것이므로 전혀 생각할 수 없는 분류는 아니겠지만, 일반인에게는 자신이 속한 유형 외에는 큰 관심의 대상이 되기 어렵다. 특히 이 분류가 민족 분류에 결정적이지 못한 것은, 잘 알려진 민족들 속에도 인종학적 혼혈이 많고 민족이란 문화적으로 결정되는 면이 커서 민족을 형태학적 기준만으로 분류하기는 어려울 것이라는 점을 쉽게 이해할 수 있기 때문이다.

사람의 유형을 세분하는 데는 인종학적 관점보다는 국가나 민족에 의한 분류가 더 유의미한 결과를 가져올 것으로 기대된다. 국가는 일단 가시적인 지리적 분포로부터 세분이 가능하고, 세계에 존재하는 사람의 절대 다수가 행정적으로 명확한 국적을 가지고 있다는 점이 구분의 명확성을 더해 준다는 장점이 있다.

지구상에 존재하는 국가는 유엔 가입 기준으로 유엔 정회원국 193개에, 참관 회원국(Observer State)인 바티칸시티(교황청)와 팔레스타인을 합쳐 195개다. 정회원국 마지막 가입국은 2011년 남수단이며, 팔레스타인은 2012년 참관국이 됐는데, 여전히 논란이 있어 유엔기준 국가를 194개로 계상하는 경우도 있다. 대만, 아프리카 북부의 서사하라, 코

소보(세르비아로부터 독립 선언을 하여 100개 이상의 나라가 인정), 남오세티야와 압하지야(둘 다 조지아로부터 독립 선언), 북키프로스(남키프로스로부터 독립 선언을 했으나 유일하게 터키만 인정) 6개국은 최소 한 나라에서부터 많게는 100개 이상 나라로부터 독립국으로 인정받는 부분 인정 국가들이다. 이들 6개국은 세계 지도에서 분쟁 영토나 특수 사례로 표시되지만 분쟁 상대국의 지배로부터 거의 독립적이다.

올림픽 참가국 수는 유엔 국가보다 많은데 그 이유는 올림픽에는 독립국가만 참가 신청을 할 수 있는 것이 아니라 속령들과 일부 국가만이 부분적인 자치를 인정하는 나라들도 국제올림픽위원회(IOC)로부터 올림픽 참가 승인을 받을 수 있기 때문이다. 올림픽 국가는 유엔 정회원국 193개에 유엔 참관국 1개, 일부 나라로부터 국가로 인정받는 나라 2개, 타국의 속령 10개를 포함해 총 206개다. 속령의 절반은 푸에르토리코 같은 미국령과 버뮤다 같은 영국령이고, 뉴질랜드령 쿡제도와 카리브해 네덜란드령 아루바도 올림픽에 독자 깃발로 참가한다. 유엔 참관국 2개 가운데 팔레스타인은 올림픽에 참가하지만, 교황청이 대표하는 바티칸 시티는 올림픽에 관심이 없다. 일부 국가들에 의해 국가로 인정받는 나라 중 코소보는 2014년부터 올림픽 회원국이 됐고, 대만은 올림픽 회원국이었으나 1980년대 중국과 협상을 통해 '차이니스 타이베이'라는 이름으로 참가한다.

월드컵 출전 국가 수는 올림픽보다도 많은 211개인데, 2016년 코소보와 이베리아반도 남단에 있는 영국령 지브롤터가 새로 가입했고, 잉글랜드, 스코틀랜드, 웨일스, 북아일랜드는 모두 영국의 일부이지만, 유럽의 전통에 따라 개별 팀으로 출전한다. 그리고, ISO의 국가 약호 목록엔 249개국이 등재돼 있다. 유엔은 분리 독립을 추구하는 일부 나라들을 배제하고 대신 속령들을 그 모국과 분리해 약호를 부여했다. 주권 국가 외에 거의 독립적인 속령, 해외 식민지, 무인도, 심지어 남극 대륙도 개별적인 국가 약호를 갖고 있다.

국가 이름이 바로 사람의 분류가 되는 것은 아니지만 그 국가의 국적이 전 세계의 사람들을 소속 국가에 따라 분류해 준다. 그러니 특정 국가의 국민(예: 가나 국민, 한국민, 피지 국민)이 곧 종으로서의 특정 국가의 사람(예: 가나인, 한국인, 피지인)과 등가의 단위가 되고, 그 속에 그 국가에 속한 개개인이 개체로 소속되는 것이다.

그런데 〈표준〉에는 특정 국가의 사람을 뜻하는 단어가 극히 적게 등재되어 있다. 다음 (8)과 같은 정도다.[2]

(8) 러시아-인(Russia人), 미국-인(美國人)(=미인02(美人)), 영국-인(英國人), 일본-인(日本人)(=일인03(日人)), 중국-인(中國人)(=지나-인(支那人))

이 단어들은 특별히 고유명으로 표시되어 있지도 않고 다른 전문어로도 여겨지지 않는다. 그야말로 보통명사로 여겨지는 것이다. 〈표준〉에는 '그리스-인(=희랍-인)', '기니-인', '이란-인', '콩고-인' 등이 더 올라 있는데 이 단어들은 뜻풀이에서 '국적을 가진 사람'이 아니라 '종족'으로 정의되고 있다. 하지만 국가 명칭에도 있는 어기를 가졌으므로 그 의미도 '국적을 가진 사람'으로 해석될 수 있을 것이다. 이것들을 포함해도 〈표준〉에는 특정 국가의 국민을 가리키는 단어가 그리 많이 등재되어 있지 않은 상황이다.[3]

우리말에서 특정 국적을 가진 사람을 뜻하는 것으로 인식되는 단어를 더 찾아보기 위해 〈우리말샘〉에서도 동일하게 검색해 본 결과로 몇몇 단어가 더 추가되기는 하지만 여전히 매우 부족하다.

---

2 〈표준〉의 '자세히 찾기'에서 뜻풀이에 '국적을 가진'이 포함된 단어를 검색한 뒤 그중에서 특정 국가의 국민을 뜻하는 단어만 추린 것이다. 동형어 번호는 구별 편의상 그대로 두었고 앞으로도 그럴 것이다.

3 〈표준〉에는 '-인'이 붙은 말로 '카렐리아-인'과 '콰피르-인'이 더 포함되어 있지만 이것들은 그 어기가 국가명이 아니므로 종족의 의미로만 이해하는 것이 적절할 것이다.

(9) 독일-인, 모로코-인, 몽고-인, 스리랑카-인, 싱가포르-인(=싱가포리언), 월남-인, 인도네시아-인, 태국-인, 프랑스-인, 호주-인

〈우리말샘〉의 특성상 이 목록은 특별한 기준을 가지고 등재된 것일 수 없다. 여기서는 위에 제시한 국가 이름에 접미사 '-인(人)'을 결합해 위에 제시된 모든 국가명이 그 국적을 가진 사람들을 의미하는 단어들을 파생시킬 수 있을 것으로 볼 수 있겠다.

국가보다 자연발생적인 면이 큰 것이 민족이다. 민족(ethnic group)은 공통의 조상, 언어, 역사, 사회, 문화, 국적 등의 유사성에 기초하여 서로를 동일시하는 사람들의 범주다. 따라서 민족은 지리적 분포에 의해 구분하기도 하지만 언어로 구분하는 것이 보다 명확한 기준이 되곤 한다. 세계 언어에 관한 모든 정보를 제공하는 ethnologue(www.ethnologue.com)에 따르면 세계에는 7천 개가 넘는 언어가 존재한다고 하는데, 언어에만 의존한다면 세계에는 그만큼 많은 수의 민족이 존재한다고도 볼 수 있는 것이다. 하지만 오늘날 국가와 구분해 민족을 명확히 인지하기는 쉽지 않다. 특정 국가에 한정해 그 국가에 속한 민족의 종류와 분포를 논하는 경우들이 있으나 그것은 그 국가 내에서 상당한 정치적 세력을 형성하고 있을 때에 한하는 것으로 보인다. 여기서는 〈표준〉에 등재되어 있는 민족의 이름들만 나열해 보기로 한다.[4]

(10) 게르만-족(←Geruman族), 곤드-족(Gond族), 구르카-족(Gurkha族), 나가-족(Naga族), 나바호-족(Navaho族), 나우아-족(Nahua族), 노르만-족(Norman族), 누비아-족(Nubia族), 누에르-족(Nuer族), 니그리토-족(Negrito族), 니브흐-족(Nivkh族), 닐로트-족(Nilot族), 다약-족(Dayak族), 다우르-족(Daur族), 다코타-족(Dakota族), 동슬라브-족(東Slav族), 드라비다-족(Dravida族), 딩카-족(Dinka族), 라무트-족(Lamut族), 라오-족(Lao族), 라지푸트-족(Rājpūt族), 라틴-족(Latin族), 라프-족

4 역사상 존재했지만 현재 확인하기 어렵거나 사용되지 않는 것으로 보이는 민족 이름(예컨대, 고트-족, 반달-족, 훈-족 등)은 제외했다.

(Lapp族), 렙차-족(Lepcha族), 로망-족(Roman族), 로힐라-족(Rohillá族), 롤로-족(Lolo族), 리비아-족(Libya族), 리프-족(Rif族), 마라타-족(Mahratta族), 마사이-족(Masai族), 마야-족(Maya族), 마오리-족(Maori族), 마자르-족(Magyar族), 만주-족(滿洲族), 말라가시-족(Malagasy族), 먀오-족(Miao[苗]族), 모로-족(Moro族), 모이-족(Moi族), 모히칸-족(Mohican族), 몬-족(Mon族), 몬·크메르-족(Mon-Khmer族), 몽고-족(몽고족), 무스코기-족(Muskogee族), 문다-족(Munda族), 미낭카바우-족(Minangkabau族), 미스텍-족(Mixtec族), 미크로네시아-족(Micronesia族), 바로체-족(Barotse族), 바스크-족(Basque族), 바이-족(bai[白]族), 바탁-족(Batak族), 반투-족(Bantu族), 발트-족(Balt族), 베다-족(Vedda族), 베두인-족(Bedouin族), 베르베르-족(Berber族), 보굴-족(Vogul族), 보도-족(Bodo族), 보탸크-족(Votyak族), 봉고-족(Bongo族), 부기-족(Bugis族), 부눈-족(Bunun族), 부랴트-족(Buryat族), 부시먼-족(Bushman族), 비사야-족(Visaya族), 사르트-족(Sart族), 사모디-족(Samodii族), 사모예드-족(Samoyed族), 사이시야트-족(Saisiyat族), 사카이-족(Sakai族), 사카-족(Saka族), 사포텍-족(Zapotec族), 색슨-족(Saxon族), 샤이엔-족(Cheyenne族), 샨-족(Shan族), 서장-족(西藏族), 세노이-족(Senoi族), 셈-족(Sem族), 소말리-족(Somali族), 솔론-족(Solon族), 순다-족(Sunda族), 스와지-족(Swazi族), 스웨덴-족(Sweden族), 스코트-족(Scot族), 슬라브-족(Slav族), 시비르-족(Sibir族), 시크-족(Sikh族), 신할리즈-족(Sinhalese族), 아라와크-족(Arawak族), 아라우칸-족(Araucan族), 아람-족(Aram族), 아미-족(Ami族), 아바르-족(Avar族), 아샨티-족(Ashanti族), 아에타-족(Aeta族), 아제르바이잔-족(Azerbaijan族), 아즈텍-족(Aztec族), 아카-족(Aka族), 아타파스카-족(←Athapascan族), 아파치-족(Apache族), 아프간-족(Afghan族), 알곤킨-족(Algonkin族), 알류트-족(Aleut族), 알타이-족(Altai族), 앵글로·색슨-족(Anglo-Saxon族), 앵글-족(Angle族), 야미-족(Yami族), 야오-족(Yao族), 야쿠트-족(Yakut族), 여족(黎族), 예벤크-족(Evenk族), 오로크-족(Orok族), 오스탸크-족(Ostyak族), 왈론-족(Wallon族), 요루바-족(Yoruba族), 요족(瑤族), 유카기르-족(Yukaghir族), 이고로트-족(Igorot族), 이로쿼이-족(Iroquois族), 이반-족(Iban族), 이보-족(Igbo族), 이족(彝族), 이탤릭-족(Italic族), 이푸가오-족(Ifugao族), 인도네시아-족(Indonesia族), 일로카노-족(Ilocano族), 조선-족(朝鮮族), 조지아-족(Georgia族), 줄루-족(Zulu族), 짬-족(Cham族), 차모로-족(Chamorro族), 체레미스-족(Cheremis族), 체로키-족(Cherokee族), 축치-족(Chukchi族), 츠와나-족(Tswana族), 치브차-족(Chibcha族), 친-족02(Chin族), 카렌-족(Karen族), 카렐리아-족(Karelia族), 카리브-족(Carib族), 카리에라-족(Kariera族), 카시-족(Khasi族), 카얀-족(Kayan族), 카이-족(Kai族), 카친-족

(Kachin族), 카피르-족(Kafir族), 칼무크-족(Kalmuck族), 케추아-족(Quechua族), 코랴크-족(Koryak族), 콰키우틀-족(Kwakiutl族), 쿠라이시-족(Quraysh族), 쿠르드-족(Kurd族), 쿠부-족(Kubu族), 쿠시-족(Cush族), 쿠시트-족(Cushite族), 크메르-족(Khmer族), 키쿠유-족(Kikuyu族), 타갈로그-족(Tagalog族), 타밀-족(Tamil族), 타얄-족(Tayal族), 타이-족(Thai族), 타타르-족(Tatar族), 텔루구-족(Telugu族), 토다-족(Toda族), 토라자-족(Toradja族), 투아레그-족(Tuareg族), 투피-족(Tupi族), 퉁구스-족(Tungus族), 티베트-족(Tibet族), 파이완-족(Paiwan族), 파타고니아-족(Patagonia族), 팔라웅-족(Palaung族), 푸유마-족(Puyuma族), 풀라니-족(Fulani族), 프랑크-족(Frank族), 하우사-족(Hausa族), 하자르-족(Khazar族), 한족(漢族), 한족(韓族), 한티-족(Khanty族), 할하-족(Khalkha族), 합니-족(哈尼族), 호텐토트-족(Hottentot族), 힌두-족(Hindu族)

(10)과 같이 많은 민족 이름이 〈표준〉에 등재되어 있다는 것은 적어도 그런 이름들이 신문지상에 거론된다거나 하는 방식으로 국어 말뭉치에 포함되어 있기 때문일 것이다. 이 가운데는 대부분의 한국인에게 상당히 익숙한 이름도 있고 관심이나 이해관계가 있는 일부 한국인에게만 알려진 이름도 있다.[5]

다음으로, 종교를 생각해 보자. 특정 종교를 믿는 사람들의 무리도

---

5 여기서는 '민족', '종족', '부족' 등과 같은 단위의 차이를 구별하지 않고 단지 〈표준〉의 표제어들 가운데 '-족(族)'으로 끝나는 단어가 족속과 무관한 경우가 아니라면 함께 나열했다. 사전적 정의로 보자면 '민족'이 가장 크고 '종족'이 그다음, '부족'이 그다음의 규모인 것으로 보인다.

(i) ㄱ. 민족(民族)
일정한 지역에서 오랜 세월 동안 공동생활을 하면서 언어와 문화상의 공통성에 기초해 역사적으로 형성된 사회 집단. 인종이나 국가 단위인 국민과 반드시 일치하는 것은 아니다.

ㄴ. 종족(種族)
조상이 같고, 같은 계통의 언어·문화 따위를 가지고 있는 사회 집단.

ㄷ. 부족(部族)
같은 조상·언어·종교 등을 가진, 원시 사회나 미개 사회의 구성 단위가 되는 지역적 생활 공동체.

인간을 분류하는 기준이 될 수 있다. 지구상에는 기독교도, 이슬람교도, 무신론자, 힌두교도, 원시토착종교인, 중국전통종교인, 불교도, 시크교도, 유대교도 등 매우 많은 종교와 그것을 신봉하는 신도들이 있다.

이 외에도 사람을 그보다 하위 집단으로 분류하는 다양한 기준이 더 있을 수 있다. 그런데 이것들은 반드시 서로 상관관계가 있어야 하는 것은 아니다. 어떻든 현재까지 살펴본 사람의 하위 집단 분류를 종합해 나타내 보자면 다음과 같다.

(11)

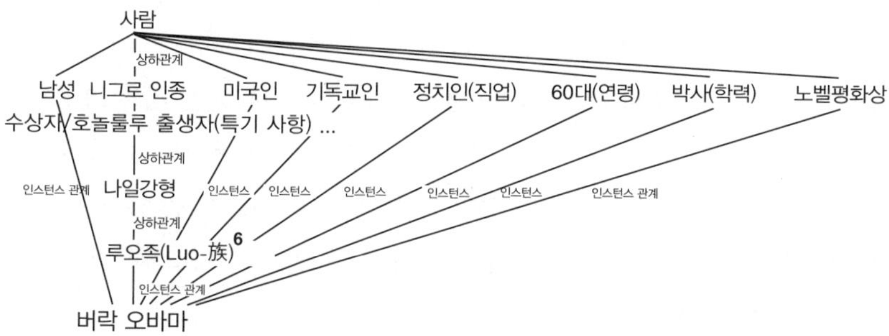

(11)은 단순한 상하관계나 인스턴스 관계를 표상하는 도식이 아니다. 왜냐하면 '남성, 니그로 인종, 미국인, 기독교인' 등 동위에 나열된 단어들이 함께 묶일 수 있는 것들이 아니라 각각이 서로 다른 범주의 일례일 따름이기 때문이다. 그러니까 (11)은 2차원적 도식이 아니라 3차원적 도식의 한 단면인 것이다. 그리고 (11)에서는 그것들의 공통된 인스턴스로 '오바마'만 제시되어 있지만, 실제로 그것과 동위가 되는 실체들은 수없이 많이 존재한다. 그 수많은 실체들 중에서 여기서는 '오바마'만 제시된 것이다.

---

6 정확히 표현하자면 '루오족 사람'이라 해야 하겠지만 "그는 루오족이다."와 같은 표현이 가능한 것으로 보아 '-족'은 특정 민족 혹은 그 민족 사람을 뜻하는 접미사로 보아야 할 것이다.

1.2. 고유명칭이라는 지식의 표상

그런데 문제는 (11)의 표상과 같은 우리의 노력이 '오바마'와 같은 고유명칭에 대해 언어학적으로 유효한 것인가에 대해서는 의문이 제기될 수밖에 없다는 점이다. (11)에 딸린 어떤 지식도 '버락 오바마'라는 고유명칭에 언어적 의미로 함의된 것은 없는 것 아닌가? 알려진 바에 따르면 '버락 오바마'의 경우 '버락(Barack)'은 아랍어로 '축복'을, '오바마'는 '구부러진' 정도의 의미를 가지는 루오어('obam')에서 온 것으로 보이지만 루오어를 그대로 따른 것은 아닌 것 같다고 한다. 우리는 '버락 오바마'라는 이름으로부터 이 이름의 주인이 정확히 루오족 사람이라는 뜻을 이끌어낼 수 없을 뿐 아니라, 남성, 미국인, 기독교인 등 어떤 의미도 이끌어낼 수 없다. 이 이름 그 자체가 사람의 이름이라는 의미라도 가지고 있다고 확신할 수 있을까? 그렇지 않다. 그러므로 우리는 어떤 범주의 인스턴스가 되는 개체의 이름에 그 상위 범주의 의미 범주들이 상속된다고 말할 수 없다.

'오바마'는 유명인이고 그와 관련된 지식이 널리 알려져 있기 때문에 우리가 (11)뿐만 아니라 그보다 더 많은 지식을 가질 수도 있겠지만, 일반인에 대해서는 그보다 훨씬 간단한 지식이 포함될 것이다. 그리고 그러한 지식이 '오바마'의 경우만큼 일반적이지 않고 특정 개인의 지식에 한정되며 개개인마다 그 지식의 내용이 편차가 심할 수 있다. 심지어 어떤 사람들에 대해서는 우리가 그 존재는 인식하고 있지만 그 이름을 모르는 경우도 흔히 있을 수 있는 일이다. 이런 점을 고려하면 이제 '이름'이라는 것도 특정 존재의 한 속성으로 고려해야 할 것이라는 판단이 따라오게 된다.

우리가 언어의 의미라고 여기는 것은 어디까지이며 언어의 의미가 아니라 개인의 지식이라고 여기는 것은 어디까지일까? 앞서 고유명칭의 의미에 대해 그 표현이 그 지시물을 가리킨다는 지식 외에는 고유명칭이 어떤 의미를 가진다고 보기 어려움에 대해 살펴보았었다. 그렇다면 앞의 (11)은 다음 (12)와 같이 다시 정리할 수 있을 것이다.

(12) 실체n

이름	버락 오바마
실체 유형	사람
성별	남성
인종	니그로 인종
표현형	나일강형
민족	루오족
국적	미국(미국인)
종교	기독교(기독교인)
직업	정치인
출생 연도	1961년생
특기 사항	2009년 노벨평화상 수상, 호놀룰루 출생...

(12)는 우리가 가지고 있는 지식이 단어나 언어 표현에 관한 것이 아니라 이 세상에 존재하는 특정 실체에 관한 것임을 보여 주고 있으며, 그것을 기억할 때 그것의 다양한 속성들을 함께 기억하고 있음을 나타내고 있다. 그 이름(버락 오바마)만으로는 (12)의 어떠한 지식도 직접적으로 추론될 수 없다. 즉 그 이름에 함의된 의미는 없다는 뜻이다. 그래서 (12)의 지식은 그것이 실체류에 관한 지식인 점으로 구별될 수밖에 없다. 'n'으로 숫자를 부여할 수 있음을 표시한 것은 다른 실체들과 구별됨을 보이기 위함일 뿐이다. 그러나 어쩌면 이 지식을 대표하는 파일의 이름을 선택한다면 결국 그 실체의 이름인 '버락 오바마'를 선택해야 할 것이다. 왜냐하면 다른 속성값들은 그 실체만을 위한 것이 아니지만 '이름'이라는 속성의 속성값인 그 이름은 그 실체를 구별해서 부르거나 이르기 위해 그에게 부여된 것이기 때문이다.

또한 (12)의 속성들 가운데는 본래 사람을 분류하기 위한 속성이 아닌 것들도 섞여 있다. '국적', '종교', '직업' 등이 직접 가리키는 지시물은 실제로는 집단, 문화/정신 체계, 일 등을 가리키는 표현들이다. 하지만 그런 단위들은 사람들의 삶에 보편적으로 관여되는 속성들이기 때문에 사람의 분류에 빈번히 활용된다. 고유명칭의 유형을 탐구할 때 결국은 그 실체들에 이 세상에서 존재하는 제반 양식이 활용되는 것은 당연한 일이며, 사람이 아닌 다른 실체들을 분류할 때는 그러한 실체들의 존재 양식을 참고할 수밖에 없을 것이다. '연령'은 (11)에서는 '60대'라 했지만 현재 시점을 참조함에 따라 가변적일 수밖에 없는 형식으로 값을 주는 것보다는 '1961년생'과 같이 절대적인 값을 주는 것이 좋을 것이다. (11)에서는 '사람'의 분류가 너무 세밀해지는 것을 꺼렸다. 이렇게 기준을 달리할 수 있는 점도 이것이 언어적 의미가 아니라 지식의 문제이기 때문에 가능한 것이고, 지식의 분류는 그 목적, 사용자의 의도에 따라 다양한 방식으로 기준이 조정될 수 있다. '특기 사항'은 무엇이든 특정 화자가 그 실체에 대해 알고 있는 것이다. 친밀한 존재에 대해서는 다른 속성들보다 특기 사항을 훨씬 더 많이 알고 있는 경우도 있다.

우리는 어떤 사람에 대해서는 알고 있는 것이 극히 제한적일 수 있다.

(13) 실체n+1

이름	(모름)
실체 유형	사람
성별	여성
인종	몽고 인종
표현형	(모름)
민족	(모름)
국적	(모름)
종교	(모름)
직업	(모름)
연령	30대로 추정

특기 사항	2018년 7월 홍콩 첵랍콕 공항에서 우연히 마주쳤는데 외모가 인상적이어서 기억에 남음. 이따금 생각남

그러나 우리는 그에 관한 지식을 활용해서 그 사람을 가리킬 수 있다. '내가 2018년 여름에 본 적이 있는 여자', '내가 홍콩에서 본 적이 있는 여자', '내가 우연히 마주친 적이 있는데 외모가 인상적이었던 여자', '이따금 생각나는 여자' 등. 물론 이것이 청자와의 공유지식이 아니라면 가리키기 전에 공유지식으로 만들어 둘 필요는 있겠지만 말이다.

이러한 고유명칭의 특징과는 달리, 언어 표현 가운데는 의미를 가지는 것들이 있다. '버락 오바마'가 '사람'이라는 의미를 가지고 있다는 함의는 성립하지 않지만, '남성'이라는 단어는 그 지시물이 '사람'임을 함의한다. '니그로 인종', '기독교인', '정치인' 등도 마찬가지로 그 지시물이 '사람'임을 함의한다. '니그로'를 제외하고는 각 단어들이 사람을 뜻하는 '인(人)'이라는 어근이나 접사를 포함하고 있다는 데서도 추론이 가능하지만, 이 단어들은 모두 '사람'의 하의어들이다. 즉 그 단어들의 표의가 온전히 '사람'의 표의에 포함된다. 그리고 이러한 지식은 이 한국어 단어들을 아는 모든 사람들이 공유하는 지식이다. 이러한 의미, 즉 이 단어들에 대한 '사람'이라는 의미는 그것들에 함의되어 있다고 할 수 있다. 그 단어를 안다는 것이 곧 그러한 함의를 함께 받아들이는 일이 된다.[7]

(14) 실체n+2

이름	니그로 인종
실체 유형	사람

7 (14)와 (15)에서 '상위 범주'에 별표를 붙인 것은 통상적으로 함께 표상될 필요가 없는 정보이기 때문이다. '상위 범주'는 함께 표상하지 않아도 함의된 정보로서 당연히 있는 것으로 간주된다.

***상위 범주**	사람
하위 범주	민족 혹은 종족
원형	피부 빛깔이 짙은 갈색인 사람
특기 사항	주로 아프리카 출신, 북아메리카나 유럽에도 다수 거주

(14)는 '니그로 인종'에 대해 적어도 그 상위 범주가 되는 '사람'만큼은 함의된 의미이며, '니그로 인종'이라는 단어를 안다는 것은 그것이 '사람'에 속한다는 의미도 당연히 함께 아는 것으로 받아들여질 수 있음을 보여 준다.[8]

이러한 함의 관계는 '사람'이라는 단위에 대해서도 마찬가지로 적용될 수 있다.

(15) 실체 n+3

이름	사람
실체 유형	사람
***상위 범주**	동물 또는 포유동물
하위 범주	인종, 국적인, 민족 등
원형	직립 보행, 언어 사용, 사회를 이루어 생활, 남성과 여성으로 이루어짐
특기 사항	지구에 거주하며 지구를 지배하고 있음. 사고력이 뛰어나고 문명사회를 이루어 냄

분류를 하는 가운데, 이와 같이 종류를 나타내는 실체에 대해서는

8 여기서 '니그로 인종'을 하나의 단위로 다룬 것은 '인종'이라는 명사는 주로 동격 명사구를 이루거나 합성어의 일부로 사용되기 때문에 그 기능의 측면에서 보면 의존명사나 접미사에 가까운 단위로 이해되어, '니그로'나 '니그로 인종'이 가리키는 대상은 결국 하나이며, '인종'만으로는 별도의 지시물을 말하기 어렵기 때문이다.

그것을 하나의 범주로 인정해 상·하위 범주를 논하면서 그것과는 별도로 실체 유형이나 원형이라는 속성을 도입했는데, 그것들은 각각 구분될 필요가 있다고 판단된다. 범주로 파악한 것은 그것을 집합 개념으로 이해하는 것인 데 반해, 실체 유형은 거기에 속하는 개체가 궁극적으로 어떤 집합에 속하는 것으로 이해되는가, 즉 기본 범주(basic category)인 것을 표시하고자 한 것이며, 원형은 그 집합에 속하는 개체들이라면 모두 공유하고 있다고 생각되는 가장 핵심적인 특성들을 제시하고자 한 것이다.[9]

1.3. 실체 유형의 함의와 추론의 작용

이 책에서 고유명칭은 지시, 곧 지시대상에 대한 연결 외에는 의미가 없다고 보았지만, 어떤 실체 유형은 그것이 그 실체 유형이기 위한 원형적 개념을 포함하고 있다고 본다. 따라서 한 고유명칭이 어떤 실체 유형의 지시대상과 연결되는지를 안다면 우리는 그 지시대상이 그 실체 유형에 속한다는 지식을 앎으로 해서 그 실체 유형이 마땅히 포함할 것으로 전제할 수 있는 원형적 개념과 그러한 원형적 개념에 해당하는 구체적인 지시대상이 있을 것이라는 전제를 아울러 가지게 된다고 보는 것이다. 예를 들어, '사람'이라는 실체 유형이라면 그가 당연히 성별, 인종, 표현형, 민족, 국적, 종교, 직업, 출생연도 등의 원형적 개념에 대해 어떤 값을 가질 것임을 기정사실로 생각한다는 것이다. 물

9 여기서의 '기본 범주'는 Rosch et al. (1976)에서 제시된 것으로, 다양한 계층으로의 분류가 가능하더라도 인간의 인식상에서 가장 자연스럽고 가장 기본적인 범주로 구분될 수 있는 범주가 있다는 이론에 근거한 개념이다. 예를 들어, '치와와-개-포유동물' 중에서는 '개'가, '카나리아-새-척추동물' 중에서는 '새'가, '조기-물고기-척추동물' 중에서는 '물고기'가 기본 범주에 속한다. 이런 층위가 존재하는 이유는 상위 층위 범주는 정보가 너무 부족하고, 하위 층위 범주는 정보가 너무 상세해서 경제성이 떨어지기 때문이다. 후자는 요즘 유행하는 말 가운데 TMI(too much information)에 해당한다고 볼 수 있다.

론 그 구체적인 값은 알 수도 있고 모를 수도 있지만, 적어도 그런 것에 대한 값이 있을 것임을 알고 있기 때문에 그 사람을 알아 가면서 그러한 정보들을 자연히 확장해 나갈 것이다. 물론 그러한 원형적 지식의 범위는 위에 제시한 것들보다 더 넓거나 다소 다른 방향으로 확장되어 있을 수 있다. 이러한 원형적 지식을 그 실체 유형이 가진 프레임(frame)이라고도 말할 수 있다. 이름 자체는 의미론적 의미를 가지지 않지만 그 이름이 가리키는 실체는 모종의 실체 유형에 속하며, 그 실체 유형이 전제하는 프레임과 그 값들은 그 이름 때문이 아니라 그 실체 자체 때문에 따라오는 지식이 된다. 따라서 화자와 청자가 어떤 사람을 안다면 그들은 그 사람과 관련된 이러한 원형적 지식과 그 값들을 어느 정도 공유하고 있을 것이며, 그것은 그들이 의사소통을 할 때 화용론적 전제로 활용될 수 있는 공유지식이 된다.

이러한 지식의 작용 때문에 우리는 의미론적 의미가 없는 이름으로부터 많은 함의를 얻을 수 있다.

(16) ㄱ. 2008년 미국 대선에서 특정 사람이(버락 오바마가) 미국의 제44대 대통령으로 선출되었다.
ㄴ. 2008년 미국 대선에서 특정 성별의 사람(남성)이 미국의 제44대 대통령으로 선출되었다.
ㄷ. 2008년 미국 대선에서 특정 인종의 사람(니그로 인종)이 미국의 제44대 대통령으로 선출되었다.
ㄹ. 2008년 미국 대선에서 특정 국적인(미국인)이 미국의 제44대 대통령으로 선출되었다.
ㅁ. 2008년 미국 대선에서 특정 직업인(정치인)이 미국의 제44대 대통령으로 선출되었다.
ㅂ. 2008년 미국 대선에서 특정 연도 출생자(1961년생)가 미국의 제44대 대통령으로 선출되었다.
ㅅ. 2008년 미국 대선에서 특정 지역 출생자(호놀룰루 출생자)가 미국의 제44대 대통령으로 선출되었다.
…

(16ㄱ)에 (16)의 나머지 문장들이 모두 함의되어 있지만 괄호 바깥에 있는 정보는 당연히 함의되는 데 반해 괄호 속의 정보는 지식적 함의이기 때문에 별도로 입수해야 하는 내용들이다. 괄호 속의 정보는 의미론적인 것이지만 지시대상과 실체 유형이 연결되었을 때 그 실체 유형으로부터 함의되는 것이기 때문에 최초에 그 둘이 연결되는 과정은 발화의 사용과 관련된 화용론적 현상이다. 반면 괄호 속의 내용들은 모두 발화를 통해 입수되는 것이므로 전적으로 화용론적이라고 볼 수 있으나 언제나 단언 속의 신정보로서만 입수되는 것은 아니고 화용론적 전제에 의해 추론될 수도 있는 지식들이다. 예를 들어, 내가 이미 (16ㄱ)을 알고 있다면 다음과 같은 문장들 속에서 괄호 속의 내용들을 추론해 낼 수 있다.

(17) ㄱ. 2008년 미국 대선에서 특정 성별의 사람(남성)이 미국의 제44대 대통령으로 선출되었다.
⇒ 버락 오바마는 남성이다.
ㄴ. 2008년 미국 대선에서 특정 인종의 사람(니그로 인종)이 미국의 제44대 대통령으로 선출되었다.
⇒ 버락 오바마는 니그로 인종의 사람이다.
ㄷ. 2008년 미국 대선에서 특정 국적인(미국인)이 미국의 제44대 대통령으로 선출되었다.
⇒ 버락 오바마는 미국인이다.
ㄹ. 2008년 미국 대선에서 특정 직업인(정치인)이 미국의 제44대 대통령으로 선출되었다.
⇒ 버락 오바마는 정치인이다.
ㅁ. 2008년 미국 대선에서 특정 연도 출생자(1961년생)가 미국의 제44대 대통령으로 선출되었다.
⇒ 버락 오바마는 1961년생이다.
ㅂ. 2008년 미국 대선에서 특정 지역 출생자(호놀룰루 출생자)가 미국의 제44대 대통령으로 선출되었다.
⇒ 버락 오바마는 호놀룰루 출생자다.
...

우리가 어떤 사람을 안다는 것은 대개는 그의 이름을 안다는 것을 포함해서 그의 속성을 몇 가지 더 아는 경우에 그렇게 말할 수 있다. 그런 지식은 반드시 언어에 의해서 주어진 것이어야 하는 것도 아니다. 때로는 그의 이름을 모르고 그의 외모만 아는 경우도 있을 수 있다. 앞의 (13)처럼 말이다. 그렇기 때문에 우리는 언어적 의미와 지식(정보)을 혼동할 때가 많다. 때로 어떤 이름의 존재가 특정 속성의 대명사라 할 만큼 그 속성으로 인해 유명하다면 그 사람의 이름은 그의 존재를 실제로 모르는 사람들에게까지도 그 속성의 대명사로 알려지게 될 수 있고 그럴 때 그 이름은 그 속성을 의미하는 보통명사가 되기도 하니까 말이다(예: 예수-인류의 구원자, 페스탈로치-참교육자, 이순신-위대한 해군 제독…). 그러나 그렇게 사용된 경우가 아니라면, 우리는 언어기호의 의미와 그와 연결된 실체 유형의 속성들(프레임)과 그 속성들에 대해 주어지는 속성값들을 구별해서 이해할 필요가 있다. 이 과정에서 세상에 존재하는 모든 실체의 유형마다 고유하게 가지고 있는 속성의 다발, 즉 그 프레임의 대강을 살피려는 것은 이름에 관한 논의에서 이름의 온톨로지를 다루는 목적이기도 하다.

1.4. 인명의 예시

〈표준〉에는 '인명'이라는 전문어로 1만 395개의 인물명이 올라 있는데, 그것들을 여기에 모두 수록할 수는 없겠고 가나다순으로 앞쪽의 50개만 가져오기로 한다. 여기에는 성과 이름이 함께 제시된 경우도 있고 성만 제시된 경우도 있으며, 자(字)나 호(號)만 제시된 경우도 있고, 왕명(王名)이나, 승려의 법명(法名)도 포함되어 있다. 〈표준〉에 등재된 인물은 모두 유명인이라고 볼 수 있으므로 단순히 그를 지시하는 의미 외에 많은 사람이 공통으로 알고 있는 지식적인 내용들이 포함되어 있어서 고유명칭의 본질적 의미를 벗어나게 되는 경우가 많다. 진정한 의미의 이름은 오히려 우리 각자의 주변에 있는 가족, 이웃, 친구, 지인의 이름일 것이므로, 이 세상의 이름을 책에 담는 것은 실제로는 불가능한 일이다.

(18) 가가린(Gagarin, Yury Alekseevich), 가가와 도요히코(Kagawa Toyohiko[賀川豐彦]), 가나자와 쇼자부로(Kanazawa Shôzaburô[金澤庄三郎]), 가넷02(Garnett, David), 가다04(Gadda, Carlo Emilio), 가-도08(賈島), 가드너01(Gardiner, Alfred George), 가드너02(Gardner, Erle Stanley), 가드너03(Gardner, John Champlin, Jr.), 가람02(嘉藍), 가르니에01(Garnier, Jean Louis Charles), 가르니에02(Garnier, Marie Joseph François), 가르니에03(Garnier, Robert), 가르니에04(Garnier, Tony), 가르보르그(Garborg, Arne Evenson), 가르시아 로르카(García Lorca, Federico), 가르시아 모레노(García Moreno, Gabriel), 가르신(Garshin, Vsevolod Mikhailovich), 가리13(Gary, Romain), 가리발디(Garibaldi, Giuseppe), 가말리엘(Gamaliel), 가뱅(Gabin, Jean), 가보05(Gabo, Naum), 가보르(Gábor, Dennis), 가보-왕(嘉寶王), 가브리엘리01(Gabrieli, Andrea), 가브리엘리02(Gabrieli, Giovanni), 가비03(Garvey, Marcus Moziah), 가비라(迦毘羅), 가-사도02(賈似道), 가상디(Gassendi, Pierre), 가서-한(哥舒翰), 가실-왕(嘉悉王/嘉實王), 가쓰라 다로(Katsura Tarô[桂太郞]), 가야바(←Caiaphas), 가오-강(Gao Gang[高崗]), 가와바타 야스나리(Kawabata Yasunari[川端康成]), 가우디(Gaudí y Cornet, Antonio), 가우스02(Gauss, Carl Friedrich), 가우타마(Gautama, Sidhatta), 가워(Gower, John), 가-의05(賈誼), 가이거01(Geiger, Johannes Hans Wilhelm), 가이거02(Geiger, Theodor Julius), 가이다르(Gaidar, Arkadii Petrovich), 가이벨(Geibel, Franz Emanuel), 가이사(←Caesar), 가이세리크(Gaiseric), 가이슬러(Geissler, Johann Heinrich Wilhelm), 가이우스(Gaius)

이 가운데 하나에 대한 사전적 정의를 살펴보기로 하자.

(19) 가가린(Gagarin, Yury Alekseevich)
「명사」『인명』 소련의 군인·우주 비행사(1934-1968). 1961년 인공위성인 보스토크 1호를 타고 지구를 일주함으로써 인류 최초로 우주 비행에 성공하였다.

(19)를 실체 유형에 대한 속성들의 다발로 표상해 보자면 다음과 같다.

(20) 실체n

사전에는 주로 역사적 인물들이 제시되며, 그럴 경우 사람으로서의 대부분의 속성보다는 그가 수행한 역사적 행동이나 역할이 주된 서술 내용이 됨을 알 수 있다.

이름	가가린, 유리 알렉세예비치
실체 유형	사람
성별	남성
국적	소련(구소련인)
직업	우주 비행사
생존 연한	1934-1968년
특기 사항	1961년 인공위성인 보스토크 1호를 타고 지구를 일주함으로써 인류 최초로 우주 비행에 성공

2. 단체

단체는 사람으로 이루어져 있지만 개인과는 구별되는 단위로 대개 이름을 가지고 있다. 단체의 상위 범주는 무엇일까 생각해 보면 그다지 떠오르는 것이 없는데 개인들이 사람의 구현(인스턴스)인 것과 마찬가지로 단체도 사람의 구현으로 보는 것이 마땅해 보이기도 한다. 왜냐하면, 앞 절에서 '사람'이라는 범주를 살펴보았을 때 개인으로 구현되기 이전의 중간 층위들은 단체로 명확히 인지되지는 않더라도 개인들의 집합으로 이루어진 범주들이었으므로 단체도 유사한 차원에서 체계화될 수 있을 것으로 보이기 때문이다. '사람'과 그 구현인 개인들 사이의 중간 범주와 '사람'과 개별 단체들 사이의 중간 범주가 동일할 수는 없겠지만 단체 가운데 사람으로 이루어지지 않은 단체를 상정하기도 어려우므로 '사람'의 하위 범주 속에서 개인과 단체가 함께 논의되는 것이 맞을 것이다. 그리고 단체는 반드시 개인들을 그 단체의 구성원으로 가지고 있으므로 단체와 개인의 관계는 전체와 부분의 관계가 성립하기도 한다.

하지만 단체는 "그 단체는 사람이다."와 같이 바로 '사람'에 소속되는 표현에 연결되지는 않는다. 즉 그 자체로 사람의 하위어가 되지는 않는다는 것이다. '그 단체는 어떠어떠한 사람들로 이루어져 있다'라고 말해야 자연스럽다. 그러면 사람보다 상위범주에 직접 소속하는 것일까 생각해 볼 수 있지만 그렇지도 않고, 오히려 더 이상하다("그 단체는 동물이다."). 세상의 실체들을 모두 언어 표현들 사이의 상하관계로 묶어낼 수는 없는 일로 보인다.

단체가 사람이라는 물리적 존재들의 단순한 집합이라면 결국 그 본질이 사람으로 귀착되겠지만, 단체는 사람들로 구성된다는 사실보다 그렇게 구성된 조직체라는 추상적 단위성이 더욱 그 본질에 가깝기 때문에 특정 국가의 사람이라든지 특정 민족의 사람이라든지 하는 사람 분류에 관여될 수 있는 하나의 인자를 제공하지만 궁극적으로는 추상체(抽象體)에 소속되어야 하는 단위여서 구체물(具體物)에 속하는 '사람'과 같은 차원에 종속되기는 어려울 것이다. 하지만 '단체'라는 추상체는 구체물인 사람들을 그 구성 부분으로 가지므로 일종의 부분관계가 그 사이에 매개되어 있다고 볼 수 있을 것이다.

(21) 나라

'나라'의 원형에서는 '국민, 영토, 주권'이 그 나라를 구성하는 부분이 되는 것이 전형적이다. 즉, 모든 사람은 일정하게 특정 나라의 국민

으로 그 나라의 부분을 이루므로, 특정 나라의 국민이라는 것이 사람을 분류하는 기준으로 활용될 수 있는 것이다. 그리고 특정 개인들이 특정 국가 국민의 구현이 되는 것도 그 개인들이 그 국가와 그 국가의 부분으로서 관계를 맺는 것으로 이해할 수 있겠다.

단체는 일정한 목적을 이루기 위해 두 명 이상의 사람으로 구성된 조직체로 정의될 수 있다.[10] 즉 '목적'과 '회원'이 그 필수 요건이라고 볼

---

10 〈표준〉에서는 '단체'를 다음과 같이 정의하고 있다.

(i) 「명사」
「1」 같은 목적을 달성하기 위하여 모인 사람들의 일정한 조직체.
이익 단체.
친목 단체.
단체를 탈퇴하다.
단체에 가입하다.
단체를 결성하다.
단체를 만들다.
세 단체가 공동으로 주관하여 대회를 열었다.
「2」 여러 사람이 모여서 이루어진 집단.
단체 사진.
단체 생활.
단체 여행.
단체 행동.
단체로 관람하다.
단체 손님이 예약되어 있어서 다른 손님을 받기가 곤란하다.
단체 훈련과 개인 훈련을 적절하게 하면 효과가 더 클 것이다.

이름을 가질 수 있는 경우는 「1」이므로 여기서는 이를 준용한다.

단체 외에 '집단', '조직체', '조직', '기구' 등의 관련 용어가 더 있겠는데, '단체'나 '집단', '조직체'는 그 결과적인 단위성에 더 중점이 있어 보이고 '조직'이나 '기구'는 그 짜임새에 더 중점이 있어 보인다. 그 외에 '집합', '모임', '사회'라는 용어도 있는데, '집합'은 둘 이상의 복수적 단위이기만 하면 짜임새에 대한 요구는 없으며, '모임'은 집합보다도 지속적인 속성이 없는 일회적인 경우들까지 아우를 수 있는 개념으로 보인다. '사회'는 '집합'과 비슷하지만 공동생활을 영위한다는 점이나 구성원 사이의 동질성이 좀 더 부각되는 표현이다.

이것들 외에 '기관(機關)'이라는 용어가 있다. 이에 대한 뜻풀이는 다음과 같다.

(ii) 「명사」
「1」 화력·수력·전력 따위의 에너지를 기계적 에너지로 바꾸는 기계 장치. 이에는 증기

수 있다. 부수적인 요건으로 '사무실'을 생각해 볼 수 있는데, 이는 나라의 영토보다도 덜 필수적인 것으로 여겨진다. 단체는 그 목적에 따라 크게 영리단체와 비영리단체로 나누는 것이 일반적이다. 영리단체는 구성원들의 재산상의 이익을 목적으로 조직한 단체로 기업(회사)을 가리킨다. 비영리단체는 소유주나 주주를 위해 자본의 이익을 추구하지 않는 대신 그 자본으로 어떠한 목적을 달성하는 단체를 말한다. 비영리단체에는 공익(公益; 사회 전체의 이익)을 추구하는 것과 공익(共益; 공동의 이익)을 추구하는 것이 있는데, 전자로는 정부(공공기관), 사회적 지원활동 단체, 학교, 병원, 간호시설, 직업훈련시설, 묘지 등의 운영단체 같은 것들을 들 수 있으며, 이에 해당하는 법인의 예로는 재단법인, 사단법인, 학교법인, 사회복지법인, 직업훈련법인, 종교법인 등이 있다. 후자로는 동창회, 동호회, 사업자단체 등이 있으며, 이에 해당하는 법인으로는 중간법인, 의료법인, 사업조합 등이 있다.[11]

이미 구분해 제시했듯이 단체는 법인격에 의한 구분도 가능하다. 법인이란 자연인이 아니면서 법에 의해 권리 능력이 부여되는 사단과 재단을 가리킨다. 법률상 권리와 의무의 주체가 될 수 있으며, 공법인과 사법인, 사단 법인과 재단 법인, 영리 법인과 공익 법인, 중간 법인, 외국 법인과 내국 법인 따위로 나눈다.[12] 법인격을 통한 단체

기관, 내연 기관, 수력 기관 따위가 있다.

기차의 기관에 이상이 생겨 잠시 동안 정차하겠사오니 양해하여 주시기 바랍니다.

「2」 사회생활의 영역에서 일정한 역할과 목적을 위하여 설치한 기구나 조직.

작은 도시일수록 각급 기관의 우두머리의 영향력이 크다.

「3」 정보의 수집, 처리, 선전, 통제 따위에 관한 일을 전문적으로 맡아 하는 기관. =정보기관.

이러한 '기관'은 '단체'의 하위범주 가운데 특히 사회생활의 영역에 속하는 것들을 이르는 것으로 이해할 수 있겠다.

11 〈두산백과〉, "NPO", https://terms.naver.com/entry.naver?cid=40942&docId=2009096&categoryId=31622; 〈위키백과〉, "비영리 단체", https://ko.wikipedia.org/wiki/%EB%B9%84%EC%98%81%EB%A6%AC_%EB%8B%A8%EC %B2%B4(검색일: 2019. 6. 9.).

의 구분은 임의 단체, 법인으로 보는 단체, 법인으로 나눌 수 있고, 법적으로 볼 때 단체라고 하면 이 세 가지 중 한 가지 형태를 반드시 취하고 있다. 그밖에 비정부기구(NGO; Non Governmental Organization), 비영리단체(NPO; Non Profit Organization), 시민사회단체(CSO; Civil Society Organization)라는 용어들이 사용되는데 이 용어들은 단체의 특징을 설명하는 명칭으로 법적 개념을 갖고 있지는 않다.

이상에서는 단체를 국가 이하의 단위로만 정의하는 인상을 주었지만, 그보다 먼저 논의했듯이 실제로는 국가도 단체의 일종으로 보아야 할 것이다. 그렇게 볼 때 국가는 비영리단체 가운데 공익(公益)을 추구하는 단체로 보아야 하겠지만 국제사회에서는 공익(共益)을 추구하는 단체로 비치기도 한다. 국가 단위가 도입되면 많은 단체들이 특정 국가라는 범위 내에 소속되므로 개인을 국적에 따라 분류할 수 있었던 것과 마찬가지로 단체도 국적에 따라 분류할 수 있을 것이다. 다만 단체 가운데는 국제 정부 기구(IGO)나 국제 비정부기구(INGO)처럼 국가 범위를 넘어선 것들도 있으므로 국적을 상정할 수 없는 경우도 따로 가정할 필요는 있을 것이다.

이상으로 볼 때, 이 세상에 존재하는 단체의 수는 사람 다음으로 많을 것이다. 2019년 중소벤처기업부 보도자료(2019. 11. 12.)에 따르면 2017년 말 기준으로 우리나라의 중소기업 수가 모두 630만 개다. 전체 기업 수의 99.9%라고 하니 영리 기업의 수가 그 정도인 것인데, 비영리 단체인 공익(公益)과 공익(共益) 단체를 아우르자면, 그 숫자는 이루 말할 수 없는 정도에 달할 것이다. 우리는 이같이 많은 단체 이름인 고유명칭들을 가진 것이다.

이제 우리가 단체에 관한 지식을 가질 때 어떤 정도의 속성들을 포함하는 것이 전형적일지에 대해 생각해 보자.[13]

---

12 〈표준〉, "법인"(2019. 6. 9.).

13 관련 정보는 이 책을 서술하는 시점의 것이므로 시간의 흐름에 따라 달라지는 것이

(22)

ㄱ. 실체n

이름	케냐
실체 유형	단체
영리성 여부	비영리
소재지	동아프리카
구성 인종	니그로 인종
수도	나이로비
국기	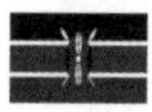
사용 언어	영어, 스와힐리어
정치 체제 관련	대통령중심제
대통령	우후루케냐타
특기 사항	영국으로부터 독립(1963), 커피 주산지, 마라톤 최강국...

ㄴ. 실체n+1

이름	삼성
실체 유형	단체
영리성 여부	영리
법인 여부	영리 사단법인(회사)
소재지	대한민국(본사)
국적	다국적
로고	SAMSUNG
업종	이동식전화기, 가전제품, 반도체 제조업
기업 분류	대기업
총수	고 이건희(회장), 이재용(부회장)
특기 사항	IT

있을 수 있다. 그러나 객관적인 사실이 달라져도 우리의 지식에서의 갱신은 더 늦어질 수 있다.

ㄷ. 실체n+2

이름	흥사단
실체 유형	단체
영리성 여부	비영리
소재지	대한민국 서울 종로구 대학로
국적	대한민국
단기	
목적	민족의 자주 독립과 번영
설립자	도산 안창호
설립 연도	1913년
대표	박만규(이사장)
특기 사항	미국 샌프란시스코에서 창립, 『흥사단보』 발행, 광복 후 서울로 본부를 옮김. 해방 전에는 민족독립운동, 해방 이후에는 국민 계몽 운동, 시민 운동 등의 활동을 이어 옴

(22)에 표상된 지식은 언어적 의미라기보다는 일반 지식이므로 여기에 제시된 것들이 결코 특정 화자의 머릿속에 공통적으로 저장되어 있다고 보기는 어렵다. (22)와 같은 지식 표상을 제시하는 것은 '단체'를 고려할 때 그 필수적인 속성들을 가늠해 보기 위함일 뿐, 화자들마다가 가지고 있는 지식의 범위는 그 구체성의 정도 차이가 매우 다양할 것이다. 결국 이러한 온톨로지적 표상은 공학적으로 접근한다면 데이터베이스의 활용 목적에 따라 달라진다고 말할 수 있다. 그리고 일반 화자들의 지식 표상과 관련해서는 객관적 자료 구축이 불가능하다.

그럼에도 이러한 지식의 기술과 표상이 필요한 것은, 관련된 구체적인 지식이 적은 화자로부터 많은 화자에 이르기까지 그 지식 확장의 과정에는 일정한 방향성이 있을 것이므로 우리는 그러한 과정에서 가장 기본적이고 필수적인 속성들을 추출해 가시적으로 보여 줄 수 있을 것이고, 또한 이러한 지식이 활용되는 화용론적 과정에 대한 가상적 실제를 모형화할 수 있을 것으로 기대하기 때문이다.

〈표준〉에서 뜻풀이에 '공화국.'을 포함하고 있는 표제어는 194개가 검색되었는데 여기서는 그 가운데 가나다순으로 앞쪽의 50개만 제시하기로 한다.

(23) 가나02(Ghana), 가봉04(Gabon), 가이아나(Guyana), 감비아(Gambia), 과테말라(Guatemala), 그리스02(Greece), 기니02(Guinea), 기니비사우(Guinea Bissau), 나우루(Nauru), 나이지리아(Nigeria), 나히체반01(Nakhichevan), 남-수단(南Sudan), 남아-공(南阿共), 남아프리카^공화국(南Africa共和國), 남-예멘(南Yemen), 네덜란드^연방^공화국(Netherlands聯邦共和國), 네팔(Nepal), 니제르(Niger), 니카라과(Nicaragua), 다게스탄(Dagestan), 대한06(大韓), 대한-민국(大韓民國), 도미니카02(Dominica), 도미니카^공화국(Dominican共和國), 동티모르(東Timor), 라오스(Laos), 라이베리아(Liberia), 라트비아(Latvia), 레바논(Lebanon), 루마니아(Romania), 르완다(Rwanda), 리비아(Libya), 리투아니아(Lithuania), 마다가스카르(Madagascar), 마셜^제도(Marshall諸島), 마케도니아02(Macedonia), 말라위(Malawi), 말리03(Mali), 멕시코(Mexico), 모리타니(Mauritanie), 모잠비크(Mozambique), 몬테네그로(Montenegro), 몰도바02(Moldova), 몰디브(Maldives), 몽고01(蒙古), 몽골(←Mongolia), 몽골-국(Molgol國), 미국03(美國), 미얀마(Myanmar), 미-연방(美聯邦)

검색된 전체 표제어 중 한 공화국에 대한 정의를 살펴보기로 하자.

(24) 헝가리(Hungary)
「명사」『지명』 동유럽 중부에 있는 공화국. 1918년에 오스트리아 헝가리 제국에서 분리하여 독립하였으며, 1949년에 인민 공화국이 성립되었다가 1989년 폐지되고 현재의 헝가리 공화국이 세워졌다. 밀·옥수수가 주산물이고 기계·화학 공업도 발달하였으며, 주민은 마자르인으로 대부분이 가톨릭교도이다. 수도는 부다페스트, 면적은 9만 3,030㎢.

(25) 실체n

이름	헝가리
실체 유형	단체

하위 유형	국가
소재지	동유럽 중부
정치 체제 관련	공화국
구성 인종	마자르인
수도	부다페스트
면적	9만 3,030㎢
특기 사항	1918년 오스트리아 헝가리 제국에서 분리 독립, 밀·옥수수가 주산물이고 기계·화학 공업도 발달, 국민 대부분이 가톨릭교도

다음은 뜻풀이에 '국가.'를 포함하고 있는 표제어들이다.

(26) 고대^이집트(古代Egypt), 고-조선01(古朝鮮), 교황-청(敎皇廳), 구다-국(句茶國), 남-옥저(南沃沮), 단군^조선(檀君朝鮮), 대하02(大夏), 독일^연방(獨逸聯邦), 독일^제국(獨逸帝國), 돌궐(突厥), 동독01(東獨), 동-독일(東獨逸), 동예(東濊), 라케다이몬(Lakedaimon), 라코니아(Laconia), 로마(Roma), 만주-국(滿洲國), 말라야(Malaya), 말라야^연방(Malaya聯邦), 말레이02(Malay), 모스크바^대공국(Moskva大公國), 밀레투스(Miletus), 바벨론(←Babylon), 바티칸(Vatican), 바티칸^시국(Vatican市國), 바하마(Bahamas), 박트리아(Bactria), 반탐^왕국(Bantam王國), 베네치아^공화국(Venezia共和國), 벽진-가야(碧珍伽倻), 보헤미아(Bohemia), 북마리아나^제도^연방(北Mariana諸島聯邦), 비류-국(沸流國), 사라센^제국(Saracen帝國), 성산-가야(星山伽倻), 소그디아나(Sogdiana), 스파르타(Sparta), 시돈(Sidon), 아랍^에미리트(Arab Emirates), 아랍^에미리트^연방(Arab Emirates聯邦), 아이기나(Aegina), 아일랜드(Ireland), 아테네01(Athenae), 에스토니아(Estonia), 에티오피아(Ethiopia), 예국01(濊國/薉國), 오스트리아·헝가리^제국(Austria-Hungary帝國), 우가리트(Ugarit), 이탈리아^왕국(Italia王國), 전14(滇), 조선05(朝鮮), 중가르(Jungar), 캐나다(Canada), 테베01(Thebae), 통일^이탈리아^왕국(統一Italia王國), 파르티아(Parthia), 파푸아^뉴기니(Papua New Guinea), 피렌체^공화국(Firenze共和國), 황룡-국(黃龍國)

다음은 뜻풀이에 '나라.'를 포함하고 있는 표제어들인데, 여기에는 '역사' 전문용어인, 과거에 우리나라와 중국에 존재했던 작은 나라들까지 대거 포함되어 있다. 모두 354개가 검색되었는데, 여기서는 가나다 순으로 앞쪽의 50개만 제시하기로 한다.

(27) 가릉(訶陵), 갈사-국(曷思國), 감해-국(感奚國), 감해비리-국(感奚卑離國), 강거(康居), 강국02(康國), 개마-국(蓋馬國), 거사04(車師), 건마-국(乾馬國), 고구려(高句麗), 고랍-국(古臘國), 고려04(高麗), 고령-가야(古寧▽伽倻), 고리11(高離/槀離/槀離), 고리-국(古離國), 고비리-국(古卑離國), 고순시-국(古淳是國), 고원-국(古爰國), 고자미동-국(古資彌凍國), 고죽-국(孤竹國), 고창01(高昌), 고탄자-국(古誕者國), 고포-국(古蒲國), 고해-국(古奚國), 골벌-국(骨伐國), 골화-국(骨火國), 구려01(句麗), 구로-국(狗盧國), 구사오단-국(臼斯烏旦國), 구사오조-국(臼斯烏朝國), 구소-국(狗素國), 구자03(丘慈), 구자05(龜玆), 구해-국(狗奚國), 군미-국(軍彌國), 굴지01(屈支), 귀엔(Guyenne), 그레나다(Grenada), 근기-국(勤耆國), 근세-조선(近世朝鮮), 금06(金), 금관-가야(金官伽倻), 금관-국(金官國), 금-나라(金나라), 기04(岐), 기24(冀), 기기-국01(己祇國), 기자^조선(箕子朝鮮), 기저-국(己柢國), 나미비아(Namibia)

〈표준〉에 '단체.'로 정의된 표제어들은 다음과 같다. 249개가 검색되었으나 이 역시 앞쪽 50개만 제시하기로 한다.

(28) 건국^동맹(建國同盟), 건국^부녀^동맹(建國婦女同盟), 건국^준비^위원회(建國準備委員會), 걸^가이드(Girl Guides), 걸^스카우트(Girl Scouts), 경방-단(警防團), 경정산^가단(敬亭山歌壇), 경제^협의회(經濟協議會), 경진-회(競進會), 경학-사(耕學社), 계명^구락부(啓明俱樂部), 고려^혁명군(高麗革命軍), 고려^혁명당(高麗革命黨), 고려^혁명^위원회(高麗革命委員會), 공공-회(公共會), 공립^협회(共立協會), 공명-단(共鳴團), 공인-방(工人房), 공인-청(工人廳), 공진-회02(共進會), 관훈^클럽(寬勳club), 광복군^사령부(光復軍司令部), 광복-단(光復團), 광복-회(光復會), 광정-단(匡正團), 광한-단(光韓團), 구국^모험단(救國冒險團), 국극-사(國劇社), 국극^협회(國劇協會), 국민-부(國民府), 국민^의회(國民議會), 국민^협회(國民協會), 국제^대학^스포츠^연맹(國際大學sports聯盟), 국제^배구^연맹(國際排球聯盟), 국제^상공^회의소(國際商工會議所), 국제^상업^회의소(國際商業會議所), 국제^수영^연맹(國際水泳聯盟), 국제^스케이트^연맹(國際skate聯盟), 국제^스키^연맹(國際ski聯盟), 국제^신문^발행인^협회(國際新聞發行人協會), 국제^신문^발행자^협회(國際新聞發行者協會), 국제^신

문인^협회(國際新聞人協會), 국제^아마추어^권투^연맹(國際amateur拳鬪聯盟), 국제^야구^협회(國際野球協會), 국제^연합^평화^봉사단(國際聯合平和奉仕團), 국제^올림픽^위원회(國際Olympics委員會), 국제^육상^경기^연맹(國際陸上競技聯盟), 국제^저널리스트^연맹(國際journalist聯盟), 국제^지리학^연합(國際地理學聯合), 국제^청년^회의소(國際青年會議所)

이 가운데 하나의 정의를 살펴보기로 하자.

(29) 건국^동맹(建國同盟)

『역사』 8·15 광복 직전인 1944년 8월 10일에 여운형을 중심으로 조직한 독립운동 단체. 불문(不文), 불언(不言), 불명(不名)의 3대 원칙과 조선의 완전 독립, 민주 국가 건설 따위를 강령으로 하여 활동하였다. 8·15 광복 후에 기구를 확대 개편하여 조선 건국 준비 위원회에 편입되었다.

(30) 실체n

이름	건국 동맹
실체 유형	단체
설립자	여운형 중심
설립 시기	1944년 8월 10일
목적	불문(不文), 불언(不言), 불명(不名)의 3대 원칙과 조선의 완전 독립, 민주 국가 건설
특기 사항	8·15 광복 후에 기구를 확대 개편하여 조선 건국 준비 위원회에 편입됨

3. 공간

이 책에서는 이름을 가질 수 있는 존재를 개체만이 아니라 종류인 실체까지도 아우르는 것으로 보고 있기 때문에 이름을 가질 수 있는 실체의 범위를 넓게 포착하고자 하지만, 실제로 낱낱의 구현이 이름을 가질 수 있는 부류와 종의 차원에서 이름을 가지는 부류는 구별된다.

그렇게 볼 때 낱낱의 개체가 이름을 가지는 부류의 가장 대표 격이 사람이고 단체는 그 사람의 조합이므로 넓게 보면 사람의 범주로 함께 묶일 수 있다. 이렇게 언어를 사용하는 우리 사람들 사이에서, 사람이라는 존재는 그 개개인의 존재가 주목의 대상이 되고 이름이 알려지지 않을 수는 있어도 이름이 없는 사람은 없다. 그렇다면 사람 다음으로 낱낱의 개체가 이름을 가지는 경우는 무엇일까? 대번에 지리적 공간을 들지 않을 수 없다. 이 책에서는 실체를 중심으로 논의를 진행하고 있기 때문에 '인명', '지명'이라는 용어를 쓰지 않고 '사람', '단체', '공간' 등으로 분류하고 있지만, 사람과 공간은 각각 그렇게 그것들의 이름을 가리키는 용어까지 가지고 있다.

〈표준〉에서 '-명(名)'으로 끝나는 명사 가운데 무엇의 이름을 나타내는 예들을 찾아보면 다음과 같은 것들이 등재되어 있다.[14]

(31) ㄱ. 기명(妓名), 노명(奴名), 왕명(王名), 인명(人名)
ㄴ. 국명(國名; 국호), 교명(校名; 학교명), 당명(黨名), 반명(班名), 사명(寺名), 사명(社名), 점명(店名), 종명(宗名), 회명(會名)
ㄷ. 동명(洞名), 산명(山名), 소지명(小地名), 시명(市名), 역명(驛名), 지명(地名), 촌명(村名)
ㄹ. 선명(船名; 선호)
ㅁ. 도서명(圖書名; 책명, 서명), 제명(題名), 화명(畵名)

(32) ㄱ. 물명(物名; 품명, 품목), 물품명, 상품명, 상표명
ㄴ. 종명(種名), 속명(屬名), 초명(草名; 풀이름), 화명(花名), 원소명(元素名), 색명(色名), 음명(音名; 음이름), 병명(病名), 약명(藥名)
ㄷ. 관직명, 작명(爵名; 작호), 직명(職名)
ㄹ. 죄명(罪名), 형명(刑名)

14 이미 제1장에서 이름을 가지는 것들을 나열해 보았지만, 여기서는 전통적으로 명칭으로 인식되는 것들의 유형 간 비중을 살펴보기 위해 표제어가 '명'으로 끝나는 것들만 제시했다.

(31)과 (32)를 구분한 것은, 위에서 언급했듯이 개체의 이름인 경우와 종의 이름인 경우가 구분될 수 있기 때문이다. (31)은 개체의 이름을 가리키는 용어들이고 (32)는 종의 이름을 가리키는 용어들이다. 개체와 관련된 (31)을 살펴보면, (31ㄱ)은 각각 '기생의 이름'(기명), '노비의 이름'(노명), '왕의 이름'(왕명), '사람의 이름'(인명)이며 모두 사람의 이름으로 묶일 수 있는 것들이다. (31ㄴ)은 각각 '나라의 이름'(국명), '학교의 이름'(교명), '정당의 이름'(당명), '반(학급)의 이름'(반명), '절의 이름'(사명), '회사나 결사(結社)의 이름'(사명), '가게의 이름'(점명), '종파의 이름'(종명), '단체나 조직의 이름'(회명)을 가리키며 전체를 아우르자면 모두 단체의 이름으로 묶일 수 있는 것들이다. (31ㄷ)은 각각 '동(洞)의 이름'(동명), '산의 이름'(산명), '마을 이름과 같은, 작은 지역의 이름'(소지명), '시(市)의 이름'(시명), '역의 이름'(역명), '마을의 이름'(촌명)이며 모두 '장소의 이름'으로 묶일 수 있는 것들이다. (31ㄹ)은 '배의 이름'(선명)으로, 배가 다른 교통수단들과 달리 유독 개체적으로 이름을 가지기 쉬운 예임을 다시 보여주는데, 이에 대해서는 제1장에서도 살펴본 바 있다. '배'는 그만큼 하나의 개체가 직접지의 대상이 되기 쉬워 단칭 사고를 불러일으킬 수 있기 때문이라 했다. (31ㅁ)은 각각 '책의 이름'(도서명), '책이나 시문 따위의 표제나 제목의 이름'(제명), '영화의 제목' 또는 '그림의 이름 또는 제목'(화명)으로 '작품의 이름'으로 묶일 수 있을 것이다. (32)도 흥미롭지만 여기서는 자세히 다루지는 않을 것이다. (32)의 것들은 그 용어에 해당하는 이름들이 특정 개체만을 위한 것이라고 보기 어렵고, 종의 이름이라는 점에서만 공통적이다. (32ㄹ)의 '죄명'은 '죄목(罪目)'에 더 가까운 용어로, 이름인 것처럼 다루어지지만 실제로는 구실이나 이유에 더 가깝다.

이상으로 볼 때 '공간'은 '사람'이나 '단체'와 함께 매우 중대한 개체성을 가진 실체의 단위임을 알 수 있다. 관련된 용어로는, '장소', '처소', '공간' 등을 들 수 있는데, '장소(場所)'라는 말은 '어떤 일이 일어날 수 있는 곳'을 의미하며, 장소의 유의어로는 '처소(處所)'가 있는데 처소는 '사람이 머무를 수 있는 곳'이라는 의미가 강하다. 이것들보다 포괄적인 용어로는 '공간(空間)'을 들 수 있다. 공간은 물리적 의미와 심리적 의미를 아우르며, '비어 있는 곳'이라는 의미도 있지만 '활동할 수 있을 만한 범위'를 뜻하는 경우가 많다. 여기서는 '이름이 붙을 수 있을 만한 곳'이면 되므로 '공간'이라는 용어를 사용하기로 하겠다.

공간은 크게 자연 공간과 인문 공간으로 나눌 수 있다. 자연 공간은 자연적으로 구획이 구분될 수 있는 단위이며 인문 공간은 인간의 정치, 경제, 문화 등 인문적인 이해관계에 의해 구분된 공간을 말한다. 이 두 유형의 공간은 별도의 체계이지만 서로 겹쳐질 수도 있는, 동일한 공간에 대한 다른 구획화의 체계들이다.

(33)

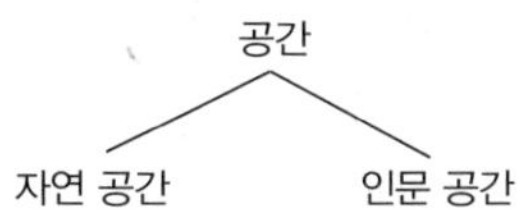

우리는 자연 공간이든 인문 공간이든 그것들에 이름을 부여하며 그것들을 모두 공간이라 여긴다.

3.1. 자연 공간

자연 공간에는 다시 다음과 같은 것들이 속한다.

(34) 자연 공간

대륙, 산맥, 산, 고개, 고원, 분지, 골짜기, 평야, 사막, 수풀, 하천, 폭포, 호수, 늪, 만, 곶, 반도, 해안, 굴, 대양, 군도, 섬, 우주, 성운, 성단, 별자리, 별, 대기권

크게 대륙, 해양, 우주로 나누고 나머지는 그에 딸린 것으로 분류할 수 있을 것 같으나 그렇게 분류하는 것은 충분하지 않다. 왜냐하면 큰 단위와 그보다 작은 단위들 사이의 관계가 개념적인 상하관계로 맺어진 것이 아니라 전체-부분 관계로 맺어진 것이고 또한 큰 단위에 작은 단위가 소속되는 것이 그다지 필수적인 일로 여겨지지 않는다는 점에서 언어적 의미라기보다는 경험적 지식으로 봐야 할 것이기 때문이다. 무엇보다 각 단위들은 그에 소속된 인스턴스들이 있고 큰 단위와 작은 단위의 관계도 결국은 크고 작은 다른 클래스에 속한 인스턴스들 사이의 관계라는 점을 간과해서는 안 된다.

대륙, 대양, 우주의 인스턴스로는 다음과 같은 것들이 있다.

(35) ㄱ. 대륙

아시아, 유럽, 아프리카, 남아메리카, 북아메리카, 오세아니아, 남극대륙

ㄴ. 대양

태평양, 대서양, 인도양, 북극해, 남극해

ㄷ. 우주[15]

우리 은하(계), 안드로메다은하, 마젤란은하, 태양계, 프톨레마이오스성좌, 이십팔수

---

15 '우주'에 속하는 인스턴스들을 묶을 수 있는 클래스를 상정하기 위해서는 '천체'에 대한 정의를 참조할 수 있다.

(i) 천체(天體)

「명사」『천문』 우주에 존재하는 모든 물체. 항성, 행성, 위성, 혜성, 성단, 성운, 성간 물질, 인공위성 따위를 통틀어 이르는 말이다. ≒성체.

이 정의에 나타난 천체들 가운데 성간 물질 등은 별도의 이름을 가진다고 보기 어려울 것이다. 우리는 우주의 실체 공간으로 '성운', '성단', 그리고 '항성, 행성, 위성, 혜성, 인공위성' 등을 아우르는 '별'을 상정할 수 있다.

그런데, 이 책에서는 여기에 한 가지를 더 추가했다. '별자리'가 그것인데, '별자리'는 하나의 천체로 보기 어려움에도 인간들이 우주를 구획화할 때 활용하는 가상적인 좌표로서 존재하기 때문이다. 이에 대해서는 '별자리'와 관련된 지면에서 다시 살펴보기로 하겠다.

그리고 그 각각에는 다시 그 부분을 이루는 다른 클래스들이 있다. (35)의 각각에 딸린 것으로 보이는 중간 분류로는 다음과 같은 유형들을 들 수 있다.

(36) ㄱ. 대륙 부속

산맥, 산, 고개, 고원, 분지, 골짜기, 평야, 사막, 수풀, 하천, 폭포, 호수, 늪, 만, 곶, 반도, 해안, 굴

ㄴ. 대양 부속

군도, 섬

ㄷ. 우주 부속

성운, 성단, 별자리, 별

(36)에 주어진 실체 유형들은 다시 그것들끼리 다양한 관계를 가질 수 있다. 가장 일반적인 관계는 부분관계다. (36ㄱ)은 대륙과 그것의 부분을 이루는 실체들 사이의 관계이며, (36ㄴ)은 대양과 그 부분, (36ㄷ)은 우주와 그 부분의 관계를 보여 준다.

(36ㄱ, ㄴ)은 지구 내에 존재하는 공간 실체이며 (36ㄷ)은 지구보다 비교도 안 될 만큼 큰 우주의 공간 실체로, 이 영역은 우리의 인식 범위를 넘어서지만, 고대로부터 지구인이 인식해 온 천체 분류 방식과 현대 천문학의 발전으로 일반인도 인식할 수 있게 된 천체들 사이의 관계를 살펴보고자 하는 것이다. 이런 과정에서 지구의 대기권과 같은 공간도 고려 대상이 되어야 할 것 같은데, 지구의 대기권은 '(지구) 대기권'이라고 부르는 것 외에 별다른 이름이 따로 존재하지 않는다. 아마도 우리가 일상생활에서 자주 주목할 만한 기회를 가지기 어려운 공간이기 때문에 그럴 것으로 본다. 다른 별에도 대기권이 있을 수 있는데 아무런 수식어 없이 '대기권'이라고 말할 때 그것이 지구의 대기권으로 인식될 수 있는 것은 화시적 용법의 일례가 될 것이다.

(37) 대기-권: 『지구』 지구를 둘러싸고 있는 대기의 범위. 지상 약 1000km까지를 이르며, 온도의 분포에 따라 밑에서부터 대류권, 성층권, 중간권, 열권으로 나눈다. ≒기계, 기권.

우리가 각자의 위치에서 접할 수 있는 대기권은 '공중(空中)'이라고 불린다.

(38) 공중(空中): 하늘과 땅 사이의 빈 곳. ≒공명.

'공중'의 경우, 하나의 실체로 인식되지 않는다면 화자가 발화 상황 중에 가리키는 공중이 될 것인데 그렇다면 그 역시 화시적 용법으로 사용된 것으로 보아야 할 것이다.

이제 그 각각의 정의와 다른 실체들 사이의 관계, 그리고 그 인스턴스들의 예시를 살펴보기로 하자.

3.1.1. 산맥

'산맥'에 대한 사전적 정의는 다음과 같다.

(39) 산맥
산봉우리가 선상(線狀)이나 대상(帶狀)으로 길게 연속되어 있는 지형. 세계의 대산맥은 대지나 고원과는 달리 특정 지대에 분포하고 있다.

그러니까 산맥은 산들의 연쇄라고 볼 수 있다.

세계에서 가장 긴 산맥으로는 '해령(海嶺), 안데스산맥, 로키산맥, 그레이트디바이딩산맥, 남극횡단산맥, 히말라야산맥'을 드는데, '해령'은 해저 산맥으로 일반적인 개념의 산맥으로 보기는 어렵다. 산맥은 대개 어느 지역에 소재하며 그 길이가 어느 정도인지 그리고 그 최고봉이 무엇인지에 대해 기술된다.

(40) 레바논-산맥

「명사」『지명』 레바논의 중앙부를 지중해와 나란히 관통하는 산맥. 석회암으로 되어 있으며, 지중해 사면은 과실나무의 재배가 활발하다. 최고봉은 높이 3,088미터인 쿠르네트 에스 사우다(Qurnet es Sauda)이다. 길이는 160km.

〈표준〉에 표제어로 실린 산맥의 목록은 다음과 같다. 112개 가운데 앞쪽 50개만 제시했다.

(41) 강남산맥, 고츠산맥, 광교산맥, 광주산맥, 구월산맥, 그램피언산맥, 그레이트디바이딩산맥, 그레이트스모키산맥, 기타카미산맥, 난링산맥, 낭림산맥, 노령산맥, 다바산맥, 다볘산맥, 다쉐산맥, 다위링산맥, 대싱안링산맥, 동고츠산맥, 두운봉산맥, 드라켄즈버그산맥, 디나르알프스산맥, 레바논산맥, 로도피산맥, 로키산맥, 루웬조리산맥, 마식령산맥, 마천령산맥, 매켄지산맥, 메사비산맥, 멸악산맥, 묘향산맥, 바링산맥, 발칸산맥, 부전령산맥, 북대봉산맥, 블루리지산맥, 사얀산맥, 서고츠산맥, 소백산맥, 소싱안링산맥, 수데티산맥, 수양산맥, 술라이만산맥, 스칸디나비아산맥, 스타노보이산맥, 스타라플라니나산맥, 시에라네바다산맥01, 시에라네바다산맥02, 시에라마드레산맥, 시호테알린산맥

산맥을 앞에서 활용했던 실체에 관한 지식으로 표상해 보자면 다음과 같은 예를 제시할 수 있을 것이다.

(42) 실체n

이름	레바논산맥
실체 유형	산맥
소재	레바논
길이	160km
최고봉	쿠르네트 아스 사우다산
특기 사항	최고봉 정상의 만년설이 유명, 지중해 쪽 사면에서는 과실나무 재배가 활발, 석회암으로 되어 있음

(42)와 같은 개별 실체에 관한 지식도 중요하겠지만, 산맥은 대륙에 속하고 또한 인문 공간인 나라의 영토에 속할 수 있다는 것, 그리고 그 안에 산봉우리들이 포함된다는 것 등 일반 존재론적 지식이 많은 추론의 근원이 된다는 점을 간과해서는 안 될 것이다.

3.1.2. 산

'산'의 사전적 정의는 다음과 같다.

(43) 산
평지보다 높이 솟아 있는 땅의 부분.

(43)만 보면 '산'이 산이기 위한 요건이 아주 단순하지만 실은 이보다는 좀 더 구체적이어야 할 것이다. '산'은 대체로 '언덕'이나 '구릉'보다는 높은 것을 이른다. 영국의 경우는 높이 700m 이상인 것을 산이라 하고 그보다 낮은 것은 구릉이라 한다는 일정한 기준이 있다고 한다(민족문화대백과사전). 하지만 어떻든 '산'의 요건은 땅이 높다는 것 외에 별다른 기준은 없어 보인다.

세계에서 가장 높은 산은 에베레스트산이고 그 뒤로 케이투봉(고드윈오스턴산), 칸첸중가산, 로체산, 마칼루산, 초오유산, 다울라기리산, 마나슬루산, 낭가파르바트산, 안나푸르나산 등이 뒤따르고 있다.

〈표준〉에 등재된 산은 570여 개에 달한다. 여기서는 그 가운데 외국의 산만 50개를 추려 제시해 보았다.

(44) 가네시히말산, 가우리상카르산, 갈회피겐산, 고드윈오스턴산, 고사인탄산, 구를라만다타산, 그랑드조라스산, 그로스글로크너산, 기리시마산, 기타다케산, 나로드나야산, 남차바르와산, 낭가파르바트산, 다마반드산, 다울라기리산, 다칭산, 디날리산, 딩쥔산, 란텐산, 레이니어산, 로건산, 로브슨산, 로체산, 루산산, 룽산산, 룽서우

산, 뤄푸산, 리산산, 마나슬루산, 마셔브룸산, 마안산, 마욘산, 마우나로아산, 마우나케아산, 마칼루산, 매킨리산, 몬테로사산, 몬테카시노산, 몽블랑산, 므라피산, 미첼산, 반론산, 베니하산, 베수비어스산, 베수비오산, 베이망산, 벤네비스산, 벨루하산, 브로켄산, 빈슨산

'산'은 대체로 그것의 소재지, 그것이 속하는 산맥, 높이 등으로 규정된다.

(45) ㄱ. 가리산(加里山)

「명사」『지명』 강원도 홍천군 두촌면과 춘천시 동면 사이에 있는 산. 태백산맥에 속하며 소양강이 시작하는 곳이다. 높이 1,051미터.

ㄴ. 가네시히말산

「명사」『지명』 히말라야산맥의 한 봉우리. 네팔 중부에 위치하고 있다. 높이는 7,460미터.

앞의 '산맥'에 관한 논의에서와 같이 행정적 소재지가 자연 공간의 위치를 인식하는 기준점이 된다는 점에 유의할 필요가 있다. 자연 공간은 그렇게 인문 공간과 겹쳐지면서 서로가 서로를 규정하는 일정한 실체적 관계를 가지고 있다.

(46) 실체In

이름	가리산
실체 유형	산
소재	강원도 홍천군 두촌면과 춘천시 동면 사이
높이	1,051미터
소속 산맥	태백산맥
특기 사항	소양강의 발원지

'산'이 강의 발원지가 되는 경우가 많다는 점은 상당히 일반화할 수 있는 지식일 수 있다.

3.1.3. 고개

'고개'란 무엇일까? '고개'에 대한 사전적 정의는 다음과 같다.

(47) 고개
산이나 언덕을 넘어 다니도록 길이 나 있는 비탈진 곳.

(47)은 '고개'의 본질은 사람이 넘어 다닐 수 있도록 길이 나 있다는 점임을 보여 주고 있다. '고개'의 이름은 '고개'라는 단어로 끝나는 구로 이루어져 있거나 '-령(嶺)'과 같은 접미사나, '-재', '-치(峙)', '-현(峴)' 등 접미사에 준하는 형태소로 끝나는 단어로 이루어져 있다.

〈표준〉에 등재된 고개는 (48)과 같다.

(48) 되넘이고개, 망우리고개, 몽스니고개, 몽주네브르고개, 미아리고개, 볼란고개, 브렌네르고개, 생고타르고개, 심플론고개, 여우고개, 카라코람고개, 카이바르고개, 가슬령(嘉瑟嶺), 거차령(巨次嶺), 검산령(劍山嶺), 계립령(鷄立嶺), 곽령(藿嶺), 구절령(九折嶺), 극성령(棘城嶺), 금패령(禁牌嶺), 노동령(蘆洞嶺), 노령03(蘆嶺), 단발령02(斷髮嶺), 대간령(大間嶺), 대고령(大高嶺), 대관령(大關嶺), 대령03(大嶺), 마식령(馬息嶺), 마천령(摩天嶺), 매자령(梅子嶺), 미시령(彌矢嶺), 박달령(朴達嶺), 백간령(白澗嶺), 부로지령(扶老只嶺), 부전령(赴戰嶺), 삼수령(三手嶺), 송이령(松耳嶺), 수유령(水踰嶺), 시지령(柴芝嶺), 오령01(五嶺), 완항령(緩項嶺), 육십령(六十嶺), 이판령(伊板嶺), 이화령(梨花嶺), 조령04(鳥嶺), 주파령(注坡嶺), 죽가령(竹駕嶺), 죽령(竹嶺), 진부령(陳富嶺), 천불령(天佛嶺), 추가령(楸哥嶺), 추지령(楸池嶺), 추풍령(秋風嶺), 파발령(把撥嶺), 판막령01(板幕嶺), 판막령02(板幕嶺), 팔영령(八營嶺), 한계령(寒溪嶺), 황초령(黃草嶺), 황토령(黃土嶺), 후치령(厚峙嶺), 갈재, 무악재(毋岳재), 문경^새재02(聞慶새재), 박달재(朴達재), 새재, 갈은치(葛隱峙), 고로치(古老峙), 복고치(福高峙), 봉화치(烽火峙), 설마치(雪馬峙), 성치03(城峙), 수리치02(樹裏峙), 안치03(雁峙), 어령치(於嶺峙), 웅치03(熊峙), 팔량치(八良峙), 갈현(葛峴), 경현02(頸峴), 고처비현(高處飛峴), 광현02(廣峴), 구곡현(九谷峴), 당아현(堂峨峴), 망우현(忘憂峴), 부여현(扶輿峴), 부창현(富昌峴), 어을현(於乙峴), 탑현(塔峴), 토현(兔峴)

'고개'의 정의도 주로 그 소재지와 높이로 이루어지는 것이 일반적이고 그 밖의 특기 사항이 추가된다.

(49) 갈은치(葛隱峙)

「명사」『지명』 경상남도 함양군에 있는 재. 소백산맥 가운데 있는 비교적 낮은 재의 하나로, 예로부터 호남·영남 두 지방 사이의 주요 통로로 이용하였다. 높이는 250미터.

(50) 실체n

이름	갈은치
실체 유형	고개
소재	경상남도 함양군
높이	250미터
특기 사항	예부터 호남·영남 두 지방 사이의 주요 통로로 이용됨

3.1.4. 고원

'고원'의 사전적 정의는 다음과 같다.

(51) 고원

보통 해발 고도 600미터 이상에 있는 넓은 벌판.

고원은 산간 지역과 관련이 있지만 평원이어서 농사나 목축 등이 가능하고 사람이 정착해 살 수 있을 만한 곳이다.

〈표준〉에 등재된 고원은 다음과 같다.

(52) 갑산장진고원(甲山長津高原), 개마고원(蓋馬高原), 데칸고원(Deccan高原), 몽고고원(蒙古高原)(=몽골고원, Mongol高原), 무산고원(茂山高原), 베카고원(Beqa'a高

原), 부전고원(赴戰高原), 브라질고원(Brazil高原), 아나우악고원(Anahuac高原), 아르메니아고원(Armenia高原), 아비시니아고원(Abyssinia高原), 아이펠고원(Eifel高原), 알티플라노고원(Altiplano高原), 에티오피아고원(Ethiopia高原), 영서고원(嶺西高原), 윈구이고원(Yungui[雲貴]高原), 이란고원(Iran高原), 자강고원(慈江高原), 중앙시베리아고원(中央Siberia高原), 진안고원(鎭安高原), 컬럼비아고원(Columbia高原), 컴벌랜드고원(Cumberland高原), 코랏고원(Khorat高原), 코르도판고원(Kordofan高原), 콜로라도고원(Colorado高原), 티베트고원(Tibet高原), 파미르고원(Pamir高原), 황투고원(Huangtu[黃土]高原)

개별 고원을 정의할 때 주로 포함되는 사실은 그 고원의 소재지와 높이, 면적 정도이며 그 외의 특기 사항이 함께 제시되기도 한다.

(53) 데칸-고원(Deccan高原)
「명사」『지명』 인도의 남부에 있는 고원. 일반적으로는 나르바다강 이남의 인도반도 일대를 가리킨다. 서쪽은 아라비아해에 면하여 서고츠산맥을 이루고, 동쪽은 벵골만에 면하여 동고츠산맥을 이룬다. 비옥한 레구르(regur) 흙으로 덮여 있어 목화가 많이 나며, 석탄·철·금강석·금 따위의 지하자원도 풍부하다.

이를 실체에 대한 지식 표상으로 정리해 보자면 다음과 같은 방식이 될 것이다.[16]

(54) 실체n

이름	데칸고원
실체 유형	고원
소재	인도 남부, 나르바다강 이남의 인도반도 일대
높이	평균 600m

16 각 평균높이는 〈세계인문지리사전〉 참조.

특기 사항	서쪽은 아라비아해에 면하여 서고츠산맥을 이루고, 동쪽은 벵골만에 면하여 동고츠산맥을 이룸. 비옥한 레구르 흙으로 덮여 있어 목화가 많이 남. 석탄·철·금강석·금 따위의 지하자원도 풍부

고원이 산이나 산맥과 연결되어 있을 가능성이 매우 크므로 그러한 존재론적 상관관계에 관한 지식은 대체로 필요한 것이지만 그 단어의 의미나 실체의 존재를 확인하는 것으로부터 자연히 따라오는 지식일 수는 없다.

3.1.5. 분지

'분지(盆地)'의 사전적 정의는 아래와 같다.

(55) 분지

해발 고도가 더 높은 지형으로 둘러싸인 평지. 보통의 평야보다 해발 고도가 높으며, 기온의 교차가 큰 내륙성 기후를 나타낸다. ≒함지땅.

'분지'가 분지이기 위한 조건은 주변에 더 높은 지형의 땅들이 그 땅을 둘러싸고 있는 것이다. 그렇다면 '고원'과 '분지'의 차이에 주목하게 되는데, 두 실체 유형의 정의를 살펴보자면 '고원'은 해발 600미터 이상이라는 정의가 보여주듯 '분지'보다 지대가 더 높아야 한다. 그리고 '고원'은 다른 땅들에 의해 둘러싸여야 한다는 조건이 없는 반면, '분지'는 다른 땅들에 의해 둘러싸여 있어야 한다.

(56) 강계^분지(江界盆地), 거창^분지(居昌盆地), 경주^분지(慶州盆地), 곡산^분지(谷山盆地), 구성^분지(龜城盆地), 김천^분지(金泉盆地), 김화^분지(金化盆地), 나리^분지(羅里盆地), 단양^분지(丹陽盆地), 담양^분지(潭陽盆地), 대구^분지(大邱盆地), 대오

스트레일리아^분지(大Australia盆地)(=대찬정^분지, 大鑽井盆地), 덕천^분지(德川盆地), 도네츠^분지(Donets盆地), 보헤미아^분지(Bohemia盆地), 상주^분지(尙州盆地), 성천^분지(成川盆地), 수안^분지(遂安盆地), 신계^분지(新溪盆地), 쓰촨^분지(Sichuan[四川]盆地), 아키텐^분지(Aquitaine盆地), 양덕^분지(陽德盆地), 원주^분지(原州盆地), 웨이수이^분지(Weishui[渭水]盆地), 위수^분지(渭水盆地), 이천^분지(利川盆地), 자이르^분지(Zaïre盆地), 준가얼^분지(Zhungar[準噶爾]盆地), 진주^분지(晉州盆地), 차이다무^분지(Chaidamu[柴達木]盆地), 콩고^분지(Congo盆地), 타림^분지(Tarim盆地), 파리^분지(Paris盆地), 페르가나^분지(Fergana盆地), 하동^분지(河東盆地), 한강^분지(漢江盆地), 한중^분지(漢中盆地), 함안^분지(咸安盆地), 헝가리^분지(Hungary盆地)

특정 '분지'를 정의할 때는 주로 그 소재지와 면적, 특기 사항으로서 주요 산업이 제시되곤 한다.

(57) 원주^분지(原州盆地)

『지명』 강원도 태백산맥 서부, 남한강의 지류인 섬강(蟾江)에 접하여 있는 분지. 강원도의 유명한 벼농사 지역이며 이 지역 산물의 집산지이다. 면적은 약 100㎢.

(58) 실체n

이름	원주 분지
실체 유형	분지
소재	강원도 태백산맥 서부, 남한강의 지류인 섬강에 접하여 있음
면적	약 100㎢
특기 사항	강원도의 유명한 벼농사 지역, 이 지역 산물의 집산지

'분지' 역시 산간에 위치하므로 산맥이나 산들과의 존재론적 상관관계가 언제나 잠재적인 지식이 될 수 있다.

3.1.6. 골짜기, 협곡, 계곡

'골짜기', '협곡', '계곡'의 사전적 정의에 대해 생각해 보자.

(59) 골짜기

산과 산 사이에 움푹 패어 들어간 곳. ≒곡지, 골, 협간.

(60) 협곡

「1」 험하고 좁은 골짜기.

「2」 『지리』 하천 하부가 심하게 침식되어 생기는 좁고 깊은 골짜기.

(61) 계곡

물이 흐르는 골짜기.

이러한 '골짜기' 관련 실체들은 이상의 다른 공간 실체들보다는 그 자체가 이름을 가지는 경우가 그리 흔하지는 않아 보인다.

〈표준〉에서 찾아볼 수 있는 '골짜기'류는 다음과 같다.

(62) 구구곡(九九谷), 그랜드^캐니언(Grand Canyon), 삼방^협곡(三防峽谷), 석왕사곡(釋王寺谷), 힌놈의^골짜기

'계곡'으로 끝나는 지명은 하나도 나오지 않는다. 하지만 일반적으로는 여름 물놀이 등의 목적을 위한 공간으로서 '계곡'이라는 이름이 붙은 공간을 많은 사람들이 찾고 있다. 인터넷 등 다양한 검색을 통해 찾을 수 있는 한국과 세계의 계곡들은 다음과 같은 곳들이 있다.

(63) 가평 용추계곡, 강릉 소금강계곡, 강릉 용연계곡, 강진 백운동계곡, 괴산 화양계곡, 동해 무릉계곡, 무주 구천동계곡, 밀양 얼음골, 봉화 석천계곡, 서산 용현계곡, 서

산 황락계곡, 서울 벽운동계곡, 서울 삼천사계곡, 서울 수성동계곡, 속초 천불동계곡, 청송 주방천계곡, 포항 내연골, 함양 칠선계곡, 합천 홍류동계곡, 드레스덴 엘베 계곡, 스코틀랜드 대협곡, 오스트리아 바하우, 이집트 왕가의 계곡, 이탈리아 발도르차, 일본 다키가에리 계곡, 일본 지고쿠다니, 캘리포니아 데스 밸리, 요세미티 계곡, 셰넌도어 밸리, 코첼리 밸리, 허드슨 밸리

개별 '계곡'의 정의에는 대체로 그 소재지와 특기 사항이 들어 있다.

(64) 삼방^협곡

『지명』 함경남도 안변군 신고산면에 있는 협곡. 경원선 검불랑역 부근에서 시작하여 동북쪽으로 뻗어 있다. 유명한 탄산 온천, 고음 폭포, 삼방 폭포가 있다. ≒삼방유협.

(65) 실체n

이름	삼방 협곡
실체 유형	골짜기
소재	함경남도 안변군 신고산면, 경원선 검불랑역 부근에서 시작하여 동북쪽으로 뻗어 있음
특기 사항	유명한 탄산 온천, 고음 폭포, 삼방 폭포가 있음

3.1.7. 평야

'평야'의 사전적 정의를 살펴보자.

(66) 평야

기복이 매우 작고, 지표면이 평평하고 너른 들.

'평야'는 별다른 조건이 없이 지표면이 평평하고 너른 곳이면 된다. 〈표준〉에 등재된 평야의 목록은 다음과 같다.

(67) 간토-평야(Kantô[關東]平野; =관동평야), 경기-평야(京畿平野), 경남-평야(慶南平野), 경주-평야(慶州平野), 관동-평야(關東平野), 금호-평야(琴湖平野), 김포-평야(金浦平野), 김해-평야(金海平野), 나주-평야(羅州平野), 내포-평야(內浦平野), 논산-평야(論山平野), 단천-평야(端川平野), 당진-평야(唐津平野), 대구-평야(大邱平野), 덕양-평야(德陽平野), 도카치-평야(Tokachi[十勝]平野), 박천-평야(博川平野), 북청-평야(北青平野), 수성-평야(輸城平野), 신의주-평야(新義州平野), 안변-평야(安邊平野), 안성-평야(安城平野), 안주-평야(安州平野), 연백-평야(延白平野), 영덕-평야(盈德平野), 영해-평야(寧海平野), 영흥-평야(永興平野), 예당-평야(禮唐平野), 재령-평야(載寧▽平野), 전남-평야(全南平野), 전북-평야(全北平野), 정평-평야(定平平野), 충남-평야(忠南平野), 평양-평야(平壤平野), 함남-평야(咸南平野), 함흥-평야(咸興平野), 형산강-평야(兄山江平野), 호남-평야(湖南平野), 화베이-평야(Huabei[華北]平野; =화북평야)

개별 '평야'의 정의에는 대체로 그 소재지와 면적, 그리고 주요 용도가 제시된다.

(68) 간토-평야(Kantô[關東]平野)

「명사」『지명』 간토 지방에 있는, 일본 최대의 평야. 홍적층(洪積層)의 대지와 완만한 구릉으로 이루어져 있다. 수도 도쿄를 포함한 면적은 1만 6,172㎢.

(69) 실체n

이름	간토평야
실체 유형	평야
소재	간토 지방(수도 도쿄 포함)
면적	1만 6,172㎢
특기 사항	일본 최대의 평야. 홍적층의 대지와 완만한 구릉으로 이루어져 있음

3.1.8. 사막

'사막'의 사전적 정의를 살펴보자.

(70) 사막

강수량이 적어서 식생이 보이지 않거나 적고, 인간의 활동도 제약되는 지역. 성인(成因)에 따라 열대 사막, 해안 사막, 내륙 사막, 한랭지 사막으로 나눈다.

'사막'의 핵심적 의미는 강수량이 적어 별로 쓸모없는 땅이라는 것이다.

〈표준〉에 등재된 사막은 다음과 같다.

(71) 고비^사막(Gobi沙漠), 그레이트빅토리아^사막(Great Victoria沙漠), 그레이트샌디^사막(Great Sandy沙漠), 나미브^사막(Namib沙漠), 누비아^사막(Nubia沙漠), 루트^사막(Lut沙漠), 룹알할리^사막(Rub'al-Khali沙漠), 리비아^사막(Libya沙漠), 모하비^사막(Mojave沙漠), 빅토리아^사막(Victoria沙漠), 사하라^사막(Sahara沙漠), 시리아^사막(Syria沙漠), 아라비아^사막(Arabia沙漠), 아타카마^사막(Atacama沙漠), 카라쿰^사막(Kara-Kum沙漠), 카비르^사막(Kavir沙漠), 칼라하리^사막(Kalahari沙漠), 콜로라도^사막(Colorado沙漠), 키질쿰^사막(Kyzyl Kum沙漠), 타르^사막(Thar沙漠), 타클라마칸^사막(Taklamakan沙漠)

개별 사막의 정의에는 역시 그 소재지와 면적, 특기 사항 등이 제시된다.

(72) 루트^사막(Lut沙漠)

『지명』 이란 동부, 이란고원 위에 가로놓인 사막. 전형적인 모래사막으로, 해발 고도가 가장 낮은 염원(鹽原) 지대는 뜨거운 기온과 낮은 습도 때문에 여름에는 사람이 살 수 없다. 서북에서 동남 방향으로의 길이는 약 320km, 너비 약 160km이다.

(73) 실체n

이름	루트 사막
실체 유형	사막
소재	이란 동부, 이란고원 위

면적	길이 320km, 너비 약 160km
특기 사항	전형적인 모래사막으로, 해발 고도가 가장 낮은 염원(鹽原) 지대는 뜨거운 기온과 낮은 습도 때문에 여름에는 사람이 살 수 없음

3.1.9. 수풀(숲)

'수풀'의 사전적 정의를 살펴보자.

(74) 수풀
「1」 나무들이 무성하게 우거지거나 꽉 들어찬 것.
「준말」 숲 「비슷한말」 삼림(森林)
「2」 풀, 나무, 덩굴 따위가 한데 엉킨 것.

'수풀'의 요건도 '사막'과 유사하게 땅의 모양이나 높이와 관련되는 것이 아니라 그 땅이 나무로 채워져 있어야 한다는 점이다.

〈표준〉에는 다음 두 개의 숲밖에 등재되어 있지 않다.

(75) 보헤미아^숲(Bohemia숲), 불로뉴의 숲(Boulogne의 숲)

(75) 외에 '굴업도 소사나무숲, 오대산 잣나무숲, 단양 측백나무숲, 범어사 등나무숲, 의령 서어나무숲, 덕유산 독일가문비나무숲, 강진 백련사 동백나무숲, 제주도 비자나무숲' 등 숲 지대인 공간을 실체화하는 경우가 없지 않으나 '숲'은 그 자체가 실체성을 가지는 경우보다 다른 특정 실체의 부분적 속성을 나타내는 경우가 더 일반적인 것으로 보인다. 하지만 숲으로 규정되는 공간 실체들이 존재하는 것도 부인할 수 없으므로 다른 공간 실체 유형들과 함께 숲을 상정하는 것이 문제될 것은 없다고 판단된다.

(75)에 주어진 두 숲의 정의를 살펴보면 '숲' 역시 그 소재지와 용

도 등이 주된 관심의 대상이다. '보헤미아 숲'은 '산지', '불로뉴의 숲'은 '대공원'으로 규정되어 있기는 하나 그 내용은 나무들이 들어차 있다는 점이다.

(76) 보헤미아^숲

「지명」 체코와 독일 사이의 국경 일대에 서북으로부터 동남으로 이어진 산지. 한랭하고 농지가 적으며 삼림과 습지가 많다.

(77) 실체n

이름	보헤미아 숲
실체 유형	숲
소재	체코와 독일 사이의 국경 일대에 서북으로부터 동남으로 이어진 산지.
특기 사항	한랭하고 농지가 적으며 삼림과 습지가 많음

3.1.10. 하천

'하천'의 정의는 다음과 같다.

(78) 하천

강과 시내를 아울러 이르는 말.

'하천'에는 '강'과 '시내'가 포함되므로 '강'과 '시내'의 정의도 아울러 살펴볼 필요가 있다.

(79) 강

넓고 길게 흐르는 큰 물줄기.

(80) 시내

골짜기나 평지에서 흐르는 자그마한 내. ≒소계.

그런데 '강'과 '시내' 사이에는 '내' 또는 '개천'이 있다.

(81) 내
시내보다는 크지만 강보다는 작은 물줄기. ≒개천.

(82) 개천
「2」 시내보다는 크지만 강보다는 작은 물줄기. =내.

그러니까 '하천'은 이 모두를 아울러 이르는 이름이고, 그 하위어들 사이의 관계는 '강 > 내·개천 > 시내'의 순이다.

다음은 〈표준〉에 등재된 '강'의 목록이다. 검색된 271개 가운데 가나다순으로 앞쪽 50개만 제시하기로 한다.

(83) 가론-강(Garonne江), 간다크-강(Gandak江), 갠지스-강(Ganges江), 고다바리-강(Godavari江), 과달키비르-강(Guadalquivir江), 과디아나-강(Guadiana江), 구룡-강(九龍江), 구이장-강(Guijiang[桂江]江), 글롬마-강(Glomma江), 금강03(錦江), 금진-강(金津江), 금호-강(琴湖江), 기타카미-강(Kitakami[北上]江), 나이세-강(Neisse江), 나이아가라-강(Niagara江), 나이저-강(Niger江), 나일-강(Nile江), 낙동-강02(洛東江), 남강01(南江), 남강02(南江), 남강03(南江), 남-한강(南漢江), 넌장-강(Nenjiang[嫩江]江), 네그루-강(Negro江), 네만-강(Neman江), 네바-강(Neva江), 네카어-강(Neckar江), 넬슨-강(Nelson江), 누장-강(Nujiang[怒江]江), 다뉴브-강(Danube江; 도나우강, Donau江), 다두-강(Dadu[大肚]江), 다모다르-강(Damodar江), 단수이-강(Danshui[淡水]江), 달링-강(Darling江), 대동-강02(大同江), 대령-강(大寧▽江), 도네-강(Tone[利根]江), 도네츠-강(Donets江), 도루-강(Douro江), 도르도뉴-강(Dordogne江), 독로-강(禿魯江), 돈-강(Don江), 동래-강(東萊江), 동진-강(東津江), 두만-강(豆滿江), 두에로-강(Duero江), 드네스트르-강(Dnestr江), 드네프르-강(Dnepr江), 라인-강(Rhein江)

'하천'은 (83)의 강들 외에 '-천(川)'으로 끝나는 이름들을 가지는 경우도 많다. (84)는 〈표준〉에 올라 있는 '-천'류의 목록이다.

(84) 고미탄-천(古味呑川), 광탄-천(鑛灘川), 나북-천(羅北川), 남대-천01(南大川), 남대-천02(南大川), 남대-천03(南大川), 내성-천(乃城川), 달천(達川), 북-대천(北大川), 삽교-천(揷橋川), 송천(松川), 수성-천(輸城川), 안성-천(安城川), 여위-천(汝渭川), 오룡-천(五龍川), 오십-천(五十川; =쉰내), 왕피-천(王避川), 주을-천(朱乙川), 중강-천(中江川), 청계-천(淸溪川), 추령-천(秋嶺川)

우리는 '-내'로 끝나는 하천도 간간히 접할 수 있는데, 〈표준〉에는 '-내'로 끝나는 단어가 '쉰내'밖에 없다. '쉰내'는 '오십천'의 다른 이름이다.

개별 하천에 관한 지식으로는 주로 그 소재지와 길이, 그리고 발원지나, 합류되는 더 큰 단위가 제시되며 그 밖에 그 유역에서 이루어지는 산업 등 특기 사항이 따라온다.

(85) 가론-강(Garonne江)

「명사」『지명』 프랑스의 서남부를 흐르는 강. 피레네산맥에서 시작하여 서북쪽으로 흘러 비스케이만으로 들어간다. 유역에 포도밭이 많으며, 수력 발전도 활발하다. 길이는 574km.

(86) 실체n

이름	가론강
실체 유형	강
소재	프랑스 서남부. 피레네산맥에서 시작하여 서북쪽으로 흘러 비스케이만으로 들어감
길이	574km
특기 사항	한랭하고 농지가 적으며 삼림과 습지가 많음. 수력 발전도 활발

3.1.11. 호수

'호수'에 대한 사전적 정의를 살펴보자.

(87) 호수
땅이 우묵하게 들어가 물이 괴어 있는 곳. 대체로 못이나 늪보다 훨씬 넓고 깊다.

'호수'는 '하천'과 달리 흐르지 않고 고여 있는 물과 관련이 있다. '호수'보다 작은 단위로는 '못(연못)'이 있다. '못'도 하나의 공간 실체로 다룰 수 있겠지만 크기가 작으므로 여기서는 '호수'와 함께 간략히만 살펴보기로 하겠다.

(88) ㄱ. 못
넓고 오목하게 팬 땅에 물이 괴어 있는 곳. 늪보다 작다. ≒연못, 지당.
ㄴ. 연못
「2」 넓고 오목하게 팬 땅에 물이 괴어 있는 곳. 늪보다 작다. =못.

〈표준〉에 등재된 호수 혹은 못의 목록은 다음과 같다. 검색된 115개 가운데 가나다순으로 앞쪽 50개만 제시하기로 한다.

(89) 가르다-호(Garda湖), 가스미가우라-호(Kasumigaura[霞ケ浦]湖), 갈릴리-호(Galilee湖), 강동-호(江洞湖), 경호02(鏡湖), 광포-호(廣浦湖), 그레이트베어-호(Great Bear湖), 그레이트솔트-호(Great Salt湖), 그레이트슬레이브-호(Great Slave湖), 기호05(畿湖), 나세르-호(Nasser湖), 나우엘와피-호(Nahuel Haupi湖), 나주-호(羅州湖), 남양-호(南陽湖), 네스-호(Ness湖), 노이지들러-호(Neusiedler湖), 뇌샤텔-호(Neuchâtel湖), 니아사-호(Nyasa湖), 니카라과-호(Nicaragua湖), 니피곤-호(Nipigon湖), 담양-호(潭陽湖), 대염-호(大鹽湖), 덕진-호(德津湖), 도와다-호(Towada[十和田]湖), 둥팅-호(Dongting[洞庭]湖; 동정호, 洞庭湖), 라나오-호(Lanao湖), 라도가-호(Ladoga湖), 레만-호(Leman湖), 로몬드-호(Lomond湖), 루돌프-호(Rudolf湖), 뤄부포-호(Luobupo[羅布泊]湖), 리빈스크-호(Rybinsk湖), 마나과-호(Managua湖), 마나사로와르-호(Manasarowar湖), 마라카이보-호(Maracaibo湖), 말라위-호(Malawi湖), 매호03(梅湖), 멜라렌-호(Mälaren湖), 미드-호(Mead湖), 미시간-호(Michigan湖), 바이칼-호(Baikal湖), 반-호05(Van湖), 발하슈-호(Balkhash湖), 벌러톤-호(Balaton湖), 범포-호(泛浦湖), 베네른-호

(Vänern湖), 보덴-호(Boden湖), 부전-호(赴戰湖), 비와-호(Biwa[琵琶]湖)

이 가운데 '서호'와 '청초호'는 '못'으로 정의되어 있고, 별도로 '못'이나 '연못'으로 끝나는 지명이 없는 것으로 볼 때 '못'도 웬만큼 인지할 정도의 크기가 되면 '-호(湖)'로 묶이기도 하는 것으로 볼 수 있겠다. 그에 미치지 못하는 경우 '못'이라 불리는 경우들이 있겠지만 '못'은 이름을 가질 정도의 실체성을 가지지 못하는 경우가 많을 것이다.

'호수'나 '못' 가운데는 '-담(潭)이나 '-연(淵)'으로 끝나는 이름을 가진 경우가 있는데 그러한 예로 〈표준〉에 올라 있는 것들은 다음과 같다.

(90) ㄱ. 백록-담02(白鹿潭), 선유-담(仙遊潭), 용왕-담(龍王潭), 일월담(日月潭; =르웨탄), 황천-담(黃泉潭)
ㄴ. 구룡-연(九龍淵) 「명사」

개별 '호수'를 정의할 때 주로 고려되는 요소는 소재지, 형성 방식이나 물의 성격, 면적과 그 밖의 특기 사항들이다.

(91) ㄱ. 가르다-호(Garda湖)
「명사」『지명』 이탈리아 북부 알프스산 기슭에 있는 호수. 이탈리아에서 가장 큰 빙하호로 주변에 올리브, 오렌지, 포도나무 따위의 유실수가 우거져 경치가 아름답기로 유명하다. 면적은 370㎢.
ㄴ. 강동-호(江洞湖)
「명사」『지명』 강원도 통천군 학일면에 있는 호수. 태백산맥 동쪽의 좁고 긴 해안 지대에 있는 석호(潟湖)이다. 둘레는 11.5km, 면적은 2.86㎢.

형성 과정이나 물의 성격과 관련해 '호수'의 정의에 자주 등장하는 용어로는 다음과 같은 것들이 있다. 기본적으로 '자연 호수'는 저절로 생긴 호수이고 '인공 호수'는 저수 시설 등의 목적으로 인공적으로 조성한 호수를 가리킨다.

(92) ㄱ. 빙하호

빙하에 의하여 생기는 호수를 통틀어 이르는 말. 빙하의 침식과 퇴적 작용에 의하여 이루어진 웅덩이에 물이 괴어서 형성된다. ≒빙식호, 협호.

ㄴ. 해적호(海跡湖)

바다의 일부가 변하여 된 호수. 조류 또는 연안류의 퇴적 작용이나 지반의 융기로 바다의 일부가 큰 바다로부터 떨어져 나오면서 생긴다.

ㄷ. 석호(潟湖)

사취, 사주 따위가 만의 입구를 막아 바다와 분리되어 생긴 호수. 우리나라에서는 강릉 이북의 사빈 해안에 많이 발달하여 있으며, 영랑호, 청초호 따위가 있다.

ㄹ. 염호(鹽湖; =함수호, 鹹水湖)

염분이 많아 물맛이 짠 호수. 강우량이 적은 건조한 지방에 많이 있으며, 흔히 물이 나가는 데가 없다. 카스피해, 사해 따위가 있다. ≒염호04, 짠물 호수, 함호02.

ㅁ. 담수호(淡水湖)

호수의 총염분 함유량이 1리터 중에 500mg 이하인 호수. 건조 지역, 화산 지역, 해안의 호수를 제외한 지역에 분포하며, 가장 일반적인 호수다. ≒담호, 민물 호수.

ㅂ. 칼데라호

칼데라에 물이 고여 이루어진 호수. 백두산의 천지가 이에 속한다.[17]

'가르다호'의 속성값들은 다음과 같이 정리될 수 있겠다.

(93) 실체n

이름	가르다호

17 칼데라: 강렬한 폭발에 의해 화산의 분화구 주변이 붕괴, 함몰되면서 생긴, 대규모의 원형 또는 말발굽 모양의 우묵한 곳. 지름은 3km 이상인데, 수십 km에 이르는 것도 있다. 생긴 원인에 따라 함몰 칼데라, 폭발 칼데라, 침식 칼데라 따위로 분류하는데, 대개는 함몰 칼데라다.

실체 유형	호수
소재	이탈리아 북부 알프스산 기슭
면적	370㎢
특기 사항	이탈리아에서 가장 큰 빙하호, 주변에 올리브, 오렌지, 포도나무 따위의 유실수가 우거져 경치가 아름답기로 유명

3.1.12. 늪

'늪'의 사전적 정의는 다음과 같다.

(94) 늪
땅바닥이 우묵하게 뭉떵 빠지고 늘 물이 괴어 있는 곳. 진흙 바닥이고 침수 식물이 많이 자란다. ≒소.

'늪'도 '숲'처럼 땅 자체의 특성에 의해 규정되는 공간 실체다. 땅바닥이 우묵하게 빠져 있고 늘 물이 괴어 있는 곳이라는 특징이 있다.

〈표준〉에는 '늪'으로 끝나는 지명은 없고, '습지'로 끝나는 지명이 하나 올라 있다.

(95) 에버글레이즈^습지(Everglades濕地)
『지명』 미국 플로리다반도에 있는 넓은 습지대. 남쪽 끝 일대는 국립 공원으로 지정되어 있다. 면적은 16만㎢.

우리나라의 늪지대는 낙동강, 남강 유역의 경상남도 일대로 창녕군의 '우포늪'이 유명하다. 인공적으로 형성된 늪으로 볼 수 있는 것으로 '논'을 들 수 있다. 그러나 '논'이 공간 실체로서 특정 이름을 받는 대상이 되는 경우는 없으므로, 여기서는 '늪'의 일종이라는 속성적 개념으로만 이해하기로 한다.

개별적인 '늪'의 정의도 (95)를 참조하건대 다른 공간 실체들과 유사하게 그 소재지와 면적, 그리고 특기 사항으로 이루어질 것으로 보인다.

(96) 실체n

이름	에버글레이즈 습지
실체 유형	늪
소재	미국 플로리다반도
면적	16만㎢
특기 사항	남쪽 끝 일대는 국립 공원으로 지정되어 있음

3.1.13. 만

'만'의 사전적 정의를 살펴보기로 하자.

(97) 만
바다가 육지 속으로 파고들어 와 있는 곳. ≒해만.

'만'은 육지 속으로 파고들어 와 있는 바다로 보아 '바다'라는 사실에 초점을 두면 대륙보다는 대양에 속한 곳으로 보아야 할 수도 있다. 하지만 바다가 파고들어 와 있는 모양으로 생긴 땅이라는 관점으로 바라보면 대륙에 속한 땅의 모양에 주목해 이해할 수 있다. 즉 바다를 안고 있는 땅으로 이해하면 될 것이다.

〈표준〉에 등재된 '만'은 다음과 같다. 검색된 77개 중 가나다순으로 앞쪽 30개만 제시하기로 한다.

(98) 가로림-만(加露林灣), 가베스-만(Gabès灣), 가스코뉴-만(Gascogne灣), 강화-만

(江華灣), 광둥-만(Guangdong[廣東]灣), 광량-만(廣梁灣), 광양-만(光陽灣), 광저우-만(Guangzhou[廣州]灣), 구아나바라-만(Guanabara灣), 그단스크-만(Gdańsk灣), 그레이트오스트레일리아-만(Great Australia灣), 기니-만(Guinea灣), 기동-만(碁洞灣), 깜라인-만(Camranh灣), 나진-만(羅津灣), 나폴리-만(Napoli灣), 남양-만(南陽灣), 다대-만(多大灣), 대동-만(大東灣), 덕원-만(德源灣), 동한-만(東韓灣), 리가-만(Riga灣), 리옹-만(Lyon灣), 마닐라-만(Manila灣), 멕시코-만(Mexico灣), 발해-만(渤海灣), 배핀-만(Baffin灣), 벵골-만(Bengal灣), 보성-만(寶城灣), 보터니-만(Botany灣)

'만'과 관련해서는 '협만(峽灣)' 또는 '피오르(fjord)'라는 개념도 있지만 그런 공간 형태가 공간으로서의 실체성을 가지는 것으로는 보이지 않는다.

(99) 협만
빙하의 침식으로 만들어진 골짜기에 빙하가 없어진 후 바닷물이 들어와서 생긴 좁고 긴 만. 육지로 깊이 파고든 모양으로, 양쪽 해안은 경사가 급하며 횡단면은 'U'자 모양을 이룬다. 노르웨이의 해안 따위에서 볼 수 있다. =피오르.

〈표준〉에는 '림 협만'과 '송네 협만'이 올라 있는데 그 뜻풀이를 살펴보면 일종의 호수로 인식된다. 물이 바닷물이지만 위에서 보았듯이 '호수'는 바닷물로 이루어질 수도 있기 때문이다. 이 예들은 '만'으로 다루기보다 '호수'로 다루는 것이 더 적절한 분류다.

(100) ㄱ. 림^협만(Lim峽灣)
「지명」 덴마크의 유틀란트반도 북부를 횡단하는 해적호(海跡湖). 해저 터널이 남과 북을 잇고 있다. 굴과 홍합이 유명하며, 인근 지역에서 나는 회 점토는 무게가 가벼운 특수 벽돌을 만드는 데 쓰인다. 길이는 180km.
ㄴ. 송네^협만(Sogne峽灣)
「지명」 노르웨이 서남부에 있는 협만. 가장 깊은 곳의 수심은 1,308미터, 길이는 177km.

개별적 '만'의 정의는 그 소재지와 면적, 그리고 특기 사항들로 이루어진다.

(101) ㄱ. 벵골-만(Bengal灣)

「명사」『지명』 인도양 동북부에 있는 큰 만. 인도 동부와 미얀마 및 말레이반도 사이에 있다. 연안의 주요 항구로는 인도의 첸나이·콜카타, 방글라데시의 치타공, 미얀마의 시트웨(sittwe) 따위가 있으며, 고대부터 해상 무역이 발달하였다. 면적은 217만 2,000㎢.

ㄴ. 보성-만(寶城灣)

「명사」『지명』 전라남도 남해안에 있는 만. 고흥반도에 둘러싸여 있다. 해안선이 매우 복잡하며 간조 시에는 해안을 따라 넓은 간석지가 전개된다. 해안을 따라 굴과 김 양식이 활발히 이루어지며, 봄·여름에는 제주 난류를 따라 북상하는 조기·갈치·삼치·도미·민어·전갱이 따위가 많이 잡힌다.

(102) 실체ln

이름	벵골만
실체 유형	만
소재	인도양 동북부. 인도 동부와 미얀마 및 말레이반도 사이
면적	217만 2,000㎢
특기 사항	연안의 주요 항구로는 인도의 첸나이·콜카타, 방글라데시의 치타공, 미얀마의 시트웨(sittwe) 따위가 있음. 고대부터 해상 무역이 발달

3.1.14. 곶

'곶'의 사전적 정의는 다음과 같다.

(103) 곶

바다 쪽으로, 부리 모양으로 뾰족하게 뻗은 육지. =갑.

'곶'은 '만'과 반대로 땅이 바다 쪽으로 나온 경우다.

〈표준〉에 등재된 '곶'은 다음과 같다.

(104) 공단-곶(功端串), 데즈뇨프-곶(Dezhnëv串), 동외-곶(冬外串; =장기갑, 長鬐岬), 배로-곶(Barrow串), 베르데-곶(Verde串), 붕따우-곶(Vung Tau串), 시오미사키-곶(Shiomisaki[潮岬]串), 아굴라스-곶(Agulhas串), 오르노스-곶(Hornos串), 요크-곶(York串), 장기-곶(長鬐串), 장산-곶(長山串), 첼류스킨-곶(Chelyuskin串), 코드-곶(Cod串), 코모린-곶(Comorin串), 트라팔가르-곶(Trafalgar串), 호카-곶(Roca串), 혼-곶(Horn串)

'요크곶'은 '반도'라고 정의되어 있는데, '곶'과 '반도'의 차이는 크기라고 볼 수 있다. '곶'은 조금 돌출한 정도이고 그보다 더 크고 길게 돌출하면 '반도'가 된다.

개별 '곶'의 정의는 주로 소재지와 특기 사항 정도를 포함한다.

(105) 공단-곶(功端串)

「명사」『지명』 울산광역시 울산만의 동쪽 경계를 이루는 곶. 수산업 중심지로, 특히 고등어가 많이 잡힌다. 방어진(方魚津), 울산 따위의 어항이 있다.

(106) 실체n

이름	공단곶
실체 유형	곶
소재	울산광역시 울산만의 동쪽 경계를 이룸.
특기 사항	수산업의 중심지로 특히 고등어가 많이 잡힘. 방어진, 울산 따위의 어항이 있음

3.1.15. 반도

'반도'의 사전적 정의를 살펴보자.

(107) 반도

삼면이 바다로 둘러싸이고 한 면은 육지에 이어진 땅. 대륙에서 바다 쪽으로 좁다랗게 돌출한 육지를 말한다. ≒반섬.

앞에서 '곶'과 관련해서도 살펴보았지만, '반도'는 '곶'보다 좀 더 크거나 길게 돌출해서 세 면이 바다로 둘러싸여 있다고 말할 수 있을 만한 모양의 공간을 이르는 말이다.

〈표준〉에는 다음과 같은 '반도'들이 등재되어 있다.

(108) 갈마-반도(葛麻半島), 고흥-반도(高興半島), 기이-반도(Kii[紀伊]半島), 남극-반도(南極半島), 라과히라-반도(La Guajira半島), 래브라도-반도(Labrador半島), 랴오둥-반도(Liaodong[遼東]半島; =요동반도, 遼東半島), 레이저우-반도(Leizhou[雷州]半島), 말라야-반도(Malaya半島; =말레이반도), 바탄-반도(Bataan半島), 발칸-반도(Balkan半島), 변산-반도(邊山半島), 브르타뉴-반도(Bretagne半島), 사쓰마-반도(Satsuma[薩摩]半島), 산둥-반도(Shandong[山東]半島), 스칸디나비아-반도(Scandinavia半島), 시나이-반도(Sinai半島), 쓰가루-반도(Tsugaru[津輕]半島), 아라비아-반도(Arabia半島), 알래스카-반도(Alaska半島), 야말-반도(Yamal半島), 여수-반도(麗水半島), 오스미-반도(Oosumi[大隅]半島), 오시마-반도(Oshima[渡島]半島), 옹진-반도(甕津半島), 유카탄-반도(Yucatán半島), 유틀란트-반도(Jutland半島), 이베리아-반도(Iberia半島), 이스트라-반도(Istra半島), 이즈-반도(Izu[伊豆]半島), 이탈리아-반도(Italia半島), 인도-반도(印度半島), 인도지나-반도(印度支那半島), 인도차이나-반도(Indo-China半島; =인도지나반도), 주룽-반도(Jiulong[九龍]半島), 카티아와르-반도(Kathiawar半島), 캄차카-반도(Kamchatka半島), 캘리포니아-반도(California半島), 콜라-반도(Kola半島), 크리미아-반도(Crimea半島; =크림반도, Krym半島), 타이미르-반도(Taimyr半島), 태안-반도(泰安半島), 펠로폰네소스-반도(Peloponnesos半島), 플로리다-반도(Florida半島), 피레네-반도(Pyrénées半島), 한-반도(韓半島), 호도-반도(虎島半島)

개별 '반도'의 정의는 그 소재지나 특기 사항이 위주가 되나, 면적이나 길이를 포함하기도 한다.

(109) 펠로폰네소스반도

「명사」『지명』 그리스 남쪽에 있는 반도. 기원전 13세기 무렵부터 발달하였으며, 스파르타 따위의 도시 국가가 있었다. 올리브·포도·과실나무 따위를 재배하며, 양·염소 따위를 기른다. 면적은 2만 1,439㎢.

(110) 실체n

이름	펠로폰네소스반도
실체 유형	반도
소재	그리스 남쪽
면적	2만 1,439㎢
특기 사항	기원전 13세기 무렵부터 발달, 스파르타 따위의 도시 국가가 있었음. 올리브·포도·과실나무 따위를 재배하며, 양·염소 따위를 기름

3.1.16. 폭포

'폭포'의 사전적 정의는 다음과 같다.

(111) 물이 곧장 쏟아져 내리는 높은 절벽.

폭포의 조건은 절벽에서 물이 곧장 쏟아져 내리는 곳이라는 점이다. 〈표준〉에 등재된 폭포는 다음과 같은 것들이 있다.

(112) 구곡^폭포(九曲瀑布), 나이아가라^폭포(Niagara瀑布), 동림^폭포(東林瀑布), 리빙스턴^폭포(Livingstone瀑布), 박연^폭포(朴淵瀑布), 보요마^폭포(Boyoma瀑布), 빅토리아^폭포(Victoria瀑布), 삼방^폭포(三防瀑布), 이구아수^폭포(Iguaçú瀑布), 정방^폭포(正房瀑布), 천제연^폭포(天帝淵瀑布), 천지연^폭포(天地淵瀑布), 화악산^약수^폭포(華岳山藥水瀑布)

개별 폭포의 정의에는 역시 그 소재지와, 길이나 너비 및 기타 특기 사항이 제시된다.

(113) 빅토리아^폭포(Victoria瀑布)

『지명』 아프리카 남부, 잠베지강에 있는 폭포. 리빙스턴이 발견하였다. 높이는 108미터, 너비는 1701미터.

(114) 실체n

이름	빅토리아 폭포
실체 유형	폭포
소재	아프리카 남부, 잠배지강
높이, 너비	높이는 108미터, 너비는 1701미터
특기 사항	리빙스턴이 발견

3.1.17. 해안

처음에는 '해변'을 하나의 공간 실체 유형으로 다루고자 했다. '해변'에 대한 사전적 정의는 다음과 같다.

(115) 해변

바닷물과 땅이 서로 닿은 곳이나 그 근처. =바닷가.

'해변'을 공간 실체의 한 유형으로 다루려 한 것은 중·고등학교 지리 교과서에서 해수욕장을 하나의 자연지명 유형으로 다룬 것을 참조하기도 했고 외국의 해변 가운데도 '캘리포니아, 글래스 비치', '멕시코 마리에타 섬, 히든 비치', '바하마, 핑크 샌드 비치' 등 해변이 하나의 실체로 인식되는 사례들이 있다고 판단했기 때문이다. 그러나 '해수욕장'과 같이 사람들의 특정 목적을 위한 공간으로 사용하는 곳이라면 더 이상 자연 공간이라기보다는 인문 공간으로 이해되어야 할 것으로 보였다. 또한 해수욕장은 해변의 일부일 수 있으므로 해수욕장은 해변과 동일하지 않다. 이러한 이유로 이 절에서는 '해변'을 하나의 실체로 다루고자 했다. 그러나 〈표준〉에 '해변'으로 끝나는 지명은 없었다.

'해변'과 유사한 용어로는 '해빈(海濱)'이 있는데 그 정의는 다음과 같다.

(116) 해빈

「1」 바닷물과 땅이 서로 닿은 곳이나 그 근처. =바닷가.

「2」『해양』 간조선에서부터 퇴적물이나 지형의 변화가 생기는 곳. 또는 영구 식생의 선(線)까지 육지 쪽으로 퍼져 있는 고화(固化)하지 않은 퇴적물대.

그러나 '해빈'으로 끝나는 지명도 〈표준〉에는 없다.

오히려 '해안'으로 끝나는 지명들은 있는데 '해안'의 뜻풀이는 '해변'과 별 차이가 없다.

(117) 해안

바다와 육지가 맞닿은 부분. =연해안, 해서.

이러한 정의에 따라 〈표준〉에 제시된 '해안'으로는 다음과 같은 것들이 있다.

(118) 곡물^해안(穀物海岸), 노예^해안(奴隷海岸), 동해-안(東海岸), 말라바르^해안(Malabar海岸), 상아^해안(象牙海岸), 서산^해안(瑞山海岸), 서해-안(西海岸), 코로만델^해안(Coromandel海岸), 태안^해안(泰安海岸), 호초^해안(胡椒海岸), 황금^해안(黃金海岸), 후추^해안(후추海岸)

'해안'을 공간 실체로 확인할 수 있는 경우 그 정의는 역시 그 소재지와 특기 사항, 그리고 때로 면적을 포함한다.

(119) 서산^해안

「지명」 충청남도 태안반도를 중심으로 가로림만에서 안면도에 이르는 해안. 리아스식 해안으로 천리포, 만리포, 연포, 몽산포 따위의 해수욕장이 있다. 국립 공원의 하나이다. 면적은 328.99㎢.

(120) 실체n

이름	서산 해안
실체 유형	해안
소재	충청남도 태안반도를 중심으로 가로림만에서 안면도에 이름.
면적	328.99㎢
특기 사항	리아스식 해안으로 천리포, 만리포, 연포, 몽산포 따위의 해수욕장이 있음

'해안' 가운데는 '갯벌'을 포함하고 있는 곳도 있을 것이고, 중·고등학교 지리 교과서에서는 '갯벌'도 하나의 자연지명 유형으로 다루고 있기도 하다. '갯벌'도 '숲'이나 '늪'과 같이 지형이나 다른 실체와의 관계보다는 땅 자체의 특성에 의해 규정될 수 있는 공간 실체를 이룰 수 있는 나름의 기준을 가지고 있다고 판단된다. 그러나 '갯벌'은 그런 이름으로 끝나는 지명으로 나타나는 예를 찾기가 어렵다. 따라서 여기서는 굳이 자연 공간의 한 유형으로 상정하지 않을 것이다.

3.1.18. 굴

'굴'의 사전적 정의는 다음과 같다.

(121) 굴

자연적으로 땅이나 바위가 안으로 깊숙이 패어 들어간 곳.

'굴'보다 좀 더 깊고 넓은 것은 '동굴'이라고 불린다.

(122) 동굴

자연적으로 생긴 깊고 넓은 큰 굴.

'굴'이나 '동굴'의 특징은 땅이 깊숙이 패어 들어갔다는 것이다. 〈표준〉에 등재된 '굴'이나 '동굴'은 다음과 같다.

(123) 강절-굴(姜節窟), 고수^동굴(古藪洞窟), 공기-못굴(恭基못窟), 관음-굴(觀音窟), 광천^선굴(廣川仙窟), 구린-굴(구린窟), 금란-굴(金幱窟), 김녕-굴(金寧窟), 김녕-사굴(金寧蛇窟), 노동^동굴(蘆洞洞窟), 동룡-굴(蝀龍窟), 두루봉^동굴(두루봉洞窟), 라스코^동굴(Lascaux洞窟), 만장-굴(萬丈窟), 빌레못^동굴(빌레못洞窟), 성류-굴(聖留窟), 아잔타의^석굴(Ajanta의石窟), 여량^산호^동굴(餘糧珊瑚洞窟), 영월^고씨굴(寧越高氏窟)

'굴'의 정의는 그 소재지와 길이, 그리고 형성 방식 및 특기 사항들을 포함한다.[18]

(124) 영월^고씨굴(寧越高氏窟)

『지명』 강원도 영월군 하동면에 있는 석회암 동굴. 임진왜란 때 왜병과 싸웠던 고

18 '굴'의 형성 방식과 관련된 용어로는 다음과 같은 것들이 있다.
석회암 동굴: 석회암 지대에서 지하수나 빗물이 석회암층의 내부를 녹여서 형성된 동굴. (〈우리말샘〉)
천연 동굴: 인공적인 동굴이 아니라는 뜻으로 이해됨.
현무암 동굴: 화산 활동의 결과로 현무암으로 이루어진 동굴이라는 뜻으로 이해됨.
종유굴: 지하수가 석회암 지대를 용해하여 생긴 동굴. 카르스트 지형의 하나로, 천장에 종유석이 달리고, 바닥에 떨어진 것이 석순을 만들어 경관을 이룬다. ≒석유동, 석회굴, 석회동, 석회 동굴, 종유동.
용암 동굴: 굳은 용암의 표면 아래에 형성된 동굴을 말한다. 용암이 흘러내리면서 표면은 차가운 공기에 의해 굳어지고, 내부 용암은 그대로 흘러나가면서 만들어지게 된다. (〈위키백과〉)

씨 일가가 이곳에 피신하였다고 한다. 길이는 3,388미터이며, 이 중에서 약 620미터 구간만이 일반인에게 공개되어 있다. 천연기념물 제219호.

(125) 실체n

이름	영월 고씨굴
실체 유형	굴
소재	강원도 영월군 하동면
길이	3,388미터
특기 사항	석회암 동굴, 임진왜란 때 왜병과 싸웠던 고씨 일가가 이곳에 피신하였다고 함. 전체 길이 중에서 약 620미터 구간만이 일반인에게 공개되어 있음. 천연기념물 제219호

3.1.19. 군도, 제도, 열도

'군도(群島)', '제도(諸島)', '열도(列島)' 등의 개념이 있다. 이들 각각의 사전적 정의를 살펴보자면 다음과 같다.

(126) ㄱ. 군도

무리를 이루고 있는 크고 작은 섬들.

ㄴ. 제도

모든 섬. 또는 여러 섬.

ㄷ. 열도

길게 줄을 지은 모양으로 늘어서 있는 여러 개의 섬. ≒줄섬.

대체로 '군도'와 '제도'는 개념적으로 유사하며 '열도'는 섬들이 줄을 짓듯 늘어서 있는 것이 특징이 된다.

〈표준〉에 등재된 '군도', '제도', '열도'를 제시하자면 다음과 같다. '제도'는 검색된 104개 가운데 앞쪽 50개만 제시하기로 한다.

(127) 고군산^군도(古群山群島), 나주^군도(羅州群島), 난사^군도(Nansha[南沙]群島), 남

양^군도(南洋群島), 둥사^군도(Dongsha[東沙]群島), 술루^군도(Sulu群島), 시사^군도(Xisha[西沙]群島), 저우산^군도(Zhoushan[舟山]群島), 흑산^군도(黑山群島)

(128) 갈라파고스^제도(Galápagos諸島; =콜론 제도, Colon諸島), 길버트^제도(Gilbert諸島), 나투나^제도(Natuna諸島), 남양^제도^신탁^통치령(南洋諸島信託統治領), 남태평양^제도(南太平洋諸島), 노보시비르스키^제도(Novosibirskiye諸島), 뉴헤브리디스^제도(New Hebrides諸島), 니코바르^제도(Nicobar諸島), 당트르카스토^제도(D'Entrecasteaux諸島), 대앤틸리스^제도(大Antilles諸島), 도데카네스^제도(Dodecanese諸島), 동인도^제도(東印度諸島), 라인^제도(Line諸島), 라타크^제도(Ratak諸島), 랄리크^제도(Ralik諸島), 래카다이브^제도(Laccadive諸島), 로보스^제도(Lobos諸島), 로열티^제도(Loyalty諸島), 로포텐^제도(Lofoten諸島), 루이지아드^제도(Louisiade諸島), 류큐^제도(Ryûkyû[琉球]諸島), 리아우^제도(Riau諸島), 리워드^제도(Leeward諸島), 리파리^제도(Lipari諸島), 마데이라^제도(Madeira諸島), 마르키즈^제도(Marquises諸島), 마리아나^제도(Mariana諸島), 마셜^제도(Marshall諸島), 말라야^제도(Malaya諸島; =말레이^제도, Malay諸島), 말루쿠^제도(Maluku諸島), 발레아레스^제도(Baleares諸島), 버뮤다^제도(Bermuda諸島), 북마리아나^제도^연방(北Mariana諸島聯邦), 비사야^제도(Visaya諸島), 비스마르크^제도(Bismarck諸島), 사모아^제도(Samoa諸島), 사우스샌드위치^제도(South Sandwitch諸島), 사우스셰틀랜드^제도(South Shetland諸島), 사우스오크니^제도(South Orkney諸島), 산타크루즈^제도(Santa Cruz諸島), 상이헤^제도(Sangihe諸島), 서인도^제도(西印度諸島), 세베르나야제믈랴^제도(Severnaya Zemlya諸島), 셰틀랜드^제도(Shetland諸島), 소시에테^제도(Société諸島), 소앤틸리스^제도(小Antilles諸島), 솔로몬^제도(Solomon諸島), 술라^제도(Sula諸島), 스발바르^제도(Svalbard諸島), 스피츠베르겐^제도(Spitsbergen諸島)

(129) 격렬비^열도(格列飛列島), 대순다^열도(大Sunda列島), 소순다^열도(小Sunda列島), 순다^열도(Sunda列島), 알류샨^열도(Aleutian列島), 이오^열도(Iô[硫黃]列島), 일본^열도(日本列島), 천도^열도(千島列島), 쿠릴^열도(Kuril列島), 호상^열도(弧狀列島)

사전 정의상으로는 '군도'와 '제도'가 별 차이 없는 개념이지만 실제 사용된 양상을 살펴보면 '제도'가 '군도'보다 훨씬 많고, 범위가 전 세계에 걸치는 것을 알 수 있다. 하나의 제도가 여러 개의 군도를 포함하는 경우도 있지만, 그런 경우로는 제도가 제도를, 군도가 군도를 포함하는 경우도 있기 때문에 두 개념 사이를 규정하는 데 고려할 만한 사항은 되지 못한다.

(130) ㄱ. 남태평양^제도(南太平洋諸島)

『지명』 태평양의 적도 부근에 흩어져 있는 섬의 무리. 마리아나, 마셜, 캐롤라인, 팔라우 따위의 여러 군도로 나뉜다. 면적은 2,149㎢.

ㄴ. 동인도^제도(東印度諸島)

『지명』 동남아시아, 아시아 대륙과 오스트레일리아 대륙 사이의 해역에 있는 섬의 무리. 대순다 열도, 소순다 열도, 필리핀 제도, 보르네오섬, 술라웨시섬, 몰루카 제도 따위를 포함한다. 열대성 기후이며 티크, 등(籐), 야자, 담배, 커피, 고무, 차, 코코아, 향료가 많이 난다.

ㄷ. 남양^군도(南洋群島)

『지명』 태평양의 적도 부근에 흩어져 있는 섬의 무리. 마리아나, 마셜, 캐롤라인, 팔라우 따위의 여러 군도로 나뉜다. 면적은 2,149㎢.

어떻든 이러한 개념들은 한 무리의 섬들을 묶어 하나의 실체성을 가지는 단위로 인식할 수 있음을 보여 주는 예들이 된다. '사람'에 대한 '단체', '산'에 대한 '산맥'에 대비해 볼 만한 경우라 하겠다.

'서인도 제도'는 '바하마 제도'와 '앤틸리스 제도'로 이루어져 있고, '앤틸리스 제도'는 '대앤틸리스 제도'와 '소앤틸리스 제도'로 이루어져 있는 것으로 볼 때, 제도를 공간적 실체로 인식할 수 있는 실체성은 자연적 경계만이 아니라 정치적 경계도 중요하게 작용하는 것으로 보인다. '바하마'는 하나의 제도이면서도 국가로서의 인식이 더 강하다.

(131) 바하마(Bahamas)

『지명』 서인도 제도 북부에 있는, 약 700개의 섬으로 이루어진 국가. 1973년에 독립하여 영국 연방에 가입하였다. 아열대성 기후로 세계적인 관광지이며, 주민은

흑인이고 주요 언어는 영어이다. 수도는 나소, 면적은 1만 3,950㎢.

개별적인 '군도', '제도', '열도'에 대한 정의는 그 소재지나 구성 부분들, 면적, 그리고 그 밖의 특기 사항들로 이루어진다. 예는 (131)을 참조하면 될 것이다.

(132) 실체n

이름	남양 군도
실체 유형	군도
소재	태평양의 적도 부근
면적	2,149㎢
특기 사항	마리아나, 마셜, 캐롤라인, 팔라우 따위의 여러 군도로 나뉨

3.1.20. 섬

'섬'의 사전적 정의를 살펴보자.

(133) 섬

주위가 수역으로 완전히 둘러싸인 육지의 일부. 분포 상태에 따라 제도(諸島)·군도(群島)·열도(列島)·고도(孤島)로 나누며, 생겨난 원인에 따라서는 육도(陸島)와 해도(海島)로 나눈다. ≒주도.

여기서 '육도'와 '해도'는 각각 다음과 같은 경우들이다. '섬'이 섬이기 위한 기준은 어떻든 육지와 연결되지 않고 사면이 물로 둘러싸여 있어야 한다는 점이다.

(134) ㄱ. 육도

지질상 대륙과 밀접한 관계가 있는 섬. 보통 대륙의 일부가 단층, 침식으로 인하여 대륙에서 떨어져 나오거나, 바다 밑의 융기에 의하여 생긴 섬을 이른다. = 대륙도.

ㄴ. 해도

바다 가운데 있는 섬.

먼저 〈표준〉에 등재된 섬 가운데 가나다순으로 앞쪽 50개만 제시하기로 한다.

(135) 건지-섬(Guernsey섬), 고틀란드-섬(Gottland섬), 과달루페-섬(Guadalupe섬), 과달카날-섬(Guadalcanal섬), 과들루프-섬(Guadeloupe섬), 괌-섬(Guam섬), 그랜드바하마-섬(Grand Bahama섬), 그루트아일런드-섬(Groote Eylandt섬), 낙소스-섬(Naxos섬), 남이-섬(南怡섬), 노바야제믈랴-섬(Novaya Zemlya섬), 노퍽-섬(Norfolk섬), 누벨칼레도니-섬(Nouvelle Calédonie섬), 뉴브리튼-섬(New Britain섬), 뉴아일랜드-섬(New Ireland섬), 뉴조지아-섬(New Georgia섬), 뉴펀들랜드-섬(Newfoundland섬), 뉴프로비던스-섬(New Providence섬), 니아스-섬(Nias섬), 니우에-섬(Niue섬), 니하우-섬(Niihau섬), 다천-섬(Dachen[大陳]섬), 대브리튼-섬(大Britain섬), 델로스-섬(Delos섬), 레스보스-섬(Lesbos섬), 레위니옹-섬(Réunion섬), 레이테-섬(Leyte섬), 로도스-섬(Rhodos섬), 로스-섬(Ross섬), 롬복-섬(Lombok섬), 롱-섬(Long섬), 롱아일랜드-섬(Long Island섬), 루손-섬(Luzon섬), 뤼겐-섬(Rügen섬), 마누스-섬(Manus섬), 마다가스카르-섬(Madagascar섬), 마우이-섬(Maui섬), 말레이타 섬(Malaita섬), 멜빌-섬(Melville섬), 모래-섬, 목요-섬(木曜섬), 몬테크리스토-섬(Monte Cristo섬), 몰로카이-섬(Molokai섬), 몽생미셸-섬(Mont-Saint-Michel섬), 미드웨이-섬(Midway섬), 미야지마-섬(Miyajima[宮島]섬), 민다나오-섬(Mindanao섬), 민도로-섬(Mindoro섬), 바누아레부-섬(Vanua Levu섬), 바레인-섬(Bahrain섬)

이상은 대체로 외국의 섬이지만 '남이섬'과 같은 예외적인 경우도 있다. 한국의 섬은 대체로 접미사 '-도'가 붙는다(〈표준〉에 등재된 '-도' 가운데 가나다순으로 앞쪽 50개만 제시한다.).

(136) 가덕-도(加德島), 가도09(椵島), 가란-도(佳蘭島), 가사-도01(加沙島), 가의-도(賈誼島), 가조-도(加助島), 갈도02(葛島), 강화-도(江華島), 개도03(蓋島), 개야-도(開也島), 거문-도(巨文島), 거제-도(巨濟島), 고금-도(古今島), 고이-도(古耳島), 고파-도(古波島), 고하-도(高下島), 곤리-도(昆里島), 곶리-도(串里島), 관매-도(觀梅島), 관사-도(觀沙島), 관지-도(串之島), 교동-도(喬桐島), 금오-도(金鰲島), 금호-도01(金湖島), 금호-도02(錦湖島), 기도09(箕島), 기점-도(奇點島), 나로-도(羅老島), 나배-도(羅拜島), 남해-도(南海島), 낭도01(狼島), 내장-도(內獐島), 내호-도(內湖島), 노화-도(蘆花島), 녹도01(鹿島), 녹둔-도(鹿屯島), 눌도(訥島), 능라-도(綾羅島), 능산-도(陵山島), 다물-도(多勿島), 달도01(達島), 달리-도(達里島), 당사-도01(唐沙島), 당사-도02(唐寺島), 대-가차도(大加次島), 대경-도(大鏡島), 대계-도(大溪島), 대기점-도(大奇點島), 대-난지도(大蘭芝島), 대두-도(大斗島)

특정 '섬'을 정의할 때 반드시 포함되어야 할 속성은 그 소재지와 형성 방식 등 특기 사항, 그리고 면적이 된다.

(137) ㄱ. 고틀란드-섬(Gottland섬)

「명사」『지명』 스웨덴 동남부, 발트해에 있는 섬. 빙하에 침식된 고생대 고틀란드기의 지질로 된 대지상의 섬으로, 석기 시대의 유적이 많다. 섬의 주요 산업은 채석업·어업·농업이다. 커다란 시멘트 공장을 비롯하여 공장이 여러 개 있고 관광도 주요 산업이다. 면적은 3,173㎢.

ㄴ. 울릉-도(鬱陵島)

「명사」『지명』 경상북도 울릉군에 속하는 화산섬. 바다 기슭은 대부분 절벽으로 이루어져 있으며 눈이 많은 것이 특색이다. 오징어와 호박엿이 유명하다. 면적은 72.56㎢.

'섬'의 형성 방식 가운데, '화산섬'의 정의는 다음과 같다.

(138) 화산섬

섬 전체 또는 대부분이 해저 화산의 분출물이 쌓여서 이루어진 섬. 울릉도, 하와이 제도 따위가 있다. ≒화산도.

(139) 실체n

이름	울릉도
실체 유형	섬
소재	경상북도 울릉군에 속함
면적	72.56㎢
특기 사항	화산섬, 바다 기슭은 대부분 절벽으로 이루어져 있음. 눈이 많은 것이 특색, 오징어와 호박엿이 유명

3.1.21. 성운, 성단

'성운', '성단'의 정의는 다음과 같다.

(140) 성운

구름 모양으로 퍼져 보이는 천체. 기체와 작은 고체 입자로 구성되어 있다. ≒네뷸러, 성무.

(141) 성단

천구(天球) 위에 군데군데 몰려 있는 항성의 집단. 구상 성단과 산개 성단 따위가 있다. ≒성군.

'성운'의 일종 내지는 그와 유사한 개념으로 '은하'도 고려할 수 있다.

(142) 은하

천구(天球) 위에 구름 띠 모양으로 길게 분포되어 있는 수많은 천체의 무리.

이런 단위들이 우리의 일상생활에서 익숙한 것은 아니지만 천문학적 지식 속에서 이러한 성질을 가진 단위들이 우리의 우주 공간 속에 있고, 그것들도 하나의 실체성을 가져 고유한 이름을 가지는 경우들이 있으므로 우리는 이러한 범주에 속하는 개별 단위들을 공간 실체로 인식할 필요가 있다.

여기서 다시 하나의 질문을 해 보자. '우주'는 고유명칭일까? 앞서 '해', '달', '지구'를 이해하는 관점과 평행하게 우리는 '우주'는 그 자체로서 고유명칭일 수 있다고 본다. 만일 우리가 사는 '이 우주'와 구별되는 '다른 우주'를 상상할 수 있다면 '우주'가 보통명칭으로 이해될 수 있는 측면이 생기겠지만 '우주'는 적어도 그런 구별이 가능하다고 생각되지 않는다. 이와 대비해 볼 수 있는 말로 '세상', '세계'와 같은 단어들이 있는데, 이들 단어들은 '이 세상'과 '저 세상'을 구별할 수 있고 우리가 사는 곳과는 '다른 세상'을 상상할 수 있고, '세계'도 우리가 사는 곳과는 다른 '그들만의 세계'를 생각할 수 있으므로 보통명칭을 기본 의미로 보고 특별한 구별 없이 '세상'과 '세계'를 말할 때는 무표적으로 '이 세상'과 '이 세계'를 가리키는 것으로 보아 일종의 화시 표현으로 이해할 소지가 있다. 하지만 '우주'는 적어도 국어에서는 그런 용법을 떠올릴 수 없다. '우주'를 '그들의 우주', '작은 우주'와 같이 사용하는 것이 아예 불가능한 것은 아니지만 그렇게 인위적으로 용법을 만들어 낸다면 그것은 은유에 의한 보통명사화로 이해하면 될 것이다.

'우주'에는 다양한 천문학적 물체들이 존재하는데 그것들 가운데 이름을 가질 수 있는 큰 덩어리들이 지금 살펴보고 있는 '성운'(≒은하), '성단' 등이다. 이러한 물체들 중 〈표준〉에 등재된 것들을 살펴보자면 다음과 같다.

먼저, '성운'으로는 다음과 같은 것들이 있다.

(143) 게-성운(게星雲; =해성운, 蟹星雲), 대-마젤란성운(大Magellan星雲), 마두-성운(馬頭星雲; =말머리-성운), 망상^성운(網狀星雲), 부엉이-성운(부엉이星雲), 북아메리카-성운(北America星雲), 사냥개자리-성운(사냥개자리星雲), 삼각형자리-성운(三角形자리星雲), 삼렬-성운(三裂星雲), 소마젤란-성운(小Magellan星雲), 안드로메다-대성운(Andromeda大星雲), 오르트의^혜성운(Oort의彗星雲), 오리온-성운(Orion星雲), 장미-성운(薔薇星雲)

그리고 '은하'로는 다음과 같은 것들이 있다.

(144) 대-마젤란은하(大Magellan銀河), 마젤란-은하(Magellan銀河), 마페이-은하(Maffei銀河), 소마젤란-은하(小Magellan銀河), 시퍼트-은하(Seyfert銀河), 안드로메다-은하(Andromeda銀河)

우리가 사는 태양계가 속한 '우리은하'는 〈표준〉에는 등재되어 있지 않지만 〈우리말샘〉에 올라 있다. '우리 은하'이든 '우리-은하'이든 이 표현은 일종의 화시적 표현이자 대명사로 이해될 수 있을 것이다.

그리고 '성단'은 다음과 같다.

(145) 태양-계(太陽系), 프레세페-성단(Praesepe星團), 플레이아데스-성단(Pleiades星團), 히아데스-성단(Hyades星團)

〈표준〉에는 일일이 제시되어 있지 않지만 '메시에(C. Messier) 성단 성운표'를 참조하면, 프랑스의 천문학자 메시에가 1781년까지 발견한 103개를 M1부터 M103으로 명명했고 그 이후에 수정·보완된 목록이 M110까지 나왔다.[18] 그 하나하나를 '성운'으로 볼 수 있고 그것들도 천체의 인스턴스로서 그러한 고유명칭을 가진 것으로 볼 수 있기도 하다.

이러한 '성운', '성단'과 같은 우주에 존재하는 공간 실체들은, 개별적인 실체들을 정의할 때, 우주상에서의 위치, 가시적인 특성, 지구로부터의 거리, 발견자 등을 속성으로 가진다.

(146) ㄱ. 마젤란-은하(Magellan銀河)

「명사」『천문』 우리 은하계에서 가장 가까운 외부 은하. 그 형태가 일정하지 않은 불규칙 은하로, 지구에서의 거리는 약 17만 광년이다. 대(大)마젤란은하와

---

19 http://messier.seds.org/xtra/Mcat/mcat1781.html.

소(小)마젤란은하로 나뉘며, 우리 은하계의 동반 은하이나 우리나라에서는 보이지 않는다. 마젤란이 세계 일주 항해 도중에 발견한 데서 붙여진 이름이다. ≒마젤란운.

ㄴ. 프레세페-성단(Praesepe星團)

「명사」『천문』 게자리에 있는 산개 성단. 수백 개의 별이 밀집하여 있고 지구에서 거리는 520광년쯤 되며 나이는 7억 5000만 년쯤 된다. 맨눈으로도 볼 수 있다.

ㄷ. 태양계(太陽系)

「명사」『천문』 태양과 그것을 중심으로 공전하는 천체의 집합. 태양, 8개의 행성, 50개 이상의 위성, 화성과 목성 사이에 흩어져 있는 소행성, 태양 주위를 지나는 혜성, 긴 빛줄기를 만드는 유성 따위로 이루어져 있다.

(147) 실체n

이름	프레세페성단
실체 유형	성단
소재	게자리
지구에서의 거리	약 520광년
특기 사항	나이는 7억 5000만 년쯤 됨. 산개 성단으로 수백 개의 별이 밀집하여 있고, 맨눈으로도 볼 수 있음

3.1.22. 별자리

'별자리'의 정의는 다음과 같다.

(148) 별자리

별의 위치를 정하기 위하여 밝은 별을 중심으로 천구(天球)를 몇 부분으로 나눈 것. 동물, 물건, 신화에 나오는 인물의 이름이 붙여져 있다. 고대 중국에서는 이십팔수로 나누었으나 오늘날에는 88개의 별자리로 통일되어 있다. 큰곰자리, 오리온자리 따위가 있다. ≒성좌.

'별자리'는 자연 공간으로 처리하는 것이 적절한지에 대해 의문을 가지게 하는 실체다. 정의에서도 드러나 있듯이 실제 별들 사이의 상관관계와는 무관하게 임의로 밝은 별을 중심으로 천구에 좌표를 부여한 것이다. 이름도 동물, 물건, 신화적 인물을 임의로 붙였기에 처음 별자리를 배웠을 때 별들의 실제 조합과 그 이름 사이의 괴리가 공감되지 않는 경험을 한 사람도 많으리라 생각된다. 성운이나 성단도 서로 엄청난 거리가 있기도 하겠지만 그래도 그런 실체에 속한 별들은 생성 시기라든지 다른 성운이나 성단과의 상대적인 거리에 비해 서로 가깝고 동질적인 생성 원인을 가졌다든지 하는 자연적인 공통점이 있을 것 같은데, 별자리는 전적으로 우주를 바라보는 인간의 인식의 문제라는 생각이 든다. 바이스게르버(L. Weisgerber)가 '오리온자리'의 예를 들면서 제시한 바와 같이, 인간은 세상을 바라볼 때 언어를 통해 정신적 중간 세계를 형성한다는 언어 세계관 이론을 잘 뒷받침해 주는 공간 실체라고 하겠다.

'별자리'는 다른 천체의 위치를 확인하기 위한 기준으로 활용되곤 하며, 좀 더 인간의 이해관계를 반영하는 면이 크다면 인문 공간으로 처리하는 것도 가능한 공간 실체라고 여겨진다. 실제로 지구상의 자연 공간의 좌표가 위도와 경도에 의해 확인되기도 하지만, 실제로는 국가와 그 하위 행정 구획의 단위에 따라 확인될 수 있는 것과도 마찬가지로, '별자리'는 우주에 대한 인간의 공간 인식을 반영하고 있는 단위이기 때문이다. 일단 여기서는 그리 많지 않은 우주 공간 실체들 사이의 관계를 한데 모아서 살필 수 있게 하는 것이 더 유용할 수 있다고 보아 자연 공간에서 함께 다루었다.

이제 〈표준〉에 등재된 '별자리'들을 살펴보기로 하자.

(149) 거문고-자리(=거문고-좌; =금좌, 琴座), 게-자리(=거해-궁; =게좌; =해좌, 蟹座), 고래-자리(=고래좌; =경좌, 鯨座), 고물-자리, 공기펌프-자리(空氣pump자리), 공작-자리(孔雀자리; =공작좌), 궁수-자리(弓手자리; =궁수좌; =기사-궁, 騎射宮; =사수-

자리, 射手자리; =사수-궁, 射手宮; =사수-좌; =인마; =인마-궁, 人馬宮), 그물-자리(=소강-자리, 小綱자리; =소강-좌; =소망-좌, 小網座), 극락조-자리(極樂鳥자리; =풍조-자리, 風鳥자리; =풍조-좌), 기린-자리(麒麟자리; =기린), 기어-자리(旗魚자리; 기어-좌), 까마귀-자리(=오좌, 烏座), 나침반-자리(羅針盤자리), 날치-자리(=나크샤트라, nakşatra), 남십자-자리(南十字자리; =남십자-좌; =십자-자리, 十字자리; =십자-좌), 남어-자리(南魚자리; =남어-좌; =남쪽물고기-자리), 남쪽삼각형-자리(南쪽三角形자리), 남쪽왕관-자리(南쪽王冠자리), 노인-자리(老人자리; =노인좌; =용골-자리, 龍骨자리; 용골-좌), 도마뱀-자리, 독수리-자리(禿수리자리; =독수리-좌; =취좌, 鷲座), 돌고래-자리(=해돈-좌, 海豚座), 돛-자리(=범좌, 帆座), 두루미-자리, 땅꾼-자리(=땅꾼-좌; =뱀주인-자리), 마차꾼-자리(馬車꾼자리; =마차부-자리, 馬車夫자리; =마부-좌; =마차꾼-좌; =어자-좌, 馭者座), 망아지-자리(=망아지-좌; =조랑말-자리), 망원경-자리(望遠鏡자리), 머리털-자리, 모양-자리(牡羊자리; =백양-궁, 白羊宮; 양-자리, 羊자리), 모우-자리(牡牛자리; =금우-궁, 金牛宮; =모우-좌; =황소-자리), 목동-자리(牧童자리; =목동-좌; =목자-자리, 牧者자리), 물고기-자리(=쌍어-궁, 雙魚宮; =어좌), 물뱀-자리, 물병-자리(물甁자리; =수병-자리; =수병-좌, 水甁자리; =보병-궁, 寶甁宮), 바다뱀-자리(=히드라-자리, Hydra자리; =히드라-좌; =해사-자리, 海蛇자리, =해사-좌), 방패-자리(防牌자리; =방패-좌; =순좌, 楯座), 백조-자리(白鳥자리; =백조-좌), 뱀-자리(=사좌, 蛇座), 봉황새-자리(鳳凰새자리; =봉황-자리, 鳳凰자리; =봉황-좌), 북쪽왕관-자리(北쪽王冠자리; =관좌; =북쪽왕관-좌; =왕관-자리; =왕관-좌), 비둘기-자리, 사냥개-자리(=사냥개-좌; =엽견-좌, 獵犬座), 사자-자리(獅子자리; =사자-궁, 獅子宮; =사자-좌; =예좌, 猊座), 산양-자리(山羊자리; =마갈-궁, 磨羯宮; =산양-좌; =염소-자리), 살쾡이-자리(=살쾡이-좌), 삼각-자리(三角자리; =삼각-좌; =삼각형-자리, 三角形자리), 수대^별자리(獸帶별자리), 수준기-자리(水準器자리), 시계-자리(時計자리; 시계-좌), 쌍둥이-자리(雙둥이자리; 쌍자-궁, 雙子宮; =쌍아-궁, 雙兒宮), 아르고-자리(Argo자리), 안드로메다-자리(Andromeda자리), 에리다누스강-자리(Eridanus江자리; =에리다누스), 여우-자리(=소호-좌, 小狐座), 오리온-자리(Orion자리; =오리온-성좌, Orion星座), 용-자리(龍자리; =용좌, 龍座), 육분의-자리(六分儀자리; =육분의; =섹스턴트, sextant), 이리-자리(=이리-좌), 인디언-자리(Indian자리), 일각수-자리(一角獸자리; =외뿔소-자리; =일각수-좌), 작은개-자리(=소견; =소견-좌; =작은-개; =작은개-좌), 작은곰-자리(=소웅-궁, 小熊宮; =소웅-좌; =소웅성-좌, 小熊星座; =작은-곰; =작은곰-좌), 작은-사자자리(작은獅子자리; =소사자-좌; =작은-사자좌), 저울-자리(=천칭-궁, 天秤宮; =천칭-자리, 天秤자리; =천칭-좌), 전갈-자리(全蠍자리; =

전갈-좌; 천갈-궁, 天蠍宮; 천헐-궁, 天蠍宮), 제단-자리(祭壇자리), 조각구-자리(彫刻具자리; 조각-구; =조각도-자리), 조각실-자리(彫刻室자리; =조각-실), 처녀-자리(處女자리; =실녀-궁, 室女宮; =쌍녀-궁, 雙女宮; =처녀-궁, 處女宮; =처녀-성좌, 處女星座; =처녀-좌), 카멜레온-자리(Chamaeleon자리; =카멜레온-좌), 카시오페이아-자리(Cassiopeia자리; =닻별; =카시오페이아-좌), 컵-자리(Cup자리), 케페우스-자리(Cepheus자리; =케페우스), 켄타우루스-자리(Centaurus자리; =켄타우루스-좌), 큰개-자리(=대견; =대견-좌; =큰-개), 큰곰-자리(=대웅성-좌, 大熊星座; =대웅-좌; 큰-곰), 큰부리새-자리(=거취-조, 巨嘴鳥), 테이블산-자리(table山자리), 토끼-자리, 파리-자리, 팔분의-자리(八分儀자리), 펌프-자리(pump자리), 페가수스-자리(Pegasus자리), 페르세우스-자리(Perseus자리), 프톨레마이오스-자리(Ptolemaeos자리), 헤르쿨레스-자리(Hercules자리), 현미경-자리(顯微鏡자리; =현미경-좌), 화가-자리(畫架자리; =이젤-자리, easel자리; =화가-좌), 화로-자리(火爐자리), 화살-자리, 화학로-자리(化學爐자리), 황새치-자리(黃새치자리)

(149) 가운데 몇몇은 '-성좌'로, 또 '-궁'이나 '-좌'로 끝나는 이름으로 불리기도 함을 볼 수 있다. 일부 별자리들은 그런 별자리 관련 어근이나 접미사 없이도 별자리 이름을 나타내기도 한다.

(150) 거취-조(巨嘴鳥), 기린, 나크샤트라, 닻-별, 대견, 섹스턴트, 소견, 에리다누스, 육분의, 인마, 작은-개, 작은-곰, 조각-구, 조각-실, 케페우스, 큰-개, 큰-곰

(151) 각수01(角宿), 귀수02(鬼宿), 규수01(奎宿), 기수22(箕宿), 누수01(婁宿), 두수02(斗宿), 묘수03(昴宿), 미수05(尾宿), 방수09(房宿), 벽수03(壁宿), 삼수07(參宿), 성수06(星宿), 실수02(室宿), 심수02(心宿), 여수02(女宿), 요수07(曜宿), 우수03(牛宿), 위수01(危宿), 위수04(胃宿), 유수08(柳宿), 익수04(翼宿), 자수10(觜宿), 장수10(張宿), 저수01(氐宿), 정수02(井宿), 진수10(軫宿), 필수04(畢宿), 항수01(亢宿), 허수03(虛宿)

(151)은 고대 중국 천문학의 분류에 따른 별자리들로 '-수(宿)'로 끝난다.

또한, 몇몇 별자리를 묶어서 다음과 같이 이르는 경우도 있다.

(152) ㄱ. 프톨레마이오스-성좌(Ptolemaeos星座; =톨레미-성좌, Ptolemy星座)

『천문』 그리스의 천문학자 프톨레마이오스가 그리스·로마 신화에서 그 이름을 따서 만든 48개의 별자리. =톨레미성좌.

ㄴ. 황도^십이궁(黃道十二宮)

『천문』 황도대에 있는 열두 별자리. 이에는 양자리, 황소자리, 쌍둥이자리, 게자리, 사자자리, 처녀자리, 천칭자리, 전갈자리, 궁수자리, 염소자리, 물병자리, 물고기자리가 있다.

ㄷ. 십이^성좌(十二星座)

『천문』 황도대에 있는 열두 별자리. 이에는 양자리, 황소자리, 쌍둥이자리, 게자리, 사자자리, 처녀자리, 천칭자리, 전갈자리, 궁수자리, 염소자리, 물병자리, 물고기자리가 있다. =황도 십이궁.

ㄹ. 십이-궁(十二宮)

「2」『천문』 황도대에 있는 열두 별자리. 이에는 양자리, 황소자리, 쌍둥이자리, 게자리, 사자자리, 처녀자리, 천칭자리, 전갈자리, 궁수자리, 염소자리, 물병자리, 물고기자리가 있다.

ㅁ. 수대^별자리(獸帶별자리)

『천문』 황도대에 있는 열두 별자리. 이에는 양자리, 황소자리, 쌍둥이자리, 게자리, 사자자리, 처녀자리, 천칭자리, 전갈자리, 궁수자리, 염소자리, 물병자리, 물고기자리가 있다.

ㅂ. 수대07(獸帶)

『천문』 황도의 남북으로 각각 약 8도의 폭을 가지고 있는 천구(天球)의 영역. 이것을 열두 개로 나눈 별자리가 대부분 동물의 이름으로 되어 있으며, 태양·달·행성 따위는 이 영역 안에서 운행한다.

고대 중국의 천문학 체계에서 말하는 별자리 이름은 위의 서양식 체계와는 다르다. 다음과 같은 명칭들이 공존한다.

(153) ㄱ. 이십팔-수(二十八宿)

『천문』 천구(天球)를 황도(黃道)에 따라 스물여덟으로 등분한 구획. 또는 그 구획의 별자리. 동쪽에는 각(角)·항(亢)·저(氐)·방(房)·심(心)·미(尾)·기(箕), 북쪽에는 두(斗)·우(牛)·여(女)·허(虛)·위(危)·실(室)·벽(壁), 서쪽에는 규(奎)·누(婁)·

위(胃)·묘(昴)·필(畢)·자(觜)·삼(參), 남쪽에는 정(井)·귀(鬼)·유(柳)·성(星)·장(張)·익(翼)·진(軫)이 있다.

ㄴ. 경성(經星)

『천문』 천구(天球)를 황도(黃道)에 따라 스물여덟으로 등분한 구획. 또는 그 구획의 별자리. 동쪽에는 각(角)·항(亢)·저(氐)·방(房)·심(心)·미(尾)·기(箕), 북쪽에는 두(斗)·우(牛)·여(女)·허(虛)·위(危)·실(室)·벽(壁), 서쪽에는 규(奎)·누(婁)·위(胃)·묘(昴)·필(畢)·자(觜)·삼(參), 남쪽에는 정(井)·귀(鬼)·유(柳)·성(星)·장(張)·익(翼)·진(軫)이 있다.

ㄷ. 자궁(紫宮)

『천문』 큰곰자리를 중심으로 170개의 별로 이루어진 별자리. 태미원(太微垣)·천시원(天市垣)과 더불어 삼원(三垣)이라고 부르며, 별자리를 천자(天子)의 자리에 비유한 것이다.

ㄹ. 자미-궁(紫微宮)

『천문』 큰곰자리를 중심으로 170개의 별로 이루어진 별자리. 태미원(太微垣)·천시원(天市垣)과 더불어 삼원(三垣)이라고 부르며, 별자리를 천자(天子)의 자리에 비유한 것이다.

ㅁ. 구진(鉤陳)

『천문』 북극에 가장 가까운 여섯 개의 별자리 가운데 갈고리 모양의 별자리.

ㅂ. 순화(鶉火)

『천문』 천구(天球)의 남쪽에 있는 별자리의 이름.

ㅅ. 칠정(七政)

『천문』 이십팔수 가운데 동·서·남·북에 각각 있는 일곱 개의 별자리.

ㅇ. 하고(河鼓)

『천문』 고대 중국 별자리에서 이십팔수의 하나인 우수(牛宿)에 속한 별자리. 현대 별자리의 독수리자리의 일부를 이루는, 세 별들로 이루어져 있다.

ㅈ. 현무(玄武)

『천문』 이십팔수 가운데 북쪽에 있는 일곱 개의 별자리. 두수(斗宿), 우수(牛宿), 여수(女宿), 허수(虛宿), 위수(危宿), 실수(室宿), 벽수(壁宿)를 통틀어 이르는 말이다.

ㅊ. 황고(黃姑)

『천문』 고대 중국 별자리에서 이십팔수의 하나인 우수(牛宿)에 속한 별자리. 현대 별자리의 독수리자리의 일부를 이루는, 세 별들로 이루어져 있다.

개별 '별자리'의 정의에는 그 별자리의 천구(天球)상 위치, 관측 가능한 시기, 그 별자리를 구성하는 주요 별 및 특기 사항을 포함하고 있다.

(154) ㄱ. 거문고-자리

「명사」『천문』 여름부터 가을에 걸쳐 초저녁 북쪽 하늘에 보이는 거문고 모양의 별자리. 알파성은 직녀성이고, 8월 중순에 천정(天頂)에 온다. 그리스 신화에서는 아폴로가 음악의 명수 오르페우스에게 선사한 거문고라고 한다.

ㄴ. 공기펌프-자리(空氣pump자리)

「명사」『천문』 봄에 남쪽 하늘의 바다뱀자리와 고물자리 사이에 나타나는 작고 희미한 별자리. 가장 밝은 별이 4등성이다. 영국의 물리학자 보일이 공기 펌프를 발명한 것을 기념하여 프랑스의 천문학자 라카유가 이러한 이름을 붙였다.

(155) 실체n

이름	공기펌프자리
실체 유형	별자리
소재	바다뱀자리와 고물자리 사이
관측 시기	봄
특기 사항	작고 희미함. 가장 밝은 별이 4등성, 영국의 물리학자 보일이 공기 펌프를 발명한 것을 기념하여 프랑스의 천문학자 라카유가 이런 이름을 붙임

전적으로 지구의 관측자의 시각에서 규정되므로 소재지와 관측 시기는 관측자의 위치가 지구의 북반구인가 남반구인가에 따라, 그리고 같은 반구라도 어느 사면인가에 따라 상대적인 면이 있다.

3.1.23. 별

'별'의 사전적 정의는 다음과 같다.

(156) 별

빛을 관측할 수 있는 천체 가운데 성운처럼 퍼지는 모양을 가진 천체를 제외한 모든 천체. 천문학적으로는 태양이 포함되나 일상적으로는 포함되지 않는다. 밝기는 등급으로 표시한다. ≒성두, 성신.

'별'이 별이기 위한 기준은 빛을 관측할 수 있는 것이어야 하되 모양이 퍼지지 않고 하나로 또렷해야 한다는 것이다.

〈표준〉에 나타난 '별'로는 다음과 같은 것들이 있다.

(157) 견우-별(牽牛별), 늑대-별, 바너드-별(Barnard별), 사자자리^별똥별(獅子자리별똥별), 삼형제-별(三兄弟별), 작은곰-별, 저녁-샛별, 좀생이-별, 칠성-별(七星별), 큰곰-별

(158) 각성02(角星), 갈릴레이^위성(Galilei衛星), 거문-성01(巨文星), 거성03(巨星), 거성08(距星), 견성01(犬星), 견우-성(牽牛星), 계도-성(計都星), 괴성02(魁星), 군성01(軍星), 귀성01(鬼星), 규성02(奎星), 금성03(金星; 요도-성, 耀渡星), 기성09(箕星), 남극-노인성(南極老人星; =남극-성; =노인-성; =수성, 壽星), 남두-육성(南斗六星), 남-십자성(南十字星), 낭성(狼星), 노아^위성(NOAA衛星), 누성01(婁星), 달^인공위성(달人工衛星), 대웅-성(大熊星), 두성01(斗星), 리겔-성(Rigel星), 명왕-성(冥王星), 목성03(木星; =덕성, 德星; =세성, 歲星), 목성족^혜성(木星族彗星), 목성형^행성(木星型行星), 몰니야^위성(Molnya衛星), 묘성(昴星), 문창-성(文昌星), 미기-성(尾箕星), 미라-성(Mira星), 미성02(尾星), 바너드-성(Barnard星), 방성03(房星), 베가-성(Vega星), 벽성02(壁星), 북극-성(北極星), 북두-칠성(北斗七星; 북두-성; =칠성, 七星; =칠좌-성, 七座星), 북-십자성(北十字星), 비엘라^혜성(Biela彗星), 사자-성(獅子星), 사자좌^유성(獅子座流星), 삼성06(參星), 삼왕-성(三王星), 삼태-성(三台星), 상태-성(上台星), 성성01(星星), 소웅-성(小熊星), 수성05(水星; =진성01, 辰星), 시리우스-성(Sirius星), 실성02(室星), 심성02(心星), 엥케^혜성(Encke彗星), 여성02(女星), 오성03(五星; =오-행성), 오-행성(五行星), 우성01(牛星), 위성01(危星), 위성04(胃星), 유성04(柳星), 육련-성(六連星), 익성03(翼星), 자미-성(紫微星), 자성08(觜星), 장경-성(長庚星), 장성08(張星), 저성02(氐星), 전성10(塡星), 정성02(井星), 중태-성(中台星), 직녀-성(織女星; 천녀-성, 天女星), 진성08(軫星), 천랑-성(天狼星), 천왕-성(天王星), 추성05(樞星), 카펠라-성(Capella星), 태백-성(太白星), 토성04(土

星), 토성족^혜성(土星族彗星), 팔대^행성(八大行星), 폴라리스-성(Polaris星), 폴료트^위성(Polyot衛星), 프로톤^위성(Proton衛星), 필성01(畢星), 하고-대성(河鼓大星), 하고-성(河鼓星), 하태-성(下台星), 항성01(亢星), 해왕-성(海王星), 해왕성족^혜성(海王星族彗星), 핼리^혜성(Halley彗星), 허성02(虛星), 헤르메스-성(Hermes星), 호시-성(弧矢星), 화성05(火星; =형행-성, 熒行星), 화성의^위성(火星의衛星)

(159) 개양(開陽), 시-태양(視太陽), 심야의^태양(深夜의太陽), 진-태양(眞太陽), 태양01(太陽), 평균^태양(平均太陽), 평-태양(平太陽)

별의 이름은 이상과 같이 '-별', '-성', '-양' 등으로 끝나는 단어인 경우가 많지만, 그런 어근이나 접사의 도움 없이도 별로 인식되는 이름들도 있다.

(160) 각04(角), 견우03(牽牛), 계도05(計都), 권04(權), 귀02(鬼), 규02(奎), 기23(箕), 기29(璣), 남두(南斗), 넵튠(Neptune), 누01(婁), 다비흐(Dabih), 대각05(大角), 데네볼라(Denebola), 데네브(Deneb), 두베(Dubhe), 레굴루스(Regulus), 루시퍼(Lucifer), 리겔(Rigel), 마르카브(Markab), 묘03(昴), 미05(尾), 미자르(Mizar), 방09(房), 백호02(白虎), 베가02(Vega), 베텔게우스(Betelgeuse), 벨라트릭스(Bellatrix), 벽06(壁), 북두03(北斗), 북신(北辰), 비너스(Venus), 삼07(參), 삼태01(三台), 상16(商), 선11(璇), 섭제(攝提), 성10(星), 스피카(Spica), 시리우스(Sirius), 신극01(宸極), 실04(室), 심02(心), 아르크투루스(Arcturus), 아케르나르(Achernar), 안타레스(Antares), 알게니브(Algenib), 알골01(Algol), 알데바란(Aldebaran), 알비레오(Albireo), 알코르(Alcor), 알타이르(Altair), 여05(女), 오황(五黃), 옥형02(玉衡), 요광(搖光), 위03(危), 위07(胃), 유06(柳), 익02(翼), 자17(觜), 자미02(紫微), 장16(張), 저08(氐), 전성10(塡星), 정07(井), 직녀(織女), 진18(軫), 천관04(天關), 천권02(天權), 천극02(天極), 천기06(天璣), 천녀01(天女), 천선02(天璇), 천손(天孫), 천창02(天槍), 천추02(天樞), 칠정02(七政), 카스토르(Castor), 카펠라01(Capella), 태세01(太歲), 투반(Thuban), 포말하우트(Fomalhaut), 폴라리스(Polaris), 프로키온(Procyon), 플루토(Pluto), 필05(畢), 하태(下台), 항01(亢), 허06(虛), 형행(熒行)

별의 이름은 하나의 별에만 붙여진 경우도 있지만 몇 개의 별이 하나의 이름으로 불리는 경우들도 있다. 이런 경우는 작은 구성원으로 이루어진 일종의 단체로서 하나의 실체성을 가지는 것으로 이해해야 할 것이다.

(161) 남-십자성(南十字星)

「명사」『천문』 남십자자리에 있는, 십자형을 이루는 네 개의 별.

별 가운데는 과학기술이 발달함에 따라 1957년 이후 생겨난 '인공위성'을 포함시킬 수 있겠다. 인공의 위성이라는 점에서 인문 공간으로 분류될 수도 있겠고 통신 기능 위주의 기계라고 본다면 공간이 아닌 무엇으로 분류해야 할 수도 있겠으나, 대기권 밖에서 약간의 공간을 차지하고 지구상에서 관측이 될 수 있는 존재라는 점에서 여기서는 별의 일종으로 언급하기로 한다. 〈표준〉과 〈우리말샘〉에서 '자세히 찾기'로 '인공위성.'을 검색해 보면, 〈표준〉에는 '스푸트니크'만 등재되어 있고 〈우리말샘〉에는 '디스커버리^위성, 미다스^위성, 사모스^위성, 스푸트니크, 오스카, 코비'가 등재되어 있다. '스푸트니크 1호'가 1957년 구소련에서 발사한 세계 최초의 인공위성이며, 미국에서는 1958년 '익스플로러'를 발사했다. 우리나라에서는 1992년 인공위성 '우리별 1호'를 쏘아 올려 세계 22번째로 위성을 보유한 국가가 되었다. 이 밖에, '마르코 폴로'(영국), '갈릴레오'(유럽), '마르스'(구소련), '아폴로'(미국), '아야메'(일본), '히마와리'(일본), '풍운(風雲)'(중국), '수오미(Suomi-NPP)'(미국), '아리랑'(우리나라), '천리안'(우리나라) 등 다양한 이름이 추가될 수 있고, 인공위성의 종류도 그 목적과 기능에 따라 다양하다. 인공위성의 경우 1호, 2호와 같은 호 구분이 이름에 포함되어 있는 경우가 많은데 그럴 경우 각 위성의 정확한 명칭은 호를 포함한 이름 전체로 보아야 할 것이며, 호수를 제외한 명칭을 상위 유형인 '종'으로 볼 수 있을지에 대해서는 별도의 검토가 필요할 것이다.

개별 '별'의 정의는 주로 천구상에서의 위치, 별의 유형, 밝기, 지구로부터의 거리, 그 밖의 특기 사항으로 되어 있다. 하지만 태양계의 행성인 경우에는 태양과의 평균 거리나 공전 주기 등도 주요 속성이 된다.

(162) ㄱ. 데네브(Deneb)

「명사」『천문』 백조자리에서 가장 밝은 별. 청백색의 항성(恒星)으로 백조자리의 꼬리 부분에 있으며, 밝기는 1.3등급이고, 지구에서 1,500광년 떨어져 있다.

ㄴ. 토성(土星)

「명사」『천문』 태양에서 여섯째로 가까운 행성. 태양계의 행성 가운데 둘째로 큰 행성으로, 둘레에 아름다운 큰 고리 같은 테가 있다. 태양과의 평균 거리는 9.539천문단위, 궤도의 이심률은 0.056, 공전 주기는 29.5년이다. 평균 밀도는 0.698g/㎤로 물의 밀도보다 낮다. ≒오황, 전성.

(163) 실체n

이름	데네브
실체 유형	별
소재	백조자리의 꼬리 부분
별의 종류	항성
밝기	1.3등급
지구로부터의 거리	1,500광년
특기 사항	청백색

3.2. 인문 공간

인문 공간에는 다음과 같은 것들이 속한다.

(164) 인문 공간

행정 구역, 행정 기관(행정 시설물), 문화재 시설, 교육 시설, 에너지 시설, 의료 시설, 교통 시설, 수자원 시설, 군사 시설, 종교 시설, 문화 시설, 주거 및 업무 시설, 판매 시설, 외식업 시설, 숙박 시설, 레저 및 체육 시설, 생활 편의 시설, 금융 시설, 공업 시설, 농업 시설, 축산 시설, 어업 시설, 통신 시설, 수역 시설, 교정 시설, 폐기 시설, 복지 시설, 안전 시설

이러한 인문 공간들은 자연 공간들과 구별되지만, 인문 공간도 궁극적으로는 자연 공간을 배분하는 데서 시작된다고 보아야 하며 그러한 배분이란 곧 국가가 될 것이다. 국가의 경계를 나누는 근거는 개별 국가를 이루는 인간 단체들 사이의 이해관계에서 생겨나는 것이므로 인문적인 차원의 문제가 되지만, 국가의 구성 요소, 국민, 영토, 주권 가운데 영토가 자연 공간과 연결되므로 이 부분에서 인문 공간과 자연 공간의 중첩이 일어난다. 일단 형성된 개별 국가들은 다시 그 국가의 영토를 주민들의 분포를 고려하여 더 작은 단위로 구획화하고 또 그 단위를 더 작은 단위로 구획화해 그 속에 행정 체계를 구축한다.

국가의 목록은 이미 앞에서 살펴보았지만 여기서는 〈표준〉에 제시된 국가의 목록을 정리해 보았다.

(165) 가나02(Ghana), 가봉04(Gabon), 가이아나(Guyana), 감비아(Gambia), 과테말라(Guatemala), 그리스02(Greece), 기니02(Guinea), 기니비사우(Guinea Bissau), 길버트^제도(Gilbert諸島), 나미비아(Namibia), 나우루(Nauru), 나이지리아(Nigeria), 나히체반01(Nakhichevan), 남-수단(南Sudan), 남아프리카^공화국(南Africa共和國; =남아-공, 南阿共), 남-예멘(南Yemen), 네팔(Nepal), 뉴헤브리디스^제도(New Hebrides諸島), 니제르(Niger), 니카라과(Nicaragua), 다게스탄(Dagestan), 대한-민국(大韓民國; =대한06, 大韓; 한국05), 도미니카02(Dominica), 도미니카^공화국(Dominican共和國), 독일(獨逸; =도이칠란트, Deutschland), 동티모르(東Timor), 라오스(Laos), 라이베리아(Liberia), 라트비아(Latvia), 러시아(Russia; 러시아^연방), 레바논(Lebanon), 레소토(Lesotho), 루마니아(Romania), 룩셈부르크02(Luxemburg), 르완다(Rwanda), 리비아(Libya), 리투아니아(Lithuania), 리히텐슈타인(Liechtenstein), 마다가스카르(Madagascar), 마셜^제도(Marshall諸島), 마케도니아02(Macedonia), 말라위(Malawi), 말리

03(Mali), 멕시코(Mexico), 모리타니(Mauritanie), 모잠비크(Mozambique), 몬테네그로(Montenegro), 몰도바02(Moldova), 몰디브(Maldives), 몽고01(蒙古; =몽골; =몽골국), 미국03(美國; =미연방; =북미^합중국; =아메리카02; =아메리카^합중국; =유에스; =유에스에이02), 미얀마(Myanmar), 미크로네시아02(Micronesia), 바누아투(Vanuatu), 바시키르(Bashkir), 방글라데시(Bangladesh), 베냉(Benin), 베네수엘라(Venezuela), 베트남(Vietnam), 벨라루스(Belarus), 벨라우(Belau), 보스니아 헤르체고비나(Bosnia and Herzegovina), 보츠와나(Botswana), 볼리비아(Bolivia), 부랴트(Buryat), 부룬디(Burundi), 부르키나파소(Burkina Faso), 북-예멘(北Yemen), 불가리아(Bulgaria), 브라질(Brazil), 사이프러스(Cyprus), 사하03(Sakha), 산마리노(San Marino), 상아^해안(象牙海岸), 상투메 프린시페(São Tomé and Príncipe), 서독01(西獨), 세네갈(Senegal), 세르비아(Serbia), 세이셸(Seychelles), 소련02(蘇聯), 소말리아(Somalia), 수단11(Sudan), 수리남(Surinam), 스리랑카(Sri Lanka), 스와질란드(Swaziland), 스위스(Suisse), 스페인(Spain; 에스파냐, España), 슬로바키아(Slovakia), 슬로베니아(Slovenia), 시리아02(Syria), 시에라리온(Sierra Leone), 싱가포르(Singapore), 아르메니아01(Armenia), 아르헨티나02(Argentina), 아이슬란드(Iceland), 아이티(Haïti), 아일랜드(Ireland), 아제르바이잔(Azerbaijan), 아프가니스탄(Afghanistan; 아프간02), 알바니아(Albania), 알제리(Algérie), 압하스(Abkhaz), 앙골라(Angola), 에콰도르(Ecuador), 엘살바도르(El Salvador), 예멘(Yemen; =예멘^아랍^공화국), 오스트리아(Austria), 온두라스(Honduras), 우간다(Uganda), 우루과이(Uruguay), 우즈베키스탄(Uzbekistan; =우즈베크), 우크라이나(Ukraine), 이라크(Iraq), 이란03(Iran), 이스라엘(Israel), 이집트(Egypt), 이탈리아(Italia), 인도07(印度; =인10; =인디아), 인도네시아(Indonesia), 잠비아(Zambia), 적도^기니(赤道Guinea), 조지아(Georgia), 중국01(中國), 중앙아프리카^공화국(中央Africa共和國), 지부티01(Djibouti), 짐바브웨(Zimbabwe), 차드(Chad), 체코(←Czech), 칠레(Chile), 카메룬(Cameroon), 카보베르데(Cabo Verde), 카자흐스탄(Kazakhstan; 카자흐02), 캄보디아(Cambodia; 캄푸치아, Kampuchea), 케냐(Kenya), 코모로(Comoros), 코소보(Kosovo), 코스타리카(Costa Rica), 코트디부아르(Côte d'Ivoire), 콜롬비아(Colombia), 콩고^민주^공화국(Congo民主共和國; 자이르, Zaïre; =콩고), 쿠바(Cuba), 크로아티아(Croatia), 키르기스스탄(Kirgizstan; =키르기스; =키르기지아), 키리바시(Kiribati), 키프로스(Kypros), 타지키스탄(Tadzhikistan; 타지크), 탄자니아(Tanzania), 터키02(Turkey), 토고04(Togo), 투르크메니스탄(Turkmenistan; 투르크멘02), 튀니지

(Tunisie), 트리니다드 토바고(Trinidad and Tobago), 파나마02(Panama), 파키스탄(Pakistan), 팔라우(Palau), 페루(Peru), 포르투갈(Portugal), 포르투갈령^기니(Portugal領Guinea), 폴란드(Poland), 프랑스02(France), 핀란드(Finland), 필리핀(Philippines), 헝가리(Hungary)

개별 국가의 정의는 주로, 그 소재지, 정치 체제, 주민 구성, 언어, 수도, 면적과 그 밖의 특기 사항으로 구성된다.

(166) ㄱ. 가나02(Ghana)

「명사」『지명』 아프리카 서부 기니만에 면한 공화국. 1957년에 영국에서 독립하였으며, 1960년에 공화국이 성립되었다. 금·다이아몬드 따위의 광산 자원이 풍부하고, 주산업은 농업으로 카카오를 주로 생산한다. 주민은 수단계 흑인이고, 주요 언어는 영어이다. 수도는 아크라, 면적은 23만 8,537㎢.

ㄴ. 러시아(Russia)

「명사」『지명』 유럽 대륙의 동부에서 시베리아에 걸쳐 있는 나라. 862년에 노브고로드(Novgorod) 공국(公國)에서 시작하여, 차르(tsar)의 전제 정치가 계속되다가 1917년의 2월 혁명으로 소비에트 사회주의 공화국 연방이 되었다. 1990년대에 들어 소비에트 사회주의 공화국 연방이 해체되면서 독립국이 되었다. 주민의 대부분은 슬라브 민족이고 주요 언어는 슬라브어이다. 수도는 모스크바, 면적은 1707만 5,383㎢.

(167) 실체In

이름	러시아
실체 유형	국가
소재	유럽 대륙의 동부에서 시베리아에 걸침
정치 체제	사회주의 연방 공화국[19]
주민 구성	대부분 슬라브 민족
주요 언어	슬라브어
수도	모스크바

20 사전 정의를 바탕으로 표상했으나 엄밀히는 이원집정부제, 민주주의, 연방제가 표방되고 있는 혼합주의로 볼 수 있다.

면적	1707만 5,383㎢
특기 사항	862년 노브고로드 공국에서 시작, 차르(tsar)의 전제 정치가 계속되다가 1917년 2월 혁명으로 성립

3.2.1. 행정 구역

'행정 구역'의 사전적 정의는 다음과 같다.

(168) 행정 기관의 권한이 미치는 범위의 일정한 구역. 특별시, 광역시, 도, 군, 읍, 면 따위이다. ≒행정 구획.

출발은 국가부터 시작되어야 하겠지만, 행정 구역이라 함이 이미 특정 국가를 전제한 것으로 이해됨을 알 수 있다. (168)은 이미 대한민국의 행정 구역을 전제하고 있다. (168)에서는 특별시, 광역시, 도, 군, 읍, 면 등을 예로 들고 있지만, 행정 구역은 국가에 따라 나름의 독자적인 체계가 있는 것이 일반적이며, 그 원형은 단위를 규정하는 이름에 있다기보다는 대개 국가를 몇 등분할 수 있는 큰 단위가 있고 그 큰 단위마다 그 단위의 중심지가 되는 도시가 있다는 점일 것이다.

3.2.1.1. 도시

'도시'는 다음과 같이 정의된다.

(169) 도시

일정한 지역의 정치·경제·문화의 중심이 되는 사람이 많이 사는 지역.

그리고 '도시'에 상대되는 말은 '시골'이다. 시골은 다음과 같이 정의된다.

(170) 시골

도시에서 떨어져 있는 지역. 주로 도시보다 인구수가 적고 인공적인 개발이 덜 돼 자연을 접하기가 쉬운 곳을 이른다. ≒교허, 전간, 촌.

'지방(地方)'이라는 말도 있지만, 지방은 '서울'에 상대되는 개념이라 할 수 있다.

'도시'는 특정 국가의 행정 구역이 어떻게 구성되는가와는 상관없이 국가마다 알려진 곳들이 있고, 〈표준〉에 제시된 세계의 도시들은 다음과 같다. 검색된 1,855개 중 가나다순으로 앞쪽 100개만 제시하기로 한다.

(171) 가고시마, 가나자와, 가다메스, 가르미슈파르텐키르헨, 가마쿠라, 가보로네, 가야04, 가오숑, 가오유, 가와사키, 가우하티, 가이핑, 가자11, 간자07, 갈15, 강릉01, 강토크, 개성06, 거얼무, 거제01, 게라01, 게르니카02, 게리02, 게티즈버그, 겐트, 경산03, 경주04, 계룡, 고라크푸르, 고륜02, 고를로프카, 고린도, 고마-성, 고양06, 고이아니아, 고장06, 고타03, 고트발도프, 고트호프, 고후01, 곤다르, 곤양, 골번, 골웨이, 공주02, 과달라하라01, 과달라하라02, 과야킬, 과천, 과테말라시티, 관타나모, 괄리오르, 광둥, 광명03, 광양01, 광위안, 광저우, 광주01, 광주03, 광화01, 괴를리츠, 괴팅겐, 교토03, 구리03, 구미06, 구베이커우, 구비오, 구시로, 구이양, 구이핑, 구지란왈라, 군산02, 군투르, 군포02, 그단스크, 그디니아, 그라나다02, 그라나다03, 그라이프스발트, 그라츠, 그랜드-래피즈, 그로즈니, 그르노블, 그리녹, 그리니치, 그린빌, 그린즈버러, 글래스고02, 글로스터, 글리비체, 금성09, 기센, 기타큐슈, 길리기아, 길림, 김제02, 김천, 김포, 김해, 꽝응아이

앞서 살펴본 정의에 따르면, '도시'가 도시이기 위한 기준은 그 도시를 포함하는 일정한 지역이 있고 그 지역의 정치·경제·문화의 중심이 되어야 하며, 사람이 많이 살아야 한다는 것이다. 하지만 일정한 지역에 포함되어 있어야 한다는 것은 '도시'에 대한 엄밀한 기준이 되지는 못하는 것으로 보인다. 특별시나 광역시처럼 다른 지역에 속하지

않는 단위들도 있기 때문이다. 그리고 그 지역의 정치, 경제, 문화의 중심이 된다는 것도 서울의 위성도시들(고양, 성남, 부천, 남양주, 안산, 안양, 의정부, 파주, 시흥, 김포, 광주, 광명, 군포, 하남, 양주, 구리, 의왕, 과천, 용인, 화성 등)이 경기도 정치, 경제, 문화의 중심이라고 말할 수 있을지 의문시되기 때문이다. 따라서 도시에 대한 정의에서 일정한 지역에 포함되어야 한다는 기준은 제외하고, 정치, 경제, 문화 활동이 활발한 곳이라는 점과 인구가 집중된 곳이라는 점, 이 두 가지면 도시에 대한 정의는 충분하다고 판단된다.

'도시'의 정의는 대개, 소재지, 주요 산업, 더 큰 단위나 다른 지역과의 관계 및 특기 사항으로 이루어져 있다.

(172) ㄱ. 가다메스(Ghadames)

「명사」『지명』 리비아 서쪽 끝에 있는 사하라 사막의 오아시스 도시. 튀니지 및 알제리의 국경에 가깝고, 대상로(隊商路)의 요충지로 번영하였으나 오늘날에는 이용이 줄어 쇠퇴하였다. 가죽, 깔개, 바구니 등 세공품 따위가 유명하다.

ㄴ. 방콕(Bangkok)

「명사」『지명』 짜오프라야강 하구에서 40km 상류에 있는 항구 도시. 궁전과 불교 사원이 많으며, 쌀·티크 재목 따위를 수출한다. 타이에서 하나뿐인 세계적 거대 도시이며 문화·상업의 중심지이기도 하다. 타이의 수도이다.

(173) 실체n

이름	가다메스
실체 유형	도시
소재	리비아 서쪽 끝에 있는 사하라 사막 내. 튀니지와 알제리의 국경에 가까움
주요 산업	가죽, 깔개, 바구니 등 세공품 생산
특기 사항	대상로(隊商路)의 요충지로 번영하였으나 오늘날에는 이용이 줄어 쇠퇴

'도시' 내부에는 더 작은 행정 구역들이 포함되어 있는데, 대한민국

의 경우에는 1개 특별시, 6개 광역시, 1개 특별자치시가 있고, 특별시와 광역시 아래에는 69개의 자치구가 설치되어 있다.[21] 또 8개도와 1개의 특별자치도 아래에 75개의 자치시와 82개의 군이 설치되어 있다. 자치시는 다시 일반구를 둘 수 있고, 일반적으로 '시'와 '구'는 다시 '읍', '면'이나 '동'으로, '동'은 다시 '통'으로, '통'은 다시 '반'으로 나뉜다.[22] 우리나라에 있는 '동'은 전부 2,079개에 이르고 '통'은 6만 1,327개, 리는 3만 7,537개가 있다. '반'은 도시 지역에서 통에 딸린 것이 37만 3,910개, 시골 지역 읍·면에 딸린 것이 13만 2,429개가 있다.[23]

광역시, 자치시, 읍 등은 대체로 '도시'로 볼 수 있는 단위들이고 나머지는 시골의 범주에 들 것이다. 광역시가 다시 군을 포함하는 경우가 있고, 자치시는 모두 군 아래 설치되고 자치시가 다시 읍을 가질 수 있으니 자치시가 읍보다 큰 단위임을 알 수 있다.

대한민국의 특별시, 광역시, 특별자치시는 다음과 같다.

(174) ㄱ. 특별시: 서울

ㄴ. 광역시: 광주-광역시, 대구-광역시, 대전-광역시, 부산-광역시, 울산-광역시, 인천-광역시

ㄷ. 특별자치시: 세종-특별자치시

대한민국의 행정 구역으로서의 '시'는 다음과 같이 정의된다.

(175) 시

도시를 중심으로 하는 지방 행정 구역의 하나.

---

21 서울특별시에만 '종로구'를 비롯한 25개의 자치구가 있는데, 이것들은 〈표준〉에 등재되어 있지 않다.

22 서울특별시의 경우, '청운효자동'을 비롯한 424개의 행정 동이 있는데, 이것들은 〈표준〉에 등재되어 있지 않다.

23 이러한 숫자들은 행정안전부 〈지방자치단체 행정구역 및 인구 현황 -2019. 12. 31. 현재-〉에 따른 것이다.

〈표준〉에 등재되어 있는 대한민국의 '시'는 다음과 같다(이하 *은 예전 이름).[24]

(176) 강릉01(江陵), 개성06(開城), 거제01(巨濟), 경산03(慶山), 경주04(慶州), 계룡(鷄龍), 고양06(高陽), 공주02(公州), 과천(果川), 광명03(光明), 광양01(光陽), 광주01(光州), 광주03(廣州), 구리03(九里), 구미06(龜尾), 군산02(群山), 군포02(軍浦), *금성09(錦城), 김제02(金堤), 김천(金泉), 김포(金浦), 김해(金海), 나주02(羅州), 남-양주(南楊州), 남원02(南原), 논산(論山), 당진(唐津), 대천02(大川), *동-광양(東光陽), 동두-천(東豆川), 마산02(馬山), 문경03(聞慶), 미금(渼金), 보령01(保寧▽), 부천02(富川), 사천05(泗川), 삼척02(三陟), 삼천-포(三千浦), 상주07(尙州), 서귀-포(西歸浦), 서산05(瑞山), 성남(城南), 성진02(城津), 수원01(水原), 순천03(順天), 시흥01(始興), 아산(牙山), 안동01(安東), 안산01(安山), 안성01(安城), 안양03(安養), 양산03(梁山), 양주13(楊州), 여수13(麗水), 여주03(驪州), 여천04(麗川), 영주04(榮州), 영천01(永川), 온양01(溫陽), 용인06(龍仁), 울산01(蔚山), 원산01(元山), 원주03(原州), 의왕01(儀王), 의정-부02(議政府), 이리09(裡里), 이천05(利川), 익산(益山), 전주04(全州), 점촌02(店村), 정읍02(井邑), 정주01(井州), 제주06(濟州), 제천02(堤川), 진주02(晉州), 진해03(鎭海), 천안01(天安), 청주01(淸州), 청진01(淸津), 춘천01(春川), 충무(忠武), 충주(忠州), 통영02(統營), 파주02(坡州), 평택(平澤), 포천01(抱川), 포항03(浦項), 하남(河南), 함흥(咸興), 해주02(海州), 화성11(華城), 흥남(興南)

그리고 '구'는 다음과 같이 정의된다.

(177) 구
『행정』 특별시, 광역시 및 인구 50만 이상의 대도시에 두는, 동(洞) 위의 행정 구역 단위.

〈표준〉에는 '구' 단위로 등재된 것이 없지만 〈우리말샘〉에는 다음과 같은 '구'들이 올라 있다. 〈우리말샘〉은 개방형이어서 아직 도시나

24 〈표준〉 등재를 기준으로 했기 때문에 북한의 시도 일부 포함되어 있다.

나라별로 완전한 목록이 제시된 것은 아닌 것으로 보인다.[25]

(178) 가쓰시카-구(일본 도쿄도), 강남-구, 강동-구, 강북-구, 강서-구, 강서-구(부산), 계양-구(인천), 고토-구(일본 도쿄도), 광산-구(광주), 광진-구, 구로-구, 권선-구(수원), 금정-구(부산), 금천-구, 기타-구(일본 도쿄도), 기흥-구(경기 용인), 나카노-구(일본 도쿄도), 남구(부산), 남구(광주), 남구(대구), 남구(울산), *남구(인천), 남구(경북 포항), 남동-구(인천), 네리마-구(일본 도쿄도), 노원-구, 다이토-구(일본 도쿄도), 단원-구(경기 안산), 달서-구(대구), 대덕-구(대전), 덕양-구(경기 고양), 덕진-구(전북 전주), 도봉-구, 도시마-구(일본 도쿄도), 동구(광주), 동구(인천), 동구(부산), 동구(대전), 동구(대구), 동구(울산), 동남-구(충남 천안), 동대문-구, 동래-구(부산), 동안-구(경기 안양), 동작-구, 둥청-구(중국 베이징), 마산합포-구(경남 창원), 마산회원-구(경남 창원), 마포-구, 만안-구(경기 안양), 메구로-구(일본 도쿄도), 미나토-구(일본 도쿄도), 미추홀-구(인천), 부산진-구(부산), 부평-구(인천), 북구(광주), 북구(대구), 북구(울산), 북구(부산), 북구(경북 포항), *북구(인천), 분당-구(경기 성남), 분쿄-구(일본 도쿄도), 사상-구(부산), 사하-구(부산), 상당-구(충북 청주), 상록-구(경기 안산), 서구(인천), 서구(대전), 서구(광주), 서구(부산), 서구(대구), 서대문-구, 서북-구(충남 천안), 서원-구(충북 청주), 서초-구, 성동-구, 성산-구(경남 창원), 세타가야-구(일본 도쿄도), 소사-구(경기 부천), 수성-구(대구), 수영-구(부산), 수정-구(경기 성남), 수지-구(경기 용인), 스기나미-구(일본 도쿄도), 스미다-구(일본 도쿄도), 시나가와-구(일본 도쿄도), 시부야-구(일본 도쿄도), 시청-구(중국 베이징), 신주쿠-구(일본 도쿄도), 아다치-구(일본 도쿄도), 아라카와-구(일본 도쿄도), 양천-구, 에도가와-구(일본 도쿄도), 연수-구(인천), 연제-구(부산), 영도-구(부산), 영등포-구, 오정-구(경기 부천), 오타-구(일본 도쿄도), 완산-구(전북 전주), 용산-구, 원미-구(경기 부천), 유성-구(대전), 은평-구, 의창-구(경남 창원), 이타바시-구(일본 도쿄도), 일산-구(경기 고양시), 종로-구, 주오-구(일본 도쿄도), 중구, 중구(인천), 중구(부산), 중구(대전), 중구(울산), 중구(대구), 중랑-구, 중원-구(경기 성남), 지요다-구(일본 도쿄도), 진해-구(경남 창원), 차오양-구(중국 베이징), 펑타이-구(중국 베이징), 하이뎬-구(중국 베이징), 해운대-구(부산), 흥덕-구(충북 청주)

---

25 서울의 구 가운데 검색 시점(2019. 8. 11.) 당시 등재되지 않았던 관악구, 성북구, 송파구는 2022. 6. 현재 등재되어 있다.

이러한 행정 구역들 가운데 '동' 단위까지는 그 이름이 명확히 존재하고 주민들을 비롯한 그 지역을 아는 사람들에게 그 이름이 알려져 있지만, '통'이나 '반' 단위는 '10통 2반' 등과 같이 숫자로 세분화되어 있다. 어떻든 '동' 단위까지만 고려한다 해도 〈표준〉에 등재되지 않은 2,083개의 고유명칭이 있다.

'동'의 사전적 정의는 다음과 같다.

(179) 동

지방 행정 구역의 하나. 시, 구의 아래에 두며 그 아래에는 통과 반이 있다.

〈표준〉에 등재되어 있지 않지만, 우리의 언어생활 속에는 수많은 '동(洞)'들이 등장하므로 여기서는 「21세기 세종계획 말뭉치」에서 '+동에서'로 검색된 동 이름들을 예시하는 정도로 해서 살펴보기로 한다.[26]

(180) 가락동, 갈매동(구리), 갈현동, 개봉동, 고덕동, 고산동(의정부), 고척동, 공덕동, 공릉동, 구로동, 궁정동, 남가좌동, 남포동(부산), 녹번동, 논현동, 누하동, 당주동, 대저동(부산), 대치동, 도동(대구), 도화동, 동교동, 동부이촌동, 등촌동, 마장동, 만덕동(부산), 만리동, 만폭동(내금강), 망미동(부산), 매산동(수원), 명동, 목동, 무교동, 묵정동, 방배동, 방이동, 봉천동, 부용동(부산), 북창동, 불광동, 사당동, 삼성동, 삼청동, 상도동, 상봉동, 서교동, 서초동, 성북동, 성산동, 세곡동, 신공덕동, 신당동, 신도림동, 신림동, 신사동, 신설동, 신정동, 아현동, 안암동, 압구정동, 약수동, 양재동, 여의도동, 역삼동, 역촌동, 연희동, 옥수동, 옥인동, 와룡동, 용두동, 용호동(부산), 우이동, 이문동, 인사동, 일원동, 임동(광주), 장사동, 장충동, 정동, 제기동, 중앙동(안산), 창동, 창신동, 창전동, 천호동, 청진동, 청호동(속초), 판암동(대전), 팔판동, 하월곡동, 행당동 하안동, 홍제동, 홍지동, 화곡동, 효자동, 휘경동

'동'은 주민의 일상생활과 밀접한 단위이기 때문이겠지만 법적으로

26 무주 '구천동(九千洞)'이나 지리산 '청학동(青鶴洞)' 같은 이름은 '동'으로 끝나지만, 행정구역과는 무관하게 계곡 지역을 부르는 별칭으로 도입된 것으로 보인다.

정한 법정 동과 행정 편의를 위해 재편된 행정 동이 구별되어야 한다. 법정 동은 그야말로 토지 주소나 기타 법률 행위에 원칙적으로 사용되는 행정 구역으로서의 동이고, 행정 동은 행정 업무의 편의를 위해 인구 수 등에 따라 구획을 정한 동으로, 법정 동을 몇으로 나누거나 작은 법정 동은 몇 개를 묶어 새로 단위로 만든 것이다. 각 행정 동에는 동주민센터(행정복지센터)가 설치되어 있다. 서울시의 경우, 467개의 법적 동에 대해 424개의 행정 동을 운영하고 있다.

'동'은 〈표준〉에 등재되어 있지 않지만 일부 동의 경우, 〈우리말샘〉에는 등재된 경우가 있어 사전적 의미를 참조할 수 있다. 개별 동의 사전적 정의에는, 그 동을 포함하는 시나 구 속에서의 위치, 면적, 그리고 그 동에 소재하는 특별한 인문 공간 등 특기 사항이 포함된다.

(181) 소공-동(小公洞)

「명사」『지명』 서울특별시 중구에 있는 동. 중구의 서부에 위치해 있으며, 유명 은행, 호텔, 백화점 등이 들어서 있다. 문화재로는 환구단이 있다. 면적은 0.95㎢.

'동' 아래 단위로서의 '통', '반'도 규모는 작아도 각각 하나의 행정구역을 형성하는데 그것들은 대개 '동'에 딸린 구획으로서 숫자로 표시될 뿐이다. 여기서는 그 각각의 정의만 추가해 두기로 한다.

(182) ㄱ. 통

시 행정 조직 가운데 동의 아래, 반의 위인 단위.

ㄴ. 반

동 아래의 통보다 작은 지방 행정 단위.

3.2.1.2. 지방 행정 구역

나라들마다 도시가 있지만 도시는 나라를 몇 등분해 통치하기 위한 분할의 단위라기보다는 사람들이 많이 모여 살아서 정치, 경제, 문화 활동의 중심이 된 곳이므로, 나라를 분할하는 행정 구역의 체계는 별도로 존재한다. 대한민국의 경우에는, '도-군-읍·면-리'가 그러한 체계다. 보다 구체적으로 말하자면, 남한의 경우 8개 도, 1개의 특별자치도가 최대 단위이며, 8개의 도에는 75개의 자치시와 85개의 군이 설치되어 있다. '군'은 '읍', '면'으로 나뉘고 '읍', '면'은 '리'로, '리'는 말단 행정 구역인 '반'으로 나뉜다. 면 이하의 단위는 인구수에 따라 계속 변하고 있지만 2015년 1월 기준으로 1,195개의 면이 있고, 3만 6,725개의 리가 있으며, 반 단위까지 내려가면 농촌에는 9만 3,390개의 반이 있다. 이러한 시골 행정 구역에서는 '리' 단위까지는 그 이름이 알려져 있지만 그 아래의 '통'이나 '반'은 역시 숫자로 세분화되어 있는 정도다. 여기에서도 1,195개의 면과 3만 6,725개의 리에 해당하는 고유명칭이 있음을 알 수 있다.

도시에 대해서는 앞에서 살펴보았으므로, 도시 이외 지역의 행정 구역에 대해서 좀 더 구체적으로 살펴보자면, 대한민국은 8개의 '도'로 구성되어 있고 '도'의 사전적 정의는 다음과 같다. 사전적 정의는 남북한 지역을 아우르고 있다.

(183) 도(道)

우리나라 지방 행정 구역의 하나. 시(市)와 군(郡) 따위를 관할한다. 고려의 5도 양계, 조선의 8도, 갑오개혁 이후의 13도를 거쳐 1945년 말에는 14개가 되었다. 이후 북한의 행정 구역이 개편되면서 현재는 모두 17개가 있다.

〈표준〉에 등재된 우리나라의 도의 명칭은 다음과 같다.

(184) 경기-도(京畿道)

강원-도01(江原道) + 강원-도02(江原道) = 교주-도(交州道)

충청(忠淸) = 충청-도(忠淸道), 충청-남도(忠淸南道), 충청-북도(忠淸北道)

전라03(全羅) = 전라-도(全羅道), 전라-남도(全羅南道), 전라-북도(全羅北道)
경상08(慶尙) = 경상-도(慶尙道), 경상-남도(慶尙南道), 경상-북도(慶尙北道)
제주-도02(濟州道) = 제주-특별자치도(濟州特別自治道)
황해-도(黃海道)
평안02(平安)=평안-도(平安道), 평안-남도(平安南道), 평안-북도(平安北道)
함경(咸鏡) = 함경-도(咸鏡道), 함경-남도(咸鏡南道), 함경-북도(咸鏡北道)

각각의 도에 대한 정의는 그것의 우리나라 내에서의 위치, 변해 온 과정, 지형이나 산물, 자연의 특징, 도청 소재지, 면적 등을 아우른다.

(185) 경기-도(京畿道)

『지명』 우리나라 중서부에 있는 도. 마한의 땅이었다가 뒤에 신라의 땅이 되었고, 고려 시대에 지금의 이름이 되었다. 지세가 평탄하고 농산물이 풍부하며, 한강을 비롯하여 임진강, 안성천 따위의 큰 강이 흐른다. 도청 소재지는 수원(水原), 면적은 1만 182.51㎢.

이러한 정의 가운데 위치와 도청 소재지, 면적 등은 필수적인 속성이 되고 변해 온 과정이나 지형 및 자연의 특징은 특기 사항으로 기억할 만한 내용이 될 것이다.

(186) 실체n

이름	경기도
실체 유형	도
소재	우리나라 중서부
도청 소재지	수원
면적	1만 182.51㎢
지형 및 자연의 특징	지세가 평탄하고 농산물이 풍부, 한강을 비롯 임진강, 안성천 따위의 큰 강이 흐름
변해 온 과정	마한, 신라를 거쳐 고려 시대에 지금의 이름을 얻음

'도'는 그 아래에 자치시나 군을 두고 있는데 '군'의 정의는 다음과 같다.

(187) 군(郡)

우리나라 행정 구역의 하나. 도(道)의 아래, 읍(邑)·면(面)의 위에 위치한다.

〈표준〉에 등재된 '군'의 명칭은 다음과 같다. 검색된 226개 가운데 가나다순으로 앞쪽 50개만 제시하기로 한다.

(188) 가평-군(加平郡), 갑산-군(甲山郡), 강계-군(江界郡), 강동-군(江東郡), 강서-군(江西郡), 강진-군(康津郡), 강화-군(江華郡), 개천-군(价川郡), 개풍-군(開豊郡), *거제-군(巨濟郡), 거창-군(居昌郡), *경산-군(慶山郡), 경성-군(鏡城郡), 경원-군(慶源郡), *경주-군(慶州郡), 경흥-군(慶興郡), 고령-군(高靈郡), 고성-군01(固城郡), 고성-군02(高城郡), *고양-군(高陽郡), 고원-군(高原郡), 고창-군(高敞郡), 고흥-군(高興郡), 곡산-군(谷山郡), 곡성-군(谷城郡), *공주-군(公州郡), *광양-군(光陽郡), *광주-군(廣州郡), 괴산-군(槐山郡), 구례-군(求禮郡), 구성-군02(龜城郡), 군위-군(軍威郡), *금릉-군(金陵郡), 금산-군(錦山郡), 금천-군(金川郡), 기장-군(機張郡), 길주-군(吉州郡), *김제-군(金堤郡), *김포-군(金浦郡), *김해-군(金海郡), 김화-군(金化郡), *나주-군(羅州郡), *남양주-군(南楊州郡), *남원-군(南原郡), *남제주-군(南濟州郡), 남해-군(南海郡), *논산-군(論山郡), 단양-군(丹陽郡), 단천-군(端川郡), 달성-군(達城郡)

개별 '군'의 정의는 도내의 위치, 지형 및 자연적 특성, 지역 내 명소, 군청 소재지, 면적 등을 아우른다.

(189) 가평-군

『지명』 경기도의 중동부에 있는 군. 산악과 하천이 많다. 청평에 수력 발전소가 있으며, 명승지로 현등사·조종암·명지산·용추 폭포 따위가 있다. 군청 소재지는 가평, 면적은 843.41㎢.

(190) 실체ln

이름	가평군
실체 유형	군
소재	경기도 중동부
군청 소재지	가평
면적	843.41㎢
지형 및 자연의 특징	산악과 하천이 많다.
지역 내 명소 등 특기 사항	청평에 수력 발전소가 있으며, 명승지로 현등사·조종암·명지산·용추 폭포 따위가 있음

'군'의 중심이 되는 도시 지역이 '읍'이라고 볼 수 있으므로 '읍'은 '도시'에 포함될 수도 있을 것이다. 그러나 '읍'은 단순히 '도시'라는 위상 외에도 '군'의 중심지가 된다는 존재론적 특성을 가지고 있다.

'읍'의 사전적 정의를 살펴보자.

(191) 읍

시(市)나 군(郡)에 속한 지방 행정 구역 단위의 하나. 인구 2만 이상이 되어야 하나, 2만 미만인 경우도 있다.

'읍'은 시나 군에 속하지만 시나 군에 하나씩만 있어야 하는 것은 아니며, 많게는 5-6개의 읍을 가진 곳도 있고 일부는(인천 옹진군, 충남 계룡시, 경남 거제시) 읍을 갖지 못한 경우도 있다. 인구 2만이 기준이지만 군청 소재지이면 읍이 될 수 있다는 법률 조항이 있어서 그보다 적은 경우도 있다.

〈표준〉에 등재된 '읍'의 목록은 다음과 같다.

(192) 가야02(伽倻), 가평02(加平), 간성03(杆城), 갈말02(葛末), 강경01(江景), 강진04(康津), 강화01(江華), 개천02(价川), 거창02(居昌), 경성09(鏡城), 경흥02(慶興), 고성

06(固城), 고성11(高城), 고원03(高原), 고창05(高敞), 고흥04(高興), 곡성02(谷城), 괴산02(槐山), 구례01(求禮), 구성08(龜城), 군위04(軍威), 금산05(錦山), 길주(吉州), 김화(金化), 남양02(南陽), 남지01(南旨), 남해02(南海), 단양01(丹陽), 단천02(端川), 담양(潭陽), 대-가야(大伽倻), 대동04(大同), 매포(梅浦), 명천02(明川), 무안01(務安), 무주05(茂朱), 묵호(墨湖), 문천(文川), 박천(博川), 보성04(寶城), 보은02(報恩), 봉화01(奉化), 부령05(富寧▽), 부안01(扶安), 부여03(扶餘), 북청(北靑), 산청(山淸), 삼랑-진(三浪津), 서천05(舒川), 선천02(宣川), 성주04(星州), 성천02(成川), 송화02(松禾), 순창01(淳昌), 신막(新幕), 신천(信川), 안악(安岳), 안주01(安州), 양구07(楊口), 양덕03(陽德), 양양06(襄陽), 양평02(楊平), 연안01(延安), 연천03(漣川), 영광03(靈光), 영덕02(盈德), 영동01(永同), 영암(靈巖), 영양02(英陽), 영월04(寧越), 영흥(永興), 예산03(禮山), 예천02(醴泉), 옥천03(沃川), 옹진(甕津), 완도(莞島), 왜관02(倭館), 용암-포(龍巖浦), 울릉02(鬱陵), 울진(蔚珍), 은율(殷栗), 음성05(陰城), 의령(宜寧▽), 의성01(義城), 의주01(義州), 인제07(麟蹄), 임실(任實), 장단02(長湍), 장성04(長城), 장수05(長水), 장연01(長淵), 장전05(長箭), 장흥(長興), 재령02(載寧▽), 정선06(旌善), 정주04(定州), 조치-원(鳥致院), 주을(朱乙), 증평(曾坪), 진도02(珍島), 진안04(鎭安), 진천04(鎭川), 창녕(昌寧), 청송02(靑松), 청양02(靑陽), 초산03(楚山), 태안02(泰安), 평강02(平康), 평창(平昌), 하동04(河東), 함양01(咸陽), 함평(咸平), 합덕(合德), 합천(陜川), 해남(海南), 혜산(惠山), 홍성01(洪城), 홍원03(洪原), 홍천01(洪川), 화순03(和順), 화양(華陽), 화천05(華川), 황주03(黃州), 회령(會寧▽), 횡성(橫城), 희천(熙川)

한국의 지명이 아닌데 뜻풀이에 '읍'으로 정의된 곳은 벨기에의 '워털루'가 유일하다. 인구가 3만 내외인 것으로 보아 도시라고 하기에는 좀 작다고 판단해서 그렇게 정의한 것으로 보인다.

개별 '읍'의 사전적 정의는 그것이 속한 시나 군, 군청 소재지 여부, 면적, 주요 산업이나 특기 사항으로 이루어져 있다.

(193) 가야02(伽倻)

『지명』 경상남도 함안군에 있는 읍. 함안 분지의 중심지로 농산물의 집산지이며 경전선의 중요한 철도역이다. 군청 소재지이다. 면적은 41.22㎢.

(194) 실체ln

이름	가야
실체 유형	읍
소재	경상남도 함안군
군청 소재지 여부	○
면적	41.22㎢
특기 사항	함안 분지의 중심지로 농산물의 집산지이며 경전선의 중요한 철도역

위에서 언급했듯이, 군 아래의 면, 리, 반 등은 〈표준〉에 등재되어 있지 않다. 등재하기에는 한국의 국토를 분류할 때 인지될 수 있을 만큼 큰 단위가 아니어서 전 국민적 언어지식이 될 수도 없고 그 숫자도 너무 많다고 판단한 것으로 보인다. 평안남도 강동군에 속한 '승호-리(勝湖里)'만이 등재되어 있지만 시멘트 공업지대이고 대동강 연안에 있어 평양과 철도로 연결되어 있다는 특별한 점이 있어서 등재된 것으로 보인다. 그러나 〈우리말샘〉에는 대다수의 면과 리가 등재되어 있다.

3.2.1.3. 우리나라, 다른 시대의 행정 구역

이러한 행정 구역들은 국가나 시대별 체제 변화에 따라 명칭과 기준이 달라지는 경우가 많다. 대략적으로 살펴보되, 〈표준〉에 '행정 구역'으로 정의된 예들을 중심적으로 다루고자 한다.[26] 현 시대의 행정 구역이 아니어서 실체 중심으로 논의되기 어렵고, 우리는 고유명칭과 그것이 가리키는 실체에 관해 전해 오는 사실들을 통해서 실체의 특징을 가늠해 보거나 그 특징으로부터 파생된 개념을 소비하고 있을 뿐이다. 하지만 이 절의 논의를 통해 가리키는 실체가 소멸한 고유명칭들의 운명에 대해 다각적으로 생각해 볼 수 있는 여지가 남으리라고 기대한다.

---

27 대략적인 정보는 〈한국민족문화대백과사전〉 인터넷판(http://encykorea.aks.ac.kr)을 주로 참고했다.

고대 부족국가 시대의 부여(扶餘)에는 사출도(四出道)라는 지방 자치 조직이 있었는데, 중앙에는 왕도(王都)가 있고 사방으로 통하는 큰 길을 따라 그 길을 중심으로 형성된 네 개의 지역에 서로 다른 부족들이 살고 그 부족들의 우두머리가 각각 마가(馬加), 우가(牛加), 저가(猪加), 구가(狗加)의 사가(四加)였다. 각 출도의 고유명칭이 있었는지는 명확하지 않다.

기원전 108년에 중국 전한(前漢)의 무제는 위만 조선을 멸망시키고 그 땅에 네 개의 행정 구역을 설치했다. 이를 한사군(漢四郡, ≒사군)이라 부르는데, 이는 낙랑군, 임둔군, 현도군, 진번군이며 뒤에 고구려에 병합되었다. 이 가운데 낙랑군에는 누방현(鏤方縣)이 속해 있었고, 그 위치는 지금의 성천(成川), 양덕군 일대일 것으로 추정된다. 현도군에는 고구려, 서개마, 상은태, 후성, 요양, 고현의 6현이 소속되었다. 이 가운데 고현(高顯)은 지금의 철령(鐵嶺) 서북 지역에 있었고, 본래는 한(漢)나라의 요동군에 딸려 있었다.

중앙집권 체제가 확립된 고구려의 지방 행정은 초기에는 5부제, 이후에는 5부 행정제로 변모했는데, 5부는 다음과 같다.

(195) 5부 - 계루부(桂婁部) → 내부 또는 황부(黃部)
소노부(消奴部) → 서부(西部) 또는 우부(右部)
절노부(絶奴部) → 북부 또는 후부(後部)
순노부(順奴部) → 동부 또는 좌부
관노부(灌奴部) → 남부
(각 부의 장관은 욕살(褥薩))

5부 아래에는 성(城)을 두었다(그 장은 처려근지, 處閭近支 또는 도사, 道使). 그러면서 수도인 평양 이외에 한성(지금의 재령, 載寧), 국내성(지금의 통구, 通溝)에 직할시라고 할 수 있는 행정 구역을 설치해 삼경(三京)을 정치·군사적 요지로 삼았다.

(196) 3경 - 평양(수도), 한성, 국내성

백제는 초기에는 지방 행정 구역으로 22개의 담로(擔魯)를 두고 왕자나 왕족을 파견해 다스렸고, 그 이후에는 수도를 5부(部)로, 지방을 5방(方)으로 구분했다. 각 부에는 오항(五巷)이 있어 사서인(士庶人)이 살고 부마다 오백 명의 군대가 있었다.

(197) 5부 - 상부(上部), 전부(前部), 중부(中部), 하부(下部), 후부(後部)
5방(方) - 고사성(古沙城)(중앙)
득안성(得安城)(동방)
구지하성(久知下城)(남방)
도선성(刀先城) 혹은 역광성(力光城)(서방)
웅진성(熊津城)(북방)

5방에는 방령 1인을 두고 2품관인 달솔(達率)이 임명되어 다스렸고, 그 밑에는 6-10개의 군(郡)이 있었다. 군에는 군장 3인을 두었는데 4품관인 덕솔(德率)이 임명되었고 그 휘하에 700-1,200인의 군인이 있었다. 군 밑에는 도사(都事)가 다스리는 성(城)이 있었다.

신라는 6세기 초 지증왕 때 지방 행정조직으로 군현제(郡縣制)를 택하고 각 군현에 지방관을 파견하고 그 위에 5주를 설치해 감독하게 했다(상주, 上州; 하주, 下州; 신주, 新州; 실직주, 悉直州; 비열홀주, 比列忽州; 참고: 거타주, 居陀州). 그러니까 '주-군-현'으로 지방을 조직했다고 볼 수 있겠다(참고: 거칠산-군, 居柒山郡; 금마-군, 金馬郡; 문등-현, 文登縣; 진강-현, 鎭江縣).[27] 그리고 2개의 소경(소경중원경과 동원경)을 각각 지금의 충주와 강릉에 설치했다. 주의 장관은 군주 또는 총관(總管), 군에는 태수(太守), 현에는 현령(縣令), 소경에는 사신(仕臣)을 두었다. 군사적으로 중요한 지방에는 '진(鎭)'

---

28 52개의 읍륵(邑勒)이 있었다는 기록이 있는데(『양서(梁書)』의 「신라전(新羅傳)」), 읍륵과 군 사이의 대응 관계는 명확히 밝혀져 있지 않다.

이라는 행정 구역을 두기도 했다. 수도인 왕경(王京; 경주)의 행정구역으로는 내읍을 두고 6탁평을 두었고, 중앙 행정기구로는 6부(六部)를 두었는데, 그것들은 급량부, 사량부, 본피부, 점량부, 한지부(漢祇部), 습비부(習比部) 등이다. 경주에는 수도 경비를 위한 군영으로 육기정(六畿停)[29]을 두었다.

통일 신라 시대에는 9주 5소경, 그리고 115군, 201현으로 주·군·현 제도를 완성했다. 9주 5소경은 다음과 같다.

(198) 구주(九州) - 강주(康州)(←청주(菁州), 지금의 진주(晉州))
상주(尙州)(←사벌-주(沙伐州))
양주(良州)(←삽량-주(揷良州), 김해 소경(金海小京)과 12군(郡), 33현(縣)이 속함)
웅주(熊州)(←웅천-주(熊川州))
전주(全州)(←완산-주(完山州))
무주(武州)(←무진-주(武珍州))
한주(漢州)(←한산-주(漢山州))
삭주(朔州)(←수약-주(首若州))
명주(溟州)(←하서-주(河西州))
5소경 - 금관(金官)(→김해)
중원(中原)(=국원(國原))
북원(北原)
서원(西原)
남원(南原)

중앙엔 6부제를 실시해 사신(仕臣) 혹은 사대등(仕大等)을 장관으로 하고 그 밑에 사대사(仕大舍)를 두어 보좌하게 했다. 주-군-현 제도는 신라에서 그대로 이어졌고 지방 행정 조직의 최하 단위로는 촌을 두고 촌주가 담당하게 했다. 그리고 특별 행정 구역으로서 천민집단인 향,

29 모지정, 도품혜정, 근내정, 두량미지정, 우곡정, 관아량지정을 두었는데, 주둔한 지역에 따라 동기정, 남기정, 중기정, 서기정, 북기정, 막야정이라고도 했다.

소, 부곡이 있었다. 또한, 국경선인 대동강 지역 수비를 위해 패강진전(浿江鎭典)을 두었다. 9주 5소경의 장관, 부관, 그리고 현령 등은 경관(京官)으로 보임하고, 그 밑의 하급관료나 촌주 등은 그 지방의 토호 중에서 임명했다.

발해는 중앙에 5경을 설치하고 지방을 15부 62주로 나누었다.

(199) 5경과 15부 – 상경 - 용천부
중경 - 현덕부
동경 - 용원부(東京龍原府)(예맥의 옛 땅으로, 경주(慶州), 염주(鹽州), 목주(穆州), 하주(賀州)의 네 주를 통할)
서경 - 압록부(西京鴨綠府), 장령부(長嶺府), 부여부(夫餘府), 막힐부(鄚頡府), 정리부(定理府), 안변부(安邊府), 솔빈부(率賓府), 동평부(東平府), 철리부(鐵利府), 회원부(懷遠府), 안원부(安遠府)
남경 - 남해부(南京南海府)

(200) 15부(府)와 62주(州)
용천부 소속: 용주(龍州), 호주(湖州), 발주(渤州)
현덕부 소속: 노주(盧州), 현주(顯州), 철주(鐵州), 탕주(湯州), 영주(榮州), 흥주(興州)
용원부 소속: 경주(慶州), 염주(鹽州), 목주(穆州), 하주(賀州)
남해부 소속: 옥주(沃州), 정주(睛州), 초주(椒州)
압록부 소속: 신주(神州), 환주(桓州), 풍주(豊州), 정주(正州)
장령부 소속: 하주(瑕州), 하주(河州)
부여부 소속: 부주(扶州), 선주(仙州)
막힐부 소속: 막주(鄚州), 고주(高州)
정리부 소속: 정주(定州), 반주(潘州)
안변부 소속: 안주(安州), 경주(瓊州)
솔빈부 소속: 화주(華州), 익주(益州), 건주(建州)
동평부 소속: 이주(伊州), 몽주(蒙州), 타주(沱州), 흑주(黑州), 비주(比州)
철리부 소속: 광주(廣州)(=광릉02; 廣陵), 분주(汾州), 포주(蒲州), 해주(海州), 의주(義州), 귀주(歸州)
회원부 소속: 달주(達州), 월주(越州), 회주(懷州), 기주(紀州), 부주(富州), 미주(美州),

복주(福州), 사주(邪州), 지주(芝州)
안원부 소속: 영주(寧州), 미주(郿州), 모주(慕州), 상주(常州)
독주주 소속: 영주(郢州), 동주(銅州), 속주(涑州)

고려는 태조 때 중앙에 3경 즉, 개경(開京), 서경(西京), 남경(南京)을 설치했다가 성종 때 개경, 서경, 동경으로 개편하고 현종 때는 4경, 곧 개경, 서경, 남경, 동경을 설치했다가 문종 때는 다시 개경, 서경, 남경으로, 이후 인종 때는 3경을 폐지하기에 이른다. 개경(開京)은 5부, 즉 동부, 서부, 남부, 북부, 중부로 구분되었다.

성종 때 전국에 10도 5도호부를 설치했는데 그것들은 다음과 같다.

(201) 10도: 강남도, 관내도, 삭방도, 산남도, 영남도, 영동도, 중원도, 패서도, 하남도, 해양도
5도호부: 안동도호부(安東都護府), 안서도호부(安西), 안남도호부(安南), 안북도호부(安北), 안변도호부(安邊)

이어 현종 때는 개경, 즉 송도(松都)를 5부 35방(坊)으로 나누었을 뿐 아니라, 전국을 5도와 양계로 재편했고 그 아래에 4도호부(都護府), 8목(牧), 군(郡), 현(縣), 진(鎭)을 설치했다. 향(鄕)-소(所)-부곡((部曲)과 같은 특수 행정 구역이 존재했으며 말단 행정 구역은 촌(村)이었다.

(202) 5도: 양광도(楊廣道), 경상도(慶尙道), 전라도(全羅道), 교주도(交州道), 서해도(西海道)
양계: 동계03(東界), 서계01(西界)
4도호부: 안동도호부(安東都護府), 안서도호부(安西), 안남도호부(安南), 안북도호부(安北)
팔목03(八牧): 광주, 충주, 청주, 진주, 상주, 전주, 나주, 황주

조선의 수도는 한양인데, 태조 때 한양부를 광릉 또는 한성부로 개

칭했다. 일제강점기에는 경성부(京城府)로 다시 바뀐다. 수도는 다시 5부 52방으로 구획화되었다가 나중에 49방으로 줄게 된다. 수도 안의 행정 단위인 5부(部)는 동부·서부·남부·북부·중부이며, 이 부들이 다시 방(坊)으로 나뉜다. 이것이 경방(京坊)이며 오늘날의 동(洞)과 비슷한 단위다.

지방은 8도로 나뉘는데 팔로(八路)라고도 불렀다. 그것들은 강원도, 경기도, 경상도, 전라도, 충청도, 평안도, 함경도, 황해도인데, 고종 때(33년) 13도로 세분된다. 8도 아래 5부 5대도호부 20목 82군 175현을 두었다. 고려 시대의 향, 소, 부곡 등 특수 행정 구역은 폐지되고 모두 군현으로 승격시켰으며, 군현 밑에는 면, 리, 통을 둠으로써 오늘날의 행정 구역으로 이어지는 큰 틀이 마련되었다. 한성부는 수도로서 경기도에 포함되지는 않았다. 세종 때는 북방 여진족을 막기 위해 압록강 상류에 4군, 즉 여연(閭延), 자성(慈城), 무창(茂昌), 우예(虞芮)를 설치했다.

(203) 5부: 한성부(漢城府), 개성부(開城府), 강화부(江華府), 수원부(水原府), 광주부(廣州府)

5대도호부: 안동대도호부(安東大都護府), 강릉대도호부(江陵大都護府), 영흥대도호부(永興大都護府), 영변대도호부(寧邊大都護府), 창원대도호부(昌原大都護府)

20목: 광주목(廣州牧), 양주목(楊州牧), 파주목(坡州牧), 여주목(驪州牧), 원주목(原州牧), 충주목(忠州牧), 청주목(淸州牧), 홍주목(洪州牧), 공주목(公州牧), 광주목(光州牧), 나주목(羅州牧), 상주목(尙州牧), 성주목(星州牧), 진주목(晉州牧), 제주목(濟州牧), 해주목(海州牧), 황주목(黃州牧), 안주목(安州牧), 정주목(靜州牧), 의주목(義州牧)

1415년(태종 15년)에는 군 가운데 1천호 이상인 것은 도호부로 승격시켰다. 정원은 후대로 내려올수록 증가해 세종 때 38인, 성종 때 44인, 중종 때 45인이 되었고, 고종 초에는 75인으로 격증되었다가 1894년(고종 31년) 지방제도 개정 때, 군수로 통일되었다.

1895년(고종 32년) 갑오개혁에 의해 23부제(23부 337군 체제)로 행정 구역이 개편되었다. 도제(道制)를 폐지하고 부제(府制)를 실시했으며 도 밑의 부, 목, 군, 현을 군으로 일원화했다. 그랬다가 건양 원년, 즉 1896년(고종 33년), 23부제를 시행한 지 1년 남짓 만에 13도제로 행정 구역을 재개편했다. 기존의 팔도 중 남부 3개 도와 북부 2개 도를 남·북도로 나누는 13도제로 개편하고, 부제에서 도제로 환원했다. 이로써 13도 7부 1목 331군 체제가 성립되었다. 한성부는 경기도에서 분리되어 있었다.

일제강점기에는 1910년 「조선총독부지방관관제」에 의거해 13도 12부 317군 체제로 개편되었다. 이때 수도는 한성부에서 경성부로 개칭되면서 경기도의 하부 행정 구역이 된다. 그랬다가 다시 1914년 「조선총독부령 제111호 도의 위치·관할 구역 변경 및 부·군의 명칭·위치·관할 구역 변경에 관한 규정」에 의거해 13도 12부 220군 체제로 개편되었다. 이때의 부는 도시를 뜻하며, 해방 이후 1949년 일괄적으로 시로 개칭했다. 그 이후 읍이 부로 승격되는 일이 거듭되다가 13도 22부 218군 2도(島) 107읍 2,243면 체제로 광복을 맞이하게 된다.

미군정 시대에는 일제하의 지방제도가 그대로 계승되고 일부 지방 행정 구역이 개편되었다. 즉 1945년 11월 38도선 이남에 연접한 행정 구역을 조정하고 1946년 7월 전라남도에서 제주도를 분리해 도로 승격하고, 경성부를 경기도의 관할로부터 떼어 서울특별시로 독립시켰다. 이리하여 1948년 8월 15일 대한민국 정부수립 당시의 남한지역 행정 구역 수는 1특별시 9도 14부 133군 1도 8구 73읍 1,456면으로 되었다. 그해 11월에 공포된 「지방행정에 관한 임시조치법」도 이 관할구역을 그대로 승계했다.

1949년 8월 15일 시행된 「지방자치법」에 의해 지방자치단체의 계층구조는 도·서울특별시, 그리고 시·읍·면의 2계층으로 되었다. 그 밖에 도의 관할구역 내에 군을, 서울특별시와 인구 50만 이상의 시에 구(區)를, 그리고 시·읍·면에 동·이를 두었으며 부를 시로, 울릉도를 울릉군으로 개칭하는 것 말고는 종전의 행정 구역을 그대로 승계하였다. 「지방자치법」이 시행된 1950년대에는 지극히 불가피한 경우 외에는 지방 행정 구역이 개편되지 않았다. 이 시기에는 8개 시(제주·원주·경주·충무·강릉·진해·충주·삼천포)와 18읍의 승격이 있었다. 이에 따라 1960년 말 당시 행정 구역은 1특별시 9도 26시 140군 15구 85읍 1,407면으로 구성되었다.

1961년 5·16군사정변 이후 그해 9월의 「지방자치에 관한 임시조치법」에 의해 기초자치단체를 읍·면 대신 군으로 개편했다. 이후 1979년 말 당시 지방자치단체인 지방 행정 구역은 1특별시 1직할시 9도 34시 138군으로 되었다.

1981년 7월의 「대구직할시 및 인천직할시 설치에 관한 법률」에 의해 대구시와 인천시는 각각 종전의 경상북도와 경기도의 관할구역에서 이탈해 정부직할로 되었고, 광주시는 1986년 11월 1일 자로 시행된 「광주직할시 및 송정시 설치에 관한 법률」에 의해 전라남도의 관할구역에서 이탈해 정부직할로 되었다. 이리하여 1988년 1월 1일에는 지방자치단체인 지방 행정 구역이 1특별시 4직할시 9도 56시 126군으로 되었다.

1988년 5월 1일부터 시행되고 있는 현행의 신「지방자치법」에 의하면 우리나라의 지방자치단체는 특별시·광역시·도 및 시·군 자치구의 2종으로 되어 있다. 특별시와 광역시 및 도는 정부의 직할 아래 두고, 시는 도의 관할구역 안에, 군은 광역시 또는 도의 관할구역 안에 두며, 자치구는 특별시와 광역시의 관할구역 안에 두었다. 한편 시는 종래 도시의 형태를 갖추고 인구 5만 이상인 지역을 말했으나, 1995년부터는 도·농 복합형태(都農複合形態)라는 새로운 형태의 시가 발족되었다. 그리고 종래의 구(區)는 대도시 지역의 행정적 편의를 위해 인위적으로 구분된 순수한 행정구획이었으나 새로운 「지방자치법」에 의해 특별시와 광역시 지역 안의 구만은 자치구라는 이름과 함께 기초적 지방자치단체로서의 지위를 획득했다. 또한 일부 광역시의 관할구역이 넓어짐에 따라 농촌형 기초자치단체인 군 중에서 일부가 광역시의 관할구역 내 편입되는 경우도 나타났다. 결국 시·도는 광역자치단체인 반면 시·군·자치구는 기초자치단체로서 국가 전체의 통치구조에서 하나의 계층적 위계 속에 포함되어 있다고 할 수 있다. 한편 특별시 또는 광역시가 아닌 인구 50만 이상의 시에는 자치구가 아닌 구를 둘 수 있고, 군에는 읍·면을 두며, 시와 구(자치구 포함)에는 동(洞)을, 읍·면에는 이를 두었다. 도·농복합형태의 시에는 도시의 형태를 갖춘 지역에는 동을, 그 밖의 지역에는 읍·면을 두되, 그 시에 자치구가 아닌 구를 두는 경우에는 그 구에 읍·면·동을 둘 수 있다. 이들 구·읍·면·동·이는 시·군·자치구 등 지방자치단체의 행정보조계층이 되고 있다. 1996년 3월 1일 기준 지방자치단체인 지방 행정 구역으로는 1특별시 5광역시 9도 72시 93군 65자치구가, 기타 행정보조기관으로서의 행정 구역으로는 25일반구 193읍 1,236면 2,354동 3만 2,484리가 있었다.

3.2.1.4. 다른 나라, 다른 시대의 행정 구역

한국어를 사용하는 우리 민족에게는 한국의 행정 구역이 삶의 터전이자 일반적인 어휘 지식의 원천이지만, 한국인의 어휘 지식 중에는 우리 민족과 가깝거나 멀게 관계를 맺고 있는 다른 나라의 행정 구역의 명칭에 관한 지식도 어느 정도 포함되어 있다. 그것도 역사적으로 다른 나라와 접촉한 시기와 그 접촉의 긴밀한 정도에 따라 그 시대마다의 그 나라에 관한 지식이 한국어의 어휘 속에 스며들어 있는 것이다. 물론 객관적인 존재론적 지식으로만 보면 시대마다의 모든 나라의 행정 구역을 정확히 아는 것이 중요하겠지만, 여기서는 〈표준〉에 등재된 단어들을 중심으로만 살펴보기로 하겠다.

3.2.1.4.1. 중국

요순(堯舜)시대를 지나 중국에서 우(禹)가 하(夏)나라를 세우면서 나라를 9개의 주로 나누었다. 이렇게 전국을 구주(九州)로 나누는 일은 그 뒤의 은(殷)나라 때나 주(周)나라 때에도 이어지지만 그 이름은 조금씩 달랐다.

(204) 구주 ≒구국(九國), 구위(九圍), 구유(九有).
ㄱ. 하나라: 기(冀), 연(兗), 청(靑), 서(徐), 형(荊), 양(揚), 예(豫), 양(梁), 옹(雍)
ㄴ. 은나라: 기, 예, 옹, 양, 형, 연, 서, 유(幽), 영(營)
ㄷ. 주나라: 양, 형, 예, 청, 연, 옹, 유, 기, 병(幷)

또한 주나라 때는 수도를 중심으로 거리에 따라서 나눠 구기(九畿, =구복)라는 행정 구획을 두었다. 왕성(王城)으로부터 사방 천 리를 왕기(王畿)라 하고, 그다음부터 오백 리마다 차례로 후복(侯服), 전복(甸服), 남복(男服), 채복(采服), 위복(衛服), 만복(蠻服), 이복(夷服), 진복(鎭服), 번복(藩服)의 아홉 구역으로 나누었다.

이후 춘추전국시대(=선진, 先秦)를 거쳐 진(秦)나라 시황제가 전국을 통일한 뒤에는 지방분권적인 봉건제도의 약점을 없애기 위해 중앙집권적 성격을 띤 군현제(郡縣制)를 실시했다.

전한(前漢)의 무제 때는 장안(長安) 부근에 세 개의 행정 구역을 두고 그곳 또는 그곳의 장관을 삼보(三輔)라고 불렀다. 장안 동쪽의 경조(京兆)·장릉(長陵), 북쪽의 좌풍익(左馮翊)·위성(渭城), 서쪽의 우부풍(右扶風)을 이른다. 그리고 무제 때는 남월(南越)을 물리치고 교지(交趾)라는 행정 구역을 설치했다.

이후, 신나라, 후한, 삼국시대(위, 오, 촉), 서진, 오호 십육국, 동진시대, 남북조시대, 수나라, 당나라로 이어진다.

수나라 때는 지금의 안후이성(安徽省) 동남부에 선주(宣州)라는 행정 구역을 두었고, 지금의 허난성(河南省) 루스현(盧氏縣)에 괵주(虢州)를 두었다.

수·당 이후 오대십국시대, 북송-요나라, 남송-금나라 시대로 나뉘었다가 모두 칭기즈칸이 세운 원나라에 의해 멸망한다. 원나라는 다시 한족의 주원장이 세운 명나라에게 멸망하고, 명나라는 다시 여진족 누르하치가 세운 청나라에 망한다. 청나라가 중화민국으로 이어지면서 왕정은 폐지되고 공화제가 시작된다.

원나라는 행성(行省)(=행-중서성, 行中書省)이라는 지방 통치 기관을 설치하는데, 이것이 현대 중국의 지방 행정 구역인 성(省)의 기원이다. 카이위안(開原)을 중심으로 한 둥베이(東北) 지역에는 개원로(開元路)라는 행정 구역을 설치했다.

현대 중화인민공화국은 인구 70%가 농업에 종사하는 국가로, 지방 행정을 4계층의 수직 구조로 나누어 통치하고 있다. 최상층을 제1급 행정 구역이라 부르고, 광대한 영역을 22개 성(省), 5개의 자치주, 4개의 직할시로 수평 분할하고 있다. 2개의 특별행정구가 1급 행정 구역에 준하는 것으로 다루어지고 있다.

(205) 제1급(성급, 省級) 행정구

ㄱ. 성(22개)

간쑤-성(Gansu[甘肅]省), 광둥-성(Guangdong[廣東]省), 구이저우-성(Guizhou[貴州]省), 랴오닝-성(Liaoning[遼寧]省), 산둥-성(Shandong[山東]省) =루성(Lu[魯]省), 산시-성01(Shanxi[山西]省), 산시-성02(Shanxi[陝西]省), 쓰촨-성(Sichuan[四川]省), 안후이-성(Anhui[安徽]省), 윈난-성(Yunnan[雲南]省), 장시-성(Jiangxi[江西]省), 장쑤-성(Jiangsu[江蘇]省), 저장-성02(Zhejiang[浙江]省), 지린-성(Jilin[吉林]省), 칭하이-성(Qinghai[靑海]省), 푸젠-성(Fujian[福建]省), 하이난-성(Hainan[海南]省), 허난-성(Henan[河南]省), 허베이-성(Hebei[河北]省), 헤이룽장-성(Heilongjiang[黑龍江]省) =흑룡강-성(黑龍江省), 후난-성(Hunan[湖南]省), 후베이-성(Hubei[湖北]省)

ㄴ. 자치구(5개)

광시^좡족^자치구(Guangxi[廣西]Zhuang[壯]族自治區) =광시-성(Guangxi[廣西]省), 네이멍구^자치구(Neimenggu[內蒙古]自治區), 닝샤^후이족^자치구

(Ningxia Hui[寧夏回]族自治區), 시짱^자치구(Xizang[西藏]自治區), 신장^웨이우얼^자치구(Xinjiangweiwuer[新疆維吾爾]自治區)

ㄷ. 직할시(4개)

베이징시, 충칭시, 상하이시, 톈진시

ㄹ. 특별행정구(2개)

홍콩 특별 행정구, 마카오 특별 행정구

제2계층의 행정 단위는 지급(地級)으로 분류하는데 지급시, 자치주, 지구 등이 있다. 도시 지역과 주변의 농촌부를 포함한 비교적 큰 행정 단위다. 제3계층의 행정 단위는 현과 현급(縣級)시이고, 제4계층에 해당하는 것은 향급(鄕級)의 행정 단위로 향이나 진(鎭) 등으로 불린다. 각 계층에 해당하는 단위를 정리하면 다음과 같다.

(206) ㄱ. 제2급(지급) 행정구: 부성급성시(副省級城市), 지급시, 자치주, 지구, 맹

ㄴ. 제3급(현급) 행정구: 현급시, 현, 자치현, 시할구, 기, 자치기, 민족구, 특구

ㄷ. 제4급(향급) 행정구: 진, 향, 민족향, 현할구, 가도, 소목, 민족소목

ㄹ. 제5급(촌급) 행정구: 촌민위원회(촌민소조, 촌), 사구거위원회(사구, 거민구)

우리에게 익히 알려진 옌볜 조선족 자치주(Yanbian[延邊]朝鮮族自治州)는 현급 자치주다. 중국의 제2급 행정 구역부터는 〈표준〉 등 사전에 특별히 표시되어 있지 않고 도시로만 등재된 것들이 있고 그 밖의 자연지명이 올라 있는 정도이다.

3.2.1.4.2. 일본

일본의 행정 구역은 현재의 체제를 중심으로 이해하면 될 것이다. 행정 구역 고유명칭에 관한 어휘적 정보만으로도 근대 이전까지의 한국의 역사는 국민이 일본의 행정 구역까지 이해하고 있을 만큼 일본과의 교류가 깊지 않았고 중국 편향적이었음을 알 수 있다.

일본의 행정 구역은 광역자치단체인 도도부현(都道府縣)과 기초자치단체인 시정촌(특별구를 포함하면 시구정촌)으로 되어 있다. 도도부현은 1도(都), 1도(道), 2부, 43현으로 이루어져 있다. 그 각각은 다음과 같다.

(207) ㄱ. 도(都): 도쿄도

ㄴ. 도(道): 홋카이도

ㄷ. 부: 오사카부, 교토부

ㄹ. 현

도호쿠 지방: 아오모리-현(Aomori[青森]縣), 이와테-현(Iwate[巖手]縣), 미야기-현(Miyagi[宮城]縣), 아키타-현(Akita[秋田]縣), 야마가타-현(Yamagata[山形]縣), 후쿠시마-현(Fukushima[福島]縣)

간토 지방: 이바라키-현(Ibaraki[茨城]縣), 도치기-현(Tochigi[枥木]縣), 군마-현(Gunma[群馬]縣), 사이타마-현(Saitama[埼玉]縣), 지바-현(Chiba[千葉]縣), 가나가와-현(Kanagawa[神奈川]縣)

주부 지방: 니가타-현(Nîgata[新潟]縣), 도야마-현(Toyama[富山]縣), 이시카와-현(Ishikawa[石川]縣), 후쿠이-현(Fukui[福井]縣), 야마나시-현(Yamanashi[山梨]縣), 나가노-현(Nagano[長野]縣), 기후-현(Gihu[岐阜]縣), 시즈오카-현(Shizuoka[静岡]縣), 아이치-현(Aichi[愛知]縣)

긴키 지방: 미에-현(Mie[三重]縣), 시가-현(Shiga[滋賀]縣), 효고-현(Hyôgo[兵庫]縣), 나라-현(Nara[奈良]縣), 와카야마-현(Wakayama[和歌山]縣)

주고쿠 지방: 돗토리-현(Tottori[鳥取]縣), 시마네-현(Shimane[島根]縣), 오카야마-현(Okayama[岡山]縣), 히로시마-현(Hiroshima[廣島]縣), 야마구치-현(Yamaguchi[山口]縣)

시코쿠 섬: 도쿠시마-현(Tokushima[德島]縣), 가가와-현(Kagawa[香川縣]), 에히메-현(Ehime[愛媛]縣), 고치-현(일Kôchi[高知]縣)

규슈 섬: 후쿠오카-현(Fukuoka[福岡]縣), 사가-현(Saga[佐賀]縣), 나가사키-현(Nagasaki[長崎]縣), 구마모토-현(Kumamoto[熊本]縣), 오이타-현(Ooita[大分]縣), 미야자키-현(Miyajaki[宮崎]懸), 가고시마-현(Kagoshima[鹿兒島]縣), 오키나와-현(Okinawa[沖縄]縣)

(207)의 현은 행정 구역은 아니지만 지역에 따라 혼슈(本州)섬의 다

섯 지방(간토(關東), 도호쿠(東北), 주부(中部), 긴키(近畿), 주고쿠(中國))과 시코쿠(四國)섬, 규슈(九州)섬에 속한 것들을 구분해 제시했다.

기초자치단체인 시구정촌은, 도쿄도에 특별구가 설치된 것 외에 나머지 도부현에는 시정촌이 배치되어 있다. 시는 현청소재지 외에, 정령(政令)으로 지정된 정령지정도시로 중핵시와 특례시가 있는데, 일정한 자격이 갖추어지면 일본 지방자치법에 따라 지정된다.

3.2.1.4.3. 미국

미국은 수도인 워싱턴 D.C.가 특별구로 설치되어 있고, 50개의 주(state)가 매우 큰 자치권을 가지고 있으나 연방으로부터 독립할 권리는 없다. 50개의 주는 다음과 같다.

(208) 네바다-주(Nevada州), 네브래스카-주(Nebraska州), 노스다코타-주(NorthDakota州), 노스캐롤라이나-주(NorthCarolina州), 뉴멕시코-주(NewMexico州), 뉴욕-주(NewYork州), 뉴저지-주(NewJersey州), 뉴햄프셔-주(NewHampshire州), 델라웨어-주(Delaware州), 로드아일랜드-주(RhodeIsland州), 루이지애나-주(Louisiana州), 매사추세츠-주(Massachusetts州), 메릴랜드-주(Maryland州), 메인-주(Maine州), 몬태나-주(Montana州), 미네소타-주(Minnesota州), 미시간-주(Michigan州), 미시시피-주(Mississippi州), 미주리-주(Missouri州), 버몬트-주(Vermont州), 버지니아-주(Virginia州), 사우스다코타-주(SouthDakota州), 사우스캐롤라이나-주(SouthCarolina州), 아이다호-주(Idaho州), 아이오와-주(Iowa州), 아칸소-주(Arkansas州), 알래스카-주(Alaska州), 애리조나-주(Arizona州), 앨라배마-주(Alabama州), 오리건-주(Oregon州), 오클라호마-주(Oklahoma州), 오하이오-주(Ohio州), 와이오밍-주(Wyoming州), 워싱턴-주(Washington州), 웨스트버지니아-주(WestVirginia州), 위스콘신-주(Wisconsin州), 유타-주(Utah州), 인디애나-주(Indiana州), 일리노이-주(Illinois州), 조지아-주(Georgia州), 캔자스-주(Kansas州), 캘리포니아-주(California州), 켄터키-주(Kentucky州), 코네티컷-주(Connecticut州), 콜로라도-주(Colorado州), 테네시-주(Tennessee州), 텍사스-주(Texas州), 펜실베이니아-주(Pennsylvania州), 플로리다-주(Florida州), 하와이-주(Hawaii州)

각 주에는 주지사가 행정의 장으로 있고 주 정부도 삼권이 분리되어 있다. 주 아래의 행정 구역으로는 카운티(county; 군)를 하위 지방 행정 구역으로 나누고 카운티는 시(city), 읍(town 또는 township), 리(village) 등으로 나뉘지만. 경우에 따라 카운티 전체가 하나의 시를 이루는 독립시도 있고, 뉴욕시의 경우는 대도시(metropolitan city)로서 그 안에 5개의 카운티가 독립구로서 존재한다. 뉴욕시의 독립구는 잘 알려진 브롱크스, 맨해튼, 브루클린, 퀸즈, 스테이튼 아일랜드다.

3.2.1.4.4. 그 밖의 주 제도를 사용하는 국가들

전 세계 국가들의 행정 제도와 그에 따른 행정 구역을 그 계층별로 모두 다루려면 끝이 없겠지만 여기서는 〈표준〉에 등재된 것들과 〈우리말샘〉에 추가된 일부 주 이름을 제시하는 정도에 그치고자 한다.

(209) ㄱ. 그리스: 아르골리스-주, 아르카디아-주

ㄴ. 남아프리카공화국: 나탈-주, 오렌지^자유주, 케이프-주, 트란스발-주

ㄷ. 독일: 노르트라인베스트팔렌-주, 니더작센-주, 라인란트팔츠-주, 메클렌부르크포어포메른-주, 바덴뷔르템베르크-주, 바이에른-주, 브란덴부르크-주, 슐레스비히홀슈타인-주, 자를란트-주, 작센-주, 작센안할트-주, 튀링겐-주, 헤센-주

ㄹ. 러시아: 로스토프-주, 오렌부르크-주, 옴스크-주, 탐보프-주, 페름-주

ㅁ. 말레이시아: 사바-주, 조호르-주

ㅂ. 멕시코: 두랑고-주, 바하칼리포르니아-주, 베라크루스-주, 아과스칼리엔테스-주, 오악사카-주, 푸에블라-주

ㅅ. 브라질: 고이아스-주, 리우데자네이루-주, 미나스제라이스-주, 바이아-주, 산타카타리나-주, 상파울루-주, 세아라-주, 아마조나스-주, 알라고아스-주, 이스피리투산투-주, 파라-주, 파라나-주, 파라이바-주, 페르남부쿠-주, 피아우이-주, 호라이마-주, 혼도니아-주, 히우그란지두노르치-주

ㅇ. 스위스: 베른-주

ㅈ. 사우디아라비아: 헤자즈-주

ㅊ. 아르헨티나: 살타-주

ㅋ. 앙골라: 카빈다-주

ㅌ. 에스파냐: 레온-주, 발렌시아-주, 사라고사-주, 세고비아-주, 오비에도-주, 우엘바-주
ㅍ. 에이레: 골웨이-주
ㅎ. 영국: 그레이터맨체스터-주, 노퍽-주, 더럼-주, 데번-주, 데번셔-주, 랭커셔-주, 링컨셔-주, 버크셔-주, 서퍽-주, 에식스-주, 요크셔-주, 컴브리아-주, 케임브리지셔-주, 켄트-주, 클리블랜드-주, 콘월-주, 햄프셔-주
ㄲ. 오스트레일리아: 노던-주, 뉴사우스웨일스-주, 빅토리아-주, 사우스오스트레일리아-주, 웨스턴오스트레일리아-주, 퀸즐랜드-주
ㄸ. 오스트리아: 슈타이어마르크-주, 잘츠부르크-주, 티롤-주
ㅃ. 이라크: 카르발라-주
ㅆ. 이란: 후제스탄-주
ㅉ. 이탈리아: 라치오-주, 롬바르디아-주, 리구리아-주, 마르케-주, 몰리세-주, 바실리카타-주, 발레다오스타-주, 베네토-주, 아브루치-주, 에밀리아로마냐-주, 움브리아-주, 칼라브리아-주, 캄파니아-주, 토스카나-주, 트렌티노알토아디제-주, 풀리아-주, 프리울리·베네치아·줄리아-주, 피에몬테-주
ㅏ. 인도: 고아-주, 나갈랜드-주, 라자스탄-주, 마니푸르-주, 마디아프라데시-주, 미조람-주, 비하르-주, 서벵골-주, 시킴-주, 아삼-주, 안드라프라데시-주, 오디샤-주, 오리사-주, 우타르프라데시-주, 카르나타카-주, 카슈미르-주, 케랄라-주, 타밀나두-주, 트리푸라-주, 펀자브-주, 하리아나-주
ㅑ. 인도네시아: 파푸아-주
ㅓ. 칠레: 마가야네스-주, 발파라이소-주
ㅕ. 카자흐스탄: 우랄스크-주
ㅗ. 캐나다: 뉴브런즈윅-주, 노바스코샤-주, 온타리오-주, 퀘벡-주, 브리티시컬럼비아-주, 앨버타-주, 서스캐처원-주, 매니토바-주, 프린스에드워드아일랜드-주, 뉴펀들랜드-주
ㅛ. 콩고: 샤바-주
ㅜ. 파키스탄: 발루치스탄-주, 신드-주
ㅠ. 폴란드: 레그니차-주
ㅡ. 프랑스: 프랑스령^기아나주

대개의 광역 행정 구역을 우리말로 '주(州)'로 옮기는 경우가 많지만 그렇지 않은 경우들도 있다. 프랑스의 경우, 레지옹(region)을 쓰는데 우

리 사전에는 위 (209__)의 해외주 말고는 몇 곳을 '지방'으로 옮기는 정도로 수용되어 있다. 고대 이집트에는 '노모스(nomos)'라는 단위가 있었던 것으로 알려져 있다.

3.2.2. 시설물

행정 구역이 넓은 범위의 인문 공간이라면 그 안에는 하나의 시설로 된 크고 작은 공간들이 들어차 있다. 그것들을 모두 아우르는 개념으로는 '시설물'이 가장 적절해 보인다. '장소'는 일시적인 공간이라도 상관없어서 적절해 보이지 않으며 '기관(機關)'은 단체나 조직에 가까운 개념이어서 공간 이전의 추상적 실체를 가리키는 말이다. '건물'은 '집'보다는 상위 개념이지만 개체성이 강해서 '시설물'에 비해서는 하위 개념이다. '구조물'이 '건물'보다는 상위 개념이겠으나 이 역시 개체성이 강하다는 점에서 '시설물'보다 하위 개념으로 볼 수 있을 것 같다. '시설'이라고 해도 좋을 것으로 보이지만 〈표준〉에서는 '시설'이 '시설물'과 대등한 정도의 뜻풀이를 담고 있지 못하다. 앞으로는 '시설'이 '시설물'의 뜻으로도 쓰임을 포함할 수도 있을 것으로 보인다.

(210) 시설

「명사」 도구, 기계, 장치 따위를 베풀어 설비함. 또는 그런 설비. ≒설시.

(211) 시설물

「명사」 베풀어 차려 놓은 구조물. ≒영조물.

이에 따라 이 절에서는 행정 구역 속에 위치할 수 있는 다양한 시설들을 유형화하고 그것들의 특성을 살펴보기로 하겠다.

3.2.2.1. 관청 시설

〈표준〉에 제시된 관청의 정의는 다음과 같다.

(212) 관청01(官廳)

「참고 어휘」 공무소(公務所).

「명사」「1」 국가의 사무를 집행하는 국가 기관. 또는 그런 곳. 사무의 성격에 따라 행정 관청·사법 관청, 관할 구역에 따라 중앙 관청·지방 관청 따위로 나뉜다.

'관청 시설'이라는 말이 별도로 존재하지 않지만, 여기서는 그런 기관이 공간적으로 구현된 시설물을 가리키는 의미에서 이러한 용어를 사용하고자 한다. 실제로 '관청'과 짝을 이루는 시설물은 '청사'가 될 것이고, 우리가 사용하는 '관청 시설'은 '청사'에 준하는 개념으로 이해하면 되겠다.

(213) 청사11(廳舍)

「명사」 관청의 사무실로 쓰는 건물.

(212)의 '관청'은 뜻풀이에서 '국가 기관'으로 정의되고 있는데, '국가 기관'이라는 용어도 유사한 범위의 외연을 가지는 것으로 볼 수 있다.

(214) 국가^기관(國家機關)

『정치』 국정을 운영하기 위하여 설치한 입법·사법·행정 기관을 통틀어 이르는 말.

대체로는 행정 기관의 청사가 되겠지만, 입법 기관인 국회와 사법 기관인 법원류를 모두 아우르는 범위를 가리킨다.

이 절에서 유형화하고자 하는 실체 유형의 명칭으로 '공공기관'을 생각해 볼 수도 있겠으나, 공공기관은 공적인 성격의 기관을 모두 아우르는 개념이어서 여기서 한정하고자 하는 관청의 범위를 넘어서는 것으로 보인다.

(215) 공공^기관 (公共機關)

『행정』 국가나 사회의 구성원에게 두루 관계되는 기관.

이러한 공공기관은 사적인 시설물과 대비되는 매우 포괄적인 개념이 되어 모든 국가 기관과 산하 기관을 아우르고, 특정 목적을 위한 시설물들 가운데서도 국가가 설립하거나 투자한 기관까지를 아우르게 될 것으로 보인다.

여기서는 관청 기관의 하위 범주로 '행정 기관', '사법 기관', '입법 기관'을 상정하고 그러한 키워드들을 통해 관청 기관에 속하는 고유명칭들을 추출해 보고자 한다. 본래 '행정 기관', '사법 기관', '입법 기관'은 실제로는 단체나 조직과 관련된 개념이다. 이들 기관들의 사전적 정의를 보자.

(216) ㄱ. 행정^기관(行政機關)

『행정』 국가 또는 지방 자치 단체의 행정 사무를 맡아보는 기관. 취급 사무에 따라 국가 행정 기관 또는 관치 행정 기관과 자치 행정 기관으로 분류되고, 법적 성격에 따라 행정 관청, 의결 기관 또는 자문 기관, 감사 기관, 집행 기관, 보조 기관 따위로 분류된다.

ㄴ. 사법^기관(司法機關)

『법률』 사법권의 행사를 담당하는 독립된 국가 기관. 좁은 의미로는 법관으로 구성된 법원만을 의미하나, 넓은 의미로는 사법 행정 사무를 담당하는 기관을 이른다.

ㄷ. 입법^기관(立法機關)

『법률』 법률 제정을 담당하는 국가 기관. 원칙적으로 국회(國會)를 이르는 말이다. ≒입법부.

위에서 이 유형을 시설물에 포함시키고 있듯이 여기서의 기관들은 기관 그 자체를 가리키는 것이 아니다. 기관 그 자체는 이미 앞에서 살펴본 '단체'에 해당하는데 그것을 '인문 공간'에서 다시 다룰 필요는 없을 것이기 때문이다.[30]

여기서 다루는 행정 기관의 명칭은 곧 그 공간, 즉 시설물의 명칭으로 이해하면 되겠다. 〈표준〉에 등재된 고유한 기관들의 명칭은 다음과 같다.[31]

(217) 감사-원01(監査院), 건설^교통부(建設交通部)(→ 국토 해양부), 검찰02(檢察), 검찰-청(檢察廳), 경찰-청(警察廳), 경호-실(警護室)(→ 대통령 경호처), 고용^노동부(雇傭勞動部)(→ 노동부), 공안^위원회(公安委員會), 공정^거래^위원회(公正去來委員會), 과학^기술부(科學技術部)(→ 교육 과학 기술부), 과학^기술^정보^통신부(科學技術情報通信部), 과학^기술처(科學技術處)(→ 과학 기술부), 관구^사령부(管區司令部), 관세-청(關稅廳), 관청01(官廳), 교구-청(敎區廳), 교도관^학교(矯導官學校)(→ 법무 연수원), 교사07(敎司), 교육^과학^기술부(敎育科學技術部)(→ 교육부), 교육-부(敎育部), 교육^인적^자원부(敎育人的資源部)(→ 교육 과학 기술부), 교황-청(敎皇廳), 국가^과학^기술^위원회(國家科學技術委員會), 국가^보훈처(國家報勳處), 국가^안보실(國家安保室), 국가^정보원(國家情報院), 국무-부(國務部), 국무-원(國務院), 국무^조정실(國務調整室)(→ 국무총리 비서실), 국무-총리(國務總理), 국무총리^비서실(國務總理秘書室), 국무총리-실(國務總理室)(→ 국무총리 비서실), 국민^권익^위원회(國民權益委員會), 국민^대회(國民大會), 국민^안전처(國民安全處)(→ 행정 안전부), 국방-부(國防部), 국방-성(國防省), 국세-청(國稅廳), 국정^홍보처(國政弘報處)(→ 문화 체육 관광부), 국제^도로^연맹(國際道路聯盟), 국제^무역^위원회(國際貿易委員

---

30 '단체'의 하위 유형을 더 구체적으로 기술했다면 그 하위 유형과 여기서의 '시설물'의 하위 유형이 반복적으로 다루어지는 것이 맞다.

31 그러나 실제 법률로서 규정되어 있기로는 일반적인 의미보다 좁게 정의되어 있어서 그리 포괄적인 개념으로 사용되고 있지는 않으며, 다른 목적의 기관 시설물까지 아우르게 된다는 우려는 적절한 것으로 확인된다. 법률에 따른 공공기관이란, 정부의 투자·출자 또는 정부의 재정지원 등으로 설립·운영되는 기관으로서 「공공기관의 운영에 관한 법률」(공운법) 제4조 제1항 각호의 요건에 해당해 기획재정부 장관이 지정한 기관을 의미하기 때문이다.

2020년도 공공기관으로 지정된 기관은 모두 340개이며 이 기관들에 관한 구체적인 정보는 공공기관 경영정보 공개시스템(ALIO)을 통해 확인할 수 있다.

會), 국제^연합^재해^구제^기관(國際聯合災害救濟機關), 국제^연합^총회(國際聯合總會), 국제^항공^연맹(國際航空聯盟), 국제^행정^연합(國際行政聯合), 국토^교통부(國土交通部), 국토^해양부(國土海洋部)(→ 국토 교통부), 국회(國會), 군무-아문(軍務衙門), 군사^정전^위원회(軍事停戰委員會), 군청01(郡廳), 금융^위원회(金融委員會), 기상-청(氣象廳), 기획^예산처(企劃豫算處)(→ 기획 재정부), 기획^재정부(企劃財政部), 기획-처(企劃處)(→ 기획 재정부), 나사03(NASA), 남당02(南堂), 낭묘(廊廟), 내무-부02(內務部)(→ 행정 자치부), 내무-아문(內務衙門)(→ 내부), 내부05(內部), 노동-부(勞動部)(→ 고용 노동부), 농림-부(農林部)(→ 농림 수산 식품부), 농림^수산부(農林水產部)(→ 농림부), 농림^수산^식품부(農林水產食品部)(→ 농림 축산 식품부), 농림^축산^식품부(農林畜產食品部), 농지^개량^조합(農地改良組合)(→ 한국 농어촌 공사), 농촌^진흥청(農村振興廳), 대검2(大檢), 대-검찰청(大檢察廳), 대-도호(大都護), 대-도호부(大都護府), 대외^활동^본부(對外活動本部), 대장-성(大藏省), 대통령^경호실(大統領警護室)(→ 대통령 경호처), 대통령^비서실(大統領秘書室), 대통령-실(大統領室), 더블유티오02(WTO), 도당03(都堂), 도찰-원(都察院), 도평의-사사(都評議使司), 동^주민^센터(洞住民center), 로마^교황청(Roma敎皇廳), 면-사무소(面事務所), 면청02(面廳), 모사드(Mossad), 문화^관광부(文化觀光部), 문화재^관리국(文化財管理局)(→ 문화재청), 문화재-청(文化財廳), 문화^체육^관광부(文化體育觀光部), 문화^체육부(文化體育部)(→ 문화 관광부), 미국^국립^항공^우주국(美國國立航空宇宙局), 미국^항공^우주국(美國航空宇宙局), 미래^창조^과학부(未來創造科學部)(→ 과학 기술 정보 통신부), 민방위^본부(民防衛本部), 방송^통신^위원회(放送通信委員會), 방위^사업청(防衛事業廳), 법무-부(法務部), 법왕-청(法王廳), 법원01(法院), 법제-처(法制處), 법황-청(法皇廳), 병무-청(兵務廳), 병사-구(兵事區), 병사구^사령부(兵事區司令部), 보건^복지^가족부(保健福祉家族部)(→ 보건 복지부), 보건^복지부(保健福祉部), 보통^지방^행정^기관(普通地方行政機關), 사법-부(司法府), 사세-청(司稅廳)(→ 국세청), 산림-청(山林廳), 산업^자원부(產業資源部)(→ 지식 경제부), 산업^통상^자원부(產業通商資源部), 새만금^개발청(새萬金開發廳), 세계^무역^기구(世界貿易機構), 소방^방재청(消防防災廳), 소방-청(消防廳), 소방^학교(消防學校), 소연방^각료^회의(蘇聯邦閣僚會議), 수로-국(水路局), 수산^조합(水產組合), 수산-청(水產廳)(→ 해양 수산부), 시02(市), 시청01(市廳), 식품^의약품^안전처(食品醫藥品安全處), 식품^의약품^안전청(食品醫藥品安全廳)(→ 식품 의약품 안전처), 신라-소(新羅所), 심계-원(審計院)(→ 감사원), 아이아르에프(IRF), 아이엠시오(IMCO), 아이엠피(IMP), 아이티시(ITC), 악사-청(樂師廳), 안전^행정부(安全行政部)(→ 행정 자치부), 어음^교환소(어음交換所), 어음^중개실(어음仲介室), 에프아르비01(FRB), 여성^가족부(女性家族部)(→ 여성부), 연방^거래^위원회(聯邦去來委員會), 연방^준비^제도^이사회(聯邦準備制度理事會), 예산-청(豫算廳)(→ 기획 예산처), 외교^대표부(外交代表部), 외교-부(外交部), 외교^통상부(外交通商部)(→ 외교부), 외국01(外局), 외무-부(外務部)(→ 외교 통상부), 외무-성(外務省), 외청02(外廳), 우주^비행장(宇宙飛行場), 운드로(UNDRO), 원자력^안전^위원회(原子力安全委員會), 읍-사무소(邑事務所), 의정-부01(議政府), 인민^위원회(人民委員會), 인사^혁신처(人事革新處), 임시^의정원(臨時議政院), 재정^경제부(財政經濟部)(→ 기획 재정부), 재정^경제원(財政經濟院)(→ 재정 경제부), 재정-부(財政部), 전미^자문^위원회(全美諮問委員會), 정보^통신부(情報通信部), 정부08(政府), 정부09(政府), 정부^간^해사^협의^기구(政府間海事協議機構), 정부^금융^기관(政府金融機關), 조달-청(調達廳), 조선^총독부(朝鮮總督府), 조폐^공사(造幣公社), 종리-원(宗理院), 종무-원02(宗務院), 종합^금융^회사(綜合金融會社), 중기-청(中企廳)(→ 중소 벤처 기업부), 중서-성(中書省), 중소기업-청(中小企業廳)(→ 중소 벤처 기업부), 중소^벤처^기업부(中小venture企業部), 중앙^선거^관리^위원회(中央選擧管理委員會), 중앙-정보부(中央情報部), 중앙^정부(中央政府), 중앙^집행^위원회(中央執行委員會), 지식^경제부(知識經濟部), 집사-부(執事部)(→ 집사성), 집사-성(執事省), 철도-청(鐵道廳), 청와-대(青瓦臺), 체신^기념관(遞信紀念館), 총무-처(總務處)(→ 행정 자치부), 키스트(KIST), 통계-청(統計廳), 통상^산업부(通商産業部)(→ 산업 자원부), 통일-부(統一部), 통일-원(統一院)(→ 통일부), 평화^통일^정책^자문^회의

이 목록에는 고유명칭으로서의 기관 내지는 시설물이 다수이기는 하나 그 상위어도 일부 포함되어 있다. '군청', '읍사무소', '면사무소(=면청)', '동주민센터' 등인데 이것들은 일반명사지만 전국의 군, 읍, 면, 동마다 각각 군청, 읍사무소, 면사무소, 동주민센터가 시설물로서 존재하니 이것들은 그만한 확장 가능성을 가진 대표 유개념으로 남겨 두었다.

관청 시설의 정의는 대체로 그것의 공간적 위치보다는 그것의 기구 내에서의 위상과 하는 일을 중심으로 정의되어 있고, 필요에 따라 그 기구의 시작과 끝에 관한 정보가 덧붙어 있다.

(218) 해양^수산부(海洋水産部)

『행정』 중앙 행정 기관의 하나. 해양 정책, 수산, 어촌 개발 및 수산물 유통, 해운·

항만, 해양 환경, 해양 조사, 해양 수산 자원 개발, 해양 과학 기술 연구·개발 및 해양 안전 심판에 관한 사무를 맡아 본다. 2013년 3월 농림 수산 식품부와 국토 해양부의 일부가 통합되어 신설되었다.

이러한 정의는 인문 공간으로 분류한 이 절의 기준에 맞지 않지만, 단체나 기관이 공간을 가지는 것이 일반적이며, 점조직이나 가상조직이어서 지상에 공간을 갖지 않는 조직이라면 그러지 않을 수 있지만, 오히려 반대로 특정 공간을 분류하고자 할 때 그 공간이 단체나 기관의 이름을 필요로 하는 면이 있다. 그 공간의 용도가 그런 기능에 의해 분류되기 때문이다. 따라서 온톨로지의 측면에서 단체나 기관 명칭은 그 공간에 관한 정보가 함께 제시되는 것이 바람직하다. (211)의 대부분의 정의가 그렇지 못하므로, '청사.'로 정의된 예들을 찾아 공간으로서의 정의를 보완해 보고자 하니 마땅한 예로 다음 하나만을 찾을 수 있었다.

(219) 중앙-청(中央廳)

「명사」『사회 일반』 서울특별시 세종로 1번지에 있던 중앙 정부의 청사. 일제 강점기에 조선 총독부 건물로 사용되던 것을 광복 후 이 이름으로 개칭하고 정부 청사로 사용하여 오다가 헐었다.

이러한 관청 시설에 대한 한국어 화자의 일반적인 지식을 가늠해 보자면 다음과 같을 것이다.

(220) 실체n

이름	중앙청
실체 유형	관청 시설(인문 공간)
소재	서울특별시 세종로 1번지
특기 사항	일제 강점기에 조선 총독부 건물이었다가 광복 후 이 이름으로 개칭하여 정부 청사로 사용하다가 헒

관청 시설을 공간적으로 볼 때는 그 기관의 용도가 가장 중요한 관심사가 되겠으나 '중앙청'은 현재 존재하지 않으므로 일종의 특기 사항으로 그런 내용이 기억하는 사람의 생각 속에만 남아 있게 된 것이다.

3.2.2.2. 문화재 시설

문화재 시설이 따로 독립적으로 정의되어 있지는 않다. 그러나 인문공간을 분류하고자 할 때 크게 행정 구역들이 구분되고 그 속을 채우는 시설물들을 분류하고자 할 때 문화재 시설이 하나의 영역을 이루는 것으로 판단되므로 여기서는 공간 속에 시설물로서 존재하는 문화재를 문화재 시설로 규정하고 그러한 문화재 시설의 고유명칭을 수집해 보기로 한다.

'문화재'의 정의를 통해 어떤 문화재가 문화재 시설로 묶일 수 있을지에 대해 생각해 보기로 하자.

(221) 문화-재(文化財)

「명사」「2」 문화재 보호법이 보호의 대상으로 정한 유형 문화재, 무형 문화재, 민속 문화재, 천연기념물, 사적, 명승지 따위를 이르는 말.

(221)로부터 우리는 문화재 시설물로는 유형 문화재의 일부, 사적, 명승지 따위가 포함될 수 있을 것으로 판단할 수 있다.

(222) 관동^팔경(關東八景), 관서^팔경(關西八景), 구담-봉(龜潭峯), 다대포(多大浦), 단양^팔경(丹陽八景), 도담^삼봉(島潭三峯), 만폭-동(萬瀑洞), 사인-암(舍人巖), 삼방02(三防), 상선-암(上仙巖), 서도^팔경(西道八景), 영동^팔경(嶺東八景), 영월-대(迎月臺), 옥순-봉(玉筍峯), 중선-암(中仙巖), 탄금-대(彈琴臺), 태종-대(太宗臺), 하선-암(下仙巖)

(222)는 〈표준〉에서 정의가 '명승지'로 끝나는(뜻풀이에 '명승지.'를 포

함하고 있는) 표제어들인데 그 장소들의 기본적인 성격은 자연 공간과 겹쳐지는 것으로 보이나 자연 공간을 인문적으로 해석한 공간이므로 문화재 공간의 부분으로 포함할 수 있을 것으로 판단했다.

(222)보다 더 주된 문화재 시설물로는 사적이라고 할 건축물류가 되어야 할 것으로 보이나 '사적'으로 정의된 예로는 고유명칭에 해당하는 것이 검색되지 않았다. 다른 방법으로 역사 전문어 가운데서 뜻풀이에 '건립'이라는 단어가 들어간 예들을 추출해 (223)을 얻을 수 있었다. 119개 가운데 가나다순으로 앞쪽 50개만 제시하기로 한다.

(223) 가야-관(伽倻館), 강릉^객사문(江陵客舍門), 강릉^굴산사지^승탑(江陵崛山寺址僧塔), 강릉^임영관^삼문(江陵臨瀛館三門), 개심사^오층^탑(開心寺五層塔), 경복-궁(景福宮), 경주^분황사^모전석탑(慶州芬皇寺模塼石塔), 경주^불국사^연화교^및^칠보교(慶州佛國寺蓮華橋및七寶橋), 경주^불국사^청운교^및^백운교(慶州佛國寺青雲橋및白雲橋), 경희-궁(慶熙宮), 계성-사(啓聖祠), 고달사지^부도(高達寺址浮屠), 광화-문(光化門), 광희-문(光熙門), 구례^연곡사^북승탑(求禮鷰谷寺北僧塔), 구미^죽장리^오층^석탑(龜尾竹杖里五層石塔), 굴산사지^부도(崛山寺址浮屠), 궁궐-도감(宮闕都監), 금강-정02(錦江亭), 기자-사(箕子祠), 낙동^서원(洛東書院), 남-대문(南大門), 남-소문(南小門), 낭공^대사비(朗空大師碑), 노강^서원(鷺江書院), 다보-탑(多寶塔), 단양^신라^적성비(丹陽新羅赤城碑), 대원각사-비(大圓覺寺碑), 대진^경교^유행^중국비(大秦景教流行中國碑), 독립^협회(獨立協會), 돈의-문(敦義門), 동궐(東闕), 동-대문(東大門), 메로빙거^왕조(Merovinger王朝), 무영-탑(無影塔), 백제^오중^석탑(百濟五重石塔), 백제^오층^석탑(百濟五層石塔), 백제-탑(百濟塔), 법천사^지광^국사^현묘탑비(法泉寺智光國師玄妙塔碑), 보령^성주사지^낭혜^화상^탑비(保寧▽聖住寺址郎慧和尙塔碑), 보림사^삼층^석탑(寶林寺三層石塔), 보신-각(普信閣), 보통-문(普通門), 보협인-석탑(寶篋印石塔), 봉선^홍경사^사적^갈비(奉先弘慶寺事跡碣碑), 봉정사^극락전(鳳停寺極樂殿), 부석사^무량수전(浮石寺無量壽殿), 부석사^무량수전^앞^석등(浮石寺無量壽殿앞石燈), 부석사^삼층^석탑(浮石寺三層石塔), 부석사^조사당(浮石寺祖師堂)

(223)에는 건축물류 외에 '문', '탑', '비석' 등을 포함하고 있는데 그

런 기념물들도 일정한 공간을 차지하므로 충분히 인문 공간으로 수용될 수 있다.

(223)과 함께 더 찾아볼 수 있었던 예들은 역시 역사 전문어 영역에 포함되는 '유적.'으로 정의되는 표제어들이다. 그것들은 다음 (224)와 같다. 94개 중 가나다순으로 앞쪽 50개만 제시하기로 하겠다.

(224) 갱유-곡(坑儒谷), 날란다(Nalanda), 누비아^유적(Nubia遺跡), 니푸르(Nippur), 델포이(Delphoe), 동선^유적(Dong-So'n遺跡), 두라유로포스^유적(Dura Europos遺跡), 라마들렌^유적(La Madeleine遺跡), 뤄양^유적(Luoyang[洛陽]遺跡), 마리^유적(Mari遺跡), 마야판(Mayapan), 명사리^유적(明沙里遺跡), 모헨조다로(Mohenjo-Daro), 모헨조다로^유적(Mohenjo-Daro遺跡), 목양-성(牧羊城), 몰타^유적(Malta遺跡), 미란03(Miran), 바르후트(Bhārhut), 바미안^유적(Bāmiān遺跡), 반산-고묘군(半山古墓群), 반산-고분군(半山古墳群), 반포^유적(Banpo[半坡]遺跡), 보로부두르(Borobudur), 사르곤-성(Sargon城), 사위안^문화(Shayuan[沙苑]文化), 사정^유적(沙井遺跡), 산치04(Sanchi), 삼롱센^유적(Samrong Sen遺跡), 상춘링궈궈^고분(Shangcunlingguoguo[上村嶺虢國]古墳), 서포항^유적(西浦港遺跡), 석교리^유적(石橋里遺跡), 석탄리^유적(石灘里遺跡), 세게스타(Segesta), 세제스타(Segesta), 수사27(Susa), 시알크^유적(Sialk遺跡), 신점^유적(辛店遺跡), 싱룽^유적(Xinglong[興隆]遺跡), 쌍학리^유적(雙鶴里遺跡), 아나우^유적(Anau遺跡), 아비도스(Abydos), 알타미라^동굴(Altamira洞窟), 암음^유적(巖陰遺跡), 앙코르02(Angkor), 앙코르^톰(Angkor Thom), 에리두(Eridu), 에페수스(Ephesus), 옌샤두^유적(Yanxiadu[燕下都]遺跡), 옥애오^유적(Oc-Eo遺跡), 올두바이^유적(Olduvay遺跡)

이러한 문화재들을 다음과 같은 정보들을 담고 있다.

(225) 사인-암(舍人巖)

「명사」『지명』 충청북도 단양군에 있는 명승지. 단양 팔경의 하나로, 단양의 강변에 있는 가파른 암벽이다. 고려 말기에 우탁이 사인 벼슬로 있을 때 이곳에 와 휴양하였기 때문에 이와 같이 불렀다.

(226) 가야-관(伽倻館)

「명사」『역사』 조선 시대에, 경상북도 고령에 있던 객사(客舍). 조선 시대의 대표적인 지방 관아 건물로, 성종 24년(1493)에 건립되었으며, 고려 말기의 건축 양식에 원나라의 건축 양식을 뒤섞은, 독특한 기풍을 지녔다.

(227) 갱유-곡(坑儒谷)

「명사」『역사』 중국 산시성(陝西省) 린퉁현(臨潼縣)의 서남쪽에 있는 유적. 진시황 35년에 유생 460여 명을 산 채로 묻어 죽인 곳이라고 한다.

문화재 시설들의 공통된 지식 표상은 소재지, 관련 시대, 용도, 특기 사항이 포함될 것이다.

(228) 실체n

이름	가야관
실체 유형	문화재 시설
소재	경상북도 고령
관련 시대	조선 시대
용도	객사
특기 사항	조선 시대의 대표적인 지방 관아 건물, 성종 24년(1493)에 건립, 고려 말기 건축 양식에 원나라 건축 양식을 뒤섞은 독특한 기풍을 지님

3.2.2.3. 교육 시설

교육 시설은 다음과 같이 정의될 수 있다. 〈표준〉에는 등재되어 있지 않고 〈우리말샘〉에서 찾을 수 있다.

(229) 교육^시설

『교육』 교육 활동을 하기 위하여 설치한 시설을 통틀어 이르는 말. 도서관, 기숙사, 초등학교, 중학교 따위를 이른다.

주로 학교 기관이 교육 시설에 해당함을 알 수 있다. 도서관이나 기숙사가 포함되어 있는데 학교에 딸린 도서관과 기숙사는 교육 시설이라 하겠으나 일반 사회의 도서관을 모두 교육 시설로 포괄하는 것은 적절하지 않을 것이다. 실제로 도서관의 경우, 고유한 이름을 가진 것으로는 '국회도서관'과 고려 시대의 '어서원', 조선 시대의 '규장각', '규장원' 정도가 올라 있는 정도이며 '기숙사'는 고유한 명칭을 가진 것으로는 등재된 것이 없다. '교육 시설.'로 정의된 표제어는 '유치원, 육군전투병과학교, 임해학교' 정도다.

오히려 '교육 기관.'으로 정의된 표제어들이 상당수 검색된다. 검색된 84개 중 가나다순으로 앞쪽 50개만 제시하기로 한다.

(230) 경찰^학교(警察學校), 경학-원(經學院), 고급^중학교(高級中學校), 공군^대학(空軍大學), 관학01(官學), 광헌공-도(匡憲公徒), 교도관^학교(矯導官學校), 구세군^사관^학교(救世軍士官學校), 국민^대학(國民大學), 국자02(國子), 국자-감(國子監), 국자-학(國子學), 국학02(國學), 군관^학교(軍官學校), 군의^학교(軍醫學校), 귀산-도(龜山徒), 그래머^스쿨(grammar school), 기술^대학(技術大學), 김나지움(Gymnasium), 남산-도(南山徒), 농아^학교(聾啞學校), 농-학교(聾學校), 단기^사관^학교(短期士官學校), 대성^학교(大成學校), 대학01(大學), 대-학교(大學校), 동서^학당(東西學堂), 맹인^학교(盲人學校), 맹-학교(盲學校), 문법^학교(文法學校), 문충공-도(文忠公徒), 문헌공-도(文憲公徒), 방송^대학(放送大學), 방송^통신^고등학교(放送通信高等學校), 방송^통신^대학(放送通信大學), 사문-학(四門學), 사범^대학(師範大學), 사학02(四學), 사학05(私學), 사학07(社學), 서시랑-도(徐侍郎徒), 서원-도(西園徒), 세미너리(seminary), 수도원^학교(修道院學校), 승암^학교(僧庵學校), 시중-최공도(侍中崔公徒), 신학-교(神學校), 실업^고등^전문학교(實業高等專門學校), 실업^학교(實業學校), 알렉산드리아^신학교(Alexandria神學校)

검색된 전체 표제어 중 고유명칭으로 사용된 것들은 다음과 같은 정도로 검색된다. 대부분 역사 속의 기관들로 오늘날 존속하고 있는 것은 많지 않다.

(231) 경찰^학교(警察學校), 경학-원(經學院), 공군^대학(空軍大學), 광헌공-도(匡憲公徒), 교도관^학교(矯導官學校), 구세군^사관^학교(救世軍士官學校), 국자02(國子), 국자-감(國子監), 국자-학(國子學), 국학02(國學), 귀산-도(龜山徒), 남산-도(南山徒), 대성^학교(大成學校), 동서^학당(東西學堂), 문충공-도(文忠公徒), 문헌공-도(文憲公徒), 사문-학(四門學), 서시랑-도(徐侍郎徒), 서원-도(西園徒), 시중-최공도(侍中崔公徒), 알렉산드리아^신학교(Alexandria神學校), 양신공-도(良愼公徒), 여진-학(女眞學), 영-학생단(營學生團), 웅천-도(熊川徒), 육군^대학(陸軍大學), 육군^연성^학교(陸軍硏成學校), 육군^유년^학교(陸軍幼年學校), 육영^공원(育英公院), 이화^학당(梨花學堂), 정경공-도(貞敬公徒), 정헌공-도(貞憲公徒), 주자-감(胄子監), 줄리아드^음악^학교(Julliard音樂學校), 충평공-도(忠平公徒), 콜레주^드^프랑스(Collège de France), 태학(太學), 태학-감(太學監), 홍문공-도(弘文公徒)

학교의 경우도 〈표준〉에 '학교.'로 정의된 것의 대부분이 학교의 하위 유형에 해당한다. 검색된 198개 중 가나다순으로 앞쪽 50개만 제시하기로 한다.

(232) 간이^학교(簡易學校), 간호^대학(看護大學), 개방^대학(開放大學), 개방^학교(開放學校), 경찰^대학^부설^종합^학교(警察大學附設綜合學校), 경찰^전문학교(警察專門學校), 고교04(高校), 고등^간호^기술^학교(高等看護技術學校), 고등^공민학교(高等公民學校), 고등^공업^학교(高等工業學校), 고등^기술^학교(高等技術學校), 고등^농림^학교(高等農林學校), 고등^보통학교(高等普通學校), 고등^사범^학교(高等師範學校), 고등^상업^학교(高等商業學校), 고등^소학교(高等小學校), 고등^여학교(高等女學校), 고등-학교(高等學校), 고려^혁명^군관^학교(高麗革命軍官學校), 공군^사관^학교(空軍士官學校), 공립^학교(公立學校), 공민-학교(公民學校), 공병^학교(工兵學校), 공업^고등학교(工業高等學校), 공업^학교(工業學校), 공장^학교(工場學校), 관학01(官學), 교방(敎坊), 구화^학교(口話學校), 국립^고등학교(國立高等學校), 국립^학교(國立學校), 국방^정신^교육원(國防精神敎育院), 국제^사관^학교(國際士官學校), 국학02(國學), 군사^학교(軍事學校), 귀족^학교(貴族學校), 근로^학교(勤勞學校), 기숙^학교(寄宿學校), 기술^학교(技術學校), 남녀^공학(男女共學), 너서리-스쿨(nursery school), 노인^학교(老人學校), 노작^학교(勞作學校), 농림^학교(農林學校), 농업^고등학교(農業高等學校), 농업^학교(農業學校), 닐의^학교(Neill의學校), 단급^학교(單級學校), 당교(當校), 대-신학교(大神學校)

(232) 중에서 고유명칭인 것은 다음과 같다.

(233) 경찰전문학교, 고려혁명군관학교, 공군사관학교, 국제사관학교, 국학, 닐의 학교, 로열발레단, 모스크바음악원, 무관학교, 바우하우스, 배재학당, 배화학당, 법어학교, 서머힐 스쿨, 서전서숙, 아카데메이아, 양정의숙, 오산학교, 원산학사, 육군보병학교, 육군사관학교, 육군종합학교, 육군종합행정학교, 육군통신학교, 육군포병학교, 육군항공학교, 정보학교, 종인학교, 철도고등학교, 한어학교, 해군군의학교, 해군대학, 해군사관학교, 헌병학교, 황푸군관학교, 휘문의숙

오늘날 정규 고등학교로 발전한 학교들이 눈에 띄며 경찰전문학교, 사관학교 등 군사 관련 학교들은 고유명칭으로 볼 수 있지만 그런 기관이 우연히 하나이기 때문에 그대로 고유명칭이 될 수 있는 것이고, 같은 기능을 하는 학교가 둘 이상 존재한다면 다른 구별적 명칭이 필요하며 본래의 명칭은 일반명칭이 될 수도 있는 것으로 보인다. 어떻든 (230)과 (231)에는 오늘날 존재하는 모든 개별 학교의 고유명칭이 거의 포함되어 있지 않다. 2019년 교육기본통계에 따르면, 우리나라의 유치원 수는 8,837개, 초등학교는 6,087개, 중학교는 3,214개, 고등학교는 2,356개 등이다. 이 모든 교육 시설들이 고유명칭을 가지고 있다. 교육 시설을 보다 정교하게 기술한다면, 교육원(연수원), 직업훈련소, 학원까지도 아우를 수 있겠으나 여기서는 그럴 가능성을 제시하는 정도로만 기술하기로 하겠다.

개별 교육 시설의 뜻풀이에는 어떤 정보가 담길지 생각해 보자.

(234) 오산^학교(五山學校)

『역사』 1907년에 이승훈이 평안북도 정주에 세운 학교. 민족정신을 고취하고 독립운동의 인재를 양성하기 위하여 설립하였으며, 광복 후 서울의 오산 중·고등학교가 되었다.

(235) 실체n

이름	오산 학교
실체 유형	교육 시설
소재	평안북도 정주
설립자	이승훈
특기 사항	민족정신을 고취하고 독립운동의 인재를 양성하기 위해 설립. 광복 후 서울의 오산 중·고등학교가 됨

교육 시설의 온톨로지가 조금 더 정교하게 기술된다면, 실체 유형도 교육 시설 중에서 '학교-중·고등학교' 등으로 기술할 수 있을 것이다.

3.2.2.4. 에너지 시설

에너지 시설로는 다양한 발전소를 들 수 있다. 〈표준〉에 '에너지 시설'이 따로 검색되지는 않으나 '발전소.'로는 다음과 같은 표제어들이 검색된다.

(236) 계단식^발전소(階段式發電所), 고리^원자력^발전소(古里原子力發電所), 괴산^수력^발전소(槐山水力發電所), 군산^화력^발전소(群山火力發電所), 급류^발전소(急流發電所), 내연^기관^발전소(內燃機關發電所), 대용량^수력^발전소(大容量水力發電所), 댐식^발전소(dam式發電所), 디젤^발전소(Diesel發電所), 마산^발전소(馬山發電所), 보성강^발전소(寶城江發電所), 복수식^발전소(復水式發電所), 복식^저수지^조수력^발전소(複式貯水池潮水力發電所), 삼척^발전소(三陟發電所), 서울^화력^발전소(서울火力發電所), 수력^발전소(水力發電所), 수로^계단식^발전소(水路階段式發電所), 수로식^발전소(水路式發電所), 수풍^발전소(水豐發電所), 양수식^발전소(揚水式發電所), 열^병합^발전소(熱倂合發電所), 영월^발전소(寧越發電所), 예비^발전소(豫備發電所), 운암^발전소(雲巖發電所), 원자력^발전소(原子力發電所), 유역^변경식^발전소(流域變更式發電所), 유입식^발전소(流入式發電所), 일간^조절^발전소(日間調節發電所), 자류식^발전소(自流式發電所), 자연^취수식^발전소(自然取水式發電所), 장진강^발전소(長津江發電所), 저낙차^발전소(低落差發電所), 조력^발전소(潮力發電所), 조정지식^발전소(調整池式發電所), 중낙차^발전소(中落差發電所), 중소^규모^발전소(中小規模發電所), 중소^용량^수력^발전소(中小容量水力發電所), 중유^발전소(重

油發電所), 지열^발전소(地熱發電所), 지하식^원자력^발전소(地下式原子力發電所), 청평^발전소(淸平發電所), 칠보^발전소(七寶發電所), 팔당^수력^발전소(八堂水力發電所), 평택^화력^발전소(平澤火力發電所), 풍력^발전소(風力發電所), 허천강^발전소(虛川江發電所), 화력^발전소(火力發電所)

(236) 중에도 고유명칭이라고 할 만한 것들은 '고리원자력발전소, 괴산수력발전소, 군산화력발전소, 마산발전소, 보성강발전소, 삼척발전소, 서울화력발전소, 수풍발전소, 영월발전소, 운암발전소, 장진강발전소, 청평발전소, 칠보발전소, 팔당수력발전소, 평택화력발전소, 허천강발전소' 정도이며 나머지는 발전소의 하위 유형을 구분해 주는 일반 명칭들이다.

발전소를 유형에 따라 구분해 보자면, 발전소는 그 에너지원에 따라 수력발전소, 원자력발전소, 풍력발전소, 화력발전소, 열병합발전소, 조력발전소, 지열발전소, 태양광발전소 등이 있고, 그중 우리나라는 화력, 수력, 원자력에 주로 의존하고 있다. 화력발전소는 기력발전소, 가스터빈발전소, 복합화력발전소, 내연기관발전소 등이 있고, 수력발전소는 댐식발전소, 수로식발전소, 댐수로식발전소, 양수식발전소, 조력발전소 등이 있다.

고유명칭인 발전소는 다음과 같이 정의될 수 있다.

(237) 보성강^발전소(寶城江發電所)

『전기·전자』 전라남도 보성군 득량면에 있는 수력 발전소. 1937년 3월에 준공된, 남한에서 현존하는 최고(最古)의 발전소이다.

(238) 실체n

이름	보성강 발전소
실체 유형	에너지 시설

하위 유형	수력 발전소
소재	전라북도 보성군 득량면
준공 시기	1937년 3월
특기 사항	남한 현존 최고(最古)의 발전소

교육 시설에서도 그랬지만 발전소는 하위 유형 정보가 많은 것을 말해 준다.

3.2.2.5. 의료 시설

의료 시설의 정의는 〈우리말샘〉에서 찾아볼 수 있다.

(239) 의료^시설

『의학』 의료에 필요한 기구, 기계, 장치 따위를 베풀어 설비한 장소.

그리고 '의료 시설'이 포함된 표제어들로 '공공의료시설', '노인의료시설', '보건의료시설', '아동의료시설', '응급의료시설', '종합의료시설' 등이 등재되어 있다. '보건소'와 '병원'으로 된 시설물들임을 알 수 있고, 하나의 기관이 몇 가지 의료 시설로서 기능할 수도 있을 것임을 짐작할 수 있다.[32]

'보건소'는 다음과 같이 정의되며, 2019년 통계로 전국에 보건소(보

32 '보건소'와 '병원'을 아울러서도 보건의료 시설이라 할 수 있겠으나 '보건소'는 보건의 성격을 가진 의료 시설로서 '의료'에 방점이 있다. '보건 시설'은 복지의 측면이 강하므로 의료 시설과는 구분된다.

(i) 보건^시설

『복지』 기업 복지 제도의 일환으로 만든 운동장, 운동 시설, 요양소, 숙박소, 클럽, 해양 휴양소, 산간 휴양소 따위를 이르는 말. 병원이나 진찰소는 광의의 보건 시설이지만 의료 시설에 들어갈 수도 있다. 운동 관계 시설 가운데 일부의 운동선수만이 사용하거나 회사의 명예를 높이는 의미에서의 운동 경기적인 시설은 보건 시설이 아니다. (〈우리말샘〉)

건의료원 포함)가 256개, 보건지소가 1,340개, 건강생활지원센터가 64개, 보건진료소가 1,904개가 있다. 이 모두가 각각의 고유명칭을 가지고 있다.

(240) 보건-소(保健所)

「명사」 질병의 예방, 진료, 공중 보건을 향상시키기 위하여 서울특별시와 각 광역시 및 각 시·군·구에 둔 공공 의료 기관.

'병원'은 (241)과 같이 정의되며, 〈표준〉에 '병원'으로 끝나는 표제어와 '병원.'의 뜻풀이를 가진 표제어가 (242)와 같이 올라 있다.

(241) 병원02(病院)

「명사」「1」 병자(病者)를 진찰, 치료하는 데에 필요한 설비를 갖추어 놓은 곳.

(242) 가축-병원(家畜病院), 격리^병원(隔離病院), 경찰^병원(警察病院), 광제-원(廣濟院), 광혜-원(廣惠院), 국군^통합^병원(國軍統合病院), 나-병원(癩病院), 뇌-병원(腦病院), 단과^병원(單科病院), 부속^병원(附屬病院), 부인^병원(婦人病院), 산재^병원(産災病院), 수련^병원(修鍊病院), 순회-병원(巡廻病院), 슈바이처^병원(Schweitzer病院), 야간^병원(夜間病院), 야전^병원(野戰病院), 위수^병원(衛戍病院), 육군^병원(陸軍病院), 이동^병원(移動病院), 임상^병원(臨牀病院), 자선^병원(慈善病院), 전염-병원(傳染病院), 정신^병원(精神病院), 제중-원(濟衆院), 종합^병원(綜合病院), 철도^병원(鐵道病院), 피-병원(避病院), 한방^병원(韓方病院), 호스피스(hospice), 후송^병원(後送病院)

(242) 가운데 고유명칭인 것은 '광제원, 광혜원, 슈바이처병원, 제중원'에 그치고 있으나, 2017년 조사된 우리나라의 병원 수는 종합병원 344개, 요양병원 1,422개, 일반병원 1,464개, 의원 3만 958개, 특수병원(결핵, 한센, 정신) 114개, 치과병·의원 1만 7,614개, 한방병·의원 1만 4,467개, 부속의원 222개, 조산원 26개로 전부 6만 6,631개가 구별

되어 존재한다.

의료 시설인 고유명칭의 정의에 포함될 정보를 생각해 보자.

(243) 광혜-원(廣惠院)

「명사」『역사』 조선 고종 22년(1885)에 일반 백성의 병을 치료하기 위하여 통리교섭통상사무아문의 아래에 두었던 한국 최초의 근대식 병원. 지금의 서울 재동에 미국인 선교사 알렌(Allen, H. N.)의 주관 아래 세웠으며, 같은 해에 제중원으로 이름을 고쳤다.

(244) 실체n

이름	광혜원
실체 유형	의료 시설
설립 연도	1885년(조선 고종 22년)
소재	서울 재동
준공 시기	1937년 3월
특기 사항	한국 최초의 근대식 병원. 미국인 선교사 알렌의 주관 아래 세움. 같은 해 제중원으로 이름을 고침

3.2.2.6. 교통 시설

교통 시설의 정의도 〈우리말샘〉에서 찾아볼 수 있다.[33]

(245) 교통^시설

『교통』 자동차·기차·배·비행기 따위를 이용하여 사람이 오고 가거나 짐을 실어 나르게 하기 위하여 설치한 시설. 도로, 철도, 항만, 공항 따위를 이른다.

교통 시설은 교통기관의 종류에 따라 복합적인 구조를 가지고 있음을 알 수 있다. 먼저 공중에서 이동하는 비행기는 공항에서 탑승하

33 「건축법」 시행령에서는 이와 유사한 개념으로 '운수 시설'이라는 용어를 사용하고 있지만 아직 사전에는 등재되어 있지 않다.

며 공중의 항공로를 통해 이동한다. 이때 공항은 교통 시설이지만 항공로는 구체적인 시설물이 있는 것은 아니다.[34] 육상에서는 기차와 자동차를 통한 이동이 이루어지며, 철도에 탑승하는 곳은 역, 고속버스에 탑승하는 곳은 고속버스터미널이다. 개인이 이용하는 택시는 택시 승강장에서 이동한다. 이러한 육상 교통기관들이 이동하는 길은 도로다. 도로는 차가 이동하기 용이하도록 반드시 공간을 할애해 설치해야 하는 시설물이다. 해상에서는 배를 통해 이동하는데 배를 타는 곳은 여객선터미널이고 배가 이동하는 바다의 항로는 출발지와 목적지를 연결해 줄 수 있는 길이지만 고유명칭을 얻을 만한 대상이 된 사례는 드물고 넓은 공간에 걸친다('남미항로, 대서양항로, 북동항로, 북서항로, 인도항로'). 수로도 별도의 시설이 필요한 것이 아니므로 구체적인 시설물은 아니다.

먼저 항공 교통 시설인 공항부터 살펴보자면 〈표준〉의 공항에 대한 정의는 다음과 같다.

(246) 공항02(空港)

「명사」 항공 수송을 위하여 사용하는 공공용 비행장. 주로 민간 항공기와 같은 정기 항공기의 이착륙에 사용한다. 일반 여객과 화물의 수송을 주목적으로 하며 활주로, 유도로, 관제탑, 격납고, 급유·정비 시설, 여객·수하물·화물을 처리하는 시설 따위를 갖추고 있다. ≒항공항.

공항의 고유명칭으로 〈표준〉에 등재된 표제어는 (247) 정도다.

(247) 김포^공항(金浦空港), 김포^국제공항(金浦國際空港), 김해^국제공항(金海國際空港), 덜레스^공항(Dulles空港), 드골^공항(de Gaulle空港), 오를리^공항(Orly空港), 인

34 항공로도 항로를 설계하고 각각을 구분하기 위한 식별부호가 존재하며(알파벳 한 자리+숫자 세 자리, 예: B576) 중요지점에 명칭을 부여하기도 한다. 하지만 별도의 시설물로 보기는 어렵다.

천^공항(仁川空港), 인천^국제공항(仁川國際空港)

그러나 실제로 오늘날 우리가 알고 있거나 들어본 국제공항의 수는 훨씬 많을 것임은 경험적으로 짐작할 수 있을 것이다. 2020년 〈두피디아〉 '세계의 공항'에 등재된 항목만 1,198개지만 비포장활주로를 가진 작은 공항까지 언급하자면 미국에만 1만 3천 개가 넘는 공항이 있다고도 한다.

육상 교통 시설은 역(철도역)과 버스터미널이 중심이 되고, 철도의 경우 중간에 정차역이 있고 버스의 경우 중간에 정류장 또는 정류소가 있다. 또한 철도와 도로는 그 길이 시작되는 기점과 끝나는 종점(종착점)이 있는데 철도의 경우 기점은 그 외에 별다른 표현이 없지만 도착하는 곳은 종착역이라고 부른다. 철도의 경우, 출발역과 도착역이라는 개념도 있으나 이것들은 개인적인 차원으로 해석될 여지도 있으므로 기점과 종착역과는 구별될 수 있다.

역의 정의는 〈표준〉에서 다음과 같으나 버스터미널은 보다 넓은 개념인 '터미널'에서 온 것이어서 터미널의 정의를 함께 보기로 하겠다.

(248) 역11(驛)

「명사」「1」 열차가 발착하는 곳. ≒철도역.

(249) 터미널(terminal)

「명사」「1」 항공, 열차, 버스 노선 따위의 맨 끝 지점. 또는 많은 교통 노선이 모여 있는 역.

고속버스 터미널.

시외버스 터미널.

공용 터미널.

버스터미널은 〈표준〉에는 정의가 없고 〈우리말샘〉에 관련된 표제어들이 올라 있다.

(250) 버스^터미널(bus terminal), 강릉^고속버스^터미널(江陵高速bus terminal), 고속버스^터미널(高速bus terminal), 목포^종합^버스^터미널(木浦綜合bus terminal), 서울^고속버스^터미널(서울高速bus terminal), 시외버스^터미널(市外bus terminal), 여수^시외버스^터미널(麗水市外bus terminal), 원주^고속버스^터미널(原州高速bus terminal), 종합^버스^터미널(綜合bus terminal), 창원^종합^버스^터미널(昌原綜合bus terminal)

그 가운데 버스터미널의 정의는 다음과 같다.

(251) 버스가 운행하는 일정한 구간의 출발점 또는 도착점이 되는 장소.

좀 더 구분하자면 고속버스나 시외버스의 기점이나 종점을 주로 '터미널'이라고 부르고, 시내버스의 경우는 '종점'이 일반적이다.

역과 관련해 특이한 점은 〈표준〉과 〈우리말샘〉 어디에도 '서울역'을 비롯한 주요 역이 전혀 등재되어 있지 않다는 점이다. 그러나 우리나라에만도 철도역이 얼마나 많은지는 국민 대부분이 생활 속에서 익히 알고 있다. 〈위키백과〉의 '대한민국의 철도역 목록'에서 확인할 수 있는 철도역과 도시철도역 이름이 1,328개에 이른다. 역 가운데 역사적 의미가 있는 곳들도 있을 것인데 국어사전에 역 이름이 전혀 올라 있지 않은 것은 의외다. 그에 반해 버스터미널은 위 (250)에서 6개를 확인할 수 있는 정도다. 버스터미널은 역보다는 역사적 의미를 찾을 만한 공간이 더 드물 것인데, 〈우리말샘〉에서는 어떤 기준에 의해서 선정되었는지는 몰라도 6개가 발견되는 것이다.

그중 버스터미널의 정의를 하나 살펴보기로 하자.

(252) 서울^고속버스^터미널

『교통』 서울특별시 서초구에 있는 고속버스 터미널. 1975년 9개의 고속버스 회사가 공동으로 출자하여 설립되었다. 1976년에 운행을 시작하였으며, 1981년에 본관 건물이 준공되었다. 경부선과 영동선의 고속버스 노선을 운행한다.

(253) 실체|n

이름	서울 고속버스 터미널
실체 유형	교통 시설
설립 연도	1975년
특기 사항	9개 고속버스 회사가 공동 출자하여 설립, 1976년 운행 시작, 1981년 본관 건물이 준공됨. 경부선과 영동선의 고속버스 노선을 운행

역의 중간 정차역들처럼 버스 노선에는 정류소들이 포함되는데 2018년 서울시 통계로 서울시에만 6,252개의 버스정류소가 있다. 전국으로 확대하면 얼마나 많은 정류소가 있을지 짐작할 수 있다. 이들 정류소도 모두 이름이 있고 또 보다 정확한 확인을 위해 정류소 번호(정류소 ID)가 있다(예: 봉일시장, 정류소 번호: 21-745). 이런 이름들은 사전에 올려질 만하지 않지만 모두 고유명칭이며, 어쩌면 고유명칭의 본질에 더 가까운 이름들이다.

육상 교통 시설로는 역과 버스터미널과 같은 거점들을 연결하는 철로와 도로를 빼놓을 수 없다. 〈표준〉에 등재된 뜻풀이가 '철도.'를 포함하는 표제어들 가운데 고유명칭으로 볼 수 있는 것들은 다음과 같다. 주로 '철도'나 '선'으로 끝나는 이름들이다. 검색된 115개 중 가나다순으로 앞쪽 50개만 제시하기로 한다.

(254) 가은-선(加恩線), 강경-선(江景線), 개천-선(价川線), 경기-선(京畿線), 경부-선(京釜線), 경북-선(慶北線), 경원-선(京元線), 경의-선(京義線), 경인-선(京仁線), 경전-선(慶全線), 경춘-선(京春線), 고한-선(古汗線), 광주-선(光州線), 괴동-선(槐東線), 군산-선(群山線), 그레이트^노던^철도(Great Northern鐵道), 금강산^철도(金剛山鐵道), 금강-선(金剛線), 길회-선(吉會線), 김포-선(金浦線), 남포-선(藍浦線), 능의-선(陵義線), 다사도-선(多獅島線), 단풍-선(端豐線), 대구-선(大邱線), 대만^본선(臺灣本線),

도문-선(圖們線), 독일^연방^철도(獨逸聯邦鐵道), 동해^남부선(東海南部線), 동해^북부선(東海北部線), 동해^중부선(東海中部線), 룽하이^철도(Longhai[隴海]鐵道), 만포-선(滿浦線), 무산-선(茂山線), 묵호항-선(墨湖港線), 문경-선(聞慶線), 바그다드^철도(Baghdad鐵道), 바이칼^아무르^철도(Baikal Amur鐵道), 박천-선(博川線), 밤^철도(BAM鐵道), 백무-선(白茂線), 부전-선(釜田線), 북청-선(北青線), 북평-선(北坪線), 삼척-선(三陟線), 상동-선(上東線), 샌타페이^철도(Santa Fe鐵道), 서던^퍼시픽^철도(Southern Pacific鐵道), 서울^교외선(서울郊外線), 서태평양^철도(西太平洋鐵道)

역 이름이 하나도 없는 데 반해 철도 이름은 상당히 많은 수가 등재되어 있다. 검색된 전체 표제어 중 '독일연방철도, 신칸센, 케이티엑스' 등은 하나의 철로만의 이름이 아니라 특정 유형의 철도를 가리키는 것이어서, 상위 유형이기는 하나 국가 단위로 고유성을 확보하고 있는 이름이므로 고유명칭으로 판정했다.

철도의 정의는 대체로 다음과 같은 형식이다.

(255) 가은-선(加恩線)

「명사」『교통』 경상북도 문경선의 진남역에서 가은역에 이르는 산업 철도. 1969년에 개통되었다. 길이는 11.7km.

(256) 실체n

이름	가은선
실체 유형	교통 시설
하위 유형	산업 철도
개통 연도	1969년
길이	11.7km

다음으로 도로를 보자. 〈표준〉의 '교통 전문어' 가운데서 뜻풀이에 '도로.'를 포함하고 있는 표제어들로는 다음과 같은 것들이 올라 있다.

(257) 경부^고속^도로(京釜高速道路), 경인^고속^도로(京仁高速道路), 고창^담양^고속^도로(高敞潭陽高速道路), 남해^고속^도로(南海高速道路), 남해^지선^고속^도로(南海支線高速道路), 논산^천안^고속^도로(論山天安高速道路), 당진^영덕^고속^도로(唐津盈德高速道路), 대구^부산^고속^도로(大邱釜山高速道路), 동해^고속^도로(東海高速道路), 부마^고속^도로(釜馬高速道路), 서울^부산^간^고속^국도(서울釜山間高速國道), 서해안^고속^도로(西海岸高速道路), 아우토반(Autobahn), 영동^고속^도로(嶺東高速道路), 올림픽^고속^도로(Olympics高速道路), 울산^고속^도로(蔚山高速道路), 익산^포항^고속^도로(益山浦項高速道路), 인천^국제공항^고속^도로(仁川國際空港高速道路), 제이^중부^고속^도로(第二中部高速道路), 중부^내륙^고속^도로(中部內陸高速道路), 중앙^고속^도로(中央高速道路), 카라코룸^하이웨이(Karakorum Highway), 태양^도로(太陽道路), 통영^대전^중부^고속^도로(統營大田中部高速道路), 통일-로(統一路), 팔팔^올림픽^고속^도로(八八Olympics高速道路), 팬아메리칸^하이웨이(Pan-American Highway), 평택^제천^고속^도로(平澤堤川高速道路), 호남^고속^도로(湖南高速道路)

도로의 정의는 다음과 같은 유형이 될 것이다.

(258) 경인^고속^도로(京仁高速道路)

『교통』 서울과 인천 사이를 잇는 고속 도로. 우리나라 최초의 고속 도로로, 1968년 12월에 개통되었다. 길이는 23.89km.

(259) 실체n

이름	경인 고속 도로
실체 유형	교통 시설
하위 유형	고속 도로
개통 시기	1968년 12월
길이	23.89km

그러나 도로는 이것으로 충분하지 않고, 우리가 살아가는 공간들은 그보다 작은 도로, 즉 길들로 조밀하게 짜여 있다. 2014년부터는 전국의 주소를 도로명으로 표기하기에 이르렀다. 따라서 고속도로를 빠

져나가 특정 지역의 구체적인 지점에 이르는 모든 길도 교통상 도로의 연장이고, 마지막에 택시나 승용차 등 사적 교통수단을 통해 이 길들을 거쳐 목적지에 이르게 되는 것이다. 우리나라 전국의 도로명 수는 2017년 11월 말 기준으로 16만 2,574개인데, 이 중 '대로'급이 289개, '로'급 도로가 1만 5,229개, '길'급 도로가 14만 7,056개라고 한다. 이 모든 길이 고유명칭을 가지고 있음은 더 말할 나위가 없다.

그리고 이러한 구체적인 길과 함께 철로나 도로의 연장으로 보아야 할 교통 시설로 '교량(다리)'과 '터널'을 함께 다룰 필요가 있다. 〈표준〉에는 (260), (261) 정도의 고유명칭 표제어가 등재되어 있지만, 국토교통부 통계에 따르면 2019년 기준으로 우리나라의 다리는 전부 3만 5,902개이며, 터널은 2,682개다. 이것들 역시 모두 고유명칭을 가지고 있다.

(260) 거제-교(巨濟橋), 구포-교(龜浦橋), 금천-교(錦川橋), 낙동강^대교(洛東江大橋), 남지-교(南旨橋), 남해^대교(南海大橋), 런던-교(London橋), 루거우차오(Lugouqiao[蘆溝橋]), 부산^영도교(釜山影島橋), 선죽-교(善竹橋), 수표-교(水標橋), 양구-교(楊口橋), 영산^만년교(靈山萬年橋), 원효^대교(元曉大橋), 이교04(圯橋), 잠수-교(潛水橋), 진도^대교(珍島大橋), 폰차트레인호-교(Pontchartrain湖橋), 플레이트^거더교(plate girder橋)

(261) 간몬^터널(Kanmon[關門] tunnel), 고트하르트^터널(Gotthard Tunnel), 뉴캐스케이드^터널(New Cascade Tunnel), 몽블랑^터널(Mont Blanc Tunnel), 심플론^터널(Simplon Tunnel), 영불^해협^터널(英佛海峽tunnel), 정암^터널(淨巖tunnel), 죽령^터널(竹嶺tunnel), 프레쥐스^터널(Fréjus Tunnel)

각각의 뜻풀이가 가진 정보를 살펴보기로 하자.

(262) 거제-교(巨濟橋)

「명사」『지명』 경상남도 거제시 사등면 덕호리와 통영시 용남면 장평리를 연결하는 다리. 1971년에 개통되었다. 길이는 740미터.

(263) 죽령^터널(竹嶺tunnel)

『지명』 경상북도 풍기와 충청북도 단양군 대강면 사이의 죽령(竹嶺)을 뚫은 터널. 우리나라 제2의 철도 터널로 1942년에 개통되었다. 길이는 4,500미터.

도로들 가운데 고속도로나 별도의 건설·관리 비용을 충당해야 하는 경우에는 통행료 징수를 위한 요금소(톨게이트)가 설치되어 있고 장시간 운전해야 하는 고속도로에는 일정 구간마다 휴게소나 쉼터가 설치되어 있는 것이 일반적이다. 2018년 기준으로 우리나라에는 220개의 휴게소가 있고 290개의 졸음쉼터가 설치되어 있다.

해상 교통 시설로는 항구를 들 수 있고 이미 언급했듯이 항로는 시설물로 보기는 어렵다. 먼저 '항구'의 사전적 정의를 보자.

(264) 항구03(港口)

「명사」 배가 안전하게 드나들도록 강가나 바닷가에 부두 따위를 설비한 곳. 보통 기능에 따라 상항·군항·어항·공업항, 위치에 따라 해항·연안항·호항, 법제상으로 개항·자유항·중계항 따위로 나눈다. ≒항, 항진.

표준에서 뜻풀이에 '항구.'를 포함하고 있는 표제어 가운데 고유명칭일 수 있는 것들은 다음과 같다.

(265) 겔리볼루(Gelibolu), 내이-포(乃而浦), 도동-항(道洞港), 몽금-포(夢金浦), 방어-진01(方魚津), 부산-포(釜山浦/富山浦), 북평-항(北坪港), 삼포02(三浦), 성산-포(城山浦), 스완지(Swansea), 신포03(新浦), 싼두아오(Sanduao[三都澳]), 아비장(Abidjan), 우쑹(Wusong[吳淞]), 제포02(薺浦), 줄포02(茁浦)

항구 외에 배가 드나들 수 있는 지명 가운데는 (265)와 같이 '나루.'나 '포구.'로 정의된 것들도 있다. 그러나 항구의 명칭으로서보다 배가 드나들던 곳인 지명으로 더 알려지게 된 것들은 현재 항구로서 기능하고 있지 않다면 현재로서는 더 이상 해상 교통 시설로 인정될 필요가 없을 것이다. 어떻든 역사적으로는 항구였던 곳들로 볼 수 있겠다.

(266) ㄱ. 광포05(廣浦), 벽란-도(碧瀾渡), 삼전-도(三田渡), 송파^나루(松坡나루), 양화^나루(楊花나루), 양화-도(楊花渡), 한강-진(漢江鎭)
ㄴ. 구만-포(九萬浦), 구미-포(九味浦), 법성-포(法聖浦)

항구 속에는 항만 시설이 포함되어야 하고 항만과 항로를 이루는 시설을 아울러 수역 시설이라고 부른다. 수역 시설의 정의는 다음과 같다.

(267) 수역^시설(水域施設)
『교통』 항로와 항만을 이루는 시설. 방파제, 호안, 등대, 방사제 따위가 있다.

수역 시설은 수자원 시설과 달리 방파, 방사 등의 기능을 가지고 있는 점이 특징적이다. 여기서는 수역 시설을 별도의 시설물 유형으로 구분하지 않고 항구를 이루는 부분 시설로, 방파제, 호안, 등대, 방사제와 함께 다루기로 하고 방조제도 여기에 함께 아우르기로 하겠다. 방조제로는 '삽교천방조제'와 '영산강하구언'이 〈표준〉에 올라 있고, 등대는 항로표지시설이라고 할 수 있는데 2012년 현재 유인 등대가 39기, 무인 등대가 61기이고 이것들을 포함해 크고 작은 항로 표지는 2,300개에 이른다고 한다.[35] 등대가 아닌 것은 바다에 떠 있는 등표인데 그것

---

35 한국항로표지기술원의 홈페이지에는 전국 주요 등대의 이름과 정보 목록이 게시되어 있다. 수역 시설은 '항구'의 부분 시설로 보기로 하고, 그중 한 등대에 대한 정보를 여기에 옮겨 두자면 다음과 같다.

(i) 마라도등대
· 최초점등일: 1915. 3.
· 위치: 제주도 남제주군 대정읍 가파리 산 9
· 구조: 백 8각형 콘크리트조(16m)

들도 식별부호는 있겠지만 일반인에게 알려져 있다고 말하기는 어렵다.

항구인 것의 정의는 다음과 같은 형식으로 관련 정보를 포함할 것이다.

(268) 겔리볼루(Gelibolu)

「명사」『지명』 터키 서부의 다르다넬스 해협에 면한 항구. 예로부터 상업상·전략상 중요한 지역이다.

(269) 실체n

이름	겔리볼루
실체 유형	교통 시설
하위 유형	항구
위치	터키 서부 다르다넬스 해협에 면함.
특기 사항	예로부터 상업상·전략상 중요한 지역

3.2.2.7. 수자원 시설

수자원 시설의 정의는 〈우리말샘〉에서 찾아볼 수 있다.

(270) 수자원^시설(水資源施設)

『건설』「001」 물의 이용, 물의 공급, 물의 정화, 물의 처리 따위를 다루는 시설을 비롯하여 친수 환경을 조성하고 관리하는 데 관련된 일체의 시설을 통틀어 이르는 말.

기본적으로 물을 가둘 수 있는 댐, 보, 저수지 등이 수자원 시설의 주요 부류를 이루지만 그 물을 공업용수로 사용하거나 음용수로 사용할 수 있도록 하는 취수, 도수, 정수, 송수, 배수, 급수 따위의 시설을

·등질: 섬 백광 10초 1섬광(FlW 10s)
·우리나라 최남단의 섬에 세워진 등대로서 1987년 12월에 새로운 등탑을 건립해 동중국해를 운항하는 선박의 지표 역할을 하고 있다.

아우른다. 여기서는 물을 가두는 저수 시설을 중심으로 살펴보기로 하겠다. 우리나라의 저수 시설은 한국대댐회(kncold.or.kr)에 의하면 2010년 기준으로 1만 7,656개가 있다. 이 가운데 다목적댐은 20개, 생공용수댐이 55개, 수력발전댐이 12개이며, 나머지 절대다수가 농업용 저수지다. 〈표준〉에 제시된 댐, 보, 저수지의 정의는 다음과 같다.

(271) ㄱ. 댐(dam)

「명사」『건설』 발전(發電), 수리(水利) 따위의 목적으로 강이나 바닷물을 막아 두기 위하여 쌓은 둑. ≒제언.

ㄴ. 보10(洑)

「명사」「1」 논에 물을 대기 위한 수리 시설의 하나. 둑을 쌓아 흐르는 냇물을 막고 그 물을 담아 두는 곳이다.

ㄷ. 저수-지(貯水池)

「명사」 물을 모아 두기 위하여 하천이나 골짜기를 막아 만든 큰 못. 관개(灌漑), 상수도, 수력 발전, 홍수 조절 따위에 쓴다. ≒수당.

'둑'이나 '제방'과도 관련이 있지만 이것들은 물의 범람을 막거나 물을 가두기 위해 높게 쌓은 구축물 자체를 가리키는 데 좀 더 비중이 있다.

〈표준〉에는 다음과 같은 댐 이름들이 등재되어 있다.

(272) 고리키^댐(Gor'kii Dam), 괴산^댐(槐山dam), 그랑드디상스^댐(Grande Dixence Dam), 그랜드쿨리^댐(Grand Coulee dam), 나주^댐(羅州dam), 남강^댐(南江dam), 노리스^댐(Norris Dam), 단장커우^댐(Danjiangkou[丹江口] dam), 대청^댐(大淸dam), 대초^댐(大草dam), 바이온트^댐(Vaiont Dam), 바크라^댐(Bhakra Dam), 버트레스^댐(buttress dam), 보너빌^댐(Bonneville Dam), 삼랑진^댐(三浪津dam), 섬진강^댐(蟾津江dam), 소양강^댐(昭陽江dam), 수풍^댐(水豐dam), 싼먼샤^댐(Sanmenxia[三門峽] dam), 아스완^댐(Aswan Dam), 아스완^하이^댐(Aswan High Dam), 안동^다목적^댐(安東多目的dam), 안동^댐(安東dam), 의암^댐(衣巖dam), 장성^댐(長城dam), 청평^댐(淸平dam), 춘천^댐(春川dam), 충주^댐

(忠州dam), 충주^역조정지^댐(忠州逆調整池dam), 카리바^댐(Kariba Dam), 팔당^댐(八堂dam), 화천^댐(華川dam), 후버^댐(Hoover dam), 히라쿠드^댐(Hirakud dam)

'저수지.'로 검색되는 것은 다음과 같은 정도다.[36]

(273) 벽골-제(碧骨堤), 백제-지(百濟池), 수산-제(守山堤), 의림-지(義林池), 한인-지(韓人池)

댐에 포함되는 정보를 살펴보자.

(274) 충주^댐(忠州dam)

『건설』 충청북도 충주시에 있는 다목적 콘크리트 댐. 1985년에 준공되었다.

(275) 실체n

이름	충주 댐
실체 유형	수자원 시설
하위 유형	다목적 콘크리트 댐
위치	충청북도 충주시
준공 시기	1985년

3.2.2.8. 군사 시설

〈표준〉에서는 군사 시설을 다음과 같이 풀이하고 있다.

(276) 군사^시설(軍事施設)

『군사』 군사적인 목적으로 만든 모든 시설. 전쟁에 대비하기 위한 방공호나 요새 따위의 시설을 이른다.

36 '벽골제'는 '저수지 둑.'으로 검색된다. 구축물 자체가 사적으로 보존되고 있다.

이 정의에서는 '방공호'나 '요새'를 예로 들고 있지만 실제로는 군부대가 기본 단위가 되어야 할 것이다. 「군사 기지 및 군사 시설 보호법」에서는 '군사 기지'와 '군사 시설'을 다음과 같이 정의하고 있는데 여기서는 인문 공간의 시설물로서, 이 둘을 아울러 군사 시설에 포함하는 것이 적절하리라고 본다.

(277) ㄱ. "군사 기지"란 군사 시설이 위치한 군부대의 주둔지·해군기지·항공작전기지·방공(防空)기지·군용전기통신기지, 그 밖에 군사작전을 수행하기 위한 근거지를 말한다.

ㄴ. "군사 시설"이란 전투진지, 군사목적을 위한 장애물, 폭발물 관련 시설, 사격장, 훈련장, 군용전기통신설비, 그 밖에 군사목적에 직접 공용(供用)되는 시설을 말한다.

그러나 군사 시설은 관련 보호법이 제정되어 있는 것을 통해서도 알 수 있듯이 민간인의 출입이 자유롭지 않을 뿐 아니라 구체적인 시설 내용이 보안의 대상이 되므로 일반인에게 그 존재가 명확히 알려져서는 안 되지만 군 경험자들도 많고 면회 등의 기회가 있기 때문에 군부대의 기본 편제는 공개되어 있다고 볼 수 있다. 〈위키백과〉에 따르면 현재 대한민국 육군은 16개 보병사단 5개 기계화보병사단, 향토방위사단 12개, 5개 동원사단으로 총 38개 사단 전력을 갖추고 있다. 2019년, 제1, 제3군사령부가 지상작전사령부로 통합되었고, 5개의 지역 군단과 1개의 기동군단으로 개편하고, 2026년까지 31개(4개 동원사단) 사단으로 줄일 계획이다.

군부대는 '제1234부대'와 같이 통상명칭이라는 것을 붙여 고유명칭으로 부르는 것을 피하는 경우도 많으나 사단 이상의 부대들은 외부에서도 고유명칭을 쓰는 것이 허용된다고 한다. 그리고 '○○부대'나 '○○대'와 같이 별칭을 가진 경우도 있는데 대개 나름의 유래를 가지고 있다. 여기서는 육군의 사단 목록만을 제시하기로 한다.

(278) 1사단(전진부대), 2사단(노도부대), 3사단(백골부대), 5사단(열쇠부대), 7사단(칠성부대), 8사단(오뚜기부대), 9사단(백마부대), 11사단(화랑부대), 12사단(을지부대), 15사단(승리부대), 17사단(번개부대), 20사단(결전부대), 21사단(백두산부대), 22사단(율곡부대), 23사단(철벽부대), 25사단(비룡부대), 26사단(불무리부대), 27사단(이기자부대), 28사단(태풍부대), 30사단(필승부대), 31사단(충장부대), 32사단(백룡부대), 35사단(충경부대), 36사단(백호부대), 37사단(충용부대), 39사단(파도부대), 50사단(강철부대), 51사단(전승부대), 52사단(화살부대), 53사단(진충부대), 55사단(봉화부대), 56사단(북한산부대), 57사단(용마부대), 60사단(비호부대), 62사단(충룡부대), 65사단(밀물부대), 66사단(횃불부대), 67사단(용진부대), 70사단(충효부대), 71사단(선승부대), 72사단(올림픽부대), 73사단(충일부대), 75사단(철마부대), 76사단(진격부대), 수도기계화사단(맹호부대)

사전에 올라 있지는 않지만 이러한 부대 이름은 일반인에게도 몇 가지 지식과 함께 알려져 있다.

(279) 실체n

이름	9사단
실체 유형	군사 시설
하위 유형	육군 사단
위치	경기도 고양시
부대 마크	

3.2.2.9. 종교 시설

종교 시설의 정의는 다음과 같다.

(280) 종교^시설 (宗敎施設)

『종교 일반』 종교 단체 또는 그 소속 단체에서 지은 사찰, 교회, 성당 따위의 종교 의식을 직접 거행하는 시설 및 그 부대시설.

고유명칭을 가진 종교 시설은 사찰(절), 교회, 성당으로 좁혀진다. 각각 불교, 개신교, 천주교의 교당을 그렇게 부르는 것인데, 우리나라 종교 인구의 대다수가 이 세 종교에 속해 있으며, 다른 종교는 교당을 이 세 가지와 같게 부르거나 아니면 개별 교당이 고유명칭을 가질 정도로 알려진 예가 거의 없다.[37]

〈표준〉에서 뜻풀이에 '사찰.'을 포함하고 있는 표제어를 찾으면 '독주-사(獨柱寺), 백마-사(白馬寺), 신라-원(新羅院)'이 나오는데 각각 베트남, 중국, 한국(통일 신라)의 절이며, '절.'로 정의된 예는 (281)과 같이 다양하다. 불교권 국가들과 우리나라에서 사적으로서의 위상을 가진 절들이 많기 때문일 것이다. 검색된 257개 중 가나다순으로 앞쪽 50개만 제시하기로 한다.

(281) 가막-사(可幕寺), 각화-사(覺華寺), 각황-사(覺皇寺), 갈항-사(葛項寺), 감로-사(甘露寺), 감산-사(甘山寺), 감은-사(感恩寺), 갑사02(甲寺), 강당-사(講堂寺), 개경-사(開慶寺), 개경^십사(開京十寺), 개목-사(開目寺), 개목-암(開目庵), 개심-사01(開心寺), 개심-사02(開心寺), 개암-사(開巖寺), 개운-사(開運寺), 개원-사(開元寺), 개태-사(開泰寺), 건봉-사(乾鳳寺), 건초-사(建初寺), 건봉-사(乾鳳寺), 건초-사(建初寺), 경복-사(景福寺), 경천-사(敬天寺), 계원-사(鷄園寺), 계작-사(鷄雀寺), 고달-사(高達寺), 고달-원(高達院), 고란-사(皐蘭寺), 고선-사(高仙寺), 고운-사(孤雲寺), 관룡-사(觀龍寺), 관음-사01(觀音寺), 관음-사02(觀音寺), 관음-사03(觀音寺), 관음-사04(觀音寺), 관음-사5(觀音寺), 관촉-사(灌燭寺), 광택-사(光宅寺), 국청-사(國淸寺), 굴불-사(掘佛寺), 굴산-사(崛山寺), 귀주-사(歸州寺), 금당-사(金塘寺), 금룡-사(金龍寺), 금산-사01(金山寺), 금산-사02(金山寺), 금탑-사(金塔寺), 기림-사(祇林寺)

절의 정의는 다음과 같은 유형이 된다.

---

37 천도교의 '수운회관'을 들 수 있겠으나 〈표준〉이나 〈우리말샘〉에 등재되어 있지는 않으며, 이슬람교의 모스크(성원)는 늘어나는 추세에 있으나 '서울중앙성원'도 아직 일반인에게 익숙하다고 보기는 어렵다.

(282) 개심-사02(開心寺)

「명사」『불교』 충청남도 서산시 운산면 신창리 상왕산에 있는 절. 수덕사(修德寺)의 말사(末寺)로, 백제 의자왕 14년(654)에 혜감 국사(慧鑑國師)에 의하여 창건된 후 조선 성종 15년(1484)에 중건되었다. 대웅전은 보물 제143호로 지정되었다.

(283) 실체n

이름	개심사
실체 유형	종교 시설
하위 유형	절
위치	충청남도 서산시 운산면 신창리 상왕산
창건 시기	백제 의자왕 14년(654)
특기 사항	혜감 국사가 창건, 조선 성종 15년(1484) 중건, 대웅전은 보물 제143호

이에 비해 개신교의 교회는 〈우리말샘〉에 몇몇 오래된 교회가 올라 있는 정도다.

(284) 금산^교회, 뉴욕^저드슨^교회, 매봉^교회, 수촌^교회, 승동^교회, 연동^교회, 영락^교회, 저드슨^메모리얼^처치, 카르파티아^지역의^목조^교회, 카이저^빌헬름^기념^교회

교회는 다음과 같은 정보를 주로 가진다.

(285) 수촌^교회(水村敎會)

『기독교』 경기도 화성시 장안면에 있는 교회. 1905년에 설립되었으며, 1907년에 초가 15칸을 예배당으로 사용하였다. 신도들이 삼일 운동을 주도하였고 이를 계기로 1919년 4월에 일제에 의해 예배당이 전소되었다. 1922년에 아펜젤러의 지원으로 초가 8칸이 예배당으로 신축되었으며, 1932년에 현재의 위치로 이전되었다. 1987년에 초가 형태로 복원되었다. 화성시 향토 유적 제9호.

(286) 실체ln

이름	수촌 교회
실체 유형	종교 시설
하위 유형	교회
위치	경기도 화성시 장안면
설립 시기	1905년
특기 사항	1907년 초가 15칸을 예배당으로 사용. 신도들이 삼일 운동을 주도하였고 이를 계기로 1919년 4월 예배당이 전소됨. 1922년 아펜젤러의 지원으로 초가 8칸이 예배당으로 신축됨. 1932년 현재의 위치로 이전. 1987년 초가 형태로 복원. 화성시 향토 유적 제9호

가톨릭의 성당은 〈표준〉에도 어느 정도 등재되어 있는데 '명동성당'을 제외하면 대부분 유럽의 유명 성당들이다.

(287) 노트르담^대성당(Notre Dame大聖堂), 노트르담^드^랭스(Notre Dame de Reims), 더럼^대성당(Durham大聖堂), 랭스^대성당(Reims大聖堂), 링컨^대성당(Lincoln大聖堂), 명동^성당(明洞聖堂), 밀라노^성당(Milano聖堂), 밤베르크^성당(Bamberg聖堂), 보름스^성당(Worms聖堂), 보베^성당(Beauvais聖堂), 부르고스^성당(Burgos聖堂), 산마르코^대성당(San Marco大聖堂), 산비탈레^성당(San Vitale聖堂), 산타^마리아^노벨라^성당(Santa Maria Novella聖堂), 산타^마리아^델^피오레^성당(Santa Maria del Fiore聖堂), 산타^마리아^마조레^성당(Santa Maria Maggiore聖堂), 산티아고^성당(Santiago聖堂), 산피에트로^대성당(San Pietro大聖堂), 샤르트르^대성당(Chartres大聖堂), 성^바실리^대성당(聖Vasiliy大聖堂), 성^베드로^대성당(聖←Petrus大聖堂), 성^소피아^대성당(聖Sophia大聖堂), 세인트^소피아^성원(Saint Sophia聖院), 세인트^폴^성당(Saint Paul聖堂), 세인트^피터^대성당(Saint Peter大聖堂), 시스티나^성당(Sistina聖堂), 시에나^대성당(Siena大聖堂), 아미앵^대성당(Amiens大聖堂), 아헨^대성당(Aachen大聖堂), 아헨^성당(Aachen聖堂), 오툉^성당(Autun聖堂), 울름^성당(Ulm聖堂), 웨스트민스터^대성당(Westminster大聖堂), 웨스트민스터^사원(Westminster寺院), 웨스트민스터^성당(Westminster聖堂), 캔터베리^대성당(Canterbury大聖堂), 쾰른^성당(Köln聖堂), 톨레도^성당(Toledo聖堂), 피사^대성당(Pisa大聖堂)

성당이 주로 가지는 정보를 보기 위해 한 예를 보자.

(288) 노트르담^대성당(Notre Dame大聖堂)

『가톨릭』 프랑스의 고딕 건축을 대표하는 큰 성당. 센강의 시테섬에 있으며, 1163년에 착공하여 1245년에 완성하였다.

(289) 실체n

이름	노트르담 대성당
실체 유형	종교 시설
하위 유형	성당
위치	프랑스 센강의 시테섬
건축 시기	1163년 착공, 1245년 완성
특기 사항	고딕 건축을 대표함

3.2.2.10. 문화 시설

〈표준〉에 제시된 문화 시설의 정의는 다음과 같다.

(290) 문화^시설(文化施設)

『사회 일반』 문화를 누리고 발달시키는 데 필요한 시설. 도서관, 극장, 학교, 박물관 따위가 있다.

이 정의에서 '학교'는 교육 시설로도 분류되기 때문에 우리 사회에서 문화 시설로 인식하는 범위를 보다 정확히 이해하기 위해서는 「문화예술진흥법」을 참조할 필요가 있다. 「문화예술진흥법」 시행령 2조에 따르면 문화 시설은 '지역 문화 활동 시설, 문화 보급· 전수 시설'로 정의되어 있고 [별표 1]에서 문화 시설의 상세 분류를 제공하고 있다. 그 유형만 제시하자면 다음과 같다.

(291) ㄱ. 공연시설: 공연장, 영화상영관, 야외음악당
ㄴ. 전시시설: 박물관, 미술관, 화랑, 조각공원
ㄷ. 도서시설: 도서관, 작은도서관
ㄹ. 지역문화활동시설: 문화의 집, 문화체육시설, 청소년활동시설
ㅁ. 문화 보급·전수 시설: 지방문화원, 국악원, 전수회관
ㅂ. 종합시설

이러한 분류가 일반인이 인식하는 문화 시설의 하위 유형으로 바로 연결되지는 않을 것이므로 '극장' 등과 같은 관련어들을 함께 활용해 문화 시설에 해당하는 실체들을 찾아볼 수 있겠다. (292)는 뜻풀이에 '극장.'이 포함된 표제어들 중 고유명칭인 것들을 추출한 것이다.

(292) 광무-대(光武臺), 글로브^극장(Globe劇場), 단성-사(團成社), 드루리^레인^극장(Drury Lane劇場), 로마^국립^가극장(Roma國立歌劇場), 로열^코트^극장(Royal Court劇場), 메트로폴리탄^가극장(Metropolitan歌劇場), 메트로폴리탄^오페라^하우스(Metropolitan Opera House), 모스크바^예술^극장(Moskva藝術劇場), 물랭^루주(Moulin Rouge), 밀라노^피콜로^극장(Milano Piccolo劇場), 베를린^국립^가극장(Berlin國立歌劇場), 볼쇼이^극장(Bol'shoi劇場), 부르크^극장(Burg劇場), 빈^국립^가극장(Wien國立歌劇場), 새들러스^웰스^극장(Sadler's Wells劇場), 스칼라^극장(Scala劇場), 아베이^극장(Abbey劇場), 아틀리에^극장(Atelier劇場), 오데옹^극장(Odéon劇場), 오페라^코미크^극장(opéra comique劇場), 올드^빅(Old Vic), 올림픽^극장(Olympics劇場), 원각-사02(圓覺社), 자유^극장(自由劇場), 지구^극장(地球劇場)

'음악당.'으로 검색되는 것은 카네기^홀(Carnegie Hall), 폴리베르제르(Folies-Bergère)뿐이고, '박물관.'으로 다음과 같은 것들이 검색된다.

(293) 고궁^박물관(故宮博物館), 고궁^박물원(故宮博物院), 국립^고궁^박물관(國立古宮博物館), 대영^박물관(大英博物館), 루브르(Louvre), 루브르^미술관(Louvre美術館), 루브르^박물관(Louvre博物館), 아테네^국립^고고학^박물관(←Athina國立考古學博

物館), 야구의^전당(野球의殿堂), 중국^역사^박물관(中國歷史博物館)

'미술관.'으로 다음과 같은 것들이 검색된다.

(294) 구겐하임^미술관(Guggenheim美術館), 내셔널^갤러리01(National Gallery), 내셔널^갤러리02(National Gallery), 뉴욕^현대^미술관(New York現代美術館), 드레스덴^미술관(Dresden美術館), 드레스덴^회화관(Dresden繪畫館), 런던^국립^미술관(London國立美術館), 마우리츠하위스^미술관(Mauritshuis美術館), 메트로폴리탄^미술관(Metropolitan美術館), 바티칸^미술관(Vatican美術館), 베를린^국립^미술관(Berlin國立美術館), 보르게세^미술관(Borghese美術館), 보스턴^미술관(Boston美術館), 빈^국립^미술사^박물관(Wien國立美術史博物館), 아크로폴리스^미술관(Acropolis美術館), 암스테르담^국립^미술관(Amsterdam國立美術館), 예르미타시^미술관(Ermitazh美術館), 워싱턴^내셔널^갤러리(Washington National Gallery), 카이로^미술관(Cairo美術館), 테이트^갤러리(Tate Gallery), 트레티야코프^미술관(Trett'yakov美術館), 프라도^미술관(Prado美術館)

'도서관.'으로는 '규장-각(奎章閣), 규장-원(奎章院), 바티칸^문고(Vatican文庫), 알렉산드리아^문고(Alexandria文庫), 어서-원(御書院)' 정도가 검색된다. '국립도서관'이나 '국회도서관'은 일반명칭의 형식으로 정의되어 있으나 '국회도서관'도 하나이므로 그대로 고유명칭이 될 수도 있을 것이다.[38]

사전에 등재된 것이 이 정도라 해도, 영화진흥위원회에 따르면 2018년 우리나라의 극장 수는 483개이며, 문화체육관광부의 2019년도 문화기반시설총람에 따르면 국립도서관 3개, 공공도서관 1,096개, 박물관 881개, 미술관 258개, 문예회관 255개, 지방문화원 231개, 문화의 집 101개가 있다. 이 모든 문화 시설이 고유한 이름을 가지고 있다.

극장의 정의 하나만 보기로 하자.

38 국립도서관은 '국립중앙도서관' 하나인 줄로 알기 쉬우나 통계에 의하면 3개가 있다.

(295) 광무-대(光武臺)

「명사」『연기』 1912년에 박승필 등이 을지로 부근에 세운 극장. 1920년대에 민속극, 창극과 같은 재래 연극을 전문적으로 공연하였다.

(296) 실체n

이름	광무대
실체 유형	문화 시설
하위 유형	극장
위치	을지로 부근
설립 시기	1912년
특기 사항	1920년대에 민속극, 창극과 같은 재래 연극을 전문적으로 공연함

우리나라 「건축법」 시행령에서는 문화 시설을 집회 시설과 함께 묶어 문화 및 집회 시설로 유형화하고 그 하위 시설을 다음과 같이 규정하고 있다.

(297) 가. 공연장(제2종 근린생활시설에 해당하지 아니하는 것)

나. 집회장(예식장, 공회장, 회의장, 마권(馬券) 장외 판매소, 마권 전화투표소, 그밖에 이와 비슷한 것으로서 제2종 근린생활시설에 해당하지 아니하는 것)

다. 관람장(경마장, 경륜장, 경정장, 자동차 경기장, 그밖에 이와 비슷한 것과 체육관 및 운동장으로서 관람석의 바닥면적의 합계가 1천 제곱미터 이상인 것)

라. 전시장(박물관, 미술관, 과학관, 문화관, 체험관, 기념관, 산업전시장, 박람회장, 그밖에 이와 비슷한 것)

마. 동·식물원(동물원, 식물원, 수족관, 그밖에 이와 비슷한 것)

여기서는 이렇게 「건축법」적 기준에 따라 유형화할 수 있는 가능성만을 제시하는 정도에서 그치기로 한다.

3.2.2.11. 주거 및 업무 시설

주거 시설과 업무 시설은 분리되어야 할지 모르지만, 이 두 시설은 우리의 일상과 매우 밀접한 시설들로서 특정 주거 시설이나 업무 시설이 대다수의 국민에게 인지될 필요는 없을 것이다. 유명인의 집의 위치나 가치 등이 언론을 통해 일부 알려져 있기도 하고 대기업의 업무 시설이 랜드마크로서 기능하는 경우도 있겠지만 그럴 경우 그것은 주거나 업무의 고유 기능보다 문화적인 관심사로 성질이 바뀐 것으로 볼 수 있다. 그만큼 주거 시설과 업무 시설은 그야말로 사적인 삶의 공간으로, 필요에 따라 개별적인 구별이 중요한 시설물들이라고 할 수 있다. 따라서 사전에 표제어로 등재된 것은 매우 적거나 없을 것으로 추정된다.

각각의 사전적 정의를 살펴보기로 하자. 〈우리말샘〉에 다음과 같은 표제어와 정의가 있다.

(298) ㄱ. 주거^시설(住居施設)

『건설』 사람이 살아가는 데 필요한 부엌, 화장실, 목욕 시설 따위의 기본적인 시설.

ㄴ. 집단^주거^시설(集團住居施設)

『건설』 주택 단지나 아파트 단지 따위와 같이, 많은 사람이 주거할 수 있도록 해 놓은 건물 및 시설.

(299) 업무^시설

『건설』 제1종 근린 생활 시설에 해당하지 않는 국가나 지방 자치 단체의 청사 및 외국 공관의 건축물과 제2종 근린 생활 시설에 해당하지 않는 사무소, 신문사, 금융 업소, 오피스텔, 기타 이와 비슷한 건축물을 이르는 말.

예상대로 '아파트.' 같은 검색어로 주거 시설인 고유명칭을 찾을 수는 없었고, 업무 시설로도 '신문사.', '업소.', '오피스텔.'과 같은 검색어로 그러한 고유명칭을 찾을 수 없다. '건물.'을 통한 검색 결과 가운데, '경교-장(京橋莊), 관가-정(觀稼亭), 독락-당01(獨樂堂), 록펠러^센터

(Rockefeller Center), 엠파이어^스테이트^빌딩(Empire State Building)' 정도의 고유명칭을 찾을 수 있는데, 이 가운데 '경교장'과 '독락당'은 역사적 인물의 거처로서, '관가정'은 건물의 형식으로서 모두 문화재의 성격이 더 짙으며, '록펠러 센터'와 '엠파이어 스테이트 빌딩'은 랜드마크로서 역시 일종의 문화재로 볼 수 있는 것들이다. 어떻든 이것들은 주거 시설이나 업무 시설로 해석될 여지가 전혀 없는 것들은 아니다.

하지만 주거 시설과 업무 시설로는 오늘날 개별 주소를 가진 모든 주택과 아파트, 그리고 다양한 종류의 빌딩들이 포함되고 이것들이 더욱 주를 이룬다고 볼 수 있다. 2018년 〈e-나라지표〉에 따르면 우리나라의 총주택 수는 2082만 8,000호가 있다고 하니 그만한 주거시설의 주소가 존재한다고 말할 수 있다. 2020년 통계지만 〈공동주택관리정보시스템〉에 따르면 우리나라의 아파트 단지 수는 1만 7,109개이고 동 수는 12만 3,102개, 세대 수는 1025만 4,105개가 있다고 하니, 아파트 단지도 고유명칭을 가질 것이고, 그 아파트 단지의 동 번호도 일종의 고유명칭이며, 각 세대의 호수는 그 세대의 주소이자 그 아파트 한 채를 가리키는 고유명칭이 된다. 우리나라에는 2만 개가 넘는 주소가 존재하고 그 가운데 절반 정도가 아파트로 이루어져 있다는 것이다.

업무 시설은 주거용이 아닌 상업용 건축물 가운데 '○○빌딩'과 같은 이름을 가진 건물을 포함할 수 있을 것이다. 업무 시설 가운데는 상업을 비롯한 다양한 산업 시설이 포함될 수 있지만 여기서는 건물 자체가 주거용이 아닌 경우 업무용으로 포함할 수 있을 것이다. 오피스텔의 경우는 대부분이 업무용 시설이겠지만 주거용인 경우도 있다. 하지만 '○○오피스텔'과 같은 이름이 있다면 그것은 업무 시설이라고 규정하는 것이 적절할 것이다.

주거 시설과 업무 시설의 경우 대체로 모국어화자 전체의 뇌리에 남아 있어야 할 만한 공통 지식이 있다고 보기 어렵겠으나 특별한 사례들을 중심으로 정의를 하나씩 살펴보기로 하겠다.

(300) 경교-장(京橋莊)

「명사」『역사』 서울특별시 종로구 평동 108번지에 있는 건물. 백범 김구가 환국(還國) 후에 머물러 살다가 암살된 곳이다. 현재는 병원 현관으로 남아 있다. 2005년 6월 사적 465호로 지정되었다.

(301) 록펠러^센터(Rockefeller Center)

『고유명 일반』 뉴욕시 중심가에 건설된 복합 건물. 1929년에 짓기 시작하고 1980년까지 증축하여 2005년 현재 19개 동이 되었다. 정치가 록펠러의 이름에서 유래되었으며, 기능적인 높이·채광 및 왕래의 편리함 따위로 사무실 건축의 전형이 되었다.

(302) 실체n

이름	경교장
실체 유형	건물
하위 유형	주거 시설
위치	서울특별시 종로구 평동 108번지
특기 사항	백범 김구가 환국 후 머물러 살다가 암살된 곳. 현재는 병원 현관으로 남아 있음. 2005년 6월 사적 465호로 지정됨

(303) 실체n

이름	록펠러 센터
실체 유형	건물
하위 유형	업무 시설
위치	뉴욕시 중심가
건축 시기	1929년에 짓기 시작하고 1980년까지 증축
특기 사항	2005년 현재 19개 동으로 되어 있음. 정치가 록펠러의 이름에서 유래, 기능적인 높이·채광 및 왕래의 편리함 등으로 사무실 건축의 전형이 됨

이 건물들의 경우, 주거 시설이나 업무 시설이라는 것이 이것들의 기본적인 실체 유형으로 떠오르기보다 그 상위 유형인 '건물'이라는 점이 더 기본적인 것으로 보인다. 이것들이 현재적 의미로는 일종의 문

화재에 가까우므로 단순히 주거 시설이나 업무 시설로 규정하는 것이 좁게 느껴지기 때문일 것이다.

3.2.2.12. 유통 시설

유통 시설은 〈우리말샘〉에 다음과 같이 정의되어 있다.

(304) 유통^시설

『경제』 상품의 교환과 분배 따위의 유통 업무를 하는 데 필요한 설비.

이와 유사한 용어로 판매 시설을 생각해 볼 수 있는데, 판매 시설은 〈우리말샘〉에서 다음과 같이 정의하고 있다.

(305) 판매^시설

『사회 일반』 근린 지역의 생활 편의를 증진하는 데 필요한 상품 따위를 파는 시설.

그러나 「건축법」 시행령에서 구분하고 있는 판매시설은 위의 정의와는 다소 차이가 있다. 근린 지역의 생활 편의를 증진하기 위한 시설들은 근린 생활 시설이라 하여 그것을 다시 제1종과 제2종으로 구분하고 있으며, 그것들과 구분되는 판매 시설로는 '도매시장, 소매시장, 상점'들로서 근린 생활 시설에 포함되지 않는 것들을 아우르고 있다. 사전의 정의를 존중해 판매 시설을 주로 근린 생활과 관련된 것으로 한정한다면 이러한 시장이나 큰 상점은 상업 시설로 분리하는 것이 나을 수도 있다. 여기서는 일단 그러한 상업적 의미에서의 판매를 목적으로 하는 시설을 유통 시설로 한정하기로 하겠다.

〈표준〉에서는 다음과 같은 시장 이름이 등장한다.

(306) 경원^개시(慶源開市), 남대문^시장(南大門市場), 동시05(東市), 런던^금시장

(London金市場), 런던^금융^시장(London金融市場), 로테르담^시장(Rotterdam市場), 서시02(西市), 송파-장(松坡場), 신상05(新上), 이목06(梨木), 죽천01(竹川), 한국^증권^거래소(韓國證券去來所), 회령^개시(會寧▽開市)

'한국증권거래소'는 공간적 개념도 있다고 보아 남겨 두었지만 '나스닥'이나 '코스닥'과 같은 가상적 시장은 시설물로 보지 않았다. 지난 시설의 시장들이 섞여 있고 실제로 우리 주변에서 확인할 수 있는 시장은 '남대문 시장' 정도인데, 우리 주변에는 우리의 생활과 밀접한 더 많은 시장들이 있다. 소상공인시장진흥공단이 발표한 2017년도 통계에 의하면 전국적으로 정상 운영 중인 전통시장은 1,574개이고 상점가(지하도상점가 포함)는 246개로 집계되어 전국의 전통시장 및 상점가는 1,820개로 집계되었으며 그 각각의 시장은 고유한 이름을 가지고 있다. 이 1,820개는 등록 혹은 인정 상인회 조직을 갖춘 경우를 집계한 것이며 미등록 및 미인정 그리고 미집계 공설시장을 합하면 3,400여 개에 이를 것으로 추정된다고 한다.

'시장'이나 '상가'의 이름을 가지지 않은 유통 시설은 크게 '백화점'과 '할인점'으로 나눌 수 있고 할인점은 '아웃렛(아울렛)', '쇼핑센터', '마트', '슈퍼마켓' 등으로 더 구분될 수 있다. 대형유통업체는 하나의 브랜드 이름 아래 지역에 따라 여러 개의 점포를 가지고 있기도 하므로 지역 점포도 별도의 시설물로서 '○○마트 ○○점'을 하나의 고유명칭으로 이해할 수 있을 것이다. 시장 수만큼 많지는 않지만 이러한 유통 시설도 적지 않다. 그러나 대체로 현대적 개념이어서 〈표준〉에 등재된 것은 없다.

우리나라 최초의 백화점은 일본 자본으로 설립된 미쓰코시 백화점 서울 지점이다. 당시에는 조선과 만주를 통틀어 최고의 백화점이었다. 해방 이후인 1945년 미쓰코시 백화점은 동화백화점으로 이름을 바꾸었다가 1963년 7월 삼성에 인수되어 신세계 백화점이 되었다. 우리나라 사람에 의해 세워진 최초의 백화점은 1916년에 만들어진 김윤백화점이다. 김윤배가 종로 2가에 세운 김윤백화점은 이름에 백화점이 들어 있지만 실제로는 도자기, 철물류를 파는 잡화점에 불과했다 하며, 오늘날과 같은 백화점은 1929년 9월 종로 2가에 설립된 화신상회에서 시작했다. 광복과 6·25전쟁을 겪으면서도 꿋꿋하게 명맥을 유지해 왔던 화신백화점은 과도한 투자와 물자 부족, 백화점 내부의 화재 등으로 수차례 경영의 어려움을 겪었고 1980년대 문을 닫았다. 그러나 이런 이름들이 사전에 등재될 정도는 되지 못하는 모양이다. 백화점은 2015년 말에 점포 단위로 100개를 넘어섰다는 보도가 있었다.

(307) 남대문^시장(南大門市場)

『지명』 서울 남대문 동쪽에 있는 시장. 1만여 개의 점포가 있으며 특히 아동복과 양품은 전국적인 상권(商圈)을 이루고 있다.

(308) 실체ln

이름	남대문 시장
실체 유형	판매 시설
하위 유형	시장
위치	서울 남대문 동쪽
점포 수	1만여 개
특기 사항	아동복과 양품은 전국적인 상권을 이루고 있음

3.2.2.13. 숙박 시설

〈우리말샘〉에서 숙박 시설의 정의는 다음과 같다.

(309) 숙박 시설

관광객, 여행객이 잠을 자고 머무를 수 있도록 만든 시설. 여관, 호텔 따위가 있다.

〈표준〉에서 여관은 '일정한 돈을 받고 손님을 묵게 하는 집'으로, 호텔은 '비교적 규모가 큰 서양식 고급 여관'으로 정의되어 있고, '숙박 시설.'로 정의된 표제어로는 '객잔(客棧), 공동숙박소, 유스호스텔, 펜션, 호스텔'이 등재되어 있다. 우리나라 「관광진흥법」상으로는 '관광호텔, 모텔, 여인숙, 서비스드 레지던스, 소형호텔, 게스트룸, 게스트하우스, 하숙, 고시원, 홈스테이, 한옥스테이' 등이 더 포함되어 있다.

사전 뜻풀이에서 검색하기에 적절한 유개념은 '여관'과 '호텔'이겠으나 이 단어들을 포함한 뜻풀이로 검색되는 고유명칭은 없다. 2019년 12월 31일을 기준으로 한 문화체육관광부 〈2019년 관광숙박업(호텔, 콘도미니엄) 등록 현황〉에 따르면 우리나라의 호텔과 콘도의 수는 2,218개이고 객실 수는 20만 6,079개다. 이 통계에 포함되지 않은 유형의 숙박 시설들을 아우르면 그보다 훨씬 많은 업소가 있을 것임을 알 수 있다. 객실마다 호수가 있을 테니 각 객실도 그 호수를 통해 고유하게 식별될 수 있는 일종의 고유명칭을 가지고 있는 셈이다.

우리나라 최초의 호텔은 1888년 옛 일본 조계지(현 인천시 중구 중앙동)에 세워진 대불호텔로 알려져 있다. 일본인 해운업자가 지은 서양식 3층 벽돌 건물로 이루어져 있었고, 이후 중국음식점으로 바뀌었다가 1978년 건물도 헐렸다. 또 다른 역사적 호텔로는 1902년 서울 정동에 러시아식 2층 건물로 지어진 손탁호텔이 있는데, 이곳은 프랑스계 독일인 앙투아네트 손탁이 고종에게 하사받은 한옥 건물을 고쳐 지은 것으로 당시 조선 왕실의 외교 영빈관 구실과 동시에 개화파 정치인들의 활동지 노릇을 했다고 한다. 건물은 1917년 이화학당에 팔려 기숙사 등으로 쓰이다가 1922년 철거됐고, 지금은 손탁호텔 터를 알리는 표지석만 남아 있다. 현존하는 가장 오래된 호텔은 서울 소공동의 웨스틴조선호텔이다. 일제강점기인 1914년 조선총독부철도의 부속기관으로 지어졌고, 지하 1층, 지상 4층으로 당시 한반도 최대 규모의 호텔이었다. 광복 이후에는 미 군정청 사령부로도 쓰이고 이승만 전 대통령의 집무실로도 사용됐다. 하지만 조선호텔 옛 건물도 1967년에 헐렸고, 그 자리에 20층짜리 현대식 건물이 새로 들어섰다. 이후 신세계 그룹이 호텔을 인수해 지금까지 운영하고 있다. 소공동의 롯데호텔서울도 국내 호텔 역사상 의미 있는 자리에 세워졌다. 그 자리는 1938년 일본인 노구치가 세운 국내 최초의 상업용 호텔인 반도호텔이 있었다. 광복 후에 미군 사령부 사무실과 장교 숙소로 쓰이다가 우리나라 정부가 인수했고, 1973년 (주)호텔롯데를 세운 롯데그룹이 반도호텔 건물을 헐고 30층짜리 새 건물로 지은 것이다.

이러한 역사적 기억, 달리 말하자면 그러한 문화적 정보를 제외한다면 숙박 시설에 필요한 정보는 그곳의 위치, 부대시설, 가격, 교통 정도가 될 것이다. 고유의 목적 이외의 다른 의미가 부여되지 않은 고유명칭은 그 실체 유형에 요구되는 전형적인 정보만 남게 된다. 그러한 정보를 찾기 위해서는 여행 정보를 담고 있는 포털사이트나 해당 홈페이지, 관련 도서나 잡지에 포함되는 전형적인 정보를 찾는 쪽이 더 유용하다.

3.2.2.14. 공원

공원의 정의는 〈표준〉에 다음과 같이 제시되어 있다.

(310) 공원03(公園)

「명사」 국가나 지방 공공 단체가 공중의 보건·휴양·놀이 따위를 위하여 마련한 정원, 유원지, 동산 등의 사회 시설.

그리고 공원 시설의 정의는 〈우리말샘〉에 다음과 같이 제시되어 있다.

(311) 공원^시설

『행정』 도시공원의 효용을 다하기 위해 설치하는 시설. 조경 시설, 휴양 시설, 유희 시설, 운동 시설, 교양 시설, 이용자를 위한 편익 시설, 공원 관리 시설 따위를 이른다.

(311)의 정의는 공원 자체를 공원시설이라고 부르는 것이 아니라 공원 속에 설치된 시설을 가리키는 개념이다. 실제로는 공원 자체를 하나의 시설물로 보아 공원시설이라고 일러도 될 것 같지만 사전적 정의로 볼 때 오해의 여지가 있어 여기서는 공원으로만 이르기로 하겠다.

공원이라는 이름을 공통으로 사용한다고 해도 국립공원과 도시공원을 같은 개념으로 볼 수는 없을 것이다.

(312) ㄱ. 국립^공원(國立公園)

『행정』 자연 경치가 뛰어난 지역의 자연과 문화적 가치를 보호하기 위하여 나라에서 지정하여 관리하는 공원.

ㄴ. 도시-공원(都市公園)

「명사」 자연 경관을 보호하고 시민의 건강, 휴양, 정서 생활을 위하여 도시나 근교에 만든 공원.

그러나 인위적으로 구획을 막아 규정한 공간이므로 자연 공간과 구별되는 인문적인 시설물로서 함께 묶을 수는 있을 것이다.

〈표준〉에서 뜻풀이에 '공원.'을 포함한 표제어는 다음과 같다.

(313) 그랜드티턴^국립^공원(Grand Teton國立公園), 글레이셔^국립^공원(Glacier國立公園), 금산^공원(金山公園), 나이로비^국립^공원(Nairobi國立公園), 다도해^해상^국립^공원(多島海海上國立公園), 뤽상부르^공원(Luxembourg公園), 매머드^동굴^공원(Mammoth洞窟公園), 메사버드^국립^공원(Mesa Verde國立公園), 불로뉴의^숲(Boulogne의숲), 서울^대공원(서울大公園), 세쿼이아^국립^공원(Sequoia國立公園), 센트럴^파크(Central Park), 셰넌도어^국립^공원(Shenandoah國立公園), 어린이^대공원(어린이大公園), 에버글레이즈^국립^공원(Everglades國立公園), 옐

로스톤^공원(Yellowstone公園), 올림픽^국립^공원(Olympics國立公園), 이허위안(Yiheyuan[頤和園]), 장충단^공원(奬忠壇公園), 재스퍼^국립^공원(Jasper國立公園), 재한^유엔^기념^공원(在韓UN紀念公園), 칼즈배드^동굴^국립^공원(Carlsbad洞窟國立公園), 탑골^공원(塔골公園), 탑동^공원(塔洞公園), 파고다^공원(Pagoda公園), 하이드^파크(Hyde Park), 황석^공원(黃石公園), 효창^공원(孝昌公園)

공원의 정의 하나를 살펴보기로 하자.

(314) 효창^공원(孝昌公園)

『지명』 서울특별시 용산구 효창동에 있는 공원. 본디 조선 정조의 맏아들 문효 세자(文孝世子)의 묘원(墓園)이었던 곳으로, 김구의 묘와 윤봉길·이봉창·백정기 세 의사(義士)의 묘가 있고 1960년에 연 축구 경기장이 있다.

(315) 실체ln

이름	효창 공원
실체 유형	공원
하위 유형	도시공원
위치	서울특별시 용산구 효창동
특기 사항	본래 조선 정조의 맏아들 문효 세자의 묘원이었던 곳. 윤봉길·이봉창·백정기 세 의사의 묘가 있음. 1960년에 연 축구 경기장이 있음

3.2.2.15. 운동 시설

운동 시설은 〈우리말샘〉에 다음과 같이 정의되어 있다.

(316) 운동^시설

『체육』 운동을 할 수 있는 장소에 도구, 기계, 장치 따위를 갖춘 시설.

이러한 정의는 체육 시설을 검색해도 동일하다.

(317) 체육^시설

『체육』 운동을 할 수 있는 도구, 기계, 장치 따위를 준비해 놓은 시설.

체육 시설로는 '체육관'과 '운동장' 부류가 해당될 것이다. 〈표준〉에서 '체육관.'으로 정의되는 표제어는 '스포츠센터'와 '헬스클럽'이 검색되며, '운동장.'으로는 '구장12(球場), 그라운드(ground), 서울^종합^운동장(서울綜合運動場), 야구-장(野球場), 정구-장(庭球場), 테니스-장(tennis場)' 등이 검색된다. 표제어가 '운동장'으로 끝나는 것들을 찾으면 앞의 '서울종합운동장'과 함께 '동대문운동장'과 '서울운동장(동대문운동장의 전 이름)'이 검색된다. 운동 시설로서 고유명칭을 가진 것이 사전에 오를 만한 것은 이 정도다.

'골프장'과 '농구장'은 '경기장.'으로 정의된 표제어들 속에 포함되어 나타나지만 경기장들은 경륜장, 경마장 등 관람에 중점이 있는 시설들이 주를 이루므로 문화 시설의 하위 유형으로 분류하는 편이 낫다고 본다.

「건축법」 시행령에서 운동 시설로 규정하고 있는 것은 다음과 같다.

(318) ㄱ. 탁구장, 체육도장, 테니스장, 체력단련장, 에어로빅장, 볼링장, 당구장, 실내낚시터, 골프연습장, 놀이형시설, 그밖에 이와 비슷한 것으로서 제1종 근린생활시설 및 제2종 근린생활시설에 해당하지 아니하는 것

ㄴ. 체육관으로서 관람석이 없거나 관람석의 바닥면적이 1천제곱미터 미만인 것

ㄷ. 운동장(육상장, 구기장, 볼링장, 수영장, 스케이트장, 롤러스케이트장, 승마장, 사격장, 궁도장, 골프장 등과 이에 딸린 건축물)으로서 관람석이 없거나 관람석의 바닥면적이 1천제곱미터 미만인 것

문화체육관광부 체육진흥과에서 발표한 2019년 〈전국 공공체육시설 현황〉을 살펴보면, 전국의 체육 시설은 2018년 말 기준으로 2만 8,578개소가 있다. 영리를 목적으로 하는 사설 체육 시설까지 포함하

면 그 수가 얼마나 많을지 가늠해 볼 수 있다. 이 모든 체육 시설들도 각각 그 나름의 고유명칭에 의해 구별된다.

여기서는 〈우리말샘〉에 등재된 '흥국 체육관'의 정의를 살펴보기로 하겠다.

(319) 흥국^체육관

『체육』 전라남도 여수시에 위치한 체육관. 농구대, 배구장, 탁구장 등을 갖추고 있다. 1988년 5월에 완공되었으며, 수용 인원은 3,000명이다.

(320) 실체In

이름	흥국 체육관
실체 유형	운동 시설
하위 유형	체육관
위치	전라남도 여수시
종목별 시설	농구대, 배구장, 탁구장 등
완공 시기	1988년 5월
수용 인원	3,000명

3.2.2.16. 산업 관련 시설

산업 시설이라는 용어가 사전에 등재되어 있지 않고, 일반적으로 산업 시설구역이나 산업시설용지 등의 용어에 포함된 산업 시설이라는 개념은 공업 분야에 가깝다. 여기서는 공업, 농업, 축산업, 수산업 관련 시설들을 아우르는 개념이 필요하므로 이런 시설들을 산업 관련 시설로 통칭하기로 하겠다. 이러한 시설들이 고유하게 인식되어 이름까지 가지는 경우는 그리 많지 않기 때문이기도 하다.

먼저 공업 시설을 생각해 볼 수 있는데 공업 시설이라는 말도 사전의 표제어로 올라 있지는 않다. 하지만 여러 산업 시설 가운데 한 가지로서 주로 공장인 시설물들을 공업 시설이라 할 수 있을 것이다. '공장'의 사전적 정의는 〈표준〉에 다음과 같이 제시되어 있다.

(321) 공장02(工場)

「명사」 원료나 재료를 가공하여 물건을 만들어 내는 설비를 갖춘 곳.

이러한 공장은 단독 시설물로 존재하기보다 배후 시설까지 갖춘 단지로 조성된 경우가 많다. 공업 단지 또는 공단이 그러한 시설이며, 〈표준〉에 제시된 공업 단지의 사전적 정의는 다음과 같다.

(322) 공업^단지(工業團地)

『공업』 국가나 지방 자치 단체가 미리 공장용 부지를 조성하고, 배후 시설이나 진입 도로 등을 정비하여 많은 공장을 유치한 단지. ≒공장 단지.

또한 공업 단지는 1990년대 탈공업화와 부정적 어감 탈피 등의 경향성에 따라 명칭이 산업 단지로 바뀌었다. 〈우리말샘〉에서 산업 단지의 정의를 찾을 수 있다.

(323) 산업^단지

『산업 일반』 산업 시설과 그 지원 시설을 집단적으로 설치하기 위하여 계획적으로 개발한 일정한 구역.

〈표준〉에서 뜻풀이에 '공장.'을 포함하고 있는 표제어 가운데 고유명칭이라 할 수 있는 것은 '기기-창(機器廠), 두병-국(豆餠局), 번조-소(燔造所), 세브르-요(Sèvres窯)' 정도가 검색되고, '단지.'를 포함한 것들 가운데 고유명칭인 것은 '광주^공업^단지(光州工業團地), 군산^공업^단지(群山工業團地), 논공^공업^단지(論工工業團地)'가 검색된다.

2019년 한국산업단지공단의 〈전국산업단지현황통계〉에 따르면, 우리나라의 산업 단지는 국가산업단지가 47개, 일반산업단지가 665개, 도시첨단산업단지가 28개, 농공산업단지가 472개 등이다.

사전에 제시된 '공장'과 '공업 단지'의 정의를 보기로 하자.

(324) ㄱ. 두병-국(豆餠局)

「명사」『역사』 조선 후기에, 식산흥업 정책에 따라 설치한 정부 직영 기업 가운데 두부나 떡 따위를 만들던 식료 공장.

ㄴ. 광주^공업^단지(光州工業團地)

『공업』 광주광역시 서구(西區) 광천동, 화정동, 내방동, 농성동 일대에 조성된 내륙 공업 단지.

(324ㄱ)은 역사적인 의미가 더 크겠지만 무엇을 만드는 공장인지가 명시되어 있고, (324ㄴ)은 특정 목적의 공장만이 아니라 단지의 요건에 맞는 다양한 공장이 복합적으로 집결된 곳일 터이므로 소재지만 명시되어 있다.

다음으로, 농업 시설을 생각해 보기로 하자. 농업 시설은 〈우리말샘〉에 다음과 같이 정의되어 있다.

(325) 농업^시설

『산업 일반』 농업 생산 및 농산물의 유통 가공을 위해 사용되는 구조물을 통틀어 이르는 말.

여기에는 우선적으로 농업 생산에 필요한 농지를 빼놓을 수 없을 것이다. '농지'는 〈표준〉에 다음과 같이 정의되어 있다.

(326) 농지(農地)

「명사」 농사짓는 데 쓰는 땅. ≒농경지.

「농지법」에서는 이러한 농지를 전(논), 답(밭), 과수원으로 구분하고 있다. 농지는 농업 자체, 고정식 온실, 버섯재배사, 비닐하우스, 축사,

곤충사육사 및 그 부속시설(농막, 간이퇴비장, 간이저온저장고 또는 간이 액비저장조), 주택지, 임대, 휴경 등으로만 이용해야 한다.

구획된 논이나 밭, 임야, 대지는 필지(筆地) 또는 필이라는 단위로 인식되지만 별도의 이름을 가져 그 단위가 고유하게 인식되는 일은 거의 없다. 일반적으로 경작자(소유자)의 이름이 농지의 이름이 될 것이다. 그리고 그 경계는 토지대장을 통해서 확인할 수 있다.

이어서, 축산 시설이 있다. 축산 시설은 〈우리말샘〉에 다음과 같이 정의되어 있다.

(327) 축산^시설

『농업』 축산업에 관련한 모든 시설. 축사, 가공 시설, 유통 시설 따위를 포함한다.

축산 시설은 주로 낙농 시설을 겸하는 경우도 많으며, 주로 가축별 축사가 이에 해당한다. 축산업의 형태 중 가장 집약적인 형태로는 목장을 운영하는 것인데 우리나라는 목장용지가 그리 넓지 않다. 목장의 정의는 다음과 같다.

(328) 목장03(牧場)

「명사」 일정한 시설을 갖추어 소나 말, 양 따위를 놓아기르는 곳. ≒목축장.

우리나라에서 잘 알려진 체험목장으로는 대관령의 '양떼목장, 삼양목장, 하늘목장'이 있다.

마지막으로 어업, 수산업 시설을 생각할 수 있겠는데, 어업은 강, 호수, 바다가 생산장이 되므로 그러한 장소를 시설물로 볼 수는 없고, 양식장(육상, 가두리)이나 수산물 가공과 유통에 관련된 시설이 여기에 포함될 수 있겠다. 2018년 통계청에서 조사한 우리나라 어류양식장 경영체 현황에 따르면, 2018년 기준 우리나라는 해상가두리양식장이

1,029개, 육상수조식양식장이 557개, 축제식이 45개, 병행 방식이 12개로서 모두 1,643개에 이르는데 이러한 양식장들도 고유한 이름으로 우리에게 인식되는 경우는 거의 없다.

3.2.2.17. 근린 생활 시설

근린 생활 시설에 대한 〈표준〉의 정의는 다음과 같다.

(329) 근린^생활^시설(近鄰生活施設)

『건설』 건축물 용도 분류의 하나. 슈퍼마켓, 대중음식점, 세탁소, 대중탕, 태권도장 따위를 이른다.

근린 생활 시설은 그 규모가 크다면 앞서 논의해 온 별도의 시설 유형에 포함될 수 있는 것들인데 거주자의 생활을 편리하고 유익하게 만들기 위해 필요하다고 인정되는 시설을 종합한 개념이다. 앞의 시설 유형들이 국가나 큰 지방의 필요에 따라 세워진 것들이라면 근린 생활 시설은 모든 주거지역이나 업무지역 주변에 반드시 있어야 하는 생활 시설들을 그 종류에 관계없이 하나의 유형으로 묶은 것이다. 일반적으로 생활 편의 시설이라는 용어를 많이 사용하지만 그렇게 한 개념으로 용어화된 표제어는 사전에서 찾을 수 없고, 생활 시설이나 편의 시설이라는 개념은 〈우리말샘〉에서 찾아볼 수 있다.

(330) ㄱ. 근린^시설(近鄰施設)

『사회 일반』 도심지의 주택가 주변에 있어, 시민들이 쉽게 이용할 있는 시설.

ㄴ. 생활^시설(生活施設)

『건설』 거주자의 생활을 편리하고 유익하게 만들기 위하여 필요하다고 인정되는 시설. 「주택 건설 기준 등에 관한 규정」 제2조 제3호에 정의되어 있으며 미용원, 대중음식점, 세탁소, 학원 외 다수의 시설이 이에 해당한다.

ㄷ. 편의^시설(便宜施設)

『사회 일반』 편하고 좋은 환경이나 조건을 갖춘 시설.

「건축법」 시행령에서는 이러한 근린 생활 시설을 제1종 근린생활시설과 제2종 근린생활시설로 나누어 구체적으로 범위를 한정해 두고 있다. 제1종 근린생활시설은 주민 생활 속에 꼭 필요한 필수업종을 말하며 제2종 근린생활시설은 제1종보다는 큰 규모 업종으로 취미 생활, 편의 생활 등에 유용한 시설을 말한다. 「건축법」 시행령 [별표 1]에 제시된 내용을 살펴보자.

(331) 제1종 근린생활시설

ㄱ. 식품·잡화·의류·완구·서적·건축자재·의약품·의료기기 등 일용품을 판매하는 소매점으로서 같은 건축물(하나의 대지에 두 동 이상의 건축물이 있는 경우에는 이를 같은 건축물로 본다)에 해당 용도로 쓰이는 바닥면적의 합계가 1천 제곱미터 미만인 것

ㄴ. 휴게음식점, 제과점 등 음료·차·음식·빵·떡·과자 등을 조리하거나 제조하여 판매하는 시설로서 같은 건축물에 해당 용도로 쓰는 바닥면적의 합계가 300제곱미터 미만인 것

ㄷ. 이용원, 미용원, 목욕장, 세탁소 등 사람의 위생관리나 의류 등을 세탁·수선하는 시설(세탁소의 경우 공장에 부설되는 것과 「대기환경보전법」, 「물환경보전법」 또는 「소음·진동관리법」에 따른 배출시설의 설치 허가 또는 신고의 대상인 것은 제외한다)

ㄹ. 의원, 치과의원, 한의원, 침술원, 접골원, 조산원, 안마원, 산후조리원 등 주민의 진료·치료 등을 위한 시설

ㅁ. 탁구장, 체육도장으로서 같은 건축물에 해당 용도로 쓰는 바닥면적의 합계가 500제곱미터 미만인 것

ㅂ. 지역자치센터, 파출소, 지구대, 소방서, 우체국, 방송국, 보건소, 공공도서관, 건강보험관리공단 사무소 등 주민의 편의를 위해 공공업무를 수행하는 시설로서 같은 건축물에 해당 용도로 쓰는 바닥면적의 합계가 1천 제곱미터 미만인 것

ㅅ. 마을회관, 마을공동작업소, 마을공동구판장, 공중화장실, 대피소, 지역아동센터(단독주택과 공동주택에 해당하는 것은 제외한다) 등 주민이 공동으로 이용하는 시설

ㅇ. 변전소, 도시가스배관시설, 통신용 시설(해당 용도로 쓰는 바닥면적의 합계가 1천제곱미터 미만인 것에 한정한다), 정수장, 양수장 등 주민의 생활에 필요한 에너지공급·통신서비스제공이나 급수·배수와 관련된 시설

ㅈ. 금융업소, 사무소, 부동산중개사무소, 결혼상담소 등 소개업소, 출판사 등 일반 업무시설로서 같은 건축물에 해당 용도로 쓰는 바닥면적의 합계가 30제곱미터 미만인 것

(332) 제2종 근린생활시설

ㄱ. 공연장(극장, 영화관, 연예장, 음악당, 서커스장, 비디오물감상실, 비디오물소극장, 그밖에 이와 비슷한 것을 말한다)으로서 같은 건축물에 해당 용도로 쓰는 바닥면적의 합계가 500제곱미터 미만인 것

ㄴ. 종교집회장[교회, 성당, 사찰, 기도원, 수도원, 수녀원, 제실, 사당, 그밖에 이와 비슷한 것을 말한다]으로서 같은 건축물에 해당 용도로 쓰는 바닥면적의 합계가 500제곱미터 미만인 것

ㄷ. 자동차영업소로서 같은 건축물에 해당 용도로 쓰는 바닥면적의 합계가 1천제곱미터 미만인 것

ㄹ. 서점(제1종 근린생활시설에 해당하지 않는 것)

ㅁ. 총포판매소

ㅂ. 사진관, 표구점

ㅅ. 청소년게임제공업소, 복합유통게임제공업소, 인터넷컴퓨터게임시설제공업소, 그밖에 이와 비슷한 게임 관련 시설로서 같은 건축물에 해당 용도로 쓰는 바닥면적의 합계가 500제곱미터 미만인 것

ㅇ. 휴게음식점, 제과점 등 음료·차·음식·빵·떡·과자 등을 조리하거나 제조하여 판매하는 시설로서 같은 건축물에 해당 용도로 쓰는 바닥면적의 합계가 300제곱미터 이상인 것)

ㅈ. 일반음식점

ㅊ. 장의사, 동물병원, 동물미용실, 그밖에 이와 유사한 것

ㅋ. 학원(자동차학원·무도학원 및 정보통신기술을 활용하여 원격으로 교습하는 것은 제외한다), 교습소(자동차교습, 무도교습 및 정보통신기술을 활용하여 원격으로 교습하는 것은 제외한다), 직업훈련소(운전·정비 관련 직업훈련소는 제외한다)로서 같은 건축물에 해당 용도로 쓰는 바닥면적의 합계가 500제곱미터 미만인 것

ㅌ. 독서실, 기원

ㅍ. 테니스장, 체력단련장, 에어로빅장, 볼링장, 당구장, 실내낚시터, 골프연습장, 놀이형시설(「관광진흥법」에 따른 기타유원시설업의 시설을 말한다) 등 주민의 체육 활동을 위한 시설)로서 같은 건축물의 해당 용도로 쓰는 바닥면적의 합계가 500제곱미터 미만인 것

ㅎ. 금융업소, 사무소, 부동산중개사무소, 결혼상담소 등 소개업소, 출판사 등 일반업무시설로서 같은 건축물에 해당 용도로 쓰는 바닥면적의 합계가 500제곱미터 미만인 것(제1종 근린생활시설에 해당하는 것은 제외한다)

ㄲ. 다중생활시설(「다중이용업소의 안전관리에 관한 특별법」에 따른 다중이용업 중 고시원업의 시설로서 국토교통부장관이 고시하는 기준에 적합한 것을 말한다)로서 같은 건축물에 해당 용도로 쓰는 바닥면적의 합계가 500제곱미터 미만인 것

ㄸ. 제조업소, 수리점 등 물품의 제조·가공·수리 등을 위한 시설로서 같은 건축물에 해당 용도로 쓰는 바닥면적의 합계가 500제곱미터 미만이고, 다음 요건 중 어느 하나에 해당하는 것

1) 「대기환경보전법」, 「물환경보전법」 또는 「소음·진동관리법」에 따른 배출시설의 설치 허가 또는 신고의 대상이 아닌 것

2) 「대기환경보전법」, 「물환경보전법」 또는 「소음·진동관리법」에 따른 배출시설의 설치 허가 또는 신고의 대상 시설로서 발생되는 폐수를 전량 위탁처리하는 것

ㅃ. 단란주점으로서 같은 건축물에 해당 용도로 쓰는 바닥면적의 합계가 150제곱미터 미만인 것

ㅆ. 안마시술소, 노래연습장

(331)과 (332)에 제시된 한 항목 한 항목이 모두 수많은 이름을 가질 수 있는 하나의 유형을 대표하고 있다. 그러나 여기에 제시된 시설들은 한국어를 사용하는 모국어화자 전반의 관심의 받을 일이 없는 것들이다. 물론 유명한 프랜차이즈 체인점은 그 특정 점포보다는 그 체인의 브랜드명이 마치 그 점포의 이름인 것처럼 사용되는 경우들이 있고 오늘날 그런 경향이 점점 강해지고 있지만, 그렇게만 불려도 괜찮다는 것은 마치 거기에 커피숍이 있다거나 아이스크림 집이 있다고 말하는 것과 같이 그 가게 자체가 주목받지 못한다는 얘기나 매한가지

다. 고유명칭을 다루고자 하는 이 책의 취지로 보면 이름을 더 강조해야 하고, 이상에 제시된 모든 점포 유형들은 그 나름의 고유명칭을 가지고 있지만 근린 생활 시설로 분류된 것들은 그 주거 단지에 그런 유형의 점포가 있다는 것이 더 관심의 대상이 될 뿐 사실 그 이름이 더 부각될 이유는 없는 것들이다. 그래서 실제로는 매우 많은 시설물 고유명칭이 이 유형에 딸려 있지만 사전에 등재되거나 일반인이 널리 알 만한 개체들이 떠오르지 않는 것이다. 하지만 제2종 근린생활시설들만 해도 단순히 있다는 것으로 일반인들의 필요가 다 충족되지 않고 제공받는 서비스의 품질이 비교되는 상황이 되면 그 개체들의 이름이 구별되고 서로 비교해 언급되는 일이 생긴다. 그때는 시설물의 한 종류로서보다는 단체로서 비교되는 것일 수 있다. 어떻든 근린 생활 시설 가운데 그 이름을 인식하는 경우가 있다고 해도 그 지역 거주자나 특정 하위종목에 특별한 관심을 가진 애호가들에게 가능한 일일 것이다.

3.2.2.18. 기타 시설물

기타 시설물로는 복지 시설, 교정 시설, 폐기 시설, 안전 시설 등을 더 생각해 볼 수 있다. 아마도 그 이외로 생각할 수 있는 시설물의 종류가 더 있을 것이다. 그러나 이러한 시설들 가운데 복지 시설이나 교정 시설은 근린 시설로 함께 묶일 수도 있을 것이며, 폐기 시설, 안전 시설 등은 다른 시설에 부대적인 시설인 경향이 있다. 그런 점들과 함께 이들 시설들은 사전에 등재될 만한 표제어가 별도로 존재하지 않는다. 따라서 이 책의 연구가 보다 체계적인 분류로 나아갈 때 이러한 시설물들을 포함할 가능성에 대해 다시 검토하기로 하고 여기서는 이상의 시설물들을 제시하는 정도로 공간의 명칭과 관련된 논의를 마무리하기로 한다.

4. 시간

지금까지 살펴본 사람이나 공간과 달리 시간은 이름을 가진다는 말이 생소하게 느껴진다. 시간을 실체 내지는 개체라고 부를 수 있는지도 의심스럽다. 시간은 그 자체가 문장의 화제나 주어가 되는 일도 드물지만 그런 경우가 있어도, 예를 들자면 "오늘은 춥다.", "오늘은 비가 온다." 등과 같은 문장에서도 시간(예에서는 '오늘')이 온전한 개체로서 화제나 주어가 되었다고 인식하기보다는 배경적인 것, 부사적인 것이 화제나 주어의 형식으로 나타났다고 이해할 정도로, 그 자체를 주체로 인식하기가 어렵다. 시간은 눈에 보이지 않고 언제나 배경으로만 인식되는 경향이 있다.

시간은 눈에 보이지 않기 때문에 추상적 대상이라고 생각하기 쉽지만 시간을 추상적이라고 볼 수는 없다. 아인슈타인처럼 삼차원의 공간과 결부되는 사차원적 대상으로까지 생각하는 것은 범인들로서는 쉽지 않은 일이지만, 우리가 살아가는 세상이 시간의 흐름에 따라 진행되기 때문에 일반적인 시각에서의 시간은 일차원적이고 단방향적이라는 것이 상식적인 생각이고, 그 어느 쪽으로 이해하든 물리학적 대상으로서 분명히 현상계 내에 존재한다. 시간 그 자체는 눈에 보이지 않는 아날로그적인 것이지만 그것을 측정하기 위한 시각적인 시계와 디지털적 시각이 시간을 포착하는 수단이 되어 오늘날 우리는 시간을 어렵지 않게 지각하고 늘 느끼고 경험하며 살아가고 있다.[39]

---

39 여기서 구체성과 추상성 자체를 논점으로 만드는 시도를 하려는 것은 아니다. '시간'이라는 개념 자체는 추상적일 수 있다. 그러나 그 시간의 실현은 구체적 대상이라는 것이 이 글의 취지다. '인간'도 종류로서의 인간은 구체적 대상이라고 할 수 있을까? 따라서 구체와 추상의 구별은 온톨로지에서 그리 유용한 기준이 되어 주지 못하는 것으로 판단된다. 물론, 개념, 느낌, 생각 등과 같이 추상적이기만 한 성질이 없는 것은 아니지만, 구체적으로 실현된 사물은 모두 그것의 추상적 개념이 짝으로 존재한다는 점을 간과해서는 안 될 것이다.

흔치 않은 일일지라도 시간은 그 자체가 주목의 대상이 될 수 있으며, 실제로 사람들에 의해 이름이 붙여져 왔다. 정확히 말하자면 시간에 이름이 붙여졌다기보다는 시구간(時區間)에 이름 붙여져 온 것인데, 시구간을 한정하기 위해서는 기준점과 시간 간격을 측정하는 객관적 기준이 중요했다. 그래서 시간의 흐름 속에서 자연이 변화하는 주기를 포착하고 그 주기를 지금과 같이 하나의 해로 이해해서 그것을 다시 열두 개의 달과 365개의 날로 나누고 한 날, 즉 하루를 24개의 시간으로 쪼개어 이해할 수 있게 된 것이다.

그리고 이렇게 시간의 간격을 객관적으로 측정할 수 있게 되니 시간의 흐름을 양적으로 계산할 수 있게 되었고, 적어도 '지금'이라고 하는 현재의 시점을 기준으로 시간의 길이를 객관화해 말할 수 있게 되었다. 하지만 현재는 끊임없이 흘러가는 것이어서 절대적인 기준이 되어 주지 못했기에 기준점이 필요했고, 그래서 현재 우리는 전 세계에서 통용되는 서력기원을 절대적인 기준으로 삼아 과거에서 미래로 흘러가는 시구간의 고정된 객체로 이해할 수 있기에 이르게 된 것이다.

시간(시구간)이 이름을 가진 경우는 달력과 무관하게 그 시대의 특성에 따라 그것이 마치 그 시대의 속성인 것처럼 그 시대의 이름이 된 경우(시대명)와 그런 시대의 특성과 관계없이 달력 속에 주어진 식별부호와 같은 시간 이름(달력상의 시간명)으로 나눌 수 있겠다. 먼저 〈표준〉에서 뜻풀이에 '시대.'를 포함하고 있는 표제어들을 추출해 살펴봄으로써 시대명의 예들을 살펴보기로 하자. 검색된 129개 중 가나다순으로 앞쪽 50개만 제시하기로 한다.

(333) 갈로·로만^시대(Gallo-Roman時代), 개원의^치(開元의治), 고교^시대(古敎時代), 고대03(古代), 고석기^시대(古石器時代), 고세01(古世), 고-제삼기(古第三紀), 고틀란드-기(Gottland紀), 공룡^시대(恐龍時代), 공포^시대(恐怖時代), 구석기^시대(舊石器時代), 구약^시대(舊約時代), 군인^황제^시대(軍人皇帝時代), 근대02(近代), 금석^병

용기(金石竝用期), 기선^시대(汽船時代), 나자식물^시대(裸子植物時代), 남북조^시대(南北朝時代), 농경^시대(農耕時代), 농업^시대(農業時代), 다극화^시대(多極化時代), 당대01(唐代), 당자02(檔子), 대항해^시대(大航海時代), 데본-기(Devon紀), 동기^시대(銅器時代), 마이오-세(←Miocene世), 명대(明代), 목축^시대(牧畜時代), 무로마치^시대(Muromachi[室町]時代), 무생-대(無生代), 무생물^시대(無生物時代), 물질의^시대(物質의時代), 미군정^시대(美軍政時代), 발견^시대(發見時代), 백악-기(白堊紀), 범선^시대(帆船時代), 복사^시대(輻射時代), 봉건^시대(封建時代), 불세(佛世), 불확실성의^시대(不確實性의時代), 빅토리아^시대(Victoria時代), 빙하^시대(氷河時代), 사전01(史前), 삼국^시대(三國時代), 삼오지륭(三五之隆), 삼첩-기(三疊紀), 상고-대02(上古代), 상고^시대(上古時代), 상업^시대(商業時代)

(333)을 좀 더 보완하기 위해 '시기.'로 정의된 표제어들을 추가로 추출해 다음을 더 얻을 수 있었다.

(334) 가마쿠라^시대(Kamakura[鎌倉]時代), 개화-기01(開化期), 갱신-세(更新世), 고대^말기(古代末期), 고생-대(古生代), 고신-세(古新世), 구-한말(舊韓末), 근세01(近世), 기원04(紀元), 대공위^시대(大空位時代), 로마의^평화(Roma의平和), 만당01(晩唐), 반야-시(般若時), 방등-시(方等時), 법화-열반시(法華涅槃時), 빙간-기(氷間期), 빙기03(氷期), 빙온-기(氷溫期), 빙하-기(氷河期), 빙한-기(氷寒期), 사겁(四劫), 사당02(四唐), 삼시06(三時), 삼시-법(三時法), 상대적^안정기(相對的安定期), 선신-세(鮮新世), 선정-견고(禪定堅固), 성당02(盛唐), 신라^상대(新羅上代), 신라^중대(新羅中代), 신라^하대(新羅下代), 암흑-시대(暗黑時代), 에도^시대(Edo[江戶]時代), 연경-세시기(燕京歲時記), 오시03(五時), 오-오백년(五五百年), 원삼국^시대(原三國時代), 정통^칼리프^시대(正統caliph時代), 제삼-기(第三紀), 중당01(中唐), 중생-대(中生代), 중세01(中世), 중세-기(中世紀), 최신-세(最新世), 충적-세(沖積世), 투쟁-견고(鬪諍堅固), 팍스^로마나(Pax Romana), 팔레오-세(←Paleocene世), 플라이스토-세(←Pleistocene世), 플라이오-세(←Pliocene世), 한말02(韓末), 해탈-견고(解脫堅固), 현대01(現代), 현세01(現世), 홀로-세(←Holocene世), 홍적-기(洪積期), 홍적-세(洪積世), 화엄-시(華嚴時)

(333), (334)에 제시된 이름들 가운데 어떤 것은 그 시대의 이름이라고 보아야 할지 아니면 어떤 속성을 가졌던 시기에 대한 기술구로만

보아야 할지 판단이 쉽지 않은 경우도 있다. 하지만 같은 기술구로 불리는 다른 시대가 없다면 그 시기로서의 실체를 먼저 염두에 둔 것이므로 지시가 승한 해석을 가진 것이고 그런 표현은 실제 발화에서 지시적으로 사용되는 경우 고유명칭으로 기능하게 될 것이며 그런 시대를 이미 염두에 두고 있기 때문에 사전 표제어가 될 수 있었다고 보면, 그것은 고유명칭으로 판정하는 것이 옳다고 본다. 이런 시각으로 보아도 속성적 해석이 승하다고 생각되는 경우는 목록에서 제외했다.

시간 고유명칭의 정의에 대해 살펴보자. (333)과 (334)에는 우리나라의 시대가 너무 적어서, 〈우리말샘〉의 '조선 시대'의 정의를 가져와 보았다.

(335) 조선^시대(朝鮮時代)

『역사』 1392년 이성계가 고려를 무너뜨리고 한양에 도읍하여 조선이라는 나라를 세운 때부터 1910년 일본에 의하여 국권을 강탈당한 때까지의 시대.

(336) 실체n

이름	조선 시대
실체 유형	시간
기간	1392-1910년
특기 사항	이성계가 조선이라는 나라를 세워 일본에 의해 국권을 강탈당한 때까지의 기간

시간이라는 실체는 그 기간과 그 기간의 특성에 의해 확인될 수 있다. '조선 시대'의 특성은 이성계가 세운 왕조가 국권을 유지한 기간인 것이다. 이 시간은 모두 달력상의 시간에 의해 객관적으로 확인될 수 있다.

이상의 시대명 외에 다른 시간의 명칭, 즉 달력상의 시간명은 언급했듯이 그야말로 지시만을 위한 고유명칭이어서 식별부호에 가깝지만, 다른 속성을 생각할 여지가 없는 경우가 더 많기에 더욱 고유명칭의 본질에 가까운 것이다. 그것은 해의 이름, 달의 이름, 날의 이름, 시점의 이름이 일반적으로 쓰이고 주(週)의 이름이 쓰이는 일은 드물다.

서력기원 원년으로부터 그 이전과 그 이후로 한 해마다 숫자로 이름이 붙여진 해 이름은 모두 고유명칭이다. (서기) 원년(1년)으로부터 그 이전의 기원전 3000년이든 4000년이든 정확히 어떤 해를 가리킬 필요가 있고 그해의 시구간에 대해 무엇인가 정확히 할 말이 있다면 우리는 그해를 그렇게 숫자로 가리킬 수 있고 그 숫자는 그해의 이름이 된다. 서기 원년 이후로 이 글을 쓰고 있는 (서기) 2022년까지, 아니 아직 오지 않은 그 이후의 해들도 우리는 이와 같은 숫자로 이루어진 고유명칭으로 가리킬 수 있는 것이다. 오늘날 우리는 서력기원을 보편적으로 사용하기 때문에 '서기'라고 단서를 붙이지 않아도 바로 해를 가리키는 이름을 이해하지만 정확히 표현하자면 '서기'를 붙이는 것이 옳고 '단기'나 다른 연호를 사용하고자 한다면 그런 명칭을 먼저 제시해야만 그 의도된 해가 제대로 가리켜질 수 있다.

해의 이름과 함께 달과 날과 시점의 이름도 고유명칭이 될 수 있는데, 이 경우들에서는 해의 이름이 전제되어야만 한다. 왜냐하면 해의 이름만 기원 원년으로부터 해가 바뀔 때마다 다른 이름(다른 숫자)을 그 해의 고유명칭으로 사용할 뿐, 달과 날과 시점의 명칭은 한정된 목록의 이름이나 숫자를 반복적으로 사용하기 때문이다. 그러니까 1월로부터 12월, 1일로부터 31일까지, 1시로부터 12시(24시간제로는 24시)는 모두 그 자체로는 고유명칭이 아닌 일반명칭이다. 그래서 특정의 달, 날, 시점을 가리키기 위해서는 언제나 맨 앞에 해의 이름, 즉 연도가 전제되어야 한다. "오늘이 며칠이야?"라는 질문에 "(2020년 10월) 십삼일이야."라고 대답하더라도 그것을 듣는 사람은 '2020년 10월 13일'이라고 이해한다. "지금 몇 시야?"라는 질문에 "열한 시 반이야."라고 대답하더라도 그것을 듣는 사람은 '2020년 10월 13일 오후 11시 30분'으로 이해하는 것이다. 그렇게 달의 이름은 '2020년 10월'이라는 표현 전체가 그 표현에 의해 가리켜지는 달의 고유명칭이며, 날의 이름은 '2020년 10월 13일'이라는 표현 전체가 그 표현에 의해 가리켜지는 날의 고유명칭이 되며, 시점의 명칭은 '2020년 10월 13일 오후 11시 30분'이 그 표현에 의해 가리켜지는 시점의 고유명칭이 된다.

이렇게 시간은 단선적 흐름 속에서 크고 작은 단위로 구획화될 때 그 모든 시구간이 고유하게 인식될 수 있지만, 다른 한편으로 우리 인간은 반복되는 길이, 반복되는 계절, 반복되는 길이의 구간 속 위치를 서로 구별되는 것이 아닌 동질적인 것으로 인식하려는 경향도 있다. 그것은 마치 우리가 어떤 개를 하나의 몰티즈로 이해하고 말 것인가, 우리 집 '별이'로 이해할 것인가 하는 태도와 상통하는 경향성이라고 할 수 있겠다. 그래서 모든 해만이 아니라 달, 날, 시점을 구별할 수 있음에도 불구하고, 해마다 1월부터 12월이 있고 달마다 1일부터 적어도 28일 대부분 30일이 존재하며 날마다 1시부터 24시가 반복적으로 돌아오는 것처럼 이해하기도 하는 것이다. 그런 의식을 단적으로 보여주는 예가 '10년 전의 오늘'과 같은 표현이다. 실제로는 10년 전에도 오늘이 있었을 수는 없는 일이다. 그럼에도 우리는 10년 전의, 오늘과 같은 날짜를 가진 날을 그렇게 표현하고도 이상하게 여기지 않는 것이다. 이때의 '오늘'은, 우리가 어떤 동물을 가리키면서 청자에게 "넌 저놈을 본 적 있니?"라고 물을 때 반드시 같은 놈을 본 적이 있느냐고 묻는 것이 아니라 같은 종류의 것을 본 적이 있느냐고 묻는 용법에서처럼, 매해의 같은 날짜를 가진 날들을 하나의 종류로서 파악하고 그 종류를 가리키는 화시 표현으로 쓰인 것으로 이해할 수 있다.

1년 중 어떤 날을 지정해서 기념하는 경우도 시간의 반복성을 상정해 매년 반복되는 같은 날짜의 날을 동일시하는 시각을 보여 준다. 〈표준〉에 '고유명 일반'으로 등재된 표제어들은 '날'의 이름인 경우가 많은데 이것들을 사전에서 고유명칭으로 처리하는 것을 보면 이러한 시각이 인간의 인식 속에서 얼마나 자연스러운 일인지 알 수 있다. 여기서는 우선 특별히 기념하는 날들의 목록을 충분히 확보하기 위해 〈표준〉의 뜻풀이에 '날.'과 '국경일.', '기념일.', '명절.'과 '명절의 하나.'가 포함된 표제어들을 추출했고, 그 가운데서 먼저 '고유명 일반' 전문어로 표시된 것들을 가려내어 보았다.[40]

(337) 경찰의^날(警察의날), 과학의^날(科學의날), 교정의^날(矯正의날), 국경-절(國慶節), 국군의^날(國軍의날), 국제^적십자의^날(國際赤十字의날), 근로자의^날(勤勞者의날), 납세자의^날(納稅者의날), 노동-절(勞動節), 노인의^날(老人의날), 농업인의^날(農業人의날), 대한민국^임시^정부^수립^기념일(大韓民國臨時政府樹立紀念日), 무역의^날(貿易의날), 문화의^날(文化의날), 민방위의^날(民防衛의날), 바다의^날, 발명의^날(發明의날), 방송의^날(放送의날), 법의^날(法의날), 보건의^날(保健의날), 부부의^날(夫婦의날), 부처님^오신^날, 불-생일(佛生日), 불탄-일(佛誕日), 불탄-절(佛誕節), 사일구^혁명^기념일(四一九革命紀念日), 상공의^날(商工의날), 석가^탄신일(釋迦誕辰日), 성년의^날(成年의날), 세계^한인의^날(世界韓人의날), 소방의^날(消防의날), 소비자의^날(消費者의날), 순국선열의^날(殉國先烈의날), 스승의^날, 식목-일(植木日), 신문의^날(新聞의날), 쌍십-절(雙十節), 어린이-날, 어버이-날, 예비군의^날(豫備軍의날), 오일팔^민주화^운동^기념일(五一八民主化運動紀念日), 육십^민주^항쟁^기념일(六十民主抗爭紀念日), 육이오^전쟁일(六二五事變日), 장애인의^날(障礙人의날), 재향^군인의^날(在鄕軍人의날), 저축의^날(貯蓄의날), 적십자의^날(赤十字의날), 정보^통신의^날(情報通信의날), 조세의^날(租稅의날), 지적의^날(地籍의날), 철도의^날(鐵道의날), 체육의^날(體育의날), 충무공^이순신^탄신일(忠武公誕辰日), 학생^독립운동^기념일(學生獨立運動紀念日), 한글-날, 향토^예비군의^날(鄕土豫備軍의날), 환경의^날(環境의날)

(337)은 주로 현재 국가에서 기념일로 지정하고 있는 것들이 주종을 이룬다.

(337) 외에도 〈표준〉에는 연간 한 번 돌아오는 기념일들이 더 많이

40 이 가운데 '민방위의 날'까지 들어 있는 것은 특별한 예다. 나머지 날들은 모두 1년에 한 번 돌아오는 것인데 반해 민방위의 날은 매달 돌아오기 때문이다.

올라 있는데 그것들은 '역사', '기독교', '가톨릭', '불교', '민속', '종교 일반', '법률', '사회 일반', '정치', '경영' 등의 전문어로 흩어져 있고, 아무런 전문어 표시가 없는 일반어로 등재된 것들도 있다. 이것들을 어떻게 분류하는 것이 좋을지에 대해서는 보다 나은 기준이 필요할 것으로 보인다.

(338) ㄱ. 역사

개국^기원절(開國紀元節), 건원-절(乾元節), 건흥-절(乾興節), 경룡-절(慶龍節), 경운-절(慶雲節), 계천^기원절(繼天紀元節), 곤원-절(坤元節), 만수^성절(萬壽聖節), 만수-절(萬壽節), 브뤼메르^십팔^일(Brumaire十八日), 브이-데이(V day), 성평-절(成平節), 수기-절(壽祺節), 수성-절(壽成節), 수원-절(垂元節), 안정-절(安貞節), 영정-절(永貞節), 응천-절(應天節), 인수-절(仁壽節), 장흥-절(長興節), 지원-절(至元節), 창녕-절(昌寧節), 천원-절(天元節), 천추-경절(千秋慶節), 천추-절(千秋節), 천춘-절(千春節), 천희-절(天禧節), 함녕-절(咸寧節), 함성-절(咸成節), 흥경-절(興慶節)

ㄴ. 기독교

감사-일(感謝日), 감사-절(感謝節), 공현-제(公現祭), 공현^축일(公現祝日), 기독^강탄절(基督降誕節), 기독^강탄제(基督降誕祭), 맥추-절(麥秋節), 사육-제(謝肉祭), 성령^강림절(聖靈降臨節), 성수태^고지절(聖受胎告知節), 성탄(聖誕), 성탄-일(聖誕日), 성탄-절(聖誕節), 성탄-제(聖誕祭), 수난대재-날(受難大齋날), 수난-일(受難日), 수태^고지절(受胎告知節), 승천-일(昇天日), 심판의^날(審判의날), 예수^성탄일(←Jesus聖誕日), 오순-절(五旬節), 추수^감사절(秋收感謝節), 크리스마스(Christmas)

ㄷ. 가톨릭

부활^축일(復活祝日), 성-금요일(聖金曜日), 성-토요일(聖土曜日), 승천^축일(昇天祝日), 예수^부활^대축일(←Jesus復活大祝日), 예수^승천^대축일(←Jesus昇天大祝日), 위령의^날(慰靈의날), 육제(肉祭), 카니발(carnival), 평화의^날(平和의날)

ㄹ. 불교

납팔(臘八), 불성도-일(佛成道日), 사대^기념일(四大紀念日), 성도-절(成道節), 열반-절(涅槃節), 자자-일(自恣日), 초-파일(初八▽日), 파일01(八▽日), 팔일-장(八

日粧)

ㅁ. 민속

단양02(端陽), 단오(端午), 단오-일(端午日), 단옷-날(端午날), 수리03, 수릿-날, 약-날(藥날), 유두03(流頭), 유두-일(流頭日), 유둣-날(流頭날), 중오(重午)

ㅂ. 종교 일반

가경-일(嘉慶日), 개천-일(開天日), 대각^개교절(大覺開敎節), 도일^기념일(道日紀念日), 현도-일(顯道日)

ㅅ. 법률

광복-절(光復節), 삼일-절(三一節), 제헌-절(制憲節)

ㅇ. 사회 일반

세계^인권^선언^기념일(世界人權宣言紀念日), 어머니-날, 인권^선언일(人權宣言日), 국제^부인의^날(國際婦人의날), 국제^여성의^날(國際女性의날)

ㅈ. 정치, 경영

국제^연합일(國際聯合日), 국제^평화의^날(國際平和의날), 국제^협동조합의^날(國際協同組合의날)

ㅊ. 비전문어(일반어)

가배-일(嘉俳日), 가배-절(嘉俳節), 가우-일(嘉優日), 가우-절(嘉優節), 가위02, 가윗-날01, 국치-일(國恥日), 만우-절(萬愚節), 말복(末伏), 설01, 설-날, 신원04(新元), 용-대두(龍擡頭), 원일(元日), 원정01(元正), 정일02(正日), 중복1(中伏), 초복01(初伏), 추석01(秋夕), 추석-날(秋夕날), 팔월-대보름(八月大보름), 한-가위, 한-가윗날, 한식02(寒食), 한식-날(寒食날), 현충-일(顯忠日)

(338ㅅ)에서 국경일 중 세 개('광복절, 삼일절, 제헌절')만을 '법률' 전문어로 본 것이 특이하고, (338ㅊ)에서 '국치일'은 일반어로서의 의미를 가질 수도 있겠으나 우리나라에서는 '경술국치' 즉 1910년에 국권을 피탈당한 날을 가리키기 때문에 별도의 기술이 필요할 것으로 보이며, '현충일'도 두 가지 의미가 있을 수 있겠으나 뜻풀이에 우리나라에서 기념하는 6월 6일을 명시하고 있으므로 다른 기념일들과 다르게 일반어로 처리하는 것은 일관성이 부족해 보인다.

이미 넉넉히 살펴보았듯이 고유명칭은 무수히 많으며, 그 가운데 어떤 단어를 고유명사로 판정하는 문제는 결국 종이 더 부각되느냐 개체가 더 부각되느냐의 정도성의 문제라는 점도 제1장에서 충분히 설명했다. 그리고 고유명사라는 것은 단어의 문제이므로 대부분 구로 구성된 (337)이 '고유명 일반'으로 분류되어 있다는 것은 그것들만이 고유명사라고 표시하려는 의도는 아닌 것도 자명하다. 하지만 그렇다고 해서 그것들만을 고유명칭으로 사용되는 표현들로 한정하려는 의도도 아니었을 것인데, 굳이 전문어로서 '고유명 일반'이라는 영역을 마련한 것은 쉽게 이해되지 않는 면이 있다. 마찬가지로 고유명칭으로 볼 수 있는 (338ㅊ)은 아무런 전문어 표시 없이 일반어로 제시되어 있으니 말이다.

어떻든 1년마다, 혹은 그보다 촘촘한 간격으로 돌아올 수 있는 기념일을 고유명칭으로 인식하는 직관은, 이달의 민방위의 날이든 지난달의 민방위의 날이든 그것들 사이의 구분이 필요치 않고 민방위의 날은 다른 날들과의 구별이 더 중요한 실체 유형, 즉 종이 더 부각되는 실체 유형으로 이해될 수 있음을 지적하는 것으로 이 절을 마무리해야 할 것 같다.[41]

기념일에 대한 정의와 기본 정보는 다음과 같다.

(339) 한글-날

「명사」『고유명 일반』 세종 대왕이 창제한 훈민정음의 반포를 기념하기 위하여 제정한 국경일. 한글을 보급·연구하는 일을 장려하기 위하여 정한 날로 10월 9일이다.

(340) 실체n

이름	한글날
실체 유형	시간
하위 유형	기념일

41 실제로 유일한 날이 이름을 가진 예로는 '피의 일요일'을 찾을 수 있었다. 피의 일요일은 1905년 러시아의 상트페테르부르크에서 많은 노동자가 학살당한 1월 22일 일요일을 가리킨다.

시기	(매년) 10월 9일
특기 사항	세종 대왕이 창제한 훈민정음의 반포를 기념하기 위해 제정한 국경일, 한글을 보급·연구하는 일을 장려하기 위해 제정함

여기서는 '기념일', '국경일', '명절' 그리고 더 나뉠 것으로 보이는 세부적인 구분은 시도하지 않고 모두 '기념일'로 보았다.

이상과 같은 경향성에서도 알 수 있듯이, 시간은 그것과 결부된 사태와 그 속의 사람이나 사물보다, 심지어 그 사태의 공간적 배경보다도 더 부차적이고 주목받기 어려운 배경으로 인식되는 경우가 많다. 그럼에도 불구하고 이 절에서 우리는 시간 역시 고유명칭을 가질 수 있는 실체로 인식될 수 있음을 조명하고 그 이름들에 대해 살펴볼 수 있었다.

5. 사건

사건도 이름을 가질 수 있다. 대체로 이미 일어난 일들 가운데 주목을 끌 만한 일을 사건이라고 한다. 사건의 사전적 정의는 다음과 같다.

(341) 사건01(事件)

「명사」「1」 사회적으로 문제를 일으키거나 주목을 받을 만한 뜻밖의 일.

역사적인 사건.

사건이 발생하다.

사건이 터지다.

「2」『법률』 수사, 기소, 재판 등 사법 작용의 대상이 되는 일.

「3」『수학』 어떤 실험이나 시행(試行)에서 일어날 수 있는 결과. 예를 들어 주사위를 던질 때 1이 나온다든가, 짝수가 나온다든가, 4 이상이 나온다든가 하는 따위이다. ≒사상.

사건은 의미론적으로는 시공간적인 특성을 가지는 어떤 구체적인 것(일)이라고 보는데(Davidson 1967), 개체화될 뿐 아니라 이름을 가질 수 있는 사건은 그중에서도 사회적으로 기억될 필요가 있을 만한 특별한 속성을 가진 것임이 분명하다. (341)의 「1」과 「2」는 모두 고유명칭이 될 수 있는 사건들 속에 포함될 수 있을 것이다.

사건이 사건으로 구성되기 위해서는 일정 구간의 시간이 필요하고 그 사건이 주로 전개된 공간이 필요하며 그 사건에 참여한 구체적 존재(들), 즉 참여자(들)가 필요하다. 그러나 그 시간이나 공간이나 존재의 크기나 수량이 일정한 범위를 가지는 것은 아니며 규정될 수 있는 동질성을 확보하면 된다. 고유명칭으로서의 사건은 그 사건이 사람들의 뇌리에 남을 만한 이유나 의의가 포함될 것이며 반복되는 일이 아닌 단회적인 것이거나 반복적인 일이라 해도 단회로서 평가되면서 이름이 붙여질 만큼 명확해야 할 것이다.

사건인 고유명칭을 수집하기 위해 우선 〈표준〉에서 뜻풀이에 '일.'을 포함하고 있는 표제어들 가운데 과거에 단회적으로 일어났고 주목받을 만한 이유나 의의를 가진 것을 찾고자 했다. '일'인 것을 먼저 살펴본 것은 다른 서술성 명사를 통해 찾기 전에 사건인 일들의 전반적인 부류를 개괄적으로 살펴보기 위함이다.

(342) 가도^문제(假道問題), 가체의^금지(加髢의禁止), 가체^적간(加髢摘奸), 강화^천도(江華遷都), 갱유(坑儒/阬儒), 갱유-분서(坑儒焚書), 건주위^정벌(建州衛征伐), 건주^정벌(建州征伐), 게르만^민족의^대이동(←Geruman民族의大移動), 경진-북정(庚辰北征), 계미-삼찬(癸未三竄), 고문^정치(顧問政治), 공속(公贖), 구이팔^수복(九二八收復), 국공^합작(國共合作), 국권^피탈(國權被奪), 기사-사화(己巳士禍), 기사-환국(己巳換局), 기해-동정(己亥東征), 기해-왜역(己亥倭役), 당고04(黨錮), 당고지화(黨錮之禍), 독립^선언02(獨立宣言), 독오^합방(獨墺合邦), 독일·오스트리아^합방(獨逸Austria合邦), 동방^식민(東方植民), 루르^점령(Ruhr占領), 루이지애나^구입(Louisiana購入), 멕시코^정복(Mexico征服), 명예-고립(名譽孤立), 무장^중립(武裝中立), 미국^독립^선언(美國獨立宣言), 민족^대이동(民族大移動), 바빌

론^유수(Babylon幽囚), 벽서의^옥(壁書의獄), 삼국^간섭(三國干涉), 삼일-천하(三日天下), 삼정의^문란(三政의紊亂), 상업^혁명(商業革命), 속량03(贖良), 심양^팔포(瀋陽八包), 양재역^벽서^사건(良才驛壁書事件), 육부^사성(六部賜姓), 인클로저(enclosure), 일본식^성명^강요(日本式姓名強要), 정미-사화(丁未士禍), 정미-환국(丁未換局), 테니스코트의^서약(tennis court의誓約), 팔-일오(八一五), 팔일오^광복(八一五光復), 한산^대첩(閑山大捷), 한산도^대첩(閑山島大捷)

검색 결과가 '일.'인 경우에서는 어느 시기에 반복적으로 이루어지던 일을 이르는 명칭이 많이 검색되었는데 그와 같이 반복적인 일에 적용될 수 있는 말은 실제로는 그 일이 한 번만 일어났다고 해도 사건의 이름이라고 보기는 어려웠다. 다른 경우로는, 어떤 사건은 몇 세기에 걸쳐 반복적으로 이루어진 일이지만 긴 역사 속에서 그 시기를 조명해 사건으로 규정한 경우가 있다. 예를 들자면, '동방식민'의 경우, 12세기부터 14세기까지, 엘베강과 잘레강의 서부에 거주하던 농민이 슬라브인 거주 지역인 동부 독일과 에스토니아에 이르는 지역으로 이주해 그곳을 독일화·기독교화한 일을 가리킨다. 이 경우 '동방식민'은 매번 사람들이 이주한 경우를 그렇게 부르는 개념이 아니라 그 전체적인 이주 사건을 이르는 이름인 것이고 그 전체 사건이 나름의 의의를 가지는 것으로 평가된다. 따라서 이러한 예는 하나의 사건으로 보았다. 사건이 고유명칭으로 판정되는 데는 관련되는 시간의 범위나 공간의 범위, 참여자의 숫자 자체가 중요한 것이 아니라 그 사건 속의 술어의 의미가 완결되기까지 소요되는 시간과 공간과 참여자가 모두 공조해 함께 하나의 지시대상이 된다는 점이 중요하다. 일단 하나의 지시대상이 되어 이름이 붙여지면 그것은 객관적인 단위와 관계없이 하나의 단위로 인식된다.

사건인 고유명칭들을 '일.'로 정의한 경우보다 '사건.'으로 정의한 경우가 훨씬 일반적이고 집약적인 추출을 가능하게 했다. 검색된 171개 가운데 가나다순으로 앞쪽 50개만 제시하기로 한다.

(343) 가도^문제(假道問題), 가도^사건(椵島事件), 가사^사건(家事事件), 갑술-옥사(甲戌獄事), 갑술-환국(甲戌換局), 갑자-사화(甲子士禍), 강빈^옥사(姜嬪獄事), 강화도^사건(江華島事件), 강화부^피습^사건(江華府被襲事件), 거문도^사건(巨文島事件), 거창^사건(居昌事件), 겸이포^사건(兼二浦事件), 경신-교난(庚申敎難), 경신-대출척(庚申大黜陟), 경신-박해(庚申迫害), 경신-사옥(庚申邪獄), 경신-사화(庚申士禍), 경신-정변(庚申政變), 경신-참변(庚申慘變), 경신-출척(庚申黜陟), 경신-환국(庚申換局), 계유-정난(癸酉靖難), 공석^신주^사건(空石神主事件), 곽산의^참살(郭山의慘殺), 광둥^폭동(Guangdong[廣東]暴動), 광주^민요(廣州民擾), 괘서^방서^사건(掛書榜書事件), 괘서^사건(掛書事件), 교회^분열(敎會分裂), 구월^대학살(九月大虐殺), 구월^학살(九月虐殺), 국대안^반대^운동(國大案反對運動), 국민^방위군^사건(國民防衛軍事件), 군대^해산(軍隊解散), 금호문^사건(金虎門事件), 기해-교난(己亥敎難), 기해-박해(己亥迫害), 기해-사옥(己亥邪獄), 나경언의^상변(羅景彦의上變), 나주-괘서(羅州掛書), 나주괘서의^변(羅州掛書의變), 난징^사건(Nanjing[南京]事件), 난징^학살^사건(Nanjing[南京]虐殺事件), 남해^포말^사건(南海泡沫事件), 노관^파천(露館播遷), 노르만^정복(Norman征服), 녹둔도^사건(鹿屯島事件), 니주바시^사건(Nijûbashi[二重橋]事件), 단비^사건(團匪事件), 대구^십^일^폭동^사건(大邱十一暴動事件)

검색된 전체 표제어 중 하나의 정의를 보자.

(344) 헤이그^밀사^사건(Hague密使事件)

『역사』 대한 제국 광무 11년(1907)에 고종이 헤이그에서 열린 만국 평화 회의에 밀사를 보내 을사조약이 무효임을 주장하려던 사건. 이상설, 이준 등이 갔으나 일본과 영국의 방해로 뜻을 이루지 못하고 이준은 거기서 죽었다. ≒헤이그 특사 파견.

(345) 실체n

이름	헤이그 밀사 사건
실체 유형	사건
시기	대한 제국 광무 11년(1907)
사건 내용	고종이 헤이그에서 열린 만국 평화 회의에 밀사를 보내 을사조약이 무효임을 주장하려 함. 밀사는 이상설, 이준 등이었음

특기 사항	일본과 영국의 방해로 뜻을 이루지 못하고 이준은 그곳에서 죽음. 실패했으나 제국주의 일본의 국가 병합 기도에 대한 국가 차원의 저항의 표출이었음[42]

사건에 속하는 예들 중 대표적인 것으로 전쟁을 들 수 있다. 전쟁은 세상의 주목을 받을 만한 대표적인 사건의 하위 유형일 것이며, 실제로 뜻풀이에 '전쟁.'을 포함한 예는 상당수 검색된다. 검색된 129개 가운데 가나다순으로 앞쪽 50개만 제시하기로 한다.

(346) 구르카^전쟁(Gurkha戰爭), 그리스^독립^전쟁(Greece獨立戰爭), 그리스·터키^전쟁(Greece-Turkey戰爭), 나당^전쟁(羅唐戰爭), 남아^전쟁(南阿戰爭), 남아프리카^전쟁(南Africa戰爭), 네덜란드^독립^전쟁(Netherlands獨立戰爭), 네덜란드^전쟁(Netherlands戰爭), 네덜란드^침략^전쟁(Netherlands侵略戰爭), 네팔^전쟁(Nepal戰爭), 노일^전쟁(露日戰爭), 대소^간섭^전쟁(對蘇干涉戰爭), 독불^전쟁(獨佛戰爭), 독소^전쟁(獨蘇戰爭), 독일·오스트리아^전쟁(獨逸Austria戰爭), 동맹시^전쟁(同盟市戰爭), 러시아·터키^전쟁(Russia-Turkey戰爭), 러일^전쟁(←Russia日戰爭), 마라타^전쟁(Mahratta戰爭), 마이소르^전쟁(Mysore戰爭), 마카바이오스^전쟁(Makkabaios戰爭), 마케도니아^전쟁(Macedonia戰爭), 만주^사변(滿洲事變), 멕시코·아메리카^전쟁(Mexico-America戰爭), 미국^독립^전쟁(美國獨立戰爭), 미묵^전쟁(美墨戰爭), 미서^전쟁(美西戰爭), 미영^전쟁(美英戰爭), 미일^전쟁(美日戰爭), 반도^전쟁(半島戰爭), 발칸^전쟁(Balkan戰爭), 백^년^전쟁(百年戰爭), 버마^전쟁(Burma戰爭), 베트남-전(Vietnam戰), 베트남^전쟁(Vietnam戰爭), 보불^전쟁(普佛戰爭), 보어^전쟁(Boer戰爭), 보헤미아·팔츠^전쟁(Bohemia-Pfalz戰爭), 북방^전쟁(北方戰爭), 비아프라^전쟁(Biafra戰爭), 삼십^년^전쟁(三十年戰爭), 소련·핀란드^전쟁(蘇聯Finland戰爭), 소분^전쟁(蘇芬戰爭), 슐레지엔^전쟁(Schlesien戰爭), 스웨덴·폴란드^전쟁(Sweden-Poland戰爭), 스페인^계승^전쟁(Spain繼承戰爭), 스페인^독립^전쟁(Spain獨立戰爭), 시월^전쟁(十▽月戰爭), 시크^전쟁(Sikh戰爭), 실레지아^전쟁(Silesia戰爭)

42 사전 정의에는 없지만 이런 정도의 정보가 모국어 화자의 기본 지식으로 저장되어 있을 것으로 보인다.

같은 전쟁 부류로 뜻풀이에 '싸움.'을 포함하는 표제어도 상당수에 이른다.

(347) 가우가멜라의^싸움(Gaugamela의싸움), 강동성^싸움(江東城싸움), 과달카날^전투(Guadalcanal戰鬪), 귀주^대첩(龜州大捷), 금산^싸움(錦山싸움), 나선^정벌(羅禪征伐), 남원^싸움(南原싸움), 네이즈비^전투(Naseby戰鬪), 니코폴리스의^싸움(Nicopolis의싸움), 도일^전쟁(←Deutschland日戰爭), 동래^싸움(東萊싸움), 라이프치히의^싸움(Leipzig의싸움), 라이프치히^전투(Leipzig戰鬪), 레판토^해전(Lepanto海戰), 렉싱턴·콩코드의^싸움(Lexington-Concord의싸움), 뤼첸의^싸움(Lützen의싸움), 뤼첸^전투(Lützen戰鬪), 명량^대첩(鳴梁大捷), 모르가르텐의^싸움(Morgarten의싸움), 미드웨이^해전(Midway海戰), 발미의^싸움(Valmy의싸움), 방간의^난(芳幹의亂), 벽제관^싸움(碧蹄館싸움), 보로디노의^싸움(Borodino의싸움), 봉오동^전투(鳳梧洞戰鬪), 부빈^싸움(Bouvines싸움), 북관^대첩(北關大捷), 사천양^해전(泗川洋海戰), 사천^해전(泗川海戰), 살수^대전(薩水大戰), 살수^대첩(薩水大捷), 서임권^투쟁(敍任權鬪爭), 성직^서임권^투쟁(聖職敍任權鬪爭), 세당의^싸움(Sedan의싸움), 솔페리노의^싸움(Solferino의싸움), 솜강의^싸움(Somme江의싸움), 신성^전역(神聖戰役), 신성^전쟁(神聖戰爭), 싸얼후산^싸움(Sarehu[薩爾滸]山싸움), 아르벨라의^싸움(Arbela의싸움), 안시성^싸움(安市城싸움), 웅치^싸움(熊峙싸움), 워털루^대회전(Waterloo大會戰), 워털루^싸움(Waterloo싸움), 워털루^전투(Waterloo戰鬪), 이소스의^싸움(Issos의싸움), 일독^전쟁(日獨戰爭), 입소스^싸움(Ipsos싸움), 자도바^싸움(Sadowa싸움), 자마^전쟁(Zama戰爭), 자유시^사변(自由市事變), 적벽^대전(赤壁大戰), 적벽^싸움(赤壁싸움), 적벽-전(赤壁戰), 적진포^해전(赤珍浦海戰), 진포^대첩(鎭浦大捷), 청산리^대첩(青山里大捷), 청산리^싸움(青山里싸움), 청산리^전투(青山里戰鬪), 쾨니히그레츠^싸움(Königgrätz싸움), 쿨리코보의^싸움(Kulikovo의싸움), 크레시^싸움(Crécy싸움), 탈라스^싸움(Talas싸움), 테르모필레의^전투(Thermopylae의戰鬪), 토이토부르크 숲의 싸움(Teutoburg숲의싸움), 투르·푸아티에의^싸움(Tours-Poitier의싸움), 트라팔가르^해전(Trafalgar海戰), 파니파트^싸움(Panipat싸움), 페이수이^싸움(Feishui[淝水]싸움), 펠로폰네소스^전쟁(Peloponnesos戰爭), 포에니^전쟁(Poeni戰爭), 폴타바^싸움(Poltava싸움), 푸아티에^싸움(Poitiers싸움), 프레베자의^해전(Preveza의海戰), 프렌치·인디언^전쟁(French-Indian戰爭), 플라시^싸움(Plassey싸움), 플라타이아이^싸움(Plataeae싸움), 피드나^싸움(Pydna싸움), 해하의^싸움(垓下의싸움), 행주^대

첩(幸州大捷), 행주^싸움(幸州싸움), 헤이스팅스^싸움(Hastings싸움), 헤이허^사변(Heihe[黑河]事變), 홍산^대첩(鴻山大捷), 황산^대첩(荒山大捷), 황산벌^싸움(黃山벌싸움), 황해^해전(黃海海戰)

전쟁 사건은 사건 실체의 하위 유형으로 볼 수 있겠고 하위 유형 중에서 가장 많은 인스턴스를 가진 것으로 보인다. 전쟁 사건에는 '전투.', '분쟁.'을 포함하는 표제어들이 더 포함될 수 있다.

전쟁이 서로 다른 국가 등의 단체 사이에서 일어나는 다툼이라면 내적으로 생겨나는 정권에 대한 도전도 있다. 이를 여기서는 운동 사건으로 묶어 보고자 한다. 여기에는 '운동', '혁명.', '봉기.', '난.', '투쟁', '항쟁.', '사태.', '의거.'를 포함하는 표제어들이 있다. '운동'은 85개가 검색되어 그중 가나다순으로 앞쪽 50개만 제시했다.

(348) 갑오-개혁(甲午改革), 갑오-농민전쟁(甲午農民戰爭), 갑진-개화운동(甲辰開化運動), 개화^운동(開化運動), 거창^민란(居昌民亂), 공려^운동(共勵運動), 광주^학생^항일^운동(光州學生抗日運動), 교안03(教案), 구교^운동(仇教運動), 국고^정리^운동(國故整理運動), 국민^대학^운동(國民大學運動), 국어^운동(國語運動), 국채^보상^운동(國債報償運動), 국토^회복^운동(國土回復運動), 그레인저^운동(Granger運動), 금주^단연^운동(禁酒斷煙運動), 기계^파괴^운동(機械破壞運動), 기미-독립운동(己未獨立運動), 기미-운동(己未運動), 대세르비아-주의(大Serbia主義), 독립-운동(獨立運動), 동학^농민^운동(東學農民運動), 동학^운동(東學運動), 동학^혁명(東學革命), 러다이트^운동(Luddite運動), 레지스탕스(ré s istance), 레콩키스타(Reconquista), 르네상스(Renaissance), 리소르지멘토(Risorgimento), 만적의^난(萬積의亂), 무술-변법(戊戌變法), 문예^부흥01(文藝復興), 물산^장려^운동(物産奬勵運動), 반탁^운동(反託運動), 백일^개혁(百日改革), 백화^운동(白話運動), 병인-만세사건(丙寅萬歲事件), 병인-만세운동(丙寅萬歲運動), 보이콧^운동(Boycott運動), 북청^사변(北清事變), 불랑제^사건(Boulanger事件), 불복종^운동(不服從運動), 사십팔^년^혁명(四十八年革命), 삼월^혁명(三月革命), 삼일^운동(三一運動), 서점^운동(西漸運動), 수평^운동(水平運動), 스타하노프^운동(Stakhanov運動), 시오니즘(Zionism), 시온^운동(Zion運動)

이것들과 성격이 다른 하위 유형으로는 조약 사건이 있다. 전쟁이 국가나 단체들이 서로 무력을 사용해 다투는 것이라면 조약 사건은 서로 조목을 세워 약속을 하고 그것을 공표하는 사건이다. 이것들로는 뜻풀이에 '조약.'을 포함하고 있는 표제어들이 다수 등재되어 있다. 136개가 검색되었으나 가나다순으로 앞쪽 50개만 제시하기로 한다.

(349) 간도^협약(間島協約), 강화도^조약(江華島條約), 강화^조약01(江華條約), 개전에^관한^조약(開戰에關한條約), 개제^헌병^약조(改制憲兵約條), 계해-조약(癸亥條約), 구^개국^조약(九個國條約), 구국^조약(九國條約), 기유-조약(己酉條約), 난징^조약(Nanjing[南京]條約), 네르친스크^조약(Nerchinsk條約), 네이메헌^강화(Nijmegen講和), 노독^재보장^조약(露獨再保障條約), 뇌이^조약(Neuilly條約), 뉘스타드^조약(Nystad條約), 대왕의^화약(大王의和約), 도버^조약(Dover條約), 독소^불가침^조약(獨蘇不可侵條約), 라슈타트^조약(Rastatt條約), 라싸^조약(Lasa[拉薩]條約), 라테란^조약(Lateran條約), 라팔로^조약(Rapallo條約), 런던^밀약(London密約), 런던^조약(London條約), 로잔^조약(Lausanne條約), 로카르노^조약(Locarno條約), 마관^조약(馬關條約), 마드리드^조약(Madrid條約), 만국^저작권^보호^동맹^조약(萬國著作權保護同盟條約), 망하^조약(望廈條約), 메이르선^조약(Meerssen條約), 미쓰야^협정(Mitsuya[三矢]協定), 베르됭^조약(Verdun條約), 베르사유^조약(Versailles條約), 베른^조약(Bern條約), 베스트팔렌^조약(Westfalen條約), 베이징^조약(Beijing[北京]條約), 병자-수호조규(丙子修好條規), 병자-수호조약(丙子修好條約), 병자-조약(丙子條約), 부전^조약(不戰條約), 부카레스트^조약(Bucharest條約), 부쿠레슈티^조약(București條約), 브레스트리토프스크^조약(Brest Litovsk條約), 빈^조약(Wien條約), 사^개국^조약(四個國條約), 사국^조약(四國條約), 사이공^조약(Saigon條約), 산스테파노^조약(San Stefano條約), 생제르맹^조약(Saint-Germain條約)

이와 유사한 사건류로는 '협정.', '협약.', '선언.', '협상.', '의정서.', '규약.' 등에 의해 검색되는 표제어들도 있다. 여기서는 '선언.'에 의해 검색된 표제어들을 제시하는 정도에 그치고자 한다. 선언은 반드시 둘 이상의 주체가 참여하지 않더라도 방침, 의견, 주장 따위를 외부에 정식으로 표명하는 데 의미가 있는 사건이다.

(350) 공산당^선언01(共産黨宣言), 권리^선언(權利宣言), 노예^해방^선언(奴隸解放宣言), 드라고^선언(Drago宣言), 맥마흔^선언(McMahon宣言), 밸푸어^선언(Balfour宣言), 아바나^선언(Havana宣言), 연합국^공동^선언(聯合國共同宣言), 인권^선언(人權宣言), 카이로^선언(Cairo宣言), 파나마^선언(Panama宣言), 파리^선언(Paris宣言), 팔일^선언(八一宣言), 해상법^요의(海上法要義), 후버^모라토리엄(Hoover Moratorium)

위의 사건들과 같은 일회적인 것 외에 매년 혹은 여러 해마다 개최되는 사건들이 있다. 대회 사건으로 규정하는 것이 좋을 것이다. 뜻풀이에 '대회.'를 포함하고 있는 표제어들을 주로 제시할 수 있다.

(351) 가요-제(歌謠祭), 경시-대회(競試大會), 관민^공동회(官民共同會), 국제^기능^올림픽^대회(國際技能Olympics大會), 국제^올림픽^경기^대회(國際Olympics競技大會), 국제^직업^훈련^경기^대회(國際職業訓鍊競技大會), 국제^학생^경기^대회(國際學生競技大會), 군중-대회(群衆大會), 극동^선수권^대회(極東選手權大會), 기능^올림픽(技能Olympics), 기전05(棋戰/碁戰), 대사습-놀이(大私習놀이), 마스터스(Masters), 마스터스^경기^대회(Masters競技大會), 만민^공동회(萬民共同會), 백일-장(白日場), 변론-대회(辯論大會), 보스턴^마라톤(Boston marathon), 서울^올림픽^대회(서울Olympics大會), 선수권^대회(選手權大會), 세계^교회^회의(世界敎會會議), 세계^불교도^회의(世界佛敎徒會議), 스파르타키아트(Spartakiad), 신춘-문예(新春文藝), 아시아^경기^대회(Asia競技大會), 아시안^게임(Asian game), 에프-원(F one), 오륜^대회(五輪大會), 올림피아드(Olympiad), 올림픽(Olympics), 올림픽^경기(Olympics競技), 올림픽^대회(Olympics大會), 웅변-대회(雄辯大會), 웅변-회(雄辯會), 월드^게임스(World Games), 월드-컵(World Cup), 윔블던^선수권^대회(Wimbledon選手權大會), 유니버시아드(Universiade), 유^대회(U大會), 잼버리(jamboree), 전국^소년^체육^대회(全國少年體育大會), 전국^체육^대회(全國體育大會), 전국^체육^제전(全國體育祭典), 전국^체전(全國體典), 전당^대회(全黨大會), 전영^오픈^테니스^선수권^대회(全英open tennis選手權大會), 전주^대사습놀이(全州大私習놀이), 지역^경기^대회(地域競技大會), 체전02(體典), 콘테스트(contest)

(351)에서 유일하게(일회적으로) 일어난 사건은 '관민공동회, 만민공동회, 서울올림픽대회'밖에 없고 나머지는 매년, 혹은 2년, 4년 심지어 6년마다 여는 대회(회의)도 있다. 일회적으로 열린 것이 아닌 경우 그 회수가 덧붙어야 인스턴스로서 개체의 이름이 될 수 있다. 그러나 대회 이름 자체도 클래스(종)로서의 고유명칭이 될 수 있을 것이므로 함께 제시했다.

이와 같은 부류로 '축제.'나 '행사.'로 검색될 수 있는 것들도 있는데 대개 반복적으로 행해지는 사건이어서 회수나 연도를 붙여야 인스턴스로 확인될 수 있다.

(352) ㄱ. 노동-제(勞動祭), 뉴포트^재즈^페스티벌(Newport Jazz Festival), 메이-데이(May Day), 모하람-제(Moharram祭), 바이람(Bairam), 부활-제1(復活祭), 부활^축제(復活祝祭), 성모^영보^대축일(聖母領報大祝日), 오월-절(五月節), 오월-제(五月祭), 통고-절(通告節), 핼러윈(Halloween)

ㄴ. 국제^연극의^달(國際演劇의달), 국제^영화제(國際映畫祭), 국제^영화^콩쿠르(國際映畫concours), 승천-절(昇天節), 승천-제(昇天祭), 영화-제(映畫祭), 예술-제(藝術祭), 음악-제(音樂祭)

이상의 분석을 통해, '일.', '사건.'을 포함한 표제어들에 의해 검색된 표제어들 외에 전쟁 사건이나 운동 사건, 조약 사건, 선언 사건, 대회 사건과 같이 상당한 인스턴스를 가지는 하위 유형들이 포착될 수 있었고, 사건 유형을 그 속에서 술어의 성격을 가진 명사를 분석함으로써 더 잘게 분류해 내는 것이 충분히 가능함을 확인할 수 있었다.

뜻풀이에 포함된 핵심어를 통한 검색에서 '현상.'('가격^혁명', '광농', '광작', '헬레니즘'), '공황.'('대-공황', '면화^기근', '세계^공황'), '변화.'('산업^혁명') 등 다른 고유명칭을 소수 찾아낼 수 있었고 이름이 붙을 수 있는 사건 유형은 그 외에도 더 있을 것으로 보인다.

사전에 등재되는 것이 아니지만 오늘날 자연 현상에 이름을 붙이는 것 가운데 태풍의 이름이 있다. 태풍은 자연재해 혹은 천재지변이라 할 수 있는 현상으로서 그 존재론적 분류는 사건의 한 유형이 되어야 할 것으로 판단된다. 여기서는 태풍 사건이라고 부르기로 하자. 〈기상청 날씨누리〉의 '참고정보-기본 지식-태풍의 이름'에 의하면, 태풍은 일주일 이상 지속될 수 있어 같은 지역에 여러 개의 태풍이 있을 수 있기 때문에, 이때 발표되는 태풍 예보가 혼동되지 않도록 이름을 붙이게 되었다. 최초에 태풍에 이름을 붙이기 시작한 것은 호주의 예보관들이었는데, 당시 그들은 자신이 싫어하는 정치가의 이름을 붙였다고 한다. 그 이후에는 제2차 세계대전 이후 미 공군과 해군에서 공식적으로 태풍 이름을 붙이기 시작했는데, 이때 예보관들은 자신의 아내나 애인의 이름을 사용했고 이 전통에 따라 1978년까지는 태풍 이름이 여성이었다가 그 이후부터는 남자와 여자의 이름을 번갈아 사용했다고 한다.

북태평양에서의 태풍 이름은 1999년까지는 미국 합동태풍경보센터에서 정한 이름을 사용했지만 2000년부터는 아시아-태평양 지역 국민들의 태풍에 대한 관심과 경계를 높이기 위해 태풍위원회 각 회원국이 제출한 이름으로 변경해 사용하고 있다. 태풍 이름은 각 국가별로 10개씩 제출한 총 140개가 각 28개씩 5개 조로 구성되고 1조부터 5조까지 순차적으로 사용하는 방식이다. 140개를 모두 사용하고 나면 1번부터 다시 사용하게 된다. 태풍이 연간 대개 약 25개 정도 발생하므로 전체 이름을 다 사용하려면 4-5년이 소요된다. 2020년에 발생한 태풍 이름은 다음과 같다(괄호 속은 제안한 국가).

(353) 제1호 봉퐁(마카오), 제2호 누리(말레이시아), 제3호 실라코(미크로네시아), 제4호 하구핏(필리핀), 제5호 장미(한국), 제6호 메칼라(태국), 제7호 히고스(미국), 제8호 바비(베트남), 제9호 마이삭(캄보디아), 제10호 하이선(중국), 제11호 노을(북한), 제12호 돌핀(홍콩), 제13호 구지라(일본), 제14호 찬홈(라오스), 제15호 린파(마카

오), 제16호 낭카(말레이시아)

4-5년에 한 번씩 같은 이름이 반복된다 해도 그 이름은 동명이인이 아니라 동명이태풍이다. 태풍은 짧은 기간이지만 그 영향을 받은 인간들에게 잊지 못할 강렬한 인상을 줌으로써 존재감을 확실히 드러내어 이름을 가질 만한 존재로 인식된다는 것이 흥미롭다.

6. 기타 대상

이 세상의 사물들이, 그 각각의 개체들이 모두 이름을 가진다면 그 개략을 짧은 책에 담아내는 일이 가능하지 않을 것이다. 아니, 어쩌면 그런 일을 생각할 필요가 없어서 일이 더 간단해질는지도 모르겠다. 더 이상 개체인 것, 즉 인스턴스의 이름을 고려하는 것이 무의미하다면 우리는 종 이상 단위의 이름에만 관심을 가지면 될 것이고, 필요에 따라 그런 종에 속하는 개체가 얼마나 많은지에 관한 정보만 참조하면 될 테니까 말이다. 그러나 이 세상의 사물들은 그 종만 확인하면 되는 것이 있고 개체를 확인할 필요가 있는 것이 있다. 그 차이는 결국 이름을 사용하는 인간들이 그 종의 개체에 관심을 가질 만한가 그렇지 않은가에 있고, 그러한 구분에 대해 이 책의 서두에서 상당한 지면을 할애했다.

또한 이 책에서는 이름을 가지는 종류들을 특정하기 위해 서두에서 '○○ 이름' 또는 '○○명'이라는 용어들을 검토해 보았으나, 그런 용어들이 반드시 ○○인 개체들의 이름만을 의미하지 않는다는 것도 확인했다. 예컨대 '동물명', '풀이름', '품명' 등은 그 아래 포함될 수 있는 이름들도 모두 종인 단위들이다. 동물명만 해도, 〈한국민족문화대백과사전〉에 따르면 우리나라에 분포하는 것으로 기록된 동물의 종 수는 1

만 8,052종이다. 그중 척추동물은 1,528종(포유류 123종, 조류 457종, 양서·파충류 43종, 어류 905종), 곤충이 1만 1,853종, 거미 1,172종, 그리고 기타 무척추동물들이 3,564종으로 알려져 있다.[43] 풀이름도 개체에 대한 것이 아니다. 산림청에서 제공하는『한반도 자생식물 영어이름 목록집』의 2,500종 가운데 상당수가 풀이름이며, 네이버 블로그 가운데도 740종의 들풀 이름을 검색이 가능하도록 제공하고 있는 사이트가 있다. 품명은 관세청에서 제공하는 〈관세법령정보포털〉만 참조해도 상당히 많은 물품의 종을 확인할 수 있는데, 우선 속견표에서 97개의 유(類; Chapter)를 먼저 제공하고 있고[44] 각 유 아래에 여러 가지 품명이 다시 소속되도록 분류하고 있다. 관세율표에서는 이 97가지 유를 21가지 부(部; Section)로 묶어 이에 대한 상위 코드를 제공하고 있기도 하다. 97개의 유는 다시 1,224개의 호(Heading)로 나뉘고 그 아래로 소호(Subheading)와 주(Note)로써 보충 설명이 붙어 있다. 1,224가지의 호에 속하는 물품도 그 아래로 얼마나 많은 하위 품명을 가질는지 명확히 한정하기 어렵다.

물론 이 모든 것들이 고유명칭으로 역할을 한다면 고유명칭이 되겠지만 이 책에서는 지금까지 하나의 개체가 이름을 가질 수 있는 사례들을 온톨로지의 아래쪽 출발점으로 삼고 논의를 진행해 왔다. 따라서 이 절에서는 이 모든 세상의 사물에 대한 온톨로지를 구성하려는 무리한 시도를 하지 않고, 이상에서 논의된 것 이외에 개체 단위가 이름을 가질 수 있는 클래스들을 제시하면서 그와 관련된 논점들을 논의하고자 한다.

---

43 이 수치들은 〈한국민족문화대백과사전〉 '동물' 항목 중 현황으로 제시된 것이므로, 총합이 맞지 않는 점을 감안해 참조해야 하겠다.

44 '속견표(速見表)'는 국어사전에는 나오지 않고 일본어사전에는 나오는 말로 '조견표(早見表)'와 동의어다. '일람표(一覽表)'와도 유의어로 보인다.

6.1. 정신 체계

추상적인 것에 이름이 붙은 경우를 상상하기 어려울 것 같지만 실제로는 그렇지 않다. 대표적인 것이 종교 이름이다. '기독교', '천주교', '불교' 등의 이름은 보통명칭일까? 즉 종류 아래에 그렇게 동일하게 불릴 수 있는 개체들이 존재하는가? 그렇지 않다고 생각된다. 즉 우리가 어떤 존재나 행위를 보면서 "저것은 기독교다."라고 말하기는 어렵다. "저것이 천주교식 예배다."라든지 "저런 사람이 불교 신자다."라고 말할 수는 있겠지만, '○○교'는 종교의 이름이고, '종교(宗敎)'는 '근본에 대한 가르침'이나 '문화 체계'로 이해할 수 있다. 그러니 일종의 추상적인 체계도 이름을 가질 수 있다고 보는 것이 적절할 것이다. 영어의 경우에도, 종교 이름은 'Christianity', 'Buddhism', 'Confucianism' 등과 같이 대문자로 시작하거나, 'the Christian religion', 'the Buddhist religion' 등과 같이 정관사로 시작해 그것이 유일한 체계의 이름임을 보여 준다. 그러나 'animism', 'shamanism', 'totemism' 등과 같이 종교로서의 체계를 갖추지 못한 일반적인 형태의 신앙이나 종교 형태에 대해서는 고유성을 부여할 수 없다.

종교의 사전적 뜻풀이는 다음과 같다.

(354) 종교(宗敎)

「명사」『종교 일반』 신이나 초자연적인 절대자 또는 힘에 대한 믿음을 통하여 인간 생활의 고뇌를 해결하고 삶의 궁극적인 의미를 추구하는 문화 체계. 그 대상·교리·행사의 차이에 따라 여러 가지가 있는데, 애니미즘·토테미즘·물신 숭배 따위의 초기적 신앙 형태를 비롯하여 샤머니즘이나 다신교·불교·기독교·이슬람교 따위의 세계 종교에 이르기까지 비제도적인 것과 제도적인 것이 있다. ≒교.

종교 명칭의 목록은 〈표준〉에서 뜻풀이에 '종교.'나 '종교의 하나.', '종교 체계.'를 포함하고 있는 표제어들을 추출해 그 가운데 다시 고유한 종교의 이름인 것만 선별해 구할 수 있다. 그 결과는 다음과 같으며, 검색된 82개 가운데 가나다순으로 앞쪽 50개만 제시하기로 한다.

(355) 가비라(迦毘羅), 가비라-외도(迦毘羅外道), 가톨릭(Catholic), 가톨릭-교(Catholic 敎), 고대-교(高臺敎), 고태-교(高台敎), 관성-교(關聖敎), 그리스도-교(←Kristos 敎), 기독-교(基督敎), 기자-교(箕子敎), 까오다이-교(Cao Dai敎), 대동-교(大同 敎), 대종-교(大倧敎), 대화-교(大華敎), 도교04(道敎), 도덕-교(道德敎), 도학02(道 學), 동학03(東學), 동학-교(東學敎), 드루이드-교(Druid敎), 라마-교(lama敎), 로마 ^가톨릭교(Roma Catholic敎), 로마-교(Roma敎), 마니-교(摩尼敎), 마호메트-교 (Mahomet敎), 모하메드-교(Mohammed敎), 무극^대도교(無極大道敎), 미트라-교 (Mithra敎), 바라문-교(婆羅門敎), 배화-교(拜火敎), 백도-교(白道敎), 백련-교(白蓮 敎), 백련-종(白蓮宗), 백백-교(白白敎), 보천-교(普天敎), 본-교(02)(Bon敎), 부두-교 (Voodoo敎), 분향-교(焚香敎), 불교(佛敎), 브라만-교(Brahman敎), 비교04(祕敎), 삼성-교(三聖敎), 상제-교(上帝敎), 석교03(釋敎), 선도-교(仙道敎), 성교05(聖敎), 성-교회02(聖敎會), 성도-교01(性道敎), 수운-교(水雲敎), 신도06(神道)

종교 가운데 하나의 정의를 살펴보기로 하자.

(356) 불교(佛敎)

『불교』 기원전 6세기경 인도의 석가모니가 창시한 후 동양 여러 나라에 전파된 종교. 이 세상의 고통과 번뇌를 벗어나 그로부터 해탈하여 부처가 되는 것을 궁극적인 이상으로 삼는다. 교리에 따라 대승인 북방 불교와 소승인 남방 불교로 나누는데, 동양의 문화에 절대적인 영향을 끼쳤다. ≒석교, 성교.

(357) 실체n

이름	불교
실체 유형	정신 체계
하위 유형	종교
성립 시기	기원전 6세기경
창시자	인도의 석가모니

핵심 교리	궁극적 이상은 이 세상의 고통과 번뇌를 벗어나 그로부터 해탈하여 부처가 되는 것
특기 사항	대승인 북방 불교와 소승인 남방 불교로 나뉘며 동양 문화에 절대적인 영향을 끼침

이러한 종교들 중 세력이 넓은 것은 다양한 분파를 가지기도 한다. 그 분파 하나하나도 하나의 고유한 체계로 인식된다. 검색된 80개 중 가나다순으로 앞쪽 50개만 제시하겠다.

(358) 감리-교(監理敎), 감리-회(監理會), 경-량부(經量部), 고교회-파(高敎會派), 고파^교회(高派敎會), 공종(空宗), 구사10(俱舍), 구사-종(俱舍宗), 구세-군(救世軍), 금강-승(金剛乘), 기독^우회(基督友會), 네스토리우스-교(Nestorius敎), 네스토리우스-파(Nestorius派), 동인^교회(同仁敎會), 링가야타(Liṅgayata), 메노-파(Menno派), 모라비아^교회(Moravia敎會), 모르몬-교(Mormon敎), 몬타누스-파(Montanus派), 무교회-파(無敎會派), 미이미-교(美以美敎), 북종02(北宗), 비교04(祕敎), 비밀-교01(祕密敎), 비밀^불교(祕密佛敎), 사두가이-파(←Saddoukaîoi派), 사두개-파(←Saddoukaîoi派), 사명-천태(四明天台), 사캬-파(Sakya派), 산외02(山外), 성-공회(聖公會), 순세-파(順世派), 시천-교(侍天敎), 시크-교(Sikh敎), 신지-교(神智敎), 안식-교(安息敎), 에비온-파(Ebion派), 에세네-파(Essene派), 여호와의^증인(←Jehovah의證人), 예수^그리스도^후기^성도(←Jesus Kristos後期聖徒), 와하브-파(Wahhāb派), 용화-교(龍華敎), 우주신-교(宇宙神敎), 원군-교(元軍敎), 원리^운동(原理運動), 유가-종(瑜伽宗), 유가-파(瑜伽派), 유가-행파(瑜伽行派), 유니테리언(Unitarians), 유니테리언-파(Unitarian派)

종교와 유사한 실체로 사상이나 이념이 있다. 그러나 사상이나 이념은 종교보다는 일반명칭으로 이해되는 경향이 훨씬 높은데 그것은 시대적으로 특정할 수 있거나 발생적인 면에서 뚜렷한 창시자를 가진 경우가 아니라면, 많은 사람이 반복적으로 가질 수 있는 일반적인 생각의 이름이기도 하기 때문에 그런 것으로 보인다. 예를 들어, '간디즘', '니체주의'나 '반둥정신', '삼일정신' 등은 주창자와 내용이 명확한 정신으로서 고유명칭일 수 있으나, '민족주의'나 '배금사상'과 같은 사상은 누군가에 의해 주창되거나 특정 시기의 특정 집단이 신봉하는 그런 고유성을 가지고 있지 않다. 따라서 종류를 지칭하는 일반적인 경우가 아니라면 사상의 한 인스턴스로서의 고유명칭으로 보기는 어렵다고 판단된다. 뜻풀이에 '사상.', '이념.', '창작 태도.', '정신.' 등을 가진 표제어들은 대부분 일반명칭으로 판단해야 했다. '이데올로기.'로 정의되는 표제어는 없었다.

다음으로 마찬가지로 인간의 정신 체계와 관련된 것으로 학문 이름을 생각해 볼 수 있다. 〈표준〉에서 뜻풀이에 '학문.'을 포함한 표제어들은 1,600개 이상에 이르는데, 이것들도 대체로 종류로서 사용되었을 때를 제외하면 고유명칭이라고 판정하기 어렵다. 학문은 대체로 '○○학'이라는 이름을 가지고 있고, '-학' 앞에 오는 ○○라는 현상에 대해 그 특성을 밝히고 체계화해 설명하고자 한다. 그렇기 때문에 종교와 같이 이미 진리로 결정된 무엇을 믿는 방식이 아니라 잘 모르는 것을 앞으로 알아 가려는 측면이 많아서, 이미 결정된 것으로 인식되지 않는 점이 이것들을 고유명칭으로 이해하기 어렵게 하는 요인이 되는 것으로 보인다.

그에 반해 지식을 주고받는 매체적 차원의 정신 체계라고 할 수 있는 '언어'는 특정 국가나 민족이 사용하는 유일한 소통 수단으로서 유일하게 가리켜질 수 있다. 언어의 정의는 다음과 같다.

(359) 언어01(言語)

「명사」 생각, 느낌 따위를 나타내거나 전달하는 데에 쓰는 음성, 문자 따위의 수단. 또는 그 음성이나 문자 따위의 사회 관습적인 체계.

언어에는 다음과 같은 것들이 있고 이러한 언어들은 언어와 언어 사이에 친족관계가 성립하는 경우도 있어 서로 조상이나 자손, 또는 자매 관계에 놓이기도 하며 서로 친족관계가 없지만 접촉에 의해 닮아 가기도 하는 것으로 이해된다. 언어는 영어에서도 'English', 'Korean'과 같이 첫 글자를 대문자로 쓰기도 하지만 그보다 언어의 정식 명칭은 'the English language', 'the Korean language' 등과 같이 정관사와 함께 제시되어 그 고유성(유일성)을 표시한다. 〈표준〉에 등재된, 뜻풀이에 '언어.'를 가지는 표제어들은 다음과 같다. 검색된 229개 가운데 가나다순으로 앞쪽 50개만 제시하기로 한다.

(360) 고구려-어(高句麗語), 고대^교회^슬라브어(古代教會Slav語), 고대^국어(古代國語), 고대^슬라브어(古代Slav語), 고대^페르시아어(古代Persia語), 고트-어(Goth語), 광둥-어(Guangdong[廣東]語), 구르카-어(Gurkha語), 구자라트-어(Gujarat語), 길랴크-어(Gilyak語), 나나이-어(Nanai語), 나우아틀-어(Nahuatl語), 네팔-어(Nepal語), 노르웨이-어(Norway語), 덴마크-어(Denmark語), 독어04(獨語), 독일-어(獨逸語), 동힌디-어(東Hindi語), 라오-어(Lao語), 라틴(Latin), 라틴-어(Latin語), 러시아-어(Russia語), 렙차-어(Lepcha語), 롤로-어(Lolo語), 롱-어(Rong語), 루간다-어(Luganda語), 르완다-어(Rwanda語), 리스트^프로세서(list processor), 리스프(LISP), 리투아니아-어(Lithuania語), 마다가스카르-어(Madagascar語), 마사이-어(Masai語), 마야-어(Maya語), 마오리-어(Maori語), 마자르-어(Magyar語), 마케도니아-어(Macedonia語), 만시-어(Mansi語), 만어02(滿語), 만주-어(滿洲語), 말라가시-어(Malagasy語), 말라야-어(Malaya語), 말라얄람-어(Malayalam語), 말레이-어(Malay語), 몰타-어(Malta語), 몽고-어(蒙古語), 몽골-어(Mongol語), 몽어(蒙語), 문화-어(文化語), 바빌로니아-어(Babylonia語), 바시키르-어(Bashkir語)

언어 가운데 하나의 정의를 살펴보기로 하자.

(361) 라틴-어(Latin語)

「명사」『언어』 인도·유럽 어족(語族)의 하나인 이탤릭 어파(語派)에 속하는 언어. 프랑스어, 이탈리아어, 에스파냐어, 포르투갈어, 루마니아어 등의 로맨스어의 근원이 되었다. 그리스어와 함께 전문 용어의 원천이 되었으며 아직도 로마 가톨릭교회의 공용어로 쓴다. ≒라틴.

언어는 다음과 같은 정보를 포함한다.

(362) 실체n

이름	라틴어
실체 유형	정신 체계
하위 유형	언어
어족	인도·유럽 어족의 하나인 이탤릭 어파
사용 지역	현재 사용 지역은 없으나 로마 가톨릭교회의 공용어로 쓰임
특기 사항	프랑스어, 이탈리아어, 에스파냐어, 포르투갈어, 루마니아어 등 로맨스어의 근원이 되었음

그리고 언어의 시각적 기호 체계라고 할 수 있는 문자도 그렇게 그 각각을 사용하는 사람들에게 동일한 체계성을 가진 고유한 것으로 인식된다. 문자의 정의는 다음과 같다.

(363) 문자02(文字)

「명사」「1」『언어』 인간의 언어를 적는 데 사용하는 시각적인 기호 체계. 한자 따위의 표의 문자와 로마자, 한글 따위의 표음 문자로 대별된다.

〈표준〉에 등재된 세계의 문자로는 다음과 같은 것들이 있다.

(364) 가나03(kana[假名]), 갈릭^문자(Galic文字), 거란^글자(거란글字), 거란^문자(거란文字), 고대^튀르크^문자(古代Türk文字), 고트^문자(Goth文字), 굽타^문자(Gupta文字), 그리스^문자(Greece文字), 글라골^문자(←Glagolitic文字), 데모틱^문자(demotic文字), 데바나가리^문자(Dēvanagari文字), 돌궐^글자(突厥글字), 돌궐^문자(突厥文字), 라틴^문자(Latin文字), 러시아^문자(Russia文字), 로마-자(Roma字), 롤로^문자(Lolo文字), 룬^문자(rune文字), 만문02(滿文), 만자02(滿字), 만주^글자(滿洲글字), 만주^문자(滿洲文字), 몽고-문02(蒙古文), 몽고^문자(蒙古文字), 몽골-문(Mongol文), 몽골^문자(Mongol文字), 미노스^문자(Minos文字), 미노아^문

자(←Minoan文字), 버마^문자(Burma文字), 범자(梵字), 서하^문자(西夏文字), 소그드^문자(Sogd 文字), 속용^문자(俗用文字), 시리아^문자(Syria文字), 신성^문자(神聖文字), 실담02(悉曇), 실담^문자(悉曇文字), 아라비아^문자(Arabia文字), 아람^문자(Aram文字), 아랍^문자(Arab文字), 에티오피아^문자(Ethiopia文字), 여진^글자(女眞글字), 여진^문자(女眞文字), 오검^글자(Ogham글字), 오검^문자(Ogham文字), 원시^시나이^문자(原始Sinai文字), 위구르^문자(Uighur文字), 이^문자(彝文字), 인더스^문자(Indus文字), 쯔놈(chu'nôm[字喃]), 쯔놈^문자(chu'nôm[字喃]文字), 체로키^문자(Cherokee文字), 카로슈티^문자(Kharoṣṭhī文字), 칼무크^글자(Kalmuck글字), 칼무크^문자(Kalmuck文字), 칼미크^글자(Kalmyk글字), 콥트^문자(Copt文字), 크레타^글자(Creta글字), 크레타^문자(Creta文字), 키릴^글자(Cyrill글字), 키릴^문자(Cyrill文字), 키프로스^글자(Kypros글字), 키프로스^문자(Kypros文字), 티베트^글자(Tibet글字), 티베트^문자(Tibet文字), 팔미라^문자(Palmyra文字), 페니키아^글자(Phoenicia글字), 페니키아^문자(Phoenicia文字), 페르시아^문자(Persia文字), 한-문자02(漢文字), 한자02(漢字), 희랍^글자(希臘글字), 희랍^문자(希臘文字), 히브리^문자(←'bry文字)

6.2. 창작물

넓게 보면 이 세상은 자연물과 인공물로 채워져 있다고 볼 수 있다. 사람은 자연물이지만 단체는 인공물이고, 자연 공간은 자연물이며 인공 공간은 인공물이다. 시간은 자연물이지만 사건은 인공물이다. 인공물 가운데서도 유독 인간의 창의성이 발휘된 인공물로 창작물들을 들 수 있는데, 이것들은 구체적인 개체들이 이름을 가지는 대표적인 부류에 속한다. 앞에서 살펴본 정신 체계 역시 인간이 창조한 것이기는 하지만 그것은 상당히 긴 시간 동안 집단적인 활동에 의해 형성된 면이 더 큰 반면, 창작물들은 한 인간이 그 생애 가운데 비교적 짧은 시간 동안 생성한 것들이다.

여기에 속하는 것들은 대부분 예술 활동의 성과들이다. 예술 분야에는 크게 음악, 미술, 문학, 그리고 공연예술을 포함한 종합예술을 들 수 있을 것이다. 예술의 하위 분야를 전문적으로 구분하자면, 표현 도구나 감상 방식에 따라 구분될 수 있고 그런 것들이 둘 이상 합쳐진 종합 예술 등 다양한 기준을 도입해야 하고, 그것들을 다시 내용적인 면에서까지 구분하자고 하면 별도의 온톨로지를 필요로 하는 복잡한 일이 될 것이다. 여기서는 논의의 목적상 예술 분야의 분류와 그 장르의 키워드를 중심으로 사전에 등재된 것들 가운데 이름을 가질 수 있는 예술 작품들을 수집하는 정도로 이 주제에 접근해 보기로 한다.

음악에는 노래와 연주곡, 미술에는 회화(그림), 조소(조각과 소조)가 주된 것이지만 건축을 포함할 수 있겠고, 문학에는 시(시조, 가사), 소설, 희곡(시나리오), 수필, 종합예술로는 무용, 연극, 영화, 오페라 등이 있는데 여기에 게임을 포함할 수 있을 것이다. 여기서는 이런 분야에 속하는 작품들의 이름을 〈표준〉의 '자세히 찾기'에서 검색이 가능한지를 검토해 보기로 하겠다.

먼저, 특별한 장르의 구분 없이 뜻풀이에 '작품.'을 포함하고 있는 표제어들을 살펴보면 일반적인 장르와 구체적인 작품의 예시가 어느 정도 추출될 것으로 보아 그 결과를 얻어 보았다.

(365) ㄱ. 장르

고-공예(藁工藝), 곡02(曲), 극-작품(劇作品), 노래01, 논-픽션(nonfiction), 데생(dessin), 동화06(童話), 드라마(drama), 드로잉01(drawing), 목조01(木彫), 문학01(文學), 문학^작품(文學作品), 미술-품(美術品), 번역-편(飜譯篇), 비-소설(非小說), 석조^미술(石造美術), 섬유^공예(纖維工藝), 실기^문학(實記文學), 아동^문학(兒童文學), 예술(藝術), 짚-공예(짚工藝), 패치워크(patchwork), 희곡(戲曲)

ㄴ. 구체적인 작품의 예

계해-반정록(癸亥反正錄), 공방-전01(孔方傳), 국선생-전(麴先生傳), 국순-전(麴醇傳), 꿀벌 마야의 모험(꿀벌Maja의冒險), 노처녀-가(老處女歌), 도화원-기(桃花源記), 랩소디^인^블루(Rhapsody in Blue), 루덴스(Rudens), 사랑의 학교(사랑의學校), 상징 형식의 철학(象徵形式의哲學), 시라노 드베르주라크01(Cyrano de Bergerac), 원생-몽유록(元生夢遊錄), 의승-기(義勝記), 정시자-

전(丁侍者傳), 죽부인-전(竹夫人傳), 청강사자현부-전(淸江使者玄夫傳), 총결-무진가(總結無盡歌), 추풍-사(秋風辭), 쿠오레(Cuore), 판소리^다섯^마당, 판소리^열두^마당

(365ㄱ)은 일반적인 예술의 장르들과 함께 비문학이나 공예 분야도 작품을 가질 수 있음을 보여 주고 있다. 그러나 공예류가 더 많이 포함되지 않은 것으로 볼 때, 공예는 때로 작품으로서 이름을 가지는 경우도 있지만 그렇지 않은 경우가 훨씬 많음을 보여 준다고도 볼 수 있을 것이다. 실제로 (365ㄴ)은 주로 문학 작품과 노래류가 중심을 이루고 있다.

이제 장르별로 구체적인 작품 이름들을 추출해 보기로 하겠다. 먼저, 〈표준〉의 뜻풀이에서 '음악' 전문어 중 '노래.'를 포함하고 있는 표제어들 가운데 고유명칭인 것들을 살펴보기로 하자. 106개 중 가나다 순으로 앞쪽 50개만 제시하기로 한다.

(366) 가래-소리, 가랫-장구, 가보세-요(가보세謠), 거문도^뱃노래(巨文島뱃노래), 경배-악(傾杯樂), 경배-주(傾杯酒), 계림-요(鷄林謠), 계면조^사랑가(界面調사랑歌), 고려-가(高麗歌), 고진금퇴-가(鼓進金退歌), 과거-풀이(科擧풀이), 그물^집기^노래, 금가01(琴歌), 금조05(琴操), 긴-절로소리, 길-노래, 남산-가어(南山嘉魚), 널뛰기^노래, 대악05(碓樂), 덕사내(德思內), 도리깨-소리, 돈-나리, 돈돌-라리, 돌깨-소리, 돌아-악(突阿樂), 동경-가(東京歌), 동경-곡(東京曲), 동백-목(冬柏木), 딕시01(Dixie), 뜰-모리, 맥수-가(麥秀歌), 명주-가(溟州歌), 모뜬-소리, 못-소리, 무명밭^노래, 물계자-가(勿稽子歌), 미네장(Minnesang), 바라^타령, 밤엿^타령, 방등-산(方登山), 방등산-곡(方登山曲), 방석-돌이, 배끄는-소리, 배-치기02, 백실02(白實), 뱃-노래, 번화-곡(繁花曲), 벌곡조(伐谷鳥), 보물^타령(寶物타령), 보태평-악(保太平樂)

사전에 오른 것은 대체로 근대 이전의 음악사적 가치를 가진 것들 위주여서 오늘날 우리 주변에서 흔히 들을 수 있는 것은 드물다. 그러나 노래의 이름(제목)이 이루 셀 수 없이 많다는 것은 우리가 익히 알고

있는 사실이다. 〈네이버지식백과〉에서는 '한국대중가요앨범11000'이라는 코너를 마련하고 있는데 거기에는 1920년대로부터 2000년대까지의 음반 1만 1,000장에 대한 소개와 수록곡이 소개되어 있다. 음반은 노래의 상위 단위로서 하나의 음반 속에 그 디스크를 적절한 시간으로 나눈 트랙의 개수만큼 노래가 들어 있다. 음반과는 다르지만 과거의 연작 가곡집, 예컨대 슈베르트의 〈겨울 나그네〉, 〈백조의 노래〉, 〈아름다운 물레방앗간의 아가씨〉 등도 유사하게 노래보다 상위의 개념으로 볼 수 있다.

(366)은 우리가 향유하고 있기보다 주로 기록에 의존하고 있는 것들이어서 노래가 갖추어야 할 기본 정보를 충실히 담고 있는 것이 드물지만, 검색된 전체 표제어 중 우리에게 익숙한 한 곡의 정의를 살펴보기로 하겠다.

(367) 애국-가(愛國歌)

「명사」「1」『음악』 우리나라의 국가. 20세기 초엽 민간에 퍼져 있던 가사에 1936년에 안익태가 곡을 붙였으며, 1948년 대한민국 정부 수립과 더불어 국가로 결정되었다.

(368) 실체n

이름	애국가
실체 유형	창작물
하위 유형	음악(노래)
창작 시기	1936년
작곡자	안익태
작사자	미상
특기 사항	1948년 대한민국 정부 수립과 함께 우리나라의 국가가 됨

노래와 관련해서는 (368)의 내용 외에도 가수, 하위 장르나 장단,

또는 가사의 내용적 특징 등이 정보로 포함되기도 한다.

'노래.' 외에 연주곡으로는 '음악' 전문어 가운데 '곡.'으로 검색되는 다음의 제목들이 있다. 일부는 가곡으로 노래에 해당하는 것들도 있다. 국악과 서양 음악이 섞여 있고, 그 안에서도 시대나 음악 양식, 악기 구성 등에 따라 세분화될 수 있다. 검색된 192개 중 가나다순으로 앞쪽 50개만 제시하기로 한다.

(369) 가라-도(加羅都), 가락-덜이, 가락-청, 가필주대(歌畢奏臺), 강안지악(康安之樂), 강천성-곡(降天聲曲), 개선^행진곡(凱旋行進曲), 개안02(凱安), 거문고^회상(거문고會相), 결혼^행진곡(結婚行進曲), 경기^놀량(京畿놀량), 경기^뒷산^타령(京畿뒷山타령), 경기^앞산^타령(京畿앞山타령), 경안지악(景安之樂), 경-풍년(慶豐年), 계면^가락^도드리(界面가락도드리), 계면^가락^환입(界面가락還入), 계우01(啓宇), 공안지곡(恭安之曲), 관악^영산회상(管樂靈山會相), 군대 폴로네즈(軍隊Polonaise), 군대^행진곡(軍隊行進曲), 군악(軍樂), 군악^타령(軍樂타령), 군중-취타(軍中吹打), 귀인02(歸仁), 금척-령(金尺令), 기명06(基命), 기암-곡(倚嵒曲), 남려-궁(南呂宮), 놀량, 대동02(大同), 대명지곡(大明之曲), 대서곡 천팔백십이 년(大序曲千八百十二年), 대유05(大猷), 대지의 노래(大地의노래), 독경02(篤慶), 독경-장(篤慶章), 동물의 사육제(動物의謝肉祭), 라수몹스키^사중주곡(Rasoumovsky四重奏曲), 로미오와 줄리엣02(Romeo-Juliet), 마왕(魔王), 명단풍(明旦風), 목신의 오후에의 전주곡(牧神의午後에의前奏曲), 무안지곡(武安之曲), 무역-궁(無射宮), 미성지곡(美成之曲), 백조의 호수(白鳥의湖水), 백학자-악(白鶴子樂), 보리-수03(菩提樹)

국악의 경우, 연주되는 상황 위주로 이름이 붙어 작곡이나 작사와 관련된 정보가 없고, 하나의 곡의 이름인지 그 상황에서 연주되던 다양한 곡을 가리키는 이름인지 불분명한 경우들이 많은데, 하나의 곡이라고 판단되는 경우만을 가져왔다.

교향곡이 너무 적게 수록됐다고 생각되어 조금 더 검색해 보니, '교향곡 제○번의 이름.'이나 '소나타 제○번의 이름.'으로도 연주곡이 몇 곡 더 등재되어 있다.

(370) 비창03(悲愴), 비창 교향곡(悲愴交響曲), 비창 소나타(悲愴sonata), 신세계 교향곡(新世界交響曲), 열정 소나타(熱情sonata), 월광-곡(月光曲), 월광 소나타(月光sonata), 전원 교향곡(田園交響曲)

다음으로, '미술' 전문분야에서 뜻풀이에 '그림.'이 포함되어 있는 표제어로서 고유명칭인 것은 다음과 같다.

(371) 고사-관수도(高士觀水圖), 고산-구곡도(高山九曲圖), 금성산성-도(金城山城圖), 나한-도(羅漢圖), 낭구-도(浪鷗圖), 노송도-팔연폭(老松圖八連幅), 노송-오작도(老松烏雀圖), 노안-도02(蘆雁圖), 달마-도(達磨圖), 대쾌-도(大快圖), 도봉-첩(道峯帖), 만종03(晩鐘), 무이-귀도도(武夷歸棹圖), 삼산-도(三酸圖), 예성강-도(禮成江圖), 올랭피아(L' Olympia), 이삭-줍기02, 천산-대렵도(天山大獵圖), 추야-목우도(秋夜牧牛圖), 행락-도(行樂圖)

'모나리자'는 '초상화.'로 검색이 되었는데, 뜻풀이에 '초상화.'가 포함된 표제어를 추출해도 '역사' 전문분야의 '송시열상', '안향 초상', '이제현 초상'이 더 추가되는 정도다. '벽화.'를 검색어로 해서도 '역사' 전문분야의 '덕흥리 고구려 고분 벽화', '부석사 조사당 벽화', '테베 벽화' 정도가 추가되었다.

그림 작품은 유독 〈표준〉에 적게 올라 있어서 〈우리말샘〉으로 확대해 보았으나 그리 많이 늘어나지 않는다.

(372) 강세황필^도산^서원도(姜世晃筆陶山書院圖), 고령^안화리^암각화(高靈安和里岩刻畫), 고령^양전동^암각화(高靈良田洞岩刻畫), 고령^장기리^암각화(高靈場基里岩刻畫), 기영회-도(耆英會圖), 김정희필^세한도(金正喜筆歲寒圖), 김홍도필^군선도^병풍(金弘道筆群仙圖屛風), 김홍도필^추성부도(金弘道筆秋聲賦圖), 대성지성문선왕전좌-도(大成至聖文宣王殿坐圖), 도산^서원도(陶山書院圖), 독서당^계회도(讀書堂契會圖), 동궐-도(東闕圖), 동래부^순절도(東萊府殉節圖), 라스 메니나스(Las Meninas), 레이스 뜨는 여인(lace뜨는女人), 루앙 대성당(Rouen大聖堂), 루앙 성당(Rouen聖

堂), 망천-도(輞川圖), 명황행촉-도(明皇行蜀圖), 무릉도원-도(武陵桃源圖), 밤의 카페(밤의café), 별이 빛나는 밤, 부산진^순절도(釜山鎭殉節圖), 브로드웨이 부기우기(Broadway boogie-woogie), 성세창^제시^미원^계회도(成世昌題詩薇垣契會圖), 성세창^제시^하관^계회도(成世昌題詩夏官契會圖), 세한-도(歲寒圖), 소상^팔경도(瀟湘八景圖), 아르놀피니 부부의 초상(Arnolfini夫婦의肖像), 아메리칸^고딕(American Gothic), 연정^계회도(蓮亭契會圖), 영일^칠포리^암각화군(迎日七浦里岩刻畫群), 영주^가흥리^암각화(榮州可興里岩刻畫), 영천^보성리^암각화(永川甫城里巖刻畫), 완당^세한도(阮堂歲寒圖), 이기룡필^남지기로회도(李起龍筆南池耆老會圖), 이암필^화조구자도(李巖筆花鳥狗子圖), 정선필^육상묘도(鄭敾筆毓祥廟圖), 정조^대왕필^국화도(正祖大王筆菊花圖), 정조^대왕필^파초도(正祖大王筆芭蕉圖), 정조필^국화도(正祖筆菊花圖), 정조필^파초도(正祖筆芭蕉圖), 천마-도(天馬圖), 포항^인비리^암각화(浦項仁庇里巖刻畫), 풀밭 위의 점심 식사(풀밭위의點心食事), 한국에서의 학살(韓國에서의虐殺)

그림 가운데는 주제에 따라 이름이 동일한 경우들이 있고, 동일한 제목의 그림을 여러 사람이 그린 경우들이 있다. 그러나 작품이 고유하게 존재할 때 그것은 고유명칭으로 보아야 할 것이다. 오늘날 작품이 남아 있어도 화가나 창작 시기가 명확하지 않은 것들도 있다.

그림 가운데 하나의 정의를 보도록 하자.

(373) 모나리자(Mona Lisa)

「명사」『미술』 이탈리아의 화가 레오나르도 다빈치가 피렌체의 부호 프란체스코 델조콘도의 부인 엘리사베타를 그린 초상화. 정숙한 여인의 신비스러운 미소로 유명하다.

(374) 실체n

이름	모나리자
실체 유형	창작물
하위 유형	미술(회화)
창작 시기	16세기 초

화가	레오나르도 다빈치
소재	피렌체의 부호 프란체스코 델조콘도의 부인 엘리사베타
특기 사항	정숙한 여인의 신비스러운 미소로 유명

미술에는 그 외에도 조각 작품이나 건축물에 포함할 수 있겠으나, '조각.'으로는 '라오콘군상', '상.'으로는 '자유의 여신상'과 '제우스 신상' 정도만 찾을 수 있었고, '건축물.'로는 '개선문'과 '몽생미셸'을 찾을 수 있을 뿐이었다. 하지만 우리는 이 세상에 예술 작품으로 인정받을 수 있고 유명한, 수많은 조각과 건축물들을 알고 있다.

다음으로, 문학 작품을 살펴보기로 하자. 국어사전에는 문학 작품이 상대적으로 다수 등재되어 있다. 예술의 매체가 언어이기 때문일 것이다. 여기서는 '문학' 전문분야로 '시.', '소설.', '희곡.', '수필.'을 검색해 순차적으로 제시하기로 한다. 시는 84개, 소설은 497개, 희곡은 72개가 검색되었으나 각각 가나다순으로 앞쪽 50개씩만 제시하기로 한다.

(375) 각궁-자(角弓刺), 공작-동남비(孔雀東南飛), 관산-융마(關山戎馬), 광란의 오를란도(狂亂의Orlando), 구드룬(Gudrun), 국경의 밤(國境의밤), 그날이 오면, 기타고빈다(Gitagōvinda), 길가메시 서사시(Gilgamesh敍事詩), 깃-발03(旗발), 껍데기는 가라, 꽃03, 꽃을 위한 서시(꽃을爲한序詩), 노동과 나날(勞動과나날), 노정-기02(路程記), 니벨룽겐의 노래(Nibelungen의노래), 동명왕-편(東明王篇), 동방의 등촉(東方의燈燭), 라마야나(Rāmāyaṇa), 로엔그린(Lohengrin), 마이스터게장(Meistergesang), 마하-바라다(摩訶波羅多), 메타모르포세스(Metamorphoses), 모란이 피기까지는(牡丹▽이피기까지는), 목란-가(木蘭歌), 목란-사(木蘭辭), 목란-시(木蘭詩), 목마와 숙녀(木馬의淑女), 목신의 오후(牧神의午後), 반속-요(返俗謠), 백록-담01(白鹿潭), 베어울프(Beowulf), 복-낙원(復樂園), 봉사-일본작(奉使日本作), 불-놀이02, 비파-인(琵琶引), 비파-행(琵琶行), 빼앗긴 들에도 봄은 오는가, 사슴02, 산 도화(山桃花), 산유-화01(山有花), 샤나메(Shāh-nāmeh), 설야02(雪夜), 쉽게 쓰여진 시(쉽게쓰여진詩), 승무03(僧舞), 신곡01(神曲), 신통-기(神統記), 실-낙원(失樂園), 아이네이스(Aeneis), 애너벨^리(Annabel Lee)

(376) 그날이 오면

『문학』 심훈이 지은 시. 일제로부터의 민족 해방에 대한 강렬한 소망을 격정적·직설적으로 노래한 저항시이다.

(377) 가난한 사람들, 가르강튀아(Gargantua), 감자02, 감정 교육02(感情敎育), 강감찬-전(姜邯贊傳), 강남홍-전(江南紅傳), 강도-몽유록(江都夢遊錄), 강릉-추월(江陵秋月), 강태공-전(姜太公傳), 개선-문02(凱旋門), 걸리버 여행기(Gulliver旅行記), 검승-전(劍僧傳), 경본-통속소설(京本通俗小說), 계상국-전(桂相國傳), 고요한 돈강(고요한Don江), 고향03(故鄕), 곽분양-전(郭汾陽傳), 곽소옥-전(霍小玉傳), 곽재우-전(郭再祐傳), 곽해룡-전(郭海龍傳), 관장-현형기(官場現形記), 광문자-전(廣文者傳), 광인 일기(狂人日記), 광장03(廣場), 광-화사(狂畫師), 구마-검02(驅魔劍), 구운몽(九雲夢), 구토02(嘔吐), 권용선-전(權龍仙傳), 귀의 성(鬼의聲), 귀향02(歸鄕), 규한-록(閨恨錄), 금강-문01(金剛門), 금낭-이산(錦囊二山), 금독-전(金犢傳), 금 따는 콩밭(金따는콩밭), 금령-전(金鈴傳), 금릉-십이채(金陵十二釵), 금방울-전(金방울傳), 금병매(金瓶梅), 금산사-몽유록(金山寺夢遊錄), 금색-야차(金色夜叉), 금송아지-전(金송아지傳), 금수-회의록(禽獸會議錄), 금오-신화(金鰲新話), 금옥-연(金玉緣), 금우태자-전(金牛太子傳), 금화사-몽유록(金華寺夢遊錄), 김 강사와 티 교수(金講師와T敎授), 김덕령-전(金德齡傳)

(378) 가난한 사람들

『문학』 도스토옙스키가 지은 소설. 가난하고 늙은 하급 관리 제부시킨과 불행한 소녀 바르바라의 비극적 사랑을 서간체로 묘사하였다.

(379) 고도를 기다리며(Godot를기다리며), 군도08(群盜), 금전-기(金錢記), 남가-기(南柯記), 다마스쿠스-로(Damascus로), 도화-선01(桃花扇), 동상-기(東廂記), 동 쥐앙(Don Juan), 로미오와 줄리엣01(Romeo-Juliet), 릴리옴(Liliom), 만선04(滿船), 맹 진사 댁 경사(孟進士宅慶事), 메데이아(Medeia), 모란-정(牡丹▽亭), 모란정-환혼기(牡丹▽亭還魂記), 몬나 반나(Monna Vanna), 바냐 아저씨(Vanya아저씨), 발렌슈타인01(Wallenstein), 밤 주막(밤酒幕), 배월-정(拜月亭), 백부 바냐(伯父Vanya), 베니스의 상인(Venice의商人), 비파-기(琵琶記), 빈민-굴02(貧民窟), 빌헬름 텔01(Wilhelm Tell), 사혼-기02(賜婚記), 산-돼지02(山돼지), 산-송장02, 살구-기(殺狗記), 살로메03(Salomé), 상선 테나시티(商船Tenacity), 샤쿤탈라(Śakuntala), 서상-기(西廂記), 세일즈맨의 죽음(salesman의죽음), 세 자매(세姊妹), 소04, 수

전-노02(守錢奴), 수전-로02(守錢虜), 시저와 클레오파트라(Caesar와Cleopatra), 시집가는 날(媤집가는날), 아를의 여인(Arles의女人), 알트-하이델베르크(Alt-Heidelberg), 연자-전(燕子箋), 오를레앙의 처녀(Orléans의處女), 욕망이라는 이름의 전차(欲望이라는이름의電車), 워런 부인의 직업(Warren夫人의職業), 원고-지02(原稿紙), 윌리엄 텔(William Tell), 유령03(幽靈), 인간과 초인(人間과超人)

(380) 고도를 기다리며(Godot를기다리며)

『문학』 프랑스의 극작가 베케트가 지은 희곡. '고도'라는 사람을 기다리는 두 부랑자의 대화가 주요 내용이다. 사건은 전혀 일어나지 않으면서 인간의 부조리를 파헤친 부조리극의 대표작으로, 1953년에 초연되었다.

시나리오는 나운규가 지은 '아리랑'만이 표제어로 올라 있다.

(381) 경설02(鏡說), 계축-일기(癸丑日記), 권태02(倦怠), 규중칠우-쟁론기(閨中七友爭論記), 나무03, 돌의 미학(돌의美學), 매화-찬(梅花讚), 백설-부(白雪賦), 산성-일기(山城日記), 생활인의 철학(生活人의哲學), 서궁-록(西宮錄), 숲속의 생활(숲속의生活), 시시포스의 신화(Sisyphos의神話), 신록 예찬(新綠禮讚), 유양잡조(酉陽雜俎), 제침-문(祭針文), 조침-문(弔針文), 지조-론(志操論), 철경-록(輟耕錄)

(382) 나무03

「명사」『문학』 이양하가 지은 수필. 안분지족의 현인, 고독의 철인(哲人), 훌륭한 견인주의자(堅忍主義者)로 비유되는 나무의 속성을 통하여 지은이의 인생관을 표현하였다.

문학 작품의 경우, 특별히 문학사적으로 연대가 중요한 경우를 제외하고는 대개 작가와 내용 중심으로 기술되어 있다.

(383) 실체In

이름	레 미제라블
실체 유형	창작물
하위 유형	문학(소설)

작가	빅토르 위고
내용	사회에서 범죄자로 몰려 인생을 저주하며 불우하게 살아가던 주인공 장 발장의 영혼이 깨끗한 사랑으로 구제되는 과정
발표 시기	1862년

종합예술로 넘어가기 전에 무용과 관련해서는 별도의 언급이 필요해 보인다. '무용' 전문분야로 뜻풀이에 '춤.'을 포함한 표제어가 188개 검색이 되지만, 그 가운데 고유명칭이라고 부를 만한 것은 하나 정도라고 할 수 있다. 그것은 '가인전목단'인데 그 뜻풀이를 보자.

(384) 가인-전목단(佳人剪牧丹)

「명사」『무용』 조선 순조 29년(1829)에 효명 세자가 만든, 당악(唐樂)에 속한 춤. 흔히 궁궐 안의 잔치에서 추던 것으로, 모란을 꽂은 꽃병을 가운데 놓고 여기(女妓) 열 사람이나 열두 사람 또는 열네 사람이 각각 모란꽃 한 가지를 가지고 그 가에 둘러서서 주악(奏樂)에 맞추어 빙빙 돌아가면서 춘다. 남악(男樂)으로는 여덟 또는 열여덟 사람이 한다.

'가인전목단'을 인스턴스로서의 고유명칭으로 볼 수 있다고 판정하는 이유는 창작 시기와 창작자가 명확하기 때문이다. 춤은 특별한 안무가 있다고 해도 어떤 경우에나 반복적인 공연을 전제하기 때문에 대체로는 보통명사적이다. 예컨대, '곰배팔이춤'이라고 하면 그 뜻풀이는 '곰배팔이의 흉내를 내는 병신춤'이라고 정의되어 있는데, 그것은 특별한 형식의 안무를 정의해 놓은 것이다. 하지만 이 경우는 그 춤을 고안한 사람이나 고안 시기를 특정할 수 없고 굳이 창작자를 생각하지 않더라도 자생적으로 생겨날 여지가 있을 만한 특징이나 일반성을 가지고 있기 때문이다. 그런 경우라도 종류의 이름으로서는 고유성을 가질 수 있지만 그런 단위들을 모두 여기에 제시할 수는 없는 것이다. 앞서 논의한 '노래'의 경우도 하나의 노래가 있을 때 그 노래는 수많은 사람에 의해서 불릴 것을 전제하고 있다. 그렇지만 노래의 제목이 고유명칭이 되는 것은 그것을 창작한 사람이나 시기를 특정할 수 있고 그 악보가 고정될 수 있을 때 그 작품의 고유성이 확보되기 때문이다. 노래 중에서도 민요인 것들은 대개 그런 특징을 지니고 있다. 민요는 노래의 인스턴스로 인정할 만한 것들도 있고 주제만 공통될 뿐 가락이나 가사의 변이가 많아서 종류로서의 고유성만 인정해야 하는 경우가 많다.

이제 종합예술에 속하는 '연극', '영화', '오페라'를 살펴보기로 하자. 우선 간단히 대답할 수 있는 것은 〈표준〉에 공연예술로서의 연극의 제목은 등재된 것이 없다는 것이다. 영화는 다음의 단 세 개만 올라 있다.

(385) ㄱ. 그리드01(Greed)

「명사」『영상』 미국의 스트로하임(Stroheim, E. V.) 감독이 만든 무성 영화. 물욕에 눈이 먼 한 인간의 비참한 운명을 묘사한 것으로, 1924년에 상영되었다.

ㄴ. 안달루시아의 개(Andalusia의개)

『영상』 프랑스의 영화감독 부뉴엘과 전위 화가 달리가 1928년에 함께 제작한 영화. 감각적인 영상을 중복하여 관객의 의표를 찌르면서 인간의 감정과 심리 상태를 표현하였다.

ㄷ. 인톨러런스(Intolerance)

「명사」『영상』 미국의 영화감독인 그리피스가 1916년에 만든 영화. 영화 예술에서 기초가 될 표현 기술을 집대성하여 보여 주고 있어, 영화사에서 중요하게 다루는 작품이다.

문학 작품으로서의 희곡과 시나리오는 앞에서 언급한 만큼만 등재되어 있다. 희곡이 공연을 전제한 문학 작품인 만큼 희곡이 랑그라면 연극은 파롤이라고 본 것일까? 물론 매번의 공연이 다른 이름을 가지지는 않는다. 날짜와 시간, 공연 횟수 같은 것이 매번 공연의 이름을 구체화할 수는 있겠으나 기본적으로 연극 공연은 희곡의 제목과 같은 이름을 가질 것이고 그 한 번 한 번의 공연이 별도의 이름을 가지지는 않는다. 하지만 희곡으로만 그치고 공연된 적이 없는 작품이 있을 수도 있고 반대로 희곡은 그리 유명하지 않지만 연극 공연으로 성공한 작품도 있을 수 있고 최근에는 그런 경향이 더 높아지고 있으므로 연극으로 정의된 이름도 필요할 것으로 여겨진다.

이런 점을 더 생각하게 하는 장르가 영화다. 영화는 시나리오보다 상영되는 영화가 더 관심을 받는다. 그런데도 역사적으로 의미 있는 시나리오 한 편만 사전에 등재되고 상영되는 영화는 세 편만 등재되어 있다는 것은 전문어나 고유명칭의 등재 여부 판단에서 더 고려해야 할 점이 많이 있음을 보여 준다고 하겠다.

연극이나 영화보다 공연의 측면이 더 주목을 받는 오페라는 뜻풀이에 '오페라.'로 정의된 표제어가 다음과 같다.

(386) 나비 부인(나비夫人), 돈 조반니(Don Giovanni), 라 보엠(La Bohême), 라^토스카(La Tosca), 라 트라비아타(La Traviata), 로엔그린(Lohengrin), 록^오페라(rock opera), 리골레토02(Rigoletto), 마담 버터플라이(Madame Butterfly), 마술-피리(魔術피리), 마적02(魔笛), 마탄의 사수(魔彈의射手), 미뇽(Mignon), 보체크(Wozzeck), 빌헬름 텔(01)(Wilhelm Tell), 삼문^오페라(三文opera), 삼손과 델릴라(Samson과Delilah), 세비야의 이발사(Sevilla의理髮師), 실내^오페라(室內opera), 악극(樂劇), 예브게니 오네긴(Evgeny Onegin), 오네긴(Onegin), 오베론(Oberon), 오텔로(Otello), 윌리엄 텔(William Tell), 일^트로바토레(Il Trovatore), 자유의 사수(自由의射手), 장미의 기사(薔薇의騎士), 첸토(cento), 춘희(椿姬), 카르멘(Carmen), 카발레리아 루스티카나(Cavalleria Rusticana), 탄호이저(Tannhäuser), 토스카(Tosca), 트리스탄과 이졸데(Tristan-Isolde), 펠레아스와 멜리장드(Pelléas-Mélisande), 피델리오(Fidelio), 호프만 이야기(Hoffmann이야기), 후궁으로부터의 도주(後宮으로부터의逃走)

오페라의 정의 가운데 하나를 살펴보자.

(387) 나비 부인(나비夫人)

『음악』 푸치니가 작곡한 2막 3장의 오페라. 일본의 기녀(妓女) 나비 부인이 미국의 해군 장교 핑커턴에게 버림받아 스스로 목숨을 끊기까지의 비극적 이야기를 그린 것으로, 1904년에 밀라노에서 초연되었다. ≒마담 버터플라이.

(388) 실체n

이름	나비 부인
실체 유형	창작물
하위 유형	종합예술(오페라)
작곡가	푸치니
구성	2막 3장
내용	일본의 기녀 나비 부인이 미국의 해군 장교 핑커턴에게 버림받아 스스로 목숨을 끊기까지의 비극적 이야기를 그린 것
초연 시기	1904년

오페라 이외의 공연예술로, 뮤지컬 작품 '남태평양', '사운드 오브 뮤직', '웨스트사이드 스토리' 등이 사전에 올라 있고, 발레 작품으로 '코펠리아'가 올라 있다. 공연예술은 매년 초연하는 것도 있고 재공연하는 것들이 있어서 건별로 여러 회 공연을 하게 되는데 그런 공연들은 창작물을 사건으로 실현한 실체 단위로서 별도로 조명해야 할 것이다.

마지막으로 책 이름(책명, 서명)에 대해서 언급하고 창작물에 대한 논의를 마치고자 한다. 〈표준〉에는 '책명' 전문영역을 따로 두어 책 이름을 수록하고 있다. 여기에 올라 있는 책 이름이 무려 2,122개다. 이것들은 특별히 문학 작품 등 특정 분야에 한정되지 않고 비문학적인 글들, 기록물, 일기 등 다양한 장르에 이른다. 하지만 엄밀하게 말해 책명(서명)이라는 말이 성립하는 것은 그렇게 묶어 낸 책자 자체가 이름을 가지고 있어야 하나, 낱낱의 책이 이름을 가지는 경우라면, 『훈민정음 안동본(간송본)』이나 『훈민정음 상주본』 등과 같이 책자의 낱권이 독립된 존재로 인식될 수 있는 경우에만 가능하다. 따라서 사전에 등재된 책명 하나하나는 수많은 낱권의 대표로서 그 이름을 가졌다기보다는 그 책 속에 담긴 내용의 제목으로서 고유한 이름을 가지는 것으로 이해하는 것이 옳다. 즉 책 이름과 창작물 이름은 구분되어야 한다. 책이라는 존재에는 외형적인 책이라는 물리적 의미와 내적인 내용이라는 비물질적 의미가 공존하기 때문에 생겨난 구분이다. 따라서 우리는 창작물 이름의 온톨로지를 이러한 책명들의 세분을 통해서 보다 섬세하게 추구해 나갈 수 있을 것이다.

6.3. 가상적 존재

가상적 존재, 어쩌면 가상적 대상이라고 하는 것이 나을지도 모르겠다. 이 세상에 존재하지 않는 것을 존재라고 부른다는 것이 이상하다면 말이다. 어떻든 그런 것들도 하나의 존재론적 범주로 다룰 필요가 있다고 생각된다. 지시적 의미론을 이 세상에 존재하는 대상 자체가 기호의 의미라고 보는 입장이라 할 때 그러면 이 세상에 존재하지 않는 대상은 다룰 수 없지 않냐는 비판이 있는데, 존재한다는 것을 이 세상에 물리적으로 존재한다는 것이라고 엄격하게 이해한다면 가상적 존재는 현실 세계의 존재론이나 지시적 의미론에서는 다룰 수 없는 대상이 될 것이다. 그래서 이런 한계를 극복하기 위해 현실 세계만이 아니라 다른 세계를 논리 모형 속에 도입하는 가능 세계 의미론과 내포 논리를 통한 한계의 극복이 시도되기도 한다. 그러나 존재론적 시각에서 가능 세계를 상정할 수 있는 경우도 있겠지만 만화 캐릭터와 같은 존재가 실제로 존재하는 세상을 상정한다고 할 때 그런 동물이나 인간을 현실 세계의 동물이나 인간과 등가의 것으로 볼 수 없기 때문에 그 세계에서도 어떤 존재론적 자격을 가질 것을 보아야 할지의 문제가 해결되지 않으며, 가상의 존재들이 과연 현실 세계에 전혀 존재하지 않고 아무런 영향을 주지 않는 것인지에 대해서도 의문을 가질 수밖에 없다. 물리적으로 존재한다고 보기 어려운 가상적 이미지는 그 이미지로서 이 세상에 영향을 주고 나름의 위상을 가지지 않는가 하는 점도 고려해야 할 것이다. 이 절에서 함께 살펴본 정신 체계나 창작물도 물리적으로 존재하는 대상이 아니지만 우리의 삶과 행동의 양식을 형성하고 사실이 아닌 내용이라도 우리에게 생각할 거리를 제공하거나 감동을 줄 수 있다. 이러한 시각에서 여기서는 가상적 존재를 고유명칭들을 가질 수 있는 하나의 존재론적 범주로 상정하기로 한다. 또한 이 범주를 형성하는 의미 자질을 상정한다면 그것을 다른 세계의 구체물로 보기보다 현실 세계의 추상물로 판단하는 것이 타당하다고 본다.

이런 존재들의 이름을 검색하기 위해 먼저 〈표준〉의 뜻풀이에서 '신화'를 포함하고 있는 표제어들을 찾아 고유명칭인 것들을 추출했다. 검색된 349개 가운데 가나다순으로 앞쪽 50개만 제시하기로 한다.

(389) 가네샤(Gaṇeśa), 가이아(Gaea), 갈라테이아(Galateia), 거인01(巨人), 게06(Ge), 게브01(Geb), 구생-신(俱生神), 그라티아이(Gratiae), 긴나라(緊那羅), 네레우스(Nereus), 네르투스(Nerthus), 네메시스(Nemesis), 네메아의^사자(Nemea의獅子), 네스토르01(Nestor), 네오프톨레모스(Neoptolemos), 네페르툼(Nefertum), 네프티스(Nephthys), 넥타르(nektar), 넬레우스(Neleus), 넵투누스(Neptunus), 노르넨(Nornen), 뇨르드(Njord), 누트(Nut), 니니브(Ninib), 니오베(Niobe), 니케(Nice), 니플헤임(Niflheim), 님프(Nymph), 다간01(Dagan), 다나에(Danae), 다나오스(Danaos), 다이달로스(Daedalos), 다이몬(daemōn), 다프네(Daphne), 다프니스(Daphnis), 단군03(檀君), 단군-왕검(檀君王儉), 데메테르(Demeter), 데우칼리온(Deucalion), 데이아네이라(Dēianeira), 독각-선(獨角仙), 동명-신(同名神), 동생-신(同生神), 디도02(Dido), 디아나(Diana), 디오니소스(Dionysos), 디오메데스01(Diomedes), 디오메데스02(Diomedes), 디오스쿠로이(Dioscouroe), 라04(Ra)

다음으로 뜻풀이에 '전설'을 포함하고 있는 표제어들이다. 검색된 203개 가운데 가나다순으로 앞쪽 50개만 제시하기로 한다.

(390) 강철-이(強鐵이), 개-기01(改琦), 거인01(巨人), 거타지(居陀知), 고다이바(Godiva),

고요03(皐陶), 곤07(鯀/鮌), 곤륜(崑崙), 곤륜-산(崑崙山), 곤산(崑山), 군옥-산(群玉山), 규룡(虯龍), 금오02(金烏), 금오-옥토(金烏玉兔), 기자07(箕子), 기주13(冀州), 길조01(吉弔), 나정04(蘿井), 난09(鸞), 난-새(鸞새), 난조04(鸞鳥), 니벨룽겐(Nibelungen), 단조01(丹鳥), 대춘01(大椿), 도롱뇽, 돈 조반니(Don Giovanni), 돈후안(Don Juan), 동부04(東父), 동-왕공(東王公), 동-왕부(東王父), 동 쥐앙(Don Juan), 레이안드로스(Leiandros), 로렐라이(Lorelei), 로물루스(Romulus), 로빈후드(Robin Hood), 로크03(roc), 류리크(Ryurik), 리쿠르고스(Lycourgos), 마고01(麻姑), 마고-할미(麻姑할미), 마녀(魔女), 만파식(萬波息), 만파식-적(萬波息笛), 망부-석(望夫石), 매구01, 맥03(貘), 맹-강녀(孟姜女), 메피스토(Mephisto), 메피스토펠레스(Mephistopheles), 명협(蓂莢)

가상의 존재에 대한 정의를 검색된 전체 표제어 중 한 예를 통해 살펴보기로 하자.

(391) 자명-고(自鳴鼓)

「명사」『역사』 낙랑에 있었다고 하는 전설적인 북. 고구려 대무신왕의 아들 호동(好童)이 낙랑 태수의 딸에게 외적이 침입하면 저절로 울리는 이것을 찢게 하여 낙랑을 정복할 수 있었다고 전한다.

(392) 실체n

이름	자명고
실체 유형	가상의 존재
특징	외적이 침입하면 저절로 울리는 북
전하는 내용	고구려 대무신왕의 아들 호동이 낙랑 태수의 딸에게 이것을 찢게 하여 낙랑을 정복할 수 있었다고 전함.
출처	삼국사기

다음으로는 '상상의'를 포함하고 있는 표제어들을 추출해 보았다.

(393) 가라-빈가(迦羅頻伽), 가루라(迦樓羅), 가릉-빈가(迦陵頻伽), 각단03(角端), 거인-국(巨人國), 곤08(鯤), 곤붕(鯤鵬), 교인06(鮫人), 규룡(虯龍), 그리핀(griffin), 금시조(金

翅鳥), 기봉05(夔鳳), 난09(鸞), 난-새(鸞새), 난조04(鸞鳥), 날개-옷, 뇌수04(雷獸), 단조01(丹鳥), 돌-짐승, 묘시-조(妙翅鳥), 묘음-조(妙音鳥), 무령왕릉^석수(武寧▽王陵石獸), 밤-새01, 백택(白澤), 벽사01(辟邪), 봉10(鳳), 봉-새01(鳳새), 봉조02(鳳鳥), 봉황(鳳凰), 봉황-새(鳳凰새), 부상03(扶桑), 부상-국(扶桑國), 불가사리01, 불-개01, 붕정(鵬程), 비렴01(飛廉), 비천02(飛天), 빈가02(頻伽), 빈가-조(頻伽鳥), 석수03(石獸), 선조01(仙鳥), 설철02(齧鐵), 소인-국(小人國), 소인-도(小人島), 수궁01(水宮), 신선01(神仙), 용08(龍), 우담발라(優曇跋羅), 우담화(優曇華), 인어01(人魚), 인조04(仁鳥), 일비-국(一臂國), 적란(赤鸞), 정위10(精衛), 지유03(地維), 천록01(天祿), 천록-수(天祿獸), 천주02(天柱), 청학01(青鶴), 추우03(騶虞), 팔주(八柱), 하늘01, 한고-조01(寒苦鳥), 해타02(海駝), 해태04(獬豸▽), 향상03(香象), 호성-조(好聲鳥), 호음-조(好音鳥), 화성-인(火星人), 화인01(化人)

다음은 '상상 속의'를 포함한 표제어들이다.

(394) 교룡02(蛟龍), 기32(夔), 기린02(麒麟), 도철03(饕餮), 백오01(白烏), 성성03(猩猩), 성성-이(猩猩이), 우복-동(牛腹洞), 인수05(仁獸), 화서01(火鼠)

다음은 뜻풀이에 '주인공'을 포함하고 있는 표제어들에서 주인공의 이름을 추출한 것이다.

(395) 견우03(牽牛), 길가메시(Gilgamesh), 노라01(Nora), 노아(Noaḥ), 놀부, 도랑-선비, 돈-키호테(Don Quixote), 라마03(Rama), 라스콜니코프(Raskol'nikov), 맹-강녀(孟姜女), 목란01(木蘭), 박-첨지(朴僉知), 백설 공주(白雪公主), 베르테르(Werther), 베어울프(Beowulf), 삿코(Sadko), 셜록 홈스(Sherlock Holmes), 소-대성(蘇大成), 손오공(孫悟空), 신데렐라(Cinderella), 심-청02(沈淸), 안나 카레니나(Anna Karenina), 에반젤린(Evangelin), 율리시스(Ulysses), 제인 에어(Jane Eyre), 지크프리트(Siegfried), 직녀(織女), 춘향02(春香), 카추샤02(Katyusha), 팔-선녀(八仙女), 한생03(韓生), 홈스01(Holmes, Sherlock), 홍-길동(洪吉童), 흥부(興夫)

다음은 '가상적인'을 포함한 뜻풀이를 가진 표제어들이다.

(396) 곤드와나^대륙(Gondwana大陸), 백옥-경(白玉京), 봉구02(蓬丘), 봉도03(蓬島), 봉래01(蓬萊), 봉래-산(蓬萊山), 봉산03(蓬山), 어비01, 에비, 옥경01(玉京), 옥동(玉童), 옥-동자(玉童子)

그밖에, 이상과 같은 키워드가 없지만 '○○의 이름' 등 다른 방식으로 정의된 것들 가운데 가상의 존재에 해당하는 것들을 덧붙여 본다.

(397) 드라큘라(Dracula), 목두기, 사오정(沙悟淨), 손오공(孫悟空), 솔연(率然), 에오, 저-팔계(豬八戒), 적송-자(赤松子)

이상에 제시한 가상적인 존재들이 모두 동질적인 것일지에 대해서는 다시 세부 온톨로지의 문제가 될 것이다. 우선 앞서 창작물에서도 그랬지만, 특정한 창작자가 없는 경우와 명확히 있는 경우를 나누어야 할 것인지도 생각해 볼 수 있는 일이며, 또 이 가상적인 존재들이 반드시 인물이나 동물만도 아니며 현실 세계의 존재들처럼 식물, 장소, 물건, 사건 등 다양한 부류로 나뉠 수 있다는 것이다.

여기에 거론되지 않았고 사전에 전혀 올라 있지 않은 부류로 만화 캐릭터를 들 수 있다. '미키마우스', '도널드덕', '뽀빠이', '둘리', '뽀로로', '펭수' 등 유명한 것이 많지만 사전에 등재될 정도는 되지 못하는 모양이다. 이 역시 허구 속의 존재인 경우가 많지만 시각적 이미지로 더 알려진 경우들이라고 볼 수 있다. '텔레토비'는 '도깨비'처럼 하나의 종으로 보아야 할 것 같고, '포켓몬스터(포켓몬)'도 그렇다. '포켓몬'은 다시 '피카츄' 등의 개체를 인스턴스로 가지는데, 그 종에 속하는 하나의 개체로 보아야 할 것이다. 그런데 이러한 포켓몬들도 4세대로 가면서 암수 구별이 생겼다고 하는데, 이것들이 다시 개체로서 이름을 가지게 된다면 '피카츄'도 더 이상 개체의 이름이 아니라 종의 이름이 되고 그래서 그 개체를 가리킬 때는 다시 보통명사로 전성될 수 있을 것이다.

'귀신', '도깨비', '마귀할멈', '신선', '요정' 등과 '마귀'('기독교'에서처럼 악을 인격화한 경우가 아닐 때), '신'(유일신을 가리키는 경우가 아닐 때), '부처'('석가모니'만을 가리키는 경우가 아닐 때)와 같이 하나의 존재만을 가리키지 않는 경우는 제외하기도 했으나 그와 같이 종을 나타낼 수도 있는 존재들을 모두 배제하기는 어려웠다. 인간이 아닌 '여호와', '야훼', '하나님', '하느님', '상주', '천주', '알라', '마디' 등 신앙의 대상이 될 수 있는 초월적 존재는 여기에 포함하는 것이 옳을 것이다.

이 세상에는 이러한 가상적인 존재, 어쩌면 이미지일 수 있겠는데 그러한 존재가 우리가 쉽게 상상할 수 있는 것보다 훨씬 많이 존재한다. 모든 허구(픽션) 속의 존재들은 현실 세계 속의 존재와는 다르다.

6.4. 특별하게 인지되는 사물

여기서는 일반적으로는 특정 종의 한 개체일 뿐 이름을 가지지 못하는 존재적 위상을 가지지만 유독 특별한 계기를 만나 이름을 갖게 된 존재에 대해 살펴보고자 한다. 대표적인 경우가 애완동물 이름일 것이다. 애완동물은 모든 사람에게 중요한 것은 아니지만 어떤 사람 또는 가족에게는 사람 못지않게 큰 존재감을 주고 뚜렷한 개체로 인식된다. 따라서 이름을 가지는 것이 전혀 어색하지 않다. 그럼에도 한국어 모국어 화자들이 모두 기억할 만한 이름이 있다고 보기는 어렵다. 스타 연예인들의 반려견이 매체를 통해 알려져서 그것들의 이름을 상당수 일반인이 알고 있는 경우가 있지만 그렇다고 해서 그런 이름이 사전에 등재될 정도가 되기는 어렵다는 말이다. 하지만 이 세상에는 수많은 반려동물의 이름이 존재하고 있고, 실제로는 세상 모든 사람에게 알려져 있지 않아서 별도의 의미가 덧붙지 않지만 순수하게 가리킴을 위해

사용되는 이름이 고유명칭의 본질에 더 가깝다.[45]

애완동물은 아니지만 복제양 '돌리'와 같이 전 세계적으로 이슈가 됨으로 해서 그 이름을 인지하는 수많은 사람을 확보한 경우도 있고,[46] 국내에서는 청주에서 실종됐던 여중생 조 모 양을 찾아낸 군견 '달관이'와 같이 사회적으로 이름이 알려지는 경우들이 있고, 그와 유사하게 무공훈장을 받은 군견들로, 1968년 북한 무장공비들이 청와대 습격을 시도한 1·21사태 때 공을 세운 '린틴'과 1990년 제4땅굴 소탕 작전 때 자신의 몸으로 지뢰를 터뜨려 1개 분대원들의 생명을 구한 '헌트'의 예가 있고, 표창장을 받은 경우로, 2018년 7월 광주 북구 말바우시장에서 불이 났을 때 진화에 도움을 준 견공 '가을이'의 사례가 있다. 영국에서는 외무부 청사에서 쥐잡이 임무를 맡아 4년간 근무하고 은퇴한 공무원 고양이 '파머스턴'이 뉴스의 주인공으로 이름을 알리기도 했다.

그 외에 역사적으로 알려진 기회에 이름을 가지게 된 많은 사물들이 있다. 이 책의 서두에서 언급한 사전(〈표준〉과 〈우리말샘〉)에 등재된 이름을 가지는 존재들의 예와 중복된 것들일 수 있는데, 그 가운데 고유한 대상의 이름인 것들을 다시 정리해 보기로 하겠다.

(398) ㄱ. 갈호-배: 『역사』 조선 태조 초에 임금이 승정원에 하사한 술잔의 이름.

ㄴ. 계마-수: 『고유명 일반』 조선 인조가 보위에 오르기 전 담양군 고서면 연동리 인근을 지나다가 말의 고삐를 묶어 두고 쉬었다는 나무. 또는 조선 원종이 잠저 시절에 손수 심고, 아침저녁으로 사랑하고 구경하며 때로는 말을 매어 두었다는 나무.

ㄷ. 간장: 『역사』 중국 춘추 시대에 간장이 만든 명검의 이름.

ㄹ. 막야: 『역사』 중국 춘추 시대에 간장이 만든 명검의 이름. 간장이 검을 주조할 때 잘되지 않자 그의 아내 막야가 용광로에 몸을 던져 두 개의 검을 완성하게

45 전설이나 소설 속에서도 애완동물의 이름이 등장하지만 그런 경우는 가상적 존재에 포함하는 것이 적절할 것이다. 『그리스 신화』 속 상상의 개 '케르베로스'나 『플랜더스의 개』의 주인공 '파트라슈' 등이 그런 예다.

46 '돌리', '스너피'(복제 개), '복제 소 영롱이'(복제 송아지) 등은 〈우리말샘〉에 등재되었다.

되었는데, 그 두 검의 이름을 각각 간장과 막야라고 하였다.

ㅁ. 거루: 『역사』 고구려 대무신왕 3년(20)에, 왕이 골구천(骨句川)에서 사냥을 하다가 얻은 말의 이름.

ㅂ. 벌대-총: 『역사』 조선 시대에, 효종이 특별히 아껴 강화도에 놓아기르던 말의 이름.

ㅅ. 적토-마: 중국 삼국 시대에 관우가 탔었다는 준마의 이름.

ㅇ. 구공-금: 『음악』 동고(東皐) 이명(李蓂)이 가지고 있었다는 거문고의 이름.

ㅈ. 기혼: 『기독교』 예루살렘 동쪽 성 밖 기드론 골짜기에 있던 거룩한 샘의 이름. 예루살렘 시민의 생활에 중요한 구실을 하였으며, 솔로몬이 여기에서 기름 부음을 받았다고 전하여진다.

ㅊ. 딥^블루: 『정보·통신』 1997년 5월 체스 세계 챔피언인 카스파로프에게 승리한 슈퍼 컴퓨터의 이름.

ㅋ. 로렐라이: 라인강 중류의 강기슭에 있는 큰 바위의 이름. 지나가던 뱃사람이 그 바위에서 쉬고 있는 물의 요정의 노랫소리에 취해 있는 동안, 배가 암초에 부딪혀 물속에 잠긴다는 전설이 있다. 하이네 작사, 질허 작곡의 민요로 더욱 유명하다.

무엇의 이름이라도 일반적으로 이름을 가지는 부류(인명, 지명 등)는 배제했고, 여전히 종의 이름인 것도 배제했다. (398ㄴ)의 '계마수'는 지금 남아 있지 않은 듯하지만 사실적인 기록으로 보인다. 반면, (398ㅅ)의 '적토마'는 사실적 존재가 아니라면 가상적인 존재로 옮겨 가야 할 것이다. (398ㄷ)의 '간장'은 사전적 정의로만 볼 때는 간장이라는 사람의 작품들을 두루 가리키는 종의 이름인지 불명확한데, (398ㄹ)이 그렇지 않음을 확인해 주고 있다. (398ㅇ)의 '구공금'은 하나의 거문고를 가리키는 것으로 보이나 같은 거문고가 더 존재한다면 종의 이름이 될 수 있을 것이고, (398ㅈ)의 '기혼'은 샘이 크다면 지명의 하나로 포함될 수도 있을 것이다.

제10장

고유명칭 정의의 의미론적 성격

고유명칭은 지시대상에 대한 가리킴, 즉 지시 자체를 의미로 가질 뿐 그와 관련된 모든 지식은 화용론적 전제라고 보는 것이 마땅함에 대해서는 이미 제1부(제3장)에서 상세히 살펴보았다. 그리고 실제 고유명칭의 대부분은 사전에 등재될 만한 대상이 아닌 우리 주변 지인들의 이름, 우리 주변의 건물 이름이나 주소, 마을 이름, 상점 이름, 상품 이름 등이다. 그래서 전형적인 고유명칭들은 실제로는 대부분 사전에 등재되지 않으며 등재될 만하지도 않다. 따라서 지구인의 보편적인 지식과 아울러, 한국어 화자라면 누구나 알 수 있거나 적어도 한국문화와 밀접한 관련이 있어서 국민적으로 공유될 만한 지식이 될 수 있는 고유명칭들만 〈표준〉과 같은 국가 차원의 사전에 등재되어 있으며 제9장에서 내내 그런 표제어들에 대해 살펴본 것이었는데, 상당히 많은 수의 이름을 알 수 있었다. 〈표준〉에 고유명칭이 범주적으로 체계적으로 표시되어 있지는 않고, 전문어로서 '고유명 일반'이라는 전문분야를 비롯, '인명', '지명', '책명'이라는 역시 이름임을 전제한 전문분야뿐만 아니라, 그 나머지 대부분의 전문분야에도 다양하게 나타나므로 주로 뜻풀이에 포함된 정의항의 키워드를 통해 다양한 고유명칭들을 추출해 본 것이었다. 이 장에서는 그러한 고유명칭에 대한 정의를 의미론적으로 어떻게 이해해야 할지에 대해 살펴보기로 한다.

이 책에서는 고유명칭들을 특정 실체 유형인 클래스의 인스턴스로 이해했고, 그렇기에 우선적으로 그 고유명칭이 포함된 실체 유형을 확인할 필요가 있었고, 이어서 그런 실체 유형이 반드시 포함해야 할 원형적인 정보, 곧 속성들을 상정하고 그러한 속성들에 대한 속성값들이 고유명칭의 정의에서 주요하게 다루어지고 있음을 확인했다. 그러나 고유명칭인 기호의 어떤 면이 그런 클래스와 관련이 있는지에 대해서는, 그것을 기표-기의의 관계로 설명할 수 없음을 알고 있다. 그러므로 제3장에서 살펴본 대로, 이 모든 정보는 인지적 맥락에 의해 주어져 있는 것으로 이해되는 화용론적 전제로 볼 수밖에 없다. 그러니 실제로는 고유명칭인 단어나 구의 의미가 아니라 그 고유명칭이 가리키는 지시대상에 대한 우리의 공유지식인 것이다. 실제로 모든 한국어 화자가 그 정보들을 머릿속 사전에 가지고 있는 것은 아니라도 사전은 한국어 화자들이 마땅히 그 정보에 접근할 수 있을 것임을 전제하고서 그 지식을 기술해 주고 있는 것이다. 〈표준〉에 등재된 표제어들은 이미 위에서 언급했듯이 지구인이자 한국인이라면 누구나 공유할 수 있을 만큼 유명한 것들이어서 그 정보가 더 구체적으로 제시될 수 있는 것이지만, 순수한 고유명칭일수록 원형적인 사실 중심의 최소한의 정보 외에는 화자와 청자 사이의 관계나 특정 화자와 청자가 특별히 공유하고 있는 정보나 기억과 같은 국지적 맥락에 의존하는 지식들이어서 일반 한국어 화자들에게 공유될 만한 지식은 상당 부분 결여될 것이다.

고유명칭과 실체 유형을 비롯한 정의의 내용들이 연결되는 것은 공유지식에 대한 화용론적 전제라는 것을 수용한다고 해도, 명확하지 않은 부분이 있다. 즉 그렇다면 실체 유형과 그 속성들의 관계는 무엇이며 얼마나 많은 속성들이 그 실체 유형의 원형적 정보로 포함되는가에 대한 의문이다. 이 책에서는 이에 대해 각 실체 유형별로 대표적인 표제어의 정의를 살펴보면서 경험적으로 표상하고자 시도했는데 이는 실체 유형마다 정의의 방식이 조금씩 달라서 미리 어떤 정답을 상정하는 것이 적절하지 않을 것으로 보았기 때문이다.[1] 실제로 같은 실체 유형에는 대체로 같은 속성들이 딸려 있는 것을 볼 수 있었지만 같은 실체 유형 내에서도 다시 하위 유형이 구분될 가능성이 있었고 그럴 때 하위 유형별로 속성들이 다소 차이를 보이기는 했지만 그 차이가 크지는 않았다.

그런데 이때 중요한 것은 그 실체 유형이 그런 속성들을 아우른다는 것이 어떻게 가능한가이다. 우리는 이것을 그 클래스에 속하는 모든 인스턴스들의 공통적 특질로 이해한다. 실제 이 세상에 존재하는

---

1 푸스테요프스키(Pustejovsky 1995)는 명사에 대해 특질구조(qualia structure)라는 해석 층위를 가진 것으로 모형화하고 있다.

1. 구성역(constitutive): 특성 대상과 그것의 구성 요소 또는 고유한 부분과의 관계
   i. 물질
   ii. 무게
   iii. 부분과 구성 요소들
2. 형상역(formal): 더 큰 영역 내에서 대상을 구별하는 것
   i. 방위
   ii. 크기
   iii. 모양
   iv. 차원
   v. 색깔
   vi. 위치
3. 기능역(telic): 그 대상의 목적과 기능
   i. 어떤 행위자가 행동을 수행하는 목적
   ii. 특정 행위들을 명시하는 내장 기능이나 목표
4. 작인역(agentive): 대상의 기원이나 '초래'와 관련된 인자들
   i. 창조자
   ii. 인공물
   iii. 자연종
   iv. 인과 연쇄

그의 제안은 명사류에 범용으로 적용될 수 있는 모형으로 보이고 보편적인 내용을 담고 있지만 이 모두를 적용해 어휘 의미 기술을 시도한 연구는 보이지 않는다. 모든 명사에 이 모든 특질을 적용하기보다는 실체 유형에 따라 이것들의 부분집합이 자연스럽게 조합된 프레임을 상정하는 것이 마땅하리라는 것이 필자의 제안이다.

인스턴스들이 그러한 속성들을 부분관계로 가지기 때문에 공통된 속성들이 그 실체 유형의 프레임으로 인식되게 되어 그런 인지 패턴이 하나의 추상적 실체로 개념화됨으로써 그 실체 유형의 의미가 되었다고 보는 것이다. 하나의 고유명칭이 실체 유형과 연결되는 것은 화용론적 전제이지만, 그 실체 유형은 그 고유명칭과 같은 수많은 인스턴스를 가지고 있고 그 인스턴스들의 시차성(속성값)의 상위에 있는 공통 속성들을 그 실체 유형의 원형적 속성들, 즉 프레임으로 가진다는 것이다. 그러면 그 공통 속성들을 물려받은 인스턴스들은 그에 대한 구체적인 속성값들을 자신에 대한 구체적 정보(지식)로 가지게 되는 것이다. 실체 유형은 종으로서 고유명칭이 되기도 하지만, 그 인스턴스들이 공유한 공통 속성들을 개념적 의미로 가지는 술어(집합)가 되기도 한다. 그래서 이렇게 술어로 이해되는 실체 유형의 명칭은 일반명칭으로 이해되고 그래서 일반적으로 보통명사가 되는 것이다. 고유명칭이 이렇게 그것을 아우르는 실체 유형을 화용론적으로 전제하면 그 실체 유형이 아우르고 있는 속성 프레임은 그로부터 자연히 상속되므로 역시 마찬가지로 그 고유명칭에 화용론적으로 전제되게 된다. 이렇게 포함된 정보들로부터 우리가 다양한 연역적 추론을 도출할 수 있게 됨도 물론이다.

그리고 이 책에서 고유명칭의 정의를 표상할 때 '특기 사항'으로 처리했던 것들은 그 실체 유형의 속성적 의미의 일부가 아닌 별도의 지식이어서, 그 실체 유형으로부터 상속되지 않은 그 고유명칭인 실체만의 고유한 정보가 된다고 본 것이다.

마지막으로, 왜 보통명사들 가운데 어떤 클래스는 수많은 고유명칭을 인스턴스로 가지는 데 반해, 어떤 클래스는 역시 인스턴스들이 있을 것인데 고유명칭을 가지지 못하는가에 대해 생각해 보기로 하자. 예를 들어, 왜 파리는 인스턴스로 고유명칭을 가지지 못하는가? 물론 파리의 하위종을 구별해서 볼 줄 안다면 집파리, 검정파리, 체체파리

등 더 나눌 수 있겠지만 그래도 여전히 클래스 단위가 되며 파리의 인스턴스들이 이름을 가지는 일은 없다. 동물은 애완동물이나 복제된 동물에게 이름을 부여하곤 하지만 파리는 애완용 파리나 복제 파리가 있다고 해도 특별히 그 한 마리를 다른 파리들과 구별해 이름을 부여할 만큼 그 존재 자체에 가치를 부여하지 않는다. 그것이 왜 그럴까를 묻는 것은 우문일 것이다. 이 책의 서두에서도 살펴보았듯이 그런 곤충은 그 한 마리에 대해 우리가 단칭적 사고를 할 수 없기 때문이다. 즉 그런 존재들은 아무리 많은 인스턴스가 있다고 해도 언어를 사용하는 우리 인간들의 눈에 한 마리 한 마리가 개체적으로 구별된 인식의 대상이 되지 못하는 것이다.

이러한 물음이 우문이지만 우리는 이로부터 그러한 클래스에 해당하는 일반명사의 의미는 어떻게 형성되었을까에 대해 생각해 볼 수 있다. 그럴 때도 역시 그 클래스에 속하는 한 마리 한 마리 개체의 속성과 속성값이 클래스의 원형적 속성으로 투사될 것이다. 그러나 그 속성이나 속성값이 인간의 눈에 그다지 다양하게 인식되지 못하고 균질적일 것이다. 물론 크기에서 조금씩 차이가 있을 수 있겠고 가끔 다른 것들과 달라 보이는 것도 있겠으나 그것을 유일하게 인식할 만큼 그것과 시간을 보내거나 자주 접할 수 없을 것이기에 그런 구별적 특질이 인식될 여지가 없을 것이다. 따라서 그것들 사이의 평균적 속성이 인간에게는 그것을 규정하는 원형적 속성으로 기억될 뿐일 것이다. 파리의 사전적 정의는 다음과 같다.

(399) 파리

「명사」「1」『동물』 파리목 털파리하목의 곤충을 통틀어 이르는 말. 몸의 길이는 1cm 정도이며 검은색 또는 청록색이고 강모가 많이 나 있다. 잘 발달된 한 쌍의 날개가 있고 더듬이는 세 마디이고 짧으며, 아래로 뾰족하게 나온 주둥이는 쏘거나 핥기에 알맞다. 완전 변태를 하며, 여름에 많이 발생하는데 장티푸스·콜레라·소아마비 따위의 병원균을 옮긴다. 전 세계에 많은 종류가 분포하는데 광대파릿과, 초파릿과, 벼룩파릿과, 집파릿과 따위가 있다.

「2」『동물』 집파릿과의 곤충. 몸은 검은 갈색, 다리·더듬이는 검은색이며, 가슴·등에는 누런빛을 띤 회색 또는 회색의 가루로 덮인 다섯 개의 세로띠가 있다. 대개 여름에 번식하여 집 안에 모여드는데 전염병을 옮긴다. 전 세계에 분포한다. =집파리.

「1」은 털파리하목의 곤충을 통틀어 이르는 말이므로 「2」보다 상위 종의 정의인데도 그 종에 속하는 개체 인스턴스들의 속성과 속성값을 아우르고 있다. 「2」는 더더욱 인스턴스들이 균질적일 것이지만 「1」에 제시된 속성과 속성값들을 그대로 상속할 것이며, 마찬가지로 개체 인스턴스들의 속성과 속성값이 투사되어 개념화되어 있다. 실제로 종은 추상적이며 구체적으로 구현된 물리적 존재를 갖지 못한다. 그러나 그것의 의미는 우리가 관찰할 수 있는 개체들의 속성이 개념화된 것이다. 그리고 그 개체들은 고유명칭으로 실현되는 인스턴스가 있는 클래스들과는 달리 공통된 속성 이외에 개별적으로 가진 속성이나 속성값이 따로 없는 것이다.

충분히 설득력 있게 제시되었는지 모르겠으나, 이상의 논의를 통해서 지시적 의미와 개념적 의미의 연결에 대해서라고 해도 좋겠고 개념적 의미의 성격과 제한 가능성에 대해서라고 해도 좋을 것에 상당한 시사점을 얻었다고 판단한다. 고유명칭들에 관한 존재론적 연구가 일반명칭인 보통명사의 개념적 의미의 본질 규명으로 이어진 것이다. 이러한 이론적 이해 속에서 구체적인 실체 유형들의 개별적 온톨로지를 더욱 정교하게 기술하고 설명하는 후속적인 연구가 많이 이어질 수 있기를 기대한다.

제3부

이름의 사용 양상

제11장

호칭과 지칭으로 쓰이는 이름

이름의 또 다른 용도는 대상 확인의 기능으로부터 파생된 것으로, 호칭과 지칭의 기능이 있다. 호칭은 화자가 그 대상이 유정물일 때 그를 이인칭으로 삼아 부르는 일이고, 고유어로는 부름이라고 할 수 있겠다. 부르는 일도 호칭이지만 호칭이라는 말은 부르는 말을 가리키기도 한다. 아니면 부르는 말은 호칭어라고 따로 구별해 말하기도 한다. 지칭은 사실 지시와 마찬가지로 대상을 가리켜 말하는 것이어서[1] 호칭까지도 아우를 수 있지만, 호칭을 떼어내고 좁은 의미로 사용하는 경우도 많다. 지칭은 고유어로 이름이라고 할 수 있겠다. 여기서 다루는 이름의 연원도 이러한 행위로서의 이름이다. 지칭도 이르는 일이나 이르는 말에 다 쓰이는 말이며, 그런 말만 따로 지칭어나 이름말이라고 쓸 수 있을 것이나 그렇게 쓰는 예를 접하기는 어렵다. 이름만이 호칭어나 지칭어가 되는 것은 아니지만 이름의 용도 가운데는 호칭이나 지칭으로 쓰이는 것이 주된 부분을 이룬다. 그럴 때에도 이름의 기능은 여전히 지시대상을 확인해 주는 것이지만 호칭이나 지칭에서는 상대의 주의 환기를 위해서나 지시대상에 대한 예우를 함께 표현할 수 있는 형

---

1 영어로 옮기자면 둘 다 'referring'이나 'reference'다.

식으로 실현되는 것이 일반적이다.

이름이 호칭으로 사용되는 경우 다음과 같은 다양한 형식을 가진다.

(1) 길동아! 홍길동! 홍 군! 홍길동 군! 홍씨! 홍가야! 길동 씨! 홍길동 씨! 홍길동 님! 홍 선생님! 길동 선생님! 홍길동 선생님!

이러한 형식의 차이는 상대(청자) 높임법과 밀접한 관계가 있으며 사회언어학의 주된 연구 주제가 된다.

지칭도 마찬가지로, (1)에서 호격조사 '아, 야'가 첨가된 경우를 제외하면 모두 다 지칭어로 사용될 수 있고 이러한 구별들도 역시 높임법과 관련이 있는데, 이때는 객체 높임법과 관련된다고 해야 하겠다.

높임법의 사회언어학은 이름 자체의 고유한 기능이라기보다는 화자와 지시대상 사이의 사회적 관계가 반영된 별도의 문법범주로서 이름과 연계되어 사용되는 관련 범주라고 할 수 있으므로 별도의 연구 주제가 되며 여기에서 더 깊이 논의하지는 않을 것이다.

제12장

이름이라는 기호에 덧붙는 의미들

이름 자체는 의미를 가지지 않지만, 이름은 지시대상을 가진다. 그런데 지시대상은 한국인 화자들의 공유지식 속에서 특정 실체 유형에 속하는 인스턴스가 된다. 또한 그 실체 유형이 가지는 기본적인 속성들이 그 이름이 가리키는 지시대상에 모두 상속될 것임을 누구나 알고 있다. 따라서 그 사실이 한국인 화자들 사이에 화용론적 전제로 작용하며, 그로 인해 이름은 다양한 함축 의미를 가질 수 있다. 그렇게 그 지시대상이 모든 화자가 알 만큼 유명한 속성값이나 특기 사항을 가진다면 그러한 화용론적 전제는 고정함축으로 그 이름(언어기호)에 결부되어 분리할 수 없는 어휘 의미의 일부가 되기도 한다. 또 그러다가 그 이름이 가리키는 실체보다 그런 부차적 의미가 더 부각되어 언중이 그 이름을 다른 실체에까지 적용하기에 이르면 그 이름은 일반명칭으로 쓰이게 되고(보통명사화) 그런 일이 반복되면 아예 보통명사가 된다. 그렇게 당초 화용론적 함축이었던 의미가 개념 의미로 자리 잡히기도 하는 것이다. 앞서 언급한 '멘토'가 그런 사례였다.

또한 제2장에서 리치(Leech 1981)의 일곱 가지 의미 유형을 언급하면서, 이름은 개념 의미를 가지지 않으므로 지시대상에 대해 일반적으로 알려져 있는 속성이 부각된다면 그것은 내포적 의미라고 할 수 있음을 지적했었다. 여기서는 리치의 일곱 가지 의미에 입각해 이름의 의미에 대해 조금 더 생각해 보기로 하겠다. 리치(Leech 1981)는 의미의 유형을 개념적 의미, 연상적 의미, 주제적 의미로 크게 나누고 연상적 의미를 다시 내포적 의미, 사회적 의미, 감정적 의미, 반사적 의미, 배열적 의미의 다섯 가지 의미로 나누어 도합 일곱 가지의 의미를 말했는데, 앞서 논의해 온 방식으로 이 일곱 가지 의미를 재조명해 보고자 하는 것이다.

개념적 의미라는 것은 그 실체 유형에 속하는 모든 개체들의 공통적 속성, 즉 그 실체 유형에 속하는 개체가 되기 위한 필요충분조건이라고 하겠는데, 전통적으로 종차와 유개념으로 정의될 수 있는 내용이 주로 그것이라고 이해할 수 있다. 그러나 종차의 유형도 다양할 수 있으므로 우리는 실체 유형마다가 요구하는 원형적 속성 프레임을 떠올릴 필요가 있음을 지적했다. 그러나 어떻든 이름은 기본적으로 직접 이러한 의미를 가지지 않는다.

내포적 의미는 개념적 의미가 아니라 언어기호가 가리키는 지시대상 자체의 속성에서 연상되는 의미다. 보통명사의 경우, '부인'은 '결혼한 성숙한 여성'이라는 개념적 의미를 가지지만 그 외에 '사교적이다, 수다스럽다' 등과 같은 비본질적 의미가 따라올 때 그러한 의미는 지시대상의 일반적 경향성에 기인한다고 하는 것이다. 그러므로 이름은 그 지시대상이 되는 유일한 존재가 가진 속성들이 내포적 의미로 따라온다고 보면 될 것이다. 우리가 아는 유명한 존재들의 특성이 그 이름의 내포적 의미라고 보면 되겠다. 그러면 '세계 정상급 피겨스케이팅 선수'라는 의미는 '김연아'의 개념적 의미가 아니라 내포적 의미가 된다.

한편, 언어를 사용하는 사회적 집단에 따라 같은 대상을 다르게 부르거나 이르는 경우에 그 서로 다른 언어기호들은 서로 사회적 의미가 다르다고 본다. 지역 방언, 즉 사투리가 대표적이다. 같은 이름이라도 지역에 따라 발음이 달라지는 경우가 있는데 그런 경우도 엄밀하게 보자면 사회적 의미가 변이를 보이는 것으로 볼 수 있을 것이다. 하지만 그런 이 경우에는 표기로는 동일하고 공식적인 상황에서는 표기대로 발음되기도 하여 사회적 의미가 달라지는 전형적인 경우로 보기는 어려울 것이다. 지역과 관련해서는 방언이 아니라 아예 언어가 다른 집단 사이에서 같은 대상을 다르게 부르는 것은 방언적 차이는 아니지만 명백히 사회적 의미가 다른 사례가 될 것이다. 예로는, '독도-다케시마-리앙쿠르 록스'나 '백두산-창바이산' 같은 경우를 들 수 있다. 다른 한편으로, 사회적 변인의 차이에 따라 재편된 크고 작은 사회 집단에서 같은 대상이 다르게 불리거나 일러지는 경우를 생각해 볼 수 있는데, 대체로 가명류를 들 수 있다. 〈위키백과〉에서는 〈가명〉이라는 표제어에서 다음과 같은 가명의 종류를 제시하고 있다.

(2) 변성명, 필명, 아이디, 예명, 해외 이름, 이슬람식 이름, 득성, 세례명, 출가명, 별명(별칭), 애칭, 자, 호, 사성, 시호, 위조명, 호출명, 공작명

가명은 본명 대신 특별한 목적으로 사용된 이름을 말하는데 우리는 이름의 일종으로 수용해 왔다. 그런데 이 가명은 목적이 다르다 보니 본명보다는 제한된 특수 집단 속에서 사용되는 것이 일반적이다. 가족이나 친구 등 가까운 사람들 사이에서만 쓰인다고 하는 것도 사회적 변인이 될 수 있으며, 종교 단체 내에서, 외국에서, 특정 상황에서, 다른 매체 속에서 사용된다는 것도 모두 사회적 변인에 따라 사용 집단이 다른 것이다. 그럴 때 우리는 이러한 사회적 변인에 따른 집단의 차이가 그 이름 속에 사회적 의미라는 연상적 의미로 결부되어 있다고 볼 수 있는 것이다. 특히 국가나 지역 사이에서 같은 지명을 다르게 부르는 경우는 그보다 큰 집단, 즉 국제사회나 국가 내에서 그 지역에 대한 소유나 지배권와 관련되는 정치적 문제로 비화되는 경우가 많다.

감정적 의미는 언어기호가 애초에 개념적 의미보다는 감정만을 표

현하는 감탄사류나 개념적 의미를 가지더라도 거기에 긍·부정의 감정을 덧붙이는 경우(욕설, 낮잡거나 높이는 말), 개념적 의미 자체가 긍·부정적 가치 판단을 담고 있는 경우 등 종류가 다양하다. 이름과 관련해 감정적 의미가 드러난다면, 당연히 이름의 주인이 특별히 사회적으로 긍정적 혹은 부정적으로 평가되는 인물이나 존재일 때 감정적 의미가 덧붙어 있는 것으로 볼 수 있을 것이다. '명성, 방명, 홍명'으로 알려진 이름은 긍정적 감정을, '악명'으로 알려진 이름은 부정적 감정을 연상적 의미로 가질 것은 당연하다.[1]

반사적 의미는 언어기호가 복합적인 표현일 때 그 표현의 일부 때문에, 또는 동음이의어나 다의어여서 실제 사용된 의미와 다른 의미가 연상되는 경우를 가리킨다. 이름의 경우에도, 실제로 가리켜지는 이름의 주인과 함께 이름이나 성과 이름이 모두 같은 다른 사람을 떠올리게 만드는 경우가 매우 잦다. 그 대상이 긍·부정적 가치까지 함께 가진다면 감정적 의미와도 연결될 것이다. 국어학 논문이나 수업의 예문에서 '철수'와 '영희'라는 이름이 자주 등장하는데 최근에는 '철수'라는 이름을 예로 드는 것이 주저된다는 교수나 학자 들이 많아졌다. 특정 정치인이 떠오르기 때문이란다.[2] 주어진 맥락에 충실하면 반사적 의미가 잘 떠오르지 않을 것이지만, 유사한 맥락이 간섭을 일으키거나, 청자가 동명이인에 대해 강한 인상을 가지고 있다면 우리는 다른 사람의 이름을 들을 때 쉽게 반사적 의미를 경험할 수 있다.

배열적 의미는 둘 이상의 단어가 서로 우연히 만날 확률보다, 통계적으로 유의미할 만큼 자주 어울리는 경우, 그렇게 옆에 자주 어울리는 단어 혹은 단어 부류에 의해 제한받는 의미를 가리킨다. '새빨간'이라는 단어는 '거짓말'과 어울리면 더 이상 색채의 일종을 의미하지 않

---

1 〈나무위키〉에는 "별난 이름/사례"라는 표제어 아래 다양한 부정적·긍정적 이름의 사례가 제시되어 있다.

2 이러한 의미의 예도 위의 〈나무위키〉 표제어에서 다양하게 발견할 수 있다.

고 '터무니없는' 혹은 '심한' 정도의 의미로 제한된 의미를 가진다. 이름의 경우에는, 성(姓) 뒤에 이름이 오고 이름 앞에 성이 온다는 정도가 그 부류들 사이에 배열적인 제한을 줄 수 있다고 보이나, 고유명칭은 관형어의 수식 없이 바로 지시대상을 가리키는 것이 특징이기 때문에, 개별적인 이름은 배열적 의미를 가지지 않는 것이 이름 범주의 특징이라고 볼 수 있을 것이다.

지금까지 연상적 의미에 속하는 다섯 가지 의미를 살펴보았고, 마지막으로 주제적 의미와 이름 사이의 관계를 생각해 볼 수 있겠는데, 이와 관련해서는 제4장의 통사론 부분을 참조할 수 있다. 이름 범주는 그 이름이 가리키는 대상을 공유지식으로 가진 대화자들 사이에서 사용될 수 있기 때문에, 그 존재를 대화에 도입하는 과정이 별도로 선행될 필요가 없이도 바로 이미 주어진 정보로 발화할 수 있다는 점에서 주어진 정보라는 주제적 의미와 긴밀하다고 말할 수 있겠다. 하지만 두 대화자 중 한 사람이 모르는 이름이라면 주어진 정보가 놓일 수 있는 문법적 구성상의 위치에 놓일 수 없을 것이므로, 이름이라면 모두 주어진 정보로서의 주제적 의미를 가진다고 말하기는 어렵다.[3] 주제적 의미는 주로 어순이나 문법소에 의해 드러나는 의미이므로, 이름은 주어진 정보가 놓일 수 있는 어순이나 문법소와 그런 정도로 어울릴 수 있고, 새로운 이름이 소개될 때는 그것을 초점으로 한 별도의 문법적 구성이 필요하다. 여기서는 이름이 이런 정도로 주제적 의미와 관련될 수 있음만 언급하기로 한다.

3 이름은 프린스(Prince 1981)의 '가정된 친숙성' 위계에서 '새로운 것' 중 '미사용'에 해당한다.

제13장

이름과 정체성 문제

이름은 대상을 가리킨다. 따라서 대상, 즉 존재나 지시물로도 표현되는 것이 곧 이름이 가리키는 것이라고 했고 그러한 지시가 곧 이름의 의미라고 했다. 그런데 이름의 문제가 복잡한 까닭은 그렇게 객관적인 존재와 그것에 대한 지시만으로 이름에 얽힌 모든 문제가 명확하게 이해되는 것은 아니라는 데 있다. 즉 우리가 이름을 의미론적으로나, 보다 넓게 언어학적으로 바라보는 것만으로 이 세상에서 이름과 관련하여 일어나는 일들이 모두 설명되는 것은 아니다. 그래서 앞 장에서는 의미의 범위를 좀 더 넓혀 연상적인 의미의 부분까지 포괄해 보았다.

이 장에서는 연상적 의미 가운데 이름이 존재의 정체성(identity)을 나타냄으로 해서 연상되는 의미에 대해 살펴보고자 한다. 정체성이 순수하게 객관적으로만 상정된다면 그것은 앞 장에서 살펴본 언중의 일반 지식과 다를 바가 없겠지만 정체성은 주관적인 이해관계나 인식과도 관련된 것이다. 정체성은 그 정체성을 가지는 존재가 스스로를 평가해 자신을 누구(무엇)라고 생각하는가 하는 면(내적 시각)과 다른 사람들이 그를 어떻게 생각하며 다른 존재들과 어떻게 구별하는가 하는 면(외적 시각; identification)이 결합된 인식적인 부분으로, 일종의 그 대상의 속성이라고 해도 좋겠다. 그러면 그런 의미는 리치의 기준으로는 내포적 의미가 될 것이다.

그러나 이름은 그 이름을 사용하는 화자들의 이해관계나 인식과도 관련된다. 왜냐하면 이름에는 세 주체가 관련되는데, 그들은 부여자(name-giver), 보유자(name-carrier), 사용자(name-user)이고(Aldrin 2016 참조), 이름의 사용자가 관여된다면 그것은 그러한 사회적 집단이라는 매개 변인에 따른 사회적 의미도 함께 가지게 된다. 이름의 보유자는 때로 스스로가 부여자인 경우도 있고, 대체로 스스로 사용자의 일원이 된다. 자신의 이름을 스스로 결정해 부여하는 경우는 다른 사람들에게 자신이 원하는 방향으로 자신을 각인시키고자 하는 주체성이 강한 사례가 될 것이다. 부여자가 보유자와 다른 경우, 그 부여자도 사용자를 겸하는 경우가 많다. 우리는 이름의 결정과 관련된 부분, 즉 부여자가 판단하는 이름 보유자의 정체성 판단은 그 이름의 내포적 의미로 이해하며, 보유자를 포함한 모든 사용자들의 적극적 사용(다르게 부를 수도 있지만 그렇게 부르는 것)에는 사회적 의미가 관여되는 것으로 이해한다. 보유자가 긍·부정적 평판의 대상이 되어 이름이 감정적 의미까지 가지게 되는 경우가 있을 수 있으나, 그런 경우는 이름 전체로 볼 때는 드문 사례일 것이다.

개인의 정체성에 대해 그것이 그 존재의 본질이라고 보아 정체성은 주어진 것이고 변하지 않는 속성이라고 보는 관점도 있지만, 다른 시각에서 정체성은 사회적 구성체로서 사회적으로 창조되고 맥락 속에서 유동적인 것이라고 보기도 한다. 그럴 때는 우리가 행하는 것이나 지속되는 과정이 곧 우리의 정체성이 된다. 어느 쪽이든 정체성은 그 존재에 대한 자신이나 타인의 평가와 관련된 것으로 보아, 우리는 정체성의 유무가 그 대상의 존재 여부와 직결된 것으로는 보지 않을 것이다.

어떤 존재의 정체성은 한 가지 차원 내지 맥락에서만 결정되지 않고 다양한 차원이나 맥락이 중첩되어 있기 마련이다. 스스로도 그렇고 다른 사람도, 그 존재의 개인적인 특성(외모, 성품, 능력, 경험 등)에 초점을 맞추어 정체성을 부여하기도 하며, 사회적인 특성(사회적 관계, 소속 사회집단, 종사하는 일 등)에 초점을 맞출 수도 있다. 사회적인 특성 가운데 소속 사회집단도 그 크기와 성격에 따라 작고 사적인 집단으로부터 크고 공적인 집단에 이르기까지 다양하다. 따라서 이름을 통해 그 존재의 정체성을 표현하고자 할 때도, 그 부여자는 그 대상의 개인적 특성에 초점을 맞출 수도 있고 아니면 그의 사회적 특성에 초점을 맞출 수도 있다.

우선 성씨는 기본적으로 가족의 계통이라는 사회적 정체성을 반영하고 있다. 그리고 부계 혈통을 중시하는 우리 사회의 가치관이 반영되어 있다. 우리나라는 그렇지 않지만 일본, 중국에서는 여성은 결혼을 하면 남편 성을 따르는 법을 가지고 있고 서양의 경우도 관습적으로 그러한데, 그런 제도에 의해 개인에게 부여된 성씨는 남성 중심의 가치관을 반영하고 있는 것이다.[1]

일제강점기 중 1940년 2월 11일부터 1945년 8월 15일 광복 직전까지 일본 제국은 조선인에게 일본식 성씨를 정해 쓰도록 강요했고, 1946년 미군정과 소련군정의 '조선 성명 복구' 조치에 의해 본래의 성명으로 회복되었다. 이러한 창씨개명은 조선 총독 미나미 지로(南次郎)가, 부계 혈통에 기초한 조선 종족집단과 여자가 결혼을 해도 남편의 성을 따르지 않고 본래의 성을 유지하는 조선의 가족 제도가 황민화에 장애가 된다고 보았기 때문에, 모든 가족이 호주의 씨를 쓰는 일본식 이에(家) 제도를 따르게 함으로써 일본 천황을 정점으로 한 국가체계에

1 1997년 3월 세계여성의 날을 기념하는 제13회 한국여성대회에서는 부모 성 함께 쓰기를 선언함으로써 부모 양성 쓰기 운동이 시작되었고, 실제로 양성을 함께 쓰고 있는 사람들이 있다. 이러한 운동은 남성 중심의 호주제 폐지(부성 강제 조항 반대)를 통해 성 평등을 지향하자는 취지를 가지고 있다. 즉 성씨를 통해 표현되는 정체성의 성격을 조정하고자 하는 바람을 가진 것이며, 남성 중심의 가치관에 대한 반발이라고 볼 수 있다.

적합하도록 조선의 가족제도를 개조한다는 목적 아래 강요된 내선일체 동화정책의 일환이었다. 결국 조선인에게 일본식 정체성을 심어 주기 위해 성과 이름에 그것이 드러나도록 하려는 강압적 노력이었던 것이다.[2]

이름도 성별을 의식해 짓는 것이라든지, 가계의 대수를 나타내는 항렬자가 있어서 집안 구성원들 사이의 유대를 중시한다든지, 형제간임을 표시하기 위해 돌림자를 사용하는 것에도 사회적 정체성이 표시되어 있다. 딸의 이름 속에 아들을 낳지 못한 아쉬움을 표현한다든지, 아들에게 더 귀한 이름을 부여하는 것도 남아선호의 가치관에 근거해 그 딸과 아들이 차지하는 집안 내에서의 정체성을 표시하고 있는 것이다. 그밖에 법명, 세례명 등 이름에 종교적 정체성을 부여한 경우도 있다.

개인적 특성을 반영한 이름의 정체성은 그 자체가 그 대상의 정체성이라기보다는 부여자의 희망이 투여된 것이다. 이름 보유자는 자신에게 부여된 이름에 자부심을 가질 수도 있고 반대로 불편함을 느낄 수도 있다. 자부심을 느끼는 경우에는 그 이름에 녹아 있는 가치관을 수용하고 지키기 위해 노력할 것이며 불편함을 느끼는 경우에는 개명으로 이어질 수도 있다.

어떤 이름을 분석할 때는 진정성이나 권위가 관련되기도 한다. 자신의 존재를 감추기 위해 스스로에게 가명을 부여해 사용하는 경우는 진정성이 부족한 경우이며, 이름을 부여하는 주체의 위상과 부여된 정체성의 종류에 따라서는 그 이름에 큰 권위가 주어지거나 미천함의 가치가 부여될 수도 있다.

인명이 아닌 경우로, 단체 또는 단체와 겹쳐지는 시설물의 이름도 정체성을 중시한다. 특히 학교명은 지명을 선호하는데, 지명을 학교

---

2 〈한국근현대사사전〉, "창씨개명", https://terms.naver.com/entry.naver?cid=62048&docId=919884&categoryId=62048.

이름으로 사용하면 그 지명을 아는 사람들이 그 학교의 위치를 짐작할 수 있게 되고 그 지명의 인지도를 물려받는 효과도 생기기 때문이다. 학교 설립 주체와도 관련이 되는데, 국공립학교는 지명을 학교 이름으로 사용하는 것을 선호한다. 사립학교는 종교적 상징이나 재단 이름(설립자나 위인의 호 같은 것)을 흔히 사용하지만 사립학교도 지명이 국공립에 의해 선점되지 않았다면 지명을 선호한다(한양대학교, 한성대학교, 경기대학교, 경남대학교 등). 여기서는 단체나 시설물의 경우 그 정체성이 공간, 정신(신앙, 이념), 인물로부터 올 수 있고, 그런 이름이 선호됨을 확인하는 정도로 논의를 그치고자 한다.

제14장

이름 변경

어떤 대상이든 이름이 바뀌는 일이 있을 수 있다. 그런데 대상과 이름 사이의 관계를 필연적으로 본다면 이름의 변경은 그 대상의 존재를 본질적으로 흔드는 일처럼 생각될 수도 있을 것이기에 이름이 달라졌을 때 과연 그 대상이 동일한 대상인가에 대한 의문이 남을 수 있다. 얼핏 보면 이에 대한 대답이 간단해 보이지만 여기에도 여러 가지 논점이 있을 수 있다.

가장 간단한 대답은 그 대상의 물리적 존재가 바뀌지 않았다면 이름이 바뀌었다고 해도 대상 자체가 달라지는 것은 아니라고 말하는 것이다. 실제로 인명의 경우에는 이런 대답이 거의 들어맞는다고 볼 수 있다. 예를 들어 어떤 사람이 A라는 이름으로 수십 년을 살다가 외딴 곳에서 사고를 당해 기억상실증에 걸렸고 그래서 그를 기억해 주는 주변 사람도 없는 상태에서 B라는 이름을 새로 부여받아 남은 일생을 그 이름으로 살게 되었다고 하자. 이때 A와 B는 같은 사람이라고 할 수 있을까? 간단한 대답은 물리적 존재를 기준으로 삼는 것이라고 말할 수 있겠지만 A로서의 삶에서 그가 가졌던 정체성과 B로서의 삶에서의 그것이 전혀 같지 않은 채 삶이 끝났다면 그 동일성에 대한 반론이 만만치 않을 것이라고 생각된다. 그래도 사람과 같이 개체성이 명확한 경우는 그런 명확함 때문에 물리적 존재의 동일성을 가지고 버텨 볼 수 있다. 정체성의 문제에 있어서도 B로서의 삶이 진행되는 중에는 언제든 그의 기억이 돌아올 수 있는 가능성이 있고 또 기억을 잃었다지만 인간으로 생활할 수 있는 기본적인 지식조차 전부 잃은 것인지, 또 삶의 전 구간의 기억을 모두 잃은 것인지를 따져서 어느 정도의 연계성을 주장할 수도 있을 것이기 때문에, 물리적 동일성이라는 기준은 견지될 가능성이 높다고 판단된다. 그럼에도 그가 기억을 거의 전부 잃었거나 심지어 중증 치매에 걸린 것이라면 반론이 고개를 들 여지가 전혀 없는 것은 아니다.

그러나 논의의 대상이 지명과 같이 개체성이 명확하지 않은 것으로 이어지면 논의는 복잡해진다. 우선 러시아의 상트페테르부르크라는 도시로 논의를 시작해 보자. 상트페테르부르크는 1703년에 러시아 제국의 차르 표트르 대제가 건설한 계획도시다. 표트르 대제 이전에는 스웨덴인들이 점유하고 있던 늪지대 지역으로 니엔(Nyen)이라고 부르던 조그만 마을에 지나지 않았다. 표트르 대제 집권 후 러시아는 스웨덴과의 대북방 전쟁을 통해 이 지방을 얻어냈고 그 뒤 러시아 전역에서 사람들을 모아 와 늪지대를 메우고 신도시를 건설하게 된 것이다. 이어 그는 1713년부터는 이곳으로 천도했고 그래서 상트페테르부르크는 1918년까지 200년 이상 러시아 제국의 수도였다. 그러다가 1914년 1차 세계대전이 발발해 러시아-독일 사이에 치열한 전투가 벌어지던 중 러시아에서는 반독 감정이 극에 이르렀고, 이때 독일식 수도 이름('-burg')을 러시아식으로 바꾸자는 여론이 일어 상트페테르부르크는 페트로그라드로 바뀌게 된다. 1917년 러시아 혁명이 일어난 뒤 수도는 다시 모스크바로 바뀌고(1918), 1924년 소련은 국부 레닌이 사망하자 페트로그라드를 '레닌의 도시'라는 뜻의 레닌그라드로 개칭한다. 그 이후 소련 제2의 도시로 기능한 레닌그라드는 1945년 2차 세계대전 종전까지 수만 동에 달하는 유서 깊은 건물들이 잿더미가 되고 전쟁 전 300만 가깝던 인구가 60만으로 줄어들 정도의 피해를 입었다. 레닌그라드는 종전 직후 영웅 도시로 지정된 최초 4개 도시 중 하나가 되었으며 전쟁 복구를 서둘러 피난 갔던 주민들이 돌아오고 이후 소련 인구가 크게 늘고 도시로 인구가 유입되면서 소련 해체 직전에는 인구가 500만에 달하게 되었다. 그러다가 1991년 소련이 해체되고 러시아 연방이 수립되면서 원래의 상트페테르부르크라는 이름을 되찾았다.

여기에서 우리는 여러 가지 논의점들을 발견할 수 있다. 니엔-상트페테르부르크-페트로그라드-레닌그라드-상트페테르부르크로 이어지는 이 지방, 이 도시는 계속 동일한 대상이었다고 할 수 있을까? 공간적 크기의 변화에 대해 깊이 조사하지 않았지만 논의의 편의상 동일하다고 가정하기로 하자. 즉 물리적 존재는 동일하다고 가정해도 이 도시들은 같은 대상일까? 물리적 동일성만으로 충분한 걸까? 이러한 물음에 대해 전적으로 긍정적인 답을 내놓기는 어렵다. 우선 니엔과 상트페테르부르크가 동일하다고 말하는 것은 불가능에 가깝다고 판단된다. 국가 단위의 행정 구역으로도 니엔은 스웨덴에 가깝고 상트페테르부르크 이후는 러시아 제국-소련-러시아 연방으로 이어지는데, 나중의 국가 단위 변화도 문제가 될 수 있지만 스웨덴과 러시아 제국은 완전히 다른 나라이기 때문이다. 또한 도시는 '일정한 지역의 정치·경제·문화의 중심이 되는, 사람이 많이 사는 지역'으로 정의되는데 니엔은 사람이 많이 살지 않는 늪지대의 조그만 마을에 지나지 않았다. 지역적 넓이는 동일할지 몰라도 그 속을 채우는 건물들과 도시 인프라도 전혀 다르다. 정체성, 주민, 공간 중 공간만, 그중에서도 외연적 넓이만 동일한 지역이 계속 같은 존재라고 주장할 수 없다고 판단하게 되는 것이다. 따라서 상트페테르부르크는 1703년부터 10년 정도에 걸쳐 새로 탄생했고 최대한 긍정적으로 볼 때 지금까지 이어져 오고 있다고 말할 수 있는 것이다. 그 이후에도 1차와 2차 세계대전을 거치면서 주민과 공간의 내적 구성에 큰 변화를 겪었고 국가의 정체성에서도 공산주의 소련 시대를 거쳐 러시아 연방으로 이어진, 페트로그라드와 레닌그라드 시대를 통과한 상트페테르부르크가 그 이전의 상트페테르부르크와 동일한지에 대해 의문을 제기하는 것이 가능하다. 하지만 이 경우는 동일한 이름이 이미 그사이의 연계성을 담보해 주고 있고 주민과 공간, 그리고 정치 체제에서 많은 변화가 있었다 해도 그사이에 완전한 단절이 있다고 보기는 어려울 것이다.

이상에서 물리적 존재와 정체성 문제를 구분해 논의해 왔는데, 물리적 존재는 변함이 없다고 해도 정체성의 문제가 존재의 동일성에도 문제를 제기할 여지가 있음을 보였다고 생각된다. 그러나 정체성의 문제는 역시 의미론의 문제는 아니라고 판단된다. 이름의 의미론적 의미는 지시 자체이기 때문에, 지시에 문제가 없다면 정체성과 관련된 사실관계에 상치되는 부분이 있어도 그러한 지시를 포함하는 문장의 진위 문제를 뒤집을 수는 없을 것이기 때문이다.

예를 들어, 1900년에 니엔에서 태어난 사람이 "나는 1900년에 상트페테르부르크에서 태어났다."고 말하면 거짓이 될까에 대해 생각해 보자. 1900년에는 이 세상에 상트페테르부르크라는 도시가 없었고, 니엔은 상트페테르부르크로 이어질 공간적 동일성을 가지고 있다. 그러기에 그 말의 청자는 상트페테르부르크가 결국 니엔을 가리킨다는 것을 쉽게 이해할 수 있고 오해의 여지가 없다. 따라서 무엇을 가리키는가를 넘어 그 표현이 그것을 가리킬 수 있는가를 논하는 문제는 화용론의 영역이 되어야 하고 의미론은 지시대상이 결정된 이후의 문제만을 다루는 것이 적절하다. 일테면 위의 화자가 "나는 1900년에 니엔에서 태어났다. 즉 나는 상트페테르부르크에서 태어난 것이다."라고 말한다면 이 말은 모순이라고 여겨지지 않지만, "나는 1900년에 니엔에서 태어났다. 즉 나는 모스크바에서 태어난 것이다."라고 말한다면 이 말은 분명히 모순이 될 것이니까 말이다.

서울에 대해서도 생각해 볼 거리가 많다. 삼국 시대에 백제의 수도

였던 위례성으로부터, 한성-한산(군)-남평양-북한산(주)-한산(주)-한주-한양(군)-한성(부)-양주-남경-한양(부)-한성(부)-경성(부)으로 이어지는 서울 지역의 명칭 변화와 아울러 지배 국가, 공간 구획, 인구 구성들을 통한 서울 지역의 정체성의 변모 과정에도 흥미로운 논의점들이 있을 것이며 외국의 사례보다 명확한 직관을 얻을 수 있을 것이다.

이름의 변경은 존재의 동일성까지는 아니라도 정체성의 변화와 밀접한 관계가 있음은 이상의 논의를 통해 짐작할 수 있었다. 올드린(Aldrin 2016)은 이름의 변경이 주로 정체성 변화의 시도와 관련되는 기존 연구들에 대해 정리해 주고 있다. 이름 변경은 오래되고 원하지 않는 정체성을 벗어나려는 책략이 될 수도 있고, 새로운 정치적·종교적·성적 정체성을 선언하려는 바람의 반영일 수도 있고, 생존을 위해 존재를 드러나지 않게 할 필요가 있는 정치적 난민이나 비슷한 형편의 사람들에게는 정체성을 바꾸지 않으면서도 사회에서의 기회를 개선하기 위한 방편이 될 수 있다는 것이다. 이름 변경의 과정을 정체성 변화의 표명이 아니라 정체성의 신축성의 표명이라고 기술하는 연구도 있다고 한다. 구체적으로, 이름 부분을 바꾸는 경우는 개인적 정체성과 많이 관련되고, 성(姓)을 바꾸는 것은, 우리나라의 경우는 아니지만, 여성이 결혼과 함께 남편과의 관계를 정체성에 반영하려 하는 경우나, 자녀를 가진 여성이 재혼하면서 새아버지의 성을 따르게 하여 자녀의 복리(외부의 부정적 시선 차단, 새 가족 속에서의 안정적 정체성 정립)를 개선하고자 하는 경우 등 다양한 사례가 관찰될 수 있을 것이다. 해외 입양, 이민, 국제 활동 등의 과정에서 이름의 유지나 변경이 이름 보유자의 삶에 어떤 영향을 주는지에 대한 연구도 흥미로운 주제가 될 수 있을 것이다.

개명과 관련해서는 그 신청 방법이나 흥미로운 사례들이 언론기사와 인터넷 블로그에서 수없이 확인된다. 과거에는 법원이 매우 엄격한 개명 기준을 적용했기 때문에 신청 건수도 적었고 허가율도 낮았다고 하나, 개명에 대한 사회적 인식이 바뀌면서 심사기준도 완화되고 신청

건수도 많아지고 허가율도 높아졌다. 대법원은 2005년 11월 개인의 성명권을 헌법상 행복추구권과 인격권의 한 부분으로 인정하는 판례를 내놓으면서, "개명을 인정할 상당한 이유가 있고, 범죄를 기도·은폐하거나 법령상 제한을 회피하려는 불순한 의도나 목적이 개입돼 있는 등 개명신청권의 남용이 아니라면 원칙적으로 개명을 허가해야 한다."고 밝혔다. 개명이 법원에서 거부되는 경우에 대해서는 다양한 판례가 참조될 수 있고, 개명 허가율이 높은 사유로는 이름으로 인해 이름 보유자가 심리적 위축을 경험하는 경우(고유어 이름, 성명학적으로 부정적인 이름, 발음 등의 이유로 놀림받는 이름, 범죄자와 같은 이름, 유명 연예인과 같은 이름), 호적과 실제 사용되는 이름이 불일치하는 경우(이중 이름, 출생신고 오류), 발음이 어려운 경우, 성별 구분이 모호한 경우, 동명이인이 많은 경우 등이 있다.

개명은 인명과 관련해서만 문제가 되는 것이 아니다. 지자체 등 집단의 이름이나 그 집단에 속한 시설물의 이름도 그 집단 구성원들의 의사가 확인되면 개명될 수 있다. 그 과정은 물론 리더십에 의해 위에서 아래로 이루어지는 경우도 있고 구성원들 속에서 불거진 의사가 아래에서 위로 분출되어 확인되는 경우도 있지만 말이다. 위에서 살펴본, 러시아의 상트페테르부르크가 페트로그라드로 되는 과정은 구성원들의 여론이 그렇게 분출되었기 때문인 것으로 보인다. 반면 페트로그라드가 레닌그라드가 되는 과정은 정권 차원에서 혁명 지도자를 기념하려는 의도에서 결정한 것으로 볼 수 있겠다. 또 다른 예로, 우리나라에서는 성북구가 그 지역에 속한 도로인 인촌로를 고려대로로 바꾸었는데, 2017년 인촌 김성수가 대법원 판결에서 친일반민족행위자로 확정되었고 그 이듬해에는 서훈이 취소되기까지 하여, 주민들의 의견을 수렴한 결과 60% 이상이 도로명 변경을 찬성했기 때문이다. 이와 같이 집단과 관련된 이름은 그 집단의 정체성을 바로잡거나 개선하는 방향으로 변경될 수 있다.

제15장

지명 분쟁

앞 장에서는 이름이 대상의 지시만이 아니라 정체성과 관계가 있고 그렇기 때문에 이름의 변경이 정체성 정립이나 개선의 수단이 될 수 있음에 대해 살펴보았다. 그러한 논의의 연장선에서 이 장에서는 특히 지명과 관련해 특정 지역의 이름이 그 지역과 관련된 집단들 사이의 정체성 충돌 지점이 될 수 있음에 대해 논의하고자 한다.

공간은 집단과 밀접한 관계가 있다. 집단(단체나 기관을 아우름)이라고 해도 좋다. 집단이 성립하기 위해서는 집단의 정체성이 있어야 하고 구성원이 있어야 하고 공간이 있어야 한다. 이는 국가의 구성요소가 주권, 국민, 영토인 것과도 상통한다. 앞서 집단에 대해서는 단체라는 실체 유형으로 인간의 연장선에서 살펴보았고, 그 집단과 결부된 공간은 인문 공간이라 하여 공간의 구성 부분으로 살펴보았다. 그러나 실제로는 집단과 공간을 분리하는 것이 쉽지 않다. 학교는 집단의 일종이라고 할 수 있는 조직이지만 말 그대로 배움의 장소인 공간을 의미하기도 한다. 또한 자연 공간과 인문 공간을 구분했지만 실제로는 자연적인 것과 인공적인 것의 구분이 공간적으로 겹쳐지는 경우가 많고, 국가는 인문 공간이지만 그 구획 속에는 자연 공간과 인문 공간이 혼재한다. 그러니 자연 공간도 집단의 이해와 무관하지 않음을 알 수 있다.

지명 분쟁은 이와 같이 어떠한 공간도 집단의 정체성, 곧 그와 관련된 이해관계에서 자유로운 경우가 드물기 때문에 발생한다. 즉 특정 공간의 이름에 자기 집단의 정체성을 반영함으로써 그 공간이 그 집단에 속한 영역임을 분명히 하고, 그럼으로써 그 공간과 관련해 얻을 수 있는 이득도 그 집단이 차지하고자 하는 욕망이 어느 집단에게나 있기 때문에, 어떤 공간과 관련해서는 둘 이상의 집단의 이해가 충돌하게 되는 경우가 발생할 수 있는 것이다. 공간이 전적으로 한 집단과 관련된 경우에도 구성원들의 요구에 의해 그 공간의 이름과 관련해 그 집단의 정체성을 새로 정립하거나 개선하고자 하는 경우가 있을 수 있지만(상트페테르부르크의 사례 참조), 어떤 공간의 한 집단에 전적으로 귀속된다는 공감대가 관련 집단들, 혹은 국제사회에서 충분히 형성되어 있지 않다면 그 공간에 대해 권리를 행사하고자 하는 집단은 우선 그 공간의 이름 속에 자기 집단의 정체성을 반영하고자 하기 마련이다.

따라서 당연히 대부분의 경우는 집단과 집단(국가와 국가, 지자체와 지자체)의 공간적 경계에 해당하는 지역의 이름에 대해 그 두 집단이 서로 자신들의 정체성을 반영하고자 하기 때문에 발생한다. 이런 경우 대체로 각 집단 내부적으로는 이미 따로따로 그 공간에 자신들의 정체성을 반영한 이름을 사용하고 있거나, 내부 단속을 위해 그것을 정당화하는 홍보나 교육을 진행하고 있다. 그러다가 자기 집단보다 더 큰 범위에서도 자기 집단이 사용해 오고 자기 집단의 정체성을 드러내던 그 이름으로 확정되고 확산될 수 있기를 바란다. 그래서 외부적으로도 홍보를 강화하고, 자신들의 이름과 경합하는 이름을 정당화하려는 집단에 대해서는 그들의 권리 주장을 억제하고 자신들의 욕망을 관철하려 한다. 이러한 과정이 결국 지명 분쟁으로 이어지는 것이다.

몇 가지 사례를 살펴보자면, 먼저 서로 다른 국가들이 자신들의 영토는 아니지만 서로의 이해관계가 중첩될 수 있는 지역의 명칭에 자신들의 정체성을 투영하기 위해, 자국 중심의 지역 명칭이 담긴 지도를 제작하는 등의 방식으로 국제사회에서 그 대표성을 인정받을 수 있도록 노력함으로 해서 그들 사이의 이해관계에는 상충이 일어나게 되는 경우들이다. 이러한 사례는 주로 해역 명칭과 관련된다. 상선희(2011)는 국제사회에서의 해역 명칭 분쟁사례를 다양하게 보여 주고 있다.

먼저, '북해(North Sea)'는 영국 동부의 노퍽(Norfolk) 지역에서 바라볼 때만 북쪽 방향에 위치하고, 덴마크에서 바라보면 서쪽에 위치해 '서해(Versterhavet)'라고 불린다. 그런데 이 바다에 접해 있는 주변 나라는 노르웨이, 덴마크, 독일, 네덜란드, 벨기에, 프랑스, 영국 등 7개국이고, 역사적으로는 시대별, 나라별로 매우 다양한 이름이 있었으며, 지도 자료에서도 '브리티시해'나 '게르만해' 등으로도 불렸다. 하지만 네덜란드는 15, 16세기에 지금은 간척지가 된 '남해(Zuider Zee)'와 대조해서 북쪽에 위치한 바다를 '북해(Noord Zee)'라고 부르기도 했었고, 지금은 결국 범지리학적 일반성을 잘 표현하고 있는 '북해'가 거의 대표성을 획득했다고 볼 수 있다고 한다. '서해'는 덴마크에서만 해당돼서 대표성을 얻기 어려운 모양이다. 이 경우는 분쟁사례라기보다는 경합 중인 사례라고 볼 수 있겠는데, 이름을 인정받고자 하는 국가의 국제적 영향력도 무시할 수 없고 관여 국가들 사이에 자연스러운 공감대가 형성되어 해결되어 가는 모양새를 보여 주고 있다.

마찬가지로 원만하게 해결된 양상을 보이는 사례로는 '영국해협/(라)망슈'의 사례인데 영국과 프랑스 사이에 있는 이 바다는 영국 지도에서는 'English Channel', 프랑스 지도에서는 'Manche'로 표기하며 국제적으로는 병기하기도 하면서, 서로 이름을 통일하려는 별다른 노력 없이 이 두 가지 명칭을 다 사용하고 있다. 또 다른 예로, 노르웨이, 스웨덴, 덴마크 사이에 있는 스카게라크(Skagerrak) 해협은 이 세 나라 사이에서 그 명칭이 각각 'Skagerack, Skagerak, Skagerrak'로 달랐었는데, 현재는 세 나라가 철자를 통일해 'Skagerrak'로 사용하고 있어, 서로 철자를 약간씩 양보함으로써 지명 조정이 이루어진 바람직한 사례를 보여 주었다.

이들보다 분쟁의 양상이 심한 경우로는 '페르시아만(Persian Gulf)'의 사례다. 이곳은 시계 방향으로 아랍에미리트, 사우디아라비아, 카타르, 바레인, 쿠웨이트, 이라크, 이란이 연안국이며 호르무즈 해협을 통해 오만만과 연결되어 있다. 이 만을 아라비아 반도의 국가들은 '아라비아만'이라 부르고 있다. 역사적으로는 '페르시아만'이라는 명칭이 정통성을 가진 것으로 보이나 1960년대 이후 아랍 국가들이 현대 아랍 민족주의를 내세운 시기와 맞물려 이들 국가가 '아라비아만'을 선호하고 있는 것이다. 유엔지명전문가그룹(UNGEGN)에서는 '페르시아만'이 가장 나은 명칭이라고 보고했고 유엔 사무국에서도 그렇게 인정하고 있지만, 아랍에미리트 연합국을 위시한 아랍 국가들은 이에 팽팽히 맞서고 있는 형국이다. 이러한 대립이 이어지자 중립적으로 단순히 '걸프(the Gulf)'라고 부르자는 주장과 '아랍-페르시아만(Arabo-Persian Gulf)', 또는 '이슬람만(Islamic Gulf)' 등의 대안이 나오기도 했다. 오랜 역사와 기록을 중심으로 일관되게 정통성을 주장하고 이를 뒷받침하는 일련의 정책을 추진해 오고 있는 이란의 대처 방식과, 주변국의 힘을 모아 관련국들 사이에서 여론을 형성해 나가고 있는 아랍 국가들의 도전 방식도 모두 유의미한 점이 있다.

또 다른 흥미로운 예로, '발틱해(Baltic Sea)'를 들 수 있는데, 이곳은 북유럽에 위치하고 있고 관련국들로는 덴마크, 스웨덴, 핀란드, 러시아, 에스토니아, 라트비아, 폴란드, 독일이 있으며 세 개의 만, 곧 보트니아만, 핀란드만, 리가만을 포함한다. 발틱해는 현재 영어로 된 외래지명(exonym)으로 대표되고 있지만, 주변국들은 서로 다른 자칭 지명인 토착지명(endonym)을 사용하고 있다. 이렇게 외래지명이 대표성을 가질 수 있는 것은 이 지명이 어느 한 나라를 대표하는 것이 아니라 포괄적인 성격의 것이기 때문으로 보인다.

이상의 사례에 비추어 우리나라 동쪽 바다인 동해의 명칭에 대한 논란을 바라볼 수 있다. 동해는 한반도와 일본 열도, 연해주 및 사할린 섬에 둘러싸인 바다로, 대한민국, 조선민주주의인민공화국, 일본, 러시아 등 4개국의 주권과 관할권이 미치는 해역이다. 현재는 '일본해(Sea of Japan)'가 국제적으로 통용되는 명칭으로 되어 있지만 이것은 1929년에 국제수로기구(IHO)의 『해양과 바다의 경계(*Limits of Oceans and Seas*)』 제1판에서 기구의 창립 회원국이던 일본의 주장에 의해 결정되었기 때문이다. 그러나 그보다 늦게 국제수로기구에 가입한 대한민국이 이 명칭에 이의를 제기했고, 이어 남북이 동시 가입한 유엔의 지명표준화회의에서도 이 문제를 제기하는 등 줄곧 국제사회에 시정을 요구하고 있는 상태다. 1974년 국제수로기구에서는 특정 바다에 대해 인접국 사이의 명칭 합의가 없는 경우, 당사국 모두의 명칭을 병기하도록 기술적인 권고를 한 적이 있으므로 이를 준용하면 될 것이나, 일본은 그 권고가 만이나 해협에 한정된 것이지 동해와 같은 공해에 적용되는 사항이 아니라며 거부하고 있는 상황이다.

지금까지 주로 해역의 명칭을 살펴보았는데, 이제는 영토와 관련된 문제를 조금 더 살펴보기로 하자. 브리튼 제도(영국 제도)는 영국의 본섬인 그레이트브리튼섬과, 아일랜드섬을 비롯한 주위의 여러 작은 섬들로 이루어진 제도인데, 1922년 이전에는 이 섬들이 모두 한 국가인 영국(당시까지의 공식 명칭은 그레이트브리튼과 아일랜드 연합왕국)에 속해 있었지만 아일랜드 자유국(에이레)이 영국으로부터 독립하면서 이 섬들은 영국(현재의 공식 명칭은 그레이트브리튼과 북아일랜드 연합왕국)과 에이레 두 나라에 속하게 된 것이다. 그러면서 그 두 섬에 딸린 6천여 개의 섬도 두 나라에 나뉘어 속해 있는 상태다. 그렇게 탄생한 에이레는 이곳의 섬들 전체가 브리튼이라는 이름으로 묶이는 데에도 거부감을 보이게 된다. 왜냐하면 브리튼은 영국, 특히 잉글랜드의 소유를 의미하는 것으로 들리기 때문이다. 그래서 에이레는 공문서나 교과서에 '브리튼

제도'라는 말을 사용하지 않으며, 또한 영국도 아일랜드인, 스코틀랜드인, 웨일스인 등을 자극하지 않고 지정학적 관계 개선을 희망하기 때문에 이 용어를 점차 사용하지 않는 추세다. 따라서 이들은 대안을 찾고 있는 단계라고 볼 수 있다. 그간 단순히 '제도(the Isles)'라고 부르기도 했고 두 개의 큰 섬만 부를 때는 '그레이트브리튼 아일랜드 제도'라고 부르기도 했으며, '대서양 군도(Atlantic Archipelago)', '앵글로-켈트 제도(Anglo-Celtic Isles)', '북대서양 제도(Islands of the North Atlantic)' 등 다양한 대안이 있으나 여전히 진행 중인 사안이다. 이 사례는 자국의 영토가 마치 다른 국가의 소유인 것처럼 비치게 되는 문제이므로 해협의 사례보다 더 민감할 수 있다.

마케도니아의 국호 분쟁은 상당히 위태로웠다. 이 분쟁은 마케도니아가 1991년 유고슬라비아 사회주의 연방 공화국에서 독립하면서 '마케도니아 공화국(Republic of Macedonia)'이라는 국호를 사용한 것에 그리스가 반발함으로써 발생했다. 그리스 북부 지방의 명칭도 마케도니아인데 그 지역은 그리스의 지역 가운데 가장 넓으며 두 번째로 인구가 많은 곳이다. 그런데 이 지역은 필리포스 2세나 알렉산드로스 대왕 등 아르고스 왕조가 다스리던 고대 마케도니아 왕국의 영토였던 것이다. 그러니 그리스는 실제로는 슬라브인들이 세운 나라인 마케도니아가 알렉산더의 역사도 가로채려 하고, 마케도니아라는 나라 이름에서 마케도니아 공화국이 자국의 영토에 대한 야욕을 드러내는 것이라고 주장하면서, 지역 안정을 위해 현재의 국경선을 보전할 것과 국명을 변경해 줄 것을 주변국과 유럽연합에 요구했다. 그리스는 마케도니아가 국명을 변경하지 않으면 유럽연합 정상 회담에서도 정식국가로 승인할 수 없다는 자세를 보였다. 그러나 마케도니아 정부는 '마케도니아'라는 국명은 과거 수 세기 동안 사용돼 온 국호이고, 구유고연방에서도 '마케도니아 공화국'이라는 국호를 사용해 왔다는 이유로 그리스의 주장을 일축하고 그리스의 요구도 거절했다. 다만 유엔에는 일단 국제사법재판소의 권고를 받아들여 구유고슬라비아 마케도니아 공화국(the Former Yugoslav Republic of Macedonia, FYROM)이라는 이름으로 가입했다. 그리스는 마케도니아가 자신들의 요구를 거절하고 유엔에도 가입하자, 1994년 1월 마케도니아 측에 마케도니아 공화국의 국기 문양과 헌법 조항을 삭제할 것을 요구하며 이에 불응하면 국경을 봉쇄하겠다고 경고했다. 그러나 마케도니아는 그 요구에도 응하지 않았고 그리스는 경고를 실행에 옮겨 2월에 테살로니키 항구를 폐쇄했다. 이로 인해 내륙국인 마케도니아의 경제는 극심한 타격을 입었다. 양국의 분쟁이 본격화되자 유럽연합은 유럽사법재판소에 그리스를 제소함으로써 경제제재의 해제를 요구했고 1995년 9월 그리스는 마케도니아와의 외교 관계 정상화와 경제제재 해제를 규정한 합의서에 서명하게 된다. 그러나 그리스의 압박은 그치지 않았고 결국 2019년 마케도니아 공화국이 그리스가 제안한 '북마케도니아 공화국(Republic of North Macedonia)'을 수용함으로써 종결되었고 북마케도니아 공화국은 그리스의 동의로 북대서양조약기구(NATO)에도 가입하게 된다. 이 분쟁은 실제 물리적인 전쟁으로 이어지지 않고 평화적으로 끝났지만 지명과 관련된 집단 간의 첨예한 갈등의 양상을 전형적으로 보여 준 일련의 과정이었다.

해결이 불가능했던 사례로는 체코슬로바키아 공식 명칭에 관한 분쟁이 있다. 체코슬로바키아는 1차 세계대전이 끝난 뒤 오스트리아-헝가리 제국이 붕괴되면서 독립했다. 1917년 체코와 슬로바키아 두 나라가 하나의 연방을 이룬 혼합국가였고, 서로 다른 면도 있었지만 1990년까지 한 나라를 유지해 왔다. 당시까지 체코슬로바키아의 공식 명칭은 '체코슬로바키아 사회주의 공화국(Československá socialistická republika, ČSSR)'이었다. 1990년 벨벳 혁명으로 공산주의 정권이 붕괴한 뒤 체코 출신인 바츨라프 하벨 대통령은 이 명칭에서 사회주의만을 삭제한 '체코슬로바키아 공화국'을 제안했지만 슬로바키아 출신 정치인들은 '체코'와 '슬로바키아' 사이를 붙임표로 나누어 줄 것을 요구한다. 이에

1990년 3월 29일 체코슬로바키아 의회는 국가 공식 명칭에 대해 체코어로 표기할 때는 붙임표가 없는 형태('체코슬로바키아 연방 공화국')를 쓰고 슬로바키아어로 표기할 때는 붙임표가 있는 형태('체코-슬로바키아 연방 공화국')를 쓰기로 결의한다. 그러나 이러한 결정으로 모두를 만족시킬 수 없었기에 의회는 한 달도 안 된 4월 20일에 두 언어로 된 명칭 모두에 접속사를 추가해 '체코와 슬로바키아 연방 공화국(약칭 ČSFR)'으로 정한다. 그리고 체코어와 슬로바키아어 모두 나라 이름을 쓸 때 첫 번째 낱말의 첫 문자만을 대문자로 쓰는데 슬로바키아(Slovenská)의 첫 글자를 대문자로 만들기 위해 모든 낱말을 대문자로 쓰는 예외를 두기로 정하기까지 많은 언어적 논쟁을 벌인다. 이 논쟁은 영어권 언론을 통해 하이픈 전쟁으로 불리게 되었다. 실제 전쟁은 아니었지만 체코와 슬로바키아 각각이 서로 다른 정체성을 가지고 있음을 분명히 한 사건이었고, 실제로 2년 뒤 두 나라는 서로 갈라지기로 합의하고 1993년 1월부터 '체코 공화국'과 '슬로바키아 공화국'으로 별개의 국가가 되기에 이른다. 이만큼 이름과 정체성의 관계는 민감한 문제인 것이다.

국가 간에 발생하는 지명 논란과 관련해서는 마지막으로 독도 명칭과 관련된 문제를 언급할 필요가 있겠다. 독도와 관련해서, 국제적으로 '독도(Dokdo)' 외에 '다케시마(Takeshima)'나 '리앙쿠르 암초(Liancourt Rocks)' 등의 명칭이 혼용되고 있고 미국지명위원회에서는 1977년부터 '리앙쿠르 암초'를 독도의 공식 명칭으로 사용해 오고 있다. 그러나 이 문제야말로 명칭의 분쟁이 아니라 명칭을 활용한 영유권 시비라고 볼 수 있겠다. 일본은 1951년 연합국과 일본 사이에 맺어진 샌프란시스코 강화 조약에서 독도를 언급하지 않은 것을 빌미로 독도에 대한 야심을 포기하지 않고 있다. 영유권 문제가 명확하면 그에 따라 정답이 정해지는 문제인데, 섬은 국가의 영토로 인정되지만 암초는 영토로 인정받지 못한다는 문제까지 얽혀, 국제사회에서 완전한 대한민국의 영토로 인정받기 위해서는 더 많은 외교력이 필요한 현실이다.

국가 간의 분쟁이 아닌, 국내 지자체 간의 사례 두 가지를 살펴보는 것으로 이 장을 마무리하고자 한다. 아산호는 1973년 농업진흥공사가 아산시와 평택시 사이의 아산만으로 흘러드는 안성천 하구에 225만 톤의 물을 저수하는 방조제를 건설하면서 생겨난 인공 호수다. 방조제의 이름은 아산만의 이름을 따서 '아산만 방조제'라 불렀고, 방조제로 인해 형성된 인공 호수도 그 이름을 따라 '아산호'로 명명한 것이다. 1975년에 세운 기념비에도 '아산호'라는 명칭이 새겨져 있다. 이곳에 저수된 물은 평택에서는 농업용수로, 아산에서는 공업용수로 이용한다. 그러나 1990년 농어촌진흥공사 평택지사가 아산만 방조제 및 호수의 관리권을 갖게 되었고, 1994년 아산호국민관광지의 평택시 쪽의 명칭이 '평택호 관광지'로 변경되면서 평택시와 경기도가 호수를 대외적으로 '평택호'라고 부르기 시작했으며, 아산만 방조제와 연결되는 국도 제39호선 상의 교량에 '평택호 대교'라는 이름이 붙으면서 명칭에 관한 논란이 시작되었다. 사실관계를 따지자면, '아산호'의 명칭이 변경된 적이 없지만, 교통부 고시에 "경기도 평택군 현덕면 권관리 일원에 위치한 아산호 관광지의 명칭을 평택호 관광지로 변경한다."라고 된 것을 평택시와 경기도가 확대해석한 결과로 밝혀졌다. 그러나 지역 언론을 통한 명칭 갈등은 계속되고 있다. 이처럼 서로 구별되는 집단이 자신이 영향을 미칠 수 있는 공간에 자신의 정체성을 투영하려 시도하는 사례는 집단의 크기와 무관하게 기회가 주어지면 어렵지 않게 일어날 수 있는 일이다.

다른 예로, 충주호는 1985년에 지어진 충주댐에 의해 만들어진 인공 호수다. 이곳 역시 댐이 건설되면서 생겨난 호수이기 때문에 댐의 이름이 호수의 이름으로 되었다. 그런데 제천시에서는 충주호의 수몰 지역이 제천 지역에 가장 많이 속해 있는데 명칭 결정 시에 이런 점이 무시되었다고 주장하며, 충주호의 이름을 청풍면의 지명을 따라 '청풍호'로 바꾸어 줄 것을 요구하고 있다. 그러면서 제천시청에서는 지역

내 도로 안내 표지판의 충주호 표기를 '청풍호'로 바꾸었으며, 지역 단체에서도 청풍호 개명을 위한 운동을 벌이고 있다. 그러나 물론 충주시는 인공 호수의 이름은 댐의 이름을 따라가는 것이 원칙이라 반박하며 물러서지 않고 있다. 그런 가운데 충주호 명칭이 국가지명위원회에서 정한 명칭이 아니라는 사실이 확인되어 논란이 재점화되고 있으며, 충주 탄금대 지역에서는 '탄금호', 단양에서는 '단양호'로 부르는 등 충주호에 대한 권역별 명칭 분화가 점차 현실화되고 있다.

요컨대, 개인이나 집단이나 명칭에 자신의 정체성을 투영하고자 하는 바람은 원초적인 욕망에 속하는 영역이라 해도 과언이 아닐 것이다. 그렇다 보니 이름의 본질적인 기능이 지시대상을 정확히 구별해 가리키는 것이지만, 이름에 담긴 고정함축(연상적 의미, 사회적 의미 등)을 통한 정체성의 투영은 이름 부여자, 보유자, 사용자 모두에게 민감한 문제가 되고 심각한 대립의 지점이 될 수 있다. 그러나 이름의 대립은 원인이 아니라 결과임을 분명히 이해하는 것이 필요하다. 이해관계가 대립되는 서로 다른 집단이 존재하기 때문이며 그 집단들의 이해관계가 이름의 지시대상과 관련해서 상충되고 있기 때문에 생겨나는 문제인 것이다. 정체성의 다름이 남아 있다면 언제든 다른 이름은 생겨나게 된다. 힘에 의한 정체성 통일은 분열의 가능성을 상시 배태하고 있다. 그럼에도 이름의 공인 과정은 힘의 문제로 보인다. 정의의 문제이기를 바라지만 정의로운 중재가 기대되는 대상도 또 다른 집단일 수밖에 없는 것이 인간 세상이기 때문이다.

제16장

상표와 상표권 분쟁

상표(brand)는 상인의 입장에서는 자신이 생산한 상품을 다른 상품과 구별해서 표시하는 것이지만 소비자의 입장에서는 상품의 한 종류로 이해된다. 예를 들어, 새우깡은 과자의 한 종류로 이해되고 우리가 가게에서 구입하는 새우깡 한 봉은 상품 새우깡의 인스턴스 중 하나다. 그러니 상표의 생산은 하나의 상품 종을 창조하는 일이다. 상표는 상표 자체로만 바라보면 유일한 대상(종류)이 되어 분명히 고유명칭인데 그 상표에는 수많은 그 상표를 단 상품이 딸려 있고 우리 소비자들은 그 상품을 바로 그 상표로 인식하기 때문에 상표 자체를 주목하는 일은 오히려 드물다.

(3)

상품에 주목하면 그 상품의 실체 유형은 구체물 아래에 어딘가에 위치하고 그 종류도 매우 다양한 것이지만, 상표의 실체 유형은 일종의 창작물이 되지 않을까 한다. 공산품만이 아니라 자연적인 생산물일 때에도 상표가 부착된 상품은 그 상표로 구별되는 상품으로서의 기준에 부합해야 하고 그렇기 때문에 그 상표는 그 상품이 가지는 그러한 특징들의 조합인 일종의 창작물일 수 있다고 판단되며 상표 자체도 그 자체의 동일성이 식별될 수 있는 기호, 문자, 도형 등으로서 하나의 창작물이라고 말할 수 있다.

상표에 대한 〈표준〉의 정의는 다음과 같다.

(4) 상표02(商標)
「명사」『경제』 사업자가 자기 상품에 대하여, 경쟁업체의 것과 구별하기 위하여 사용하는 기호·문자·도형 따위의 일정한 표지. ≒브랜드.

유사하지만 「상표법」상 상표의 개념도 여기에 제시하자면 다음과 같다.

(5) 자기의 상품과 타인의 상품을 식별하기 위하여 사용하는 표장(標章)을 말하며(제2조 제1항 제1호), 표장이란 '기호, 문자, 도형, 소리, 냄새, 입체적 형상, 홀로그램·동작 또는 색채 등으로서 그 구성이나 표현방식에 상관없이 상품의 출처(出處)를 나타내기 위하여 사용하는 모든 표시'.(제2조 제1항 제2호)

광의의 상표 개념으로는 상표 외에 단체표장, 증명표장, 업무표장을 포함한다.

(6) ㄱ. 단체표장: 상품을 생산·제조·가공·판매하거나 서비스를 제공하는 자가 공동으로 설립한 법인이 직접 사용하거나 그 소속 단체원에게 사용하게 하기 위한 표장
ㄴ. 증명표장: 상품의 품질, 원산지, 생산방법 또는 그 밖의 특성을 증명하고 관리

하는 것을 업(業)으로 하는 자가 타인의 상품에 대하여 그 상품이 품질, 원산지, 생산방법 또는 그 밖의 특성을 충족한다는 것을 증명하는 데 사용하는 표장

ㄷ. 업무표장: YMCA, 보이스카웃 등과 같이 영리를 목적으로 하지 아니하는 업무를 하는 자가 그 업무를 나타내기 위하여 사용하는 표장(예: 대한적십자사, 청년회의소, 로타리클럽, 한국소비자보호원 등)

우리는 상표나 브랜드라는 말을 언어기호로 된 상품명으로 이해하고 있을 때가 많고 이 책의 관심사도 주로 언어로 된 상품명에 집중되어 있지만, 실제로 오늘날 브랜드라는 용어에 의해 이해되는 개념은 그 상표가 사용하는 기호, 문자, 도형 따위에 의해 그 사업자의 상품이 경쟁업체의 것과 차별화된 특별한 존재임을 상징하는 것이다. 따라서 여기에서는 실체의 유형을 상표(브랜드)라고 했지만 그것은 예술 작품이 가진 것과 같은 차별화된 특징들의 집합체로 이해하는 것이 옳다.

상표는 다음과 같은 기능을 가진다고 할 수 있다(특허청 설명에 따름).

(7) ㄱ. 자타 상품의 식별 기능

ㄴ. 출처 표시 기능

ㄷ. 품질보증 기능

ㄹ. 광고 선전 기능

ㅁ. 재산적 기능

상표의 기본 기능은 정의에서도 밝히고 있듯이 자기 상품을 타인의 상품과 구별하는 것이다. 그러니 그 상표를 통해서 그 상품의 생산자가 누구인지 확인될 수 있어야 하며, 그 상표를 부착한 상품들은 동일한 품질을 가진 것이라는 점이 보장되어야 한다. 그와 더불어 상표는 그 상품들을 대표하는 이미지를 담게 되고 그러다 보면 소비자들에게 심리적인 연상작용을 일으켜서 판매 촉진의 수단으로 기능하게 된다. 그렇기 때문에 이러한 상표는 재산의 일종이 된다. 자유 양도 및 사용권 설정 등을 통해서 구현되는 것이다.

상표의 등록 요건은 출원의 형식 등 절차적 요건과 상표의 구성 자체가 자타 상품의 식별력을 가진 것인지(적극적 요건), 부등록 사유에 해당되지는 않는지(소극적 요건)에 관한 실체적 요건으로 나뉜다. 「상표법」상 중요한 것은 실체적 요건이다.

먼저, 적극적 요건과 관련해, 식별력을 판단하는 것은 거래자나 일반 수요자가 그 상표를 표시한 상품이 누구의 상품인지를 알 수 있도록 인식시켜 주는 것을 말한다. 따라서 같은 지정상품 내에서 판단되며, 그러한 구별된 인식이 어려운 기호, 문자, 도형 따위는 배제된다. 자타 상품의 식별력이 없어서 상표등록이 불허되는 사유에 대해, 「상표법」 제33조 제1항 각호에서는 다음과 같이 열거하고 있다.

(8) ① 상품의 보통명칭을 보통으로 사용하는 방법으로 표시한 표장만으로 된 상표
상표가 특정상품과 관련하여 그 상품의 명칭을 나타내는 상표
(예: 스낵제품-Corn Chip, 과자-호두과자, 자동차-Car)
② 그 상품에 대하여 관용하는 상표
동종업자들 사이에서 특정 종류의 상품에 관용적으로 쓰이는 표장
(예: 과자류-깡, 청주-정종, 직물-Tex)
③ 성질표시적 상표
산지표시: 당해 상품의 생산지를 표시하는 것
(예: 사과-대구, 모시-한산, 굴비-영광)
품질표시: 당해 상품의 품질의 상태, 우수성 등을 표시하는 것
(예: 上, 中, 下, 특선, Super)
원재료표시: 당해 상품의 원재료로 쓰이는 상품의 명칭을 표시하는 것
(예: 양복-Wool, 넥타이-Silk)
효능표시: 당해 상품의 효과나 성능 등을 표시하는 상표
(예: TV-HITEK, 복사기-Quick Copy)
용도표시: 당해 상품의 쓰임새를 나타내는 상표
(예: 가방-학생, 의류-Lady)
수량표시: 2켤레, 100미터 등
형상표시: 당해 상품의 평상·모양·크기 등을 표시하는 것

(예: 소형, 대형, 캡슐, SLIM)

생산방법·가공방법·사업방법표시: 당해 상품의 생산·가공·사용방법을 표시하는 상표

(예: 농산물-자연농법, 구두-수제, 책상-조립)

시기표시: 당해 상품의 사용시기 등을 표시하는 것

(예: 타이어-전천후, 의류-봄·여름·가을·겨울)

④ 현저한 지리적 명칭, 그 약어 또는 지도

수요자에게 현저하게 인식된 지리적인 명칭

(예: 금강산, 백두산, 뉴욕 등)

⑤ 흔한 성 또는 명칭

흔히 있는 자연인의 성 또는 법인, 단체, 상호임을 표시하는 명칭

(예: 이씨, 김씨, 사장, 상사, 조합, 총장 등)

⑥ 간단하고 흔히 있는 표장

상표의 구성이 간단하고 또한 흔히 있는 표장

(예: 123, ONE, TWO, ß 등)

⑦ 기타 식별력이 없는 표장

일반적으로 쓰이는 구호, 표어, 인사말 등

(예: Believe it or not, I can do, www 등)

식별력 여부의 판단은 등록 여부 결정 시를 기준으로 판단하고, 결합상표의 경우 그 상표의 구성 부분 전체를 기준으로 판단하며, 지정상품에 관한 일반적 거래자 또는 수요자를 기준으로 판단해야 할 것이나 지정상품과의 관계를 고려할 필요가 없는 경우에는 통상적인 일반인의 평균적 인식을 기준으로 판단한다.

(8)의 ①에서 "보통으로 사용하는 방법으로 표시한 표장"이라 함은 "한글, 한자 또는 로마문자 등 문자의 인쇄체, 필기체로 표시하여 구성된 표장"을 말하고, "만으로 된"의 의미는 보통명칭 등이 포함된 경우라도 식별력 있는 표장의 부기적 부분에 불과한 경우 또는 식별력 있는 표장에 흡수되어 불가분의 일체를 구성하는 경우에는 전체적으로 식별력이 인정된다는 것이다. 다만, 단순히 둘 이상의 기술적 표장을

결합한 경우는 제외된다.

다만, ③, ④, ⑤, ⑥의 사유에 해당하더라도 상표등록출원 전부터 그 상표를 사용한 결과 그 상표가 수요자 간에 누구의 업무에 관련된 상품을 표시하는 것인지가 현저히 인식되어 있는 상표는 등록을 받을 수 있다(「상표법」 제33조 제2항). 또한 ③호(산지에 한함) 또는 ④호의 규정에 해당하는 표장이라도 그 표장이 특정 상품에 대한 지리적 표시인 경우에는 지리적 표시 단체표장등록을 받을 수 있다(「상표법」 제33조 제3항).

다음으로, 소극적 요건(부등록 사유)은 상표가 자타 상품의 식별력을 가지고 있다 하더라도 독점배타적 성질의 상표권을 부여하는 경우 공익상 또는 타인의 이익을 침해하는 경우에는 당해 상표의 등록을 배제할 필요가 있다는 것이다. 「상표법」 제34조에서는 이를 제한 열거적으로 규정하고 있다.

(9) ① 대한민국의 국기·국장, 파리협약동맹국·세계무역기구 회원국 또는 상표법조약 체약국의 훈장·포장, 적십자·올림픽 등의 공공마크와 동일 또는 유사한 상표(예: 무궁화 도형, IMF, WTO 등)

② 국가·민족·공공단체·종교 등과의 관계를 거짓으로 표시하거나 이들을 비방 또는 모욕하거나 이들에 대한 평판을 나쁘게 할 우려가 있는 상표(예: 양키, Negro 등)

③ 국가·공공단체 또는 비영리 공익법인의 표장으로서 저명한 것과 동일 또는 유사한 상표(예: YMCA, KBS, 적십자 등)

④ 선량한 풍속에 어긋나는 등 공공의 질서를 해칠 우려가 있는 상표(예: 외설적인 도형이나 문자, 사기꾼, 소매치기 등의 문자)

⑤ 정부 또는 외국정부가 개최하거나 정부 또는 외국정부의 승인을 받아 개최하는 박람회의 상패·상장 또는 포장과 동일·유사한 표장이 있는 상표

⑥ 저명한 타인의 성명·명칭 또는 상호·초상 등을 포함하는 상표(예: DJ, JP, 한전, 주공 등)

⑦ 타인의 선등록상표와 동일·유사한 상표

⑧ 타인의 등록된 지리적 표시 단체표장과 동일·유사한 상표

⑨ 타인의 상품을 표시하는 것이라고 수요자들에게 널리 인식되어 있는 상표와 동

일 또는 유사한 상표

⑩ 수요자들에게 널리 인식되어 있는 타인의 지리적 표시와 동일·유사한 상표

⑪ 수요자들에게 현저하게 인식되어 있는 타인의 상품이나 영업과 혼동을 일으키게 할 염려가 있는 상표

⑫ 상품의 품질을 오인하게 하거나 수요자를 기만할 염려가 있는 상표

⑬ 국내외에 특정인의 상표라고 인식되어 있는 상표와 동일·유사한 상표로서 부당한 이익을 얻으려 하는 등 부정한 목적으로 사용하는 상표

⑭ 국내외에 특정지역의 지리적 표시로 인식되어 있는 것과 동일 또는 유사한 상표로서 부당한 이익을 얻으려 하는 등 부정한 목적을 가지고 사용하는 상표

⑮ 상품 또는 그 상품의 포장의 기능을 확보하는 데 꼭 필요한 입체적 형상, 색채, 색채의 조합, 소리 또는 냄새만으로 된 상표

⑯ 세계무역기구(WTO) 회원국 내의 포도주 또는 증류주의 산지에 관한 지리적 표시로서 구성되거나 그 지리적 표시를 포함하는 상표로서 포도주 또는 증류주에 사용하려는 상표. 다만 지리적 표시의 정당한 사용자가 지리적 표시 단체표장 등록출원을 한 경우는 예외

⑰ 「식물신품종 보호법」 제109조(품종명칭의 등록절차 등)에 따라 등록된 품종 명칭과 동일·유사한 상표

⑱ 「농수산물 품질관리법」 제32조(지리적표시의 등록)에 따라 등록된 타인의 지리적 표시와 동일·유사한 상표

⑲ 대한민국이 외국과 양자간(兩者間) 또는 다자간(多者間)으로 체결하여 발효된 자유무역협정에 따라 보호하는 타인의 지리적 표시와 동일·유사한 상표

⑳ 동업·고용 등 계약관계나 업무상 거래관계 또는 그 밖의 관계를 통하여 타인이 사용하거나 사용을 준비 중인 상표임을 알면서 그 상표와 동일·유사한 상표를 등록출원한 상표

㉑ 조약 당사국에 등록된 상표와 동일·유사한 상표로서 그 등록된 상표에 관한 권리를 가진 자와의 동업·고용 등 계약관계나 업무상 거래 관계 또는 그 밖의 관계에 있거나 있던 자가 동의를 받지 아니하고 등록 출원한 상표

흔히 상표와 상호가 혼동되곤 하는데 상표는 자타 상품을 식별하기 위해 상품에 부착하는 표장으로서 상품의 동일성을 표시하는 기능을 가지는 것이지만, 상호는 상인(법인·개인)이 영업상 자기를 표시하는 명칭으로서 영업의 동일성을 표시하는 기능을 가진다. 즉, 상호는 상

인이 영업에 관해 자기를 표시하는 명칭으로서 인적 표지의 일종이며, 문자로 표현되고 호칭된다. 회사기업의 경우 상호의 사용은 강제적이지만, 상표는 자타 상품을 식별하는 기호로서 문자뿐만이 아니라 기호, 문자, 도형 등과 이들의 결합 또는 이들과 색채의 결합으로 구성될 수 있으며, 상표의 사용에 있어서는 강제성이 없다. 다만 기업 이미지 통일화 전략(corporate identification program)에 따라 상호와 상표를 일치시키고 있는 것이 국제적 추세인 점(상표의 상호화 또는 상호의 상표화 현상)과 상호가 상품표지로 사용되고 상표로서 등록요건을 갖추어 등록된 경우에는 법률상 상표로서 보호되는 상호상표가 점차 늘고 있어 양자 간의 기능이 중첩되는 경우가 많다.

특허청에 따르면 2009년에 상표등록이 100만 건을 돌파했고, 2019년도에만 12만 5,594개의 상표가 등록되었다. 직전 해에 비해 9.2% 증가한 숫자다. 상표 전체는 너무 많으므로 프랜차이즈 브랜드와 관련된 『한국경제』의 기사(2019. 2. 21.)를 소개하는 정도로 상표 이름의 현황을 보이고자 한다.[1]

2019년 초 공정거래위원회는 2018년 말까지 국내 프랜차이즈 브랜드 수가 6,052개로 사상 최초로 6,000개를 돌파했다고 발표했다. 가맹본부는 4,882개, 가맹점은 24만 3,454개였다. 업종별로 보면 가맹점 수는 외식업이 11만 7,202개로 가장 많았고, 본부와 브랜드 수도 외식업이 3,617개, 4,567개로 1위였다. 외식업 중에선 치킨이 2만 4,602개의 가맹점을 보유해 가장 많았고, 치킨에 이어 가장 많은 가맹점을 보유한 업종은 한식, 기타 외식, 커피, 분식 순이었다. 치킨 업종 중 가장 많은 가맹점을 보유한 브랜드는 BBQ로 2017년 말 기준 1,659개의 매

1 『한국경제』, 2019. 2. 21., 「프랜차이즈왕 백종원…20개 브랜드 보유해 국내 1위」. 구체적인 상표/상호명을 제시한 것은 이러한 고유명칭들이 언중의 지식 속에 인지적으로 두드러진 정보가 될 것이기 때문이며, 가맹점 수까지 제시한 것은 각각의 가맹점이 지명과 결부되어 서로 구별된 고유명칭이 될 것이기 때문이다.

장을 운영했다. 이어 BHC(1,456개), 페리카나(1,176개), 네네치킨(1,167개), 교촌치킨(1,037개) 순이었다. 커피 프랜차이즈 중 가장 가맹점이 많은 곳은 이디야커피(2,142개)였고, 투썸플레이스(887개), 요거프레소(755개), 엔제리너스커피(647개), 빽다방(539개)도 상위 5개 브랜드에 이름을 올렸다. 10개 이상 브랜드를 등록한 가맹본부는 총 5곳으로, 1위는 '빽다방' 등 20개 브랜드를 보유한 더본코리아로 나타났다. 더본코리아는 새마을식당, 한신포차, 백스비빔밥, 백철판0410, 본가, 마카오반점0410, 미정국수0410, 성성식당, 대한국밥, 절구미집 등의 브랜드를 보유하고 있다. 이어 놀부(놀부부대찌개 등 18개), 이랜드파크(피자몰 등 14개), 디딤(연안식당 등 13개), 플레이타임그룹(상상블럭 등 12개)의 순으로 조사됐다. 도소매업 중에선 편의점 매장이 4만 170개로 압도적으로 많았다. CU(1만 2,372개), GS25(1만 2,293개), 세븐일레븐(8,878개), 이마트24(2,521개), 미니스톱(2,447개)순이었다. 이어 화장품(4,373개), 식품(1,978개), 종합소매점(1,115개), 농수산물(305개)이었다. 도소매업 중 전체 브랜드의 49.7%는 가맹점 수가 10개 미만이었다. 서비스업 중에선 외국어 학원의 가맹점이 1만 7,267개로 가장 많았다. 해법영어교실이 2,601개였고, 뮤엠영어(1,796개), 삼성영어(1,235개), GnB어학원(815개) 순이었다. 이어 교과(1만 4,263개), 자동차(7,721개) 업종의 가맹점도 많았다. 가맹본부와 브랜드 수는 이·미용이 각각 142개와 162개로 가장 많았다고 한다.

〈표준〉에서 뜻풀이에 '상표 이름.'을 포함하고 있는 말은 하나밖에 등재되어 있지 않다.

(10) 샌퍼라이징(Sanforizing)

「명사」『공업』 미국의 클루에트(Cluett, S. L.)가 발명한, 천의 수축을 방지하는 가공법. 또는 그런 상표 이름. 미리 수증기를 뿜고 열과 온도를 가하여 천을 줄어들게 함으로써 봉제 뒤의 수축을 적게 하는 것으로, 면직물에 많이 쓰인다.

'샌퍼라이징'은 본래 등록상표의 이름이었지만 후에 그런 가공법의 이름으로 사용되게 되었고 이와 같은 과정을 거친 상표명은 더 많이 존재한다. 〈표준〉에서도 뜻풀이에 '상표'를 포함하고 있는 표제어들을 찾으면 그런 과정을 거친 예들이 좀 더 발견된다.

(11) 나일론(nylon), 데이크론(Dacron), 릴리^얀(lily yarn), 엠에스-도스(MS-DOS), 크래버넷(Cravenette), 호버크라프트(Hovercraft), 호치키스(Hotchkiss)

상표는 특허청에 등록해야 일정 기간(10년씩, 연장 가능) 권리를 보장받을 수 있는데, 국제적으로도 보장 기간이 정해져 있다. 그러다 보니, 본래는 특정 상품의 상표였던 이름이 유명해지면서 더 이상 식별력을 갖지 못하고 보통명칭이 되면 그 상표에 대한 독점권을 잃게 될 수 있다. 앞의 (8)에서도 살펴보았듯이 상표법은 보통명칭으로 사용되는 상표는 등록을 할 수 없도록 되어 있기 때문이다. 공공의 재산을 어느 한 기업이나 개인이 독점하지 못하도록 하는 공공경제의 원칙이 「상표법」의 밑바탕을 이루고 있다. 이렇게 특정 상표가 제품이 속한 전체 범주의 일반명칭이 되어 가는 과정을 영어 단어로는 'genericide'라고 한다. 일반성을 의미하는 'generic'과 죽임을 뜻하는 '-cide'의 결합으로 조어된 단어다. (10)과 (11) 외에도 '아스피린'(바이엘), '에스컬레이터'(오티스), '비디오테이프'(암펙스) 등이 더 있으며, 국내의 사례로, '불닭, 쌍화(쌍화탕), 불소치약(치약), JEEP(승용차등), 호도과자(과자류), VASELINE(크림류), 콘칩(스낵류)' 등이 있고, 최근 '에어프라이어(Airfryer)'에 대해서도 법원은 필립스가 자신의 상표인 Philips와 에어프라이어를 병기해서 사용하거나 각종 광고에서 마치 튀김기의 보통명칭처럼 사용했던 점을 이유로 보통명칭에 대한 식별력이 없다고 판시했다.

이와 같은 상표권 상실을 예방하려면, 상표가 상품을 가리키는 일반 용어가 아니라 회사의 상표, 즉 기업 브랜드로 인식될 수 있도록 관리하는 것이 필요하다. 또한 좋은 상표와 가치 있는 브랜드는 언제나 모방의 대상이 되기 때문에 때로 그에 대한 적절한 방어와 제재도 필요하다.[2]

이른바 '새우깡 전쟁'이 흥미로운 사례를 제공한다. 1985년 농심은 삼양의 등록상표 '콘칩'에 대해 상표등록무효심판을 청구했다. '콘칩'은 외래어로서 스낵식품을 지칭하는 상품의 보통명칭이므로 그 등록이 무효가 되어야 한다는 것이었다. 이 사례는 위에서도 보았듯이 보통명사로 판결이 난다. 그러자 이번에는 삼양이 농심의 등록상표 '새우깡'에 대해 상표등록무효심판을 청구한다. 삼양은 "새우 도형과 문자 중 '새우'는 지정상품과의 관계에서 볼 때 상품에 '새우' 원재료가 함유된 것이라면 품질표시에 불과하며, 그렇지 않다면 수요자들이 지정상품에 새우가 들어간 것으로 오인하거나 기만될 염려가 있다."고 주장함과 동시에 "'새우깡' 중 '깡' 역시 과자를 지정상품으로 할 경우 관용표장에 해당해 등록받을 수 없는 상표이므로 등록이 무효로 되어야 한다."고 주장한 것이다. 이렇게 시작된 새우깡 전쟁은 상표등록존속기간갱신무효소송으로까지 이어지면서 7년 동안이나 계속되었다. 이 분쟁은 대법원이 "문자의 결합으로 이루어진 상표에 관한 특별현저성의 판단은 상표 구성을 분리 판단할 것이 아니라 전체적으로 관찰해야 할 것인바, 이 사건 등록상표 '새우깡'의 구성요소 중 '새우'는 지정상품의 원재료 표시여서 구「상표법」 제8조 제1항 제3호의 규정에 해당되고 '깡'은 지정상품이 과자류인 경우에는 관용화된 표장이지만 '새우깡' 자체가 관용표장이라 할 수 없고, '새우깡'에 대한 선전, 광고 사실과 1973년 이래 현재까지 이 사건 등록상표가 계속 사용되어 온 사실에 비추어 이 사건 등록상표가 수요자 간에 널리 인식되었고, 또한 현실적으로 우리

2 『서울경제』, 2019. 6. 21., 「[기고] 유명상표의 '함정'」(박원주 특허청장); *HOTEL&RESTAURANT*, 2019. 11. 27., 이준석의 Brand & IP Law 「우리 상표법상 식별력 없는 상표」.

의 주위에서 이 사건 등록상표가 피심판청구인의 상표인지 쉽게 알 수 있을 정도로 널리 알려져 있음이 거래 실정이라면, 이 사건 등록상표는 그 전체를 하나로 봄이 타당하며, 같은 법 제8조 제2항 소정의 장기간의 사용에 의해 특별현저성이 형성된 상표라고 판시한 원심결에 법리오해의 위법이 없다."는 요지의 판결을 내리면서 농심의 승리로 끝난다.[3]

위와 같이 상표권에 대한 도전도 치열하지만, 상표권 침해에 대한 방어의 노력도 다양한 사례가 있다. 2015년 하반기에는 LVMH(Louis Vuitton Moët Hennessy) 그룹이 파주 소재 치킨 가게 '루이비통닭(Louis Vuitton Dak)'에 소송을 제기한 사건이 있었다. LVMH의 소송 내용은 자신들의 상표인 '루이비통(Louis Vuitton)'에 대한 사용 금지 가처분 신청이었다. 이 소송에서 법원은 LVMH의 요청을 받아들여 그 상표의 사용을 금지하고 이를 위반할 경우 1일 50만 원을 지급하라는 화해 권고 결정을 내렸다. 이에 대해 쌍방이 이의를 제기하지 않아서 가처분 결정은 확정되었다. 그런데 치킨 가게는 상표를 다시 '차 루이비 통닭(Cha Louisvui Tondak)'으로 바꾸고 그렇게 가게 간판과 인테리어를 변경해 영업을 계속했다. 그러자 루이비통은 다시 1일 50만 원씩 29일간 총 1,450만 원을 지급받겠다며 집행 절차를 시작했고 이에 대해 치킨집 대표도 청구 이의의 소를 루이비통사(社)를 상대로 다시 제기한다.

재판부는 이에 대해 "비록 띄어쓰기를 달리했다 하더라도 문자 표장을 이루는 알파벳이 완전히 동일하다."고 판단하며 루이비통의 손을 들어줘 결국 통닭집은 1,450만 원을 배상하고 더 이상 그와 연관된 상표를 사용하지 못하게 되었다. 재판부가 이러한 판단을 내릴 수 있는 근거는 「부정경쟁방지 및 영업비밀보호에 관한 법률」(부정경쟁방지법)인데 이 법에서는 '부정경쟁행위'에 해당하는 행위를 11가지로 규정하고

3 대법원 1990. 12. 21., 선고 90후38, 판결.

있다. 이 가운데 위의 문제와 관련될 수 있는 셋(가-다)을 여기에 제시하자면 다음과 같다.

(12) 가. 국내에 널리 인식된 타인의 성명, 상호, 상표, 상품의 용기·포장, 그 밖에 타인의 상품임을 표시한 표지(標識)와 동일하거나 유사한 것을 사용하거나 이러한 것을 사용한 상품을 판매·반포(頒布) 또는 수입·수출하여 타인의 상품과 혼동하게 하는 행위

나. 국내에 널리 인식된 타인의 성명, 상호, 표장(標章), 그 밖에 타인의 영업임을 표시하는 표지(상품 판매·서비스 제공방법 또는 간판·외관·실내장식 등 영업제공 장소의 전체적인 외관을 포함한다)와 동일하거나 유사한 것을 사용하여 타인의 영업상의 시설 또는 활동과 혼동하게 하는 행위

다. 가목 또는 나목의 혼동하게 하는 행위 외에 비상업적 사용 등 대통령령으로 정하는 정당한 사유 없이 국내에 널리 인식된 타인의 성명, 상호, 상표, 상품의 용기·포장, 그 밖에 타인의 상품 또는 영업임을 표시한 표지(타인의 영업임을 표시하는 표지에 관하여는 상품 판매·서비스 제공방법 또는 간판·외관·실내장식 등 영업제공 장소의 전체적인 외관을 포함한다)와 동일하거나 유사한 것을 사용하거나 이러한 것을 사용한 상품을 판매·반포 또는 수입·수출하여 타인의 표지의 식별력이나 명성을 손상하는 행위

이 법률을 고려하지 않았을 때는 상표법이나 디자인보호법상의 침해가 있는지를 따져야 하지만 지정상품이 다를 경우 그 침해 여부를 따지기 어렵다. 그러나 위의 사건은 부정경쟁방지법 (12다)로 인해 법률적 논의 대상이 될 수 있었다. 이 법에 따라 (12다)를 고려해, 판결을 내릴 때는 두 가지 문제가 검토되어야 했을 것인데, 하나는 성명, 상호, 표장 등이 유사한가이고 다른 하나는 타인 표지의 식별력이나 명성을 손상했는가다. 이때 후자를 객관적으로 입증하는 것은 쉽지 않지만, 결국 후자의 문제도 전자에 대한 판단 여부에 따라 원고가 그렇게 느낀다면 그 부분에 대해 재판부가 합의 권고를 한 것은 적절한 판단이었던 것으로 보인다. 문제는 결국 성명, 상호, 상품의 용기·포장, 타인의 상품 또는 영업임을 표시한 표지가 얼마나 유사한가로 귀착이 되는

데, 이 사건에서 '루이비통닭'은 상호를 비롯, 매장과 상품을 구성하는 디자인에서도 루이비통의 모노그램, 폰트, 그 배경 색깔까지 모두 모방했기 때문에 누가 봐도 그 유사성을 의심할 수 없는 사례였다.

관련 사항을 종합해 고려할 때 이 문제는 판결하기가 그리 어렵지 않았을 것으로 보이지만, 여기서는 상호와 관련된 언어학적 판단에 대해서만 좀 더 살펴보려 한다. 처음 사용한 상호 '루이비통닭'이 보여 주듯 이 치킨집은 '루이비통'이라는 브랜드를 그대로 모방하려는 의도가 농후했던 것이 사실이다. '루이비통'이라는 브랜드 이름이 조금도 변형되지 않고 그대로 들어 있다는 점이 그런 사실을 말해 준다. 따라서 그런 '루이비통닭'이 패션 브랜드 '루이비통'의 명성을 희석하는 역할을 했다고 판단해도 할 말이 없는 것이다. 그런데 우리가 주목할 필요가 있는 부분은 그런 '루이비통닭'이 법원의 합의 권고를 받고 상호를 수정한 것이 '차 루이비 통닭'인데 이 상호에 대해서도 루이비통 측은 자신들의 브랜드가 훼손되는 것으로 판단했고 법원도 그러한 루이비통의 사용 금지 가처분 요청을 받아들였다는 점이다. 이 이름 속에 들어 있는 '루이비 통닭'을 문법적으로 해석한다면 '루이비'라는 이름을 가진 '통닭'으로 해석될 수 있는데 그러한 해석을 받아들인다면 '루이비통'을 하나의 이름으로 해석하는 것과는 전혀 같다고 볼 수가 없을 것이기 때문이다.

일차적으로, '루이비 통닭'이라는 상호에서 '루이비'는 '루이비통'의 일부분이라는 것 외에 아무런 별도의 연원을 가지고 있지 않다. 그것의 영문 표기도 'Louis Vuitton'에서 그대로 발췌한 'Louisvui'이고 그런 단어는 그 브랜드에서 따왔다는 것 외에 별도의 연원을 찾을 수도 없다. 뒤의 '통닭' 부분은 한국어로 통닭을 의미할 수 있으니 무의미하지 않지만 이 가게의 성격도 전통적인 '통닭집'(전기구이 통닭과 같이 닭 몸통이 전체로 남아 있는 닭구이 판매점)이 아니라 치킨집(닭고기 조각을 튀겨서 요리한 것 판매점)이어서 굳이 상호에 '통닭'이 포함될 필요도 없다. 게다가 상호에서 '통닭'의 그 영문 표기를 'tondak'으로 적고 있는 것을 보면 통닭의 의미를 살리기보다는 앞의 'Louisvui' 뒤에 결합시켰을 때면 'Louisvui(t)ton'이 되어 'Louis Vuitton'과의 유사성을 최대한 살리는 데 그 명칭을 부여한 목적이 있음을 알 수 있다.

다음으로 '루이비 통닭'이 되어도 '루이비'와 '통' 즉 띄어 쓴 것만 붙이면 바로 '루이비통'이 될 수 있도록 되어 있어서 한글로 '루이비통'이 전혀 변형 없이 드러나도록 되어 있다는 점이 중요하다. 언어 단위의 분리를 통해 이러한 지적을 회피하려는 시도를 보였으나, 이 상호의 경우 '루이비'만이 상호가 아니라 '루이비 통닭' 전체가 상호로 등록될 것이다. 그리고 이를 실제 맥락에서 사용할 때도 "오늘은 루이비 통닭이라는 치킨집에 가자." 내지는 "그 치킨집 이름은 루이비 통닭이야."로 쓰이는 것이 원칙일 것이다. 그러므로 여기에 사용된 '통닭'은 단순히 보통명사로만 볼 수 없고 이름에 포함된 보통명사이므로 이름의 일부로 보아야 한다. 따라서 '루이비 통닭'은 여전히 '루이비통'을 그대로 모방한 상호를 사용하고 있는 것이다.

이와 대비되는 사례로, '푸라닭(PURADAK)'이 있다. 푸라닭은 명품 브랜드 '프라다(PRADA)'를 떠올리게 한다. 하지만 루이비 통닭보다 이름의 유사성은 상당히 덜한 편이라고 할 수 있다. 한글로나 로마자로나 프라다와 동일한 철자가 노출되도록 기호가 구성되어 있지 않다. 한글로는 특히 많이 다르며, 로마자로도 중간과 끝에 'U'와 'K'가 추가되어 있어 동일하다는 인상을 주지 않는다. 또한 창업 초기에 프라다 측으로부터 이의 제기를 받았을 때, 'pura'는 순수함을 뜻하는 스페인어이며 '닭'의 로마자 표기 'dak'을 합성시킨 이름으로 '순수한 믿음을 가진 순수한 사람들이 만들어 가는 브랜드를 표현한 것'이라는 서면 답변을 보냈다고 한다. 그리고 그 이후로 프라다 측으로부터 더 이상의 이의 제기가 없었다. 물론, 푸라닭이 프라다를 모방하고 있음은 누구나 눈치챌 수 있다. 그 이유는 창업 초기부터 가방처럼 생긴 포장에

프라다와 비슷한 로고를 사용해 왔기 때문에 디자인 면에서는 상당히 유사해 보이기 때문이다. 그러나 어떻든 결과적으로 프라다 측이 푸라닭에 대해 느끼는 것이, 루이비통 측이 루이비 통닭에 대해 느꼈던 것보다는 참을 만하다는 판단을 내릴 수 있을 것이다. 루이비 통닭은 루이비통 가방의 전형적인 디자인을 아주 유사하게 모방한 포장에다가 'LOUIS VUITON'('T'가 하나 적긴 하지만)이 그대로 노출되도록 하고 그 옆에 빨간색으로 'DAK'을 썼고, 로고도 'L'과 'V'가 겹쳐진 루이비통의 로고를 그대로 노출하고 그 옆에 작은 'D'를 추가해 놓는 방식이었다. 유사하다는 느낌보다는 동일성의 느낌이 강하게 드러났다. 그에 반해 푸라닭은 유사하다는 느낌이 있지만 전혀 같지는 않다는 것을 누구나 알 수 있다. 저작권 전문가들이 쓴 기사나 칼럼에서는 대부분 푸라닭도 부정경쟁방지법의 위반 가능성이 높은 것으로 판단하고 있다. 하지만 결과론이지만 프라다는 더 이상 이의를 제기하지 않고 있다. 사업적으로 부정적인 이미지가 생겨나는 일이 없다면 이미지 면에서도 프라다의 명성을 손상시키는 일이 없이 오히려 프라다의 명성을 패러디하는 단계를 넘어 오마주하는 차원으로 진입할 수 있지 않을까 한다. 프라다로서도 눈에 띄는 피해가 없다면 법적 분쟁을 제기하지 않는 쪽이 명품 기업으로서의 품격을 지키는 방향일 수 있다고 판단되며, 결과론이지만 프라다는 그렇게 하고 있는 것이다.

해외 명품 상표에 승소한 예로는 '버버리 찰떡'이 있다. 버버리 찰떡은 경북 안동 지역에서 80여 년간 서민들의 간식으로 애용되어 왔으나 상표등록은 2013년에 처음 시도되었다. 그러다 보니 선사용 되고 있는 영국 패션 브랜드 '버버리'와 유사하다는 오해를 받을 수 있어서 처음에는 특허청으로부터 거절을 당하게 된다. 하지만 버버리 찰떡 측은 버버리가 안동 지역의 사투리로 '벙어리'라는 뜻을 가지고 있으며 떡이 크고 맛있어서 한입 베어 물면 말을 잘 할 수 없었다는 유래도 있고, 떡을 처음 만든 할머니의 아들이 실제로 벙어리였다는 유래도 있는 등 여러 의미가 있는데 수십 년 동안 사용해 온 이 단어를 사용하지 못하게 되는 것이 억울함을 호소하며 상표등록 출원 거절 결정 불복 심판을 신청했고, 이 소송에서는 승리하게 된다. 심판원은 "본 사건의 출원상표의 지정상품은 단팥빵이고, 선사용 상표(영국 '버버리')의 지정상품은 의류와 가방 등 패션 관련 제품"이라면서 "양 상표의 지정상품이 다르고 호칭이 동일하더라도 일반 수요자가 오인 혼동할 가능성이 없다."고 판시했다. 그러나 버버리는 도용도 자주 되고 소송도 자주 제기하는 업체로 다른 많은 소송에서 승소했었다. 한 예로, 버버리는 2003년부터 천안에서 영업해 온 '버버리 노래클럽'을 상대로 부정경쟁행위를 했다며 2,000만 원 손해배상 소송을 제기해 대전지법 1심에서 패소했으나, 이에 불복해 항소해 2심에서 원고 일부 승소(250만 원 배상)를 얻어낸 일도 있었다.

요컨대, 「상표법」과 「부정경쟁방지법」에서 상표를 보호하는 취지는 상표에는 그 업체의 상품에 대한 식별력, 업체에 대한 인식, 품질에 대한 보증, 그 이름으로 알려진 명성 등이 담겨 있어서 그 상표는 그 업체의 재산이라고 볼 수 있으므로, 그러한 가치를 가진 상표를 모방함으로써 반사 이익을 도모한다든지, 그렇지 않더라도 그 상표의 명성을 희석할 수 있는 상표의 사용은 1차적으로 특허청 상표등록 단계에서 거부될 수 있고, 등록된다 하더라도 피해 업체의 문제 제기가 인정된다면 민·형사상의 처벌을 받게 되며, 이러한 분쟁이 수없이 일어나고 있음을 알 수 있었다.

상표 분쟁과 관련해서 한 가지 더 흥미로운 예를 덧붙이자면, 우리은행의 경우다. 1999년 상업은행(대한천일은행의 후신)과 한일은행(조선신탁주식회사의 후신)의 합병으로 출범했던 한빛은행이 2002년 우리은행으로 은행명을 바꾸면서 현재의 우리은행이 탄생했는데, 당시 이 우리은행이라는 명칭이 많은 논란을 낳았다. '우리'라는 인칭대명사가 포함되어 있었기 때문이다. 시중 다른 은행들은 '우리은행'이라는 단어는 내가 다니는 은행 또는 내가 거래하는 은행을 나타내는 일반적 의미가 강하므로 특정 은행의 명칭으로 사용할 수 없다고 주장했다. 그러나 그러한 논란에 개의치 않고 우리은행 측에서는 상호를 바꾸지 않았으며 2002년에는 상표 출원까지 했고 2004년에는 상표가 등록되었다. 이에 국민, 외환, 하나, 신한, 부산, 대구, 전북, 제주 등 8개 은행들이 연합으로 2005년에 '우리은행' 상표/서비스표에 대해 무효심판청구 소송을 제기했고 대법원까지 올라간 이 분쟁은 2009년 우리은행의 패소로 종결된다. 대법원은 '우리은행'이라는 명칭이 '우리'라는 단어에 대한 일반인의 자유로운 사용을 방해하는 것이어서 독점권이 인정되는 상표등록이 무효라고 했다. 즉, 소비자들이 자신과 관련 있는 은행을 나타내는 일상적 용어인 '우리은행'이 특정인 또는 특정 단체에만 허용되게 되면 동일 업종 종사자들에게 불편과 제약이 가중될 수 있다는 것이었다. '우리은행'은 구「상표법」[4] 제6조 제1항 제7호의 '수요자가 누구의 업무에 관련된 서비스업을 표시하는 것인가를 식별할 수 없는 서비스표'에 해당하고, 구「상표법」 제7조 제1항 제4호의 '공공의 질서 또는 선량한 풍속을 문란하게 할 염려가 있는 상표'에 해당해 무효라고 판시한 것이다. 이렇게 '우리은행' 상표는 무효화되었지만 지금도 '우리은행'은 여전히 같은 간판을 붙이고 영업을 계속하고 있다. 그것은 그 소송이 상표에 대한 소송이었지 상호에 대한 소송은 아니어서 상호의 사용까지 막을 수는 없었기 때문이다. 또한 그 은행의 '우리'라는 상호는 이미 유명해져 있기 때문에, 다른 사람이 '우리'라는 상표를 금융업에 사용하는 경우에는 「부정경쟁방지법」상 영업주체 혼동행위로 처벌될 수 있으므로, 우리은행의 입장에서는 굳이 상호까지 바꿀 필요를 느끼지는 않은 것이다.

이상으로부터 우리가 마지막으로 물을 수 있는 질문은 이러한 상

---

4 2014년 개정 이전의 「상표법」.

표에 덧붙은 식별력, 업체와의 연결, 품질 보증력, 명성, 재산 가치 등은 그 이름의 의미라고 볼 수 없는가다. 이 책 전체에 걸쳐 고유명칭의 의미론적 의미는 없고, 고유명칭으로부터 나오는 지시대상의 확인을 포함한 그 이름으로부터 추론되는 모든 파생적 의미는 그 언어기호와 결부된 것이 아닌 지시대상에 대한 지식으로부터 도출될 수 있는 화용론적 전제라는 입장을 견지했다. 고유명칭이 우리에게 아무리 많은 것을 떠오르게 한다 해도 이상의 모든 논의로부터 역시 고유명칭은 언어학적 의미론의 대상이 되기 어렵다는 점이 확인되었다고 본다. 그러나 이 책을 통해 언어학적 의미만으로 우리의 의사소통이 이루어지는 것이 아니며, 언어의 가장 주된 기능인 의사소통을 이해하려 한다면 화자와 청자, 그리고 그들 사이의 공유지식과 언어기호 사이의 추론적 상호작용의 기제를 결코 가벼이 여겨서는 안 된다는 점을 충분히 강조할 수 있었다고 믿는다. 언어기호의 언어학적 의미를 정확히 이해하려 해도 무엇을 걸러내야 할지 모른다면 그것을 정확히 알아냈다고 말하기 어려울 것이기 때문이다.

나오는 말

이름은 서로 관련이 없는 수많은 분야에서, 서로 다른 수많은 시각에서 관심을 가질 만한 주제다. 실제로 수많은 분야에서 이름을 거론한다. 명칭, 제목 또는 '-명', '-이름'과 같은 파생적 합성어까지 포함한다면 이 세상은 이름과 대상으로 양분되고 대상을 확인하는 수단이 이름이니, 온 세상이 이름으로 채워져 있다고 말해도 과언이 아닐 것이다. 그러나 이름 자체에 대해 학문적으로 접근하는 논의는 뚜렷한 시각을 가지기 어려웠던 것이 사실이다. 이미 성명학과 같은 학문적 명칭을 가진 분야가 없는 것은 아니나 이러한 분야는 성명과 사람의 운명 사이에 관련이 있다는 민간의 믿음에 바탕을 두고 있는 일종의 점술일 뿐 과학적 연구 분야는 되지 못한다. 사람 이름이 아닌 명칭에 대해서는 다양한 분야의 명명법 내지는 명명 규약(nomenclature)이 있으나 이러한 분야는 대개 종 구분과 관련된 분류학(taxonomy)에 그칠 뿐 이름의 본질에 대한 논의가 아니다. 그리고 이름이라는 말이 사용되더라도 종에 대한 것은 그 출발은 고유명칭이어도 곧바로 일반명칭으로 취급되는 것이 일반적인데, 그러한 출발점에 관해서부터 명확한 논의가 없다.

이 책에서는 이름의 본질에 접근하는 논의는 대개 언어학적이거나 철학적인 것일 수밖에 없다고 보아 그 두 분야의 논의를 주로 참조했다. 그런데 언어학적인 접근과 철학적 접근은 주된 관심에서 서로 같지 않다. 언어학적 접근은 주로 언어 형식에 관심이 있고 철학적 접근은 주로 세상과 그 속에 있는 대상에 관심이 있다. 언어학자들이 주로 언어 형식에 관심을 갖는 이유는 언어 현상이라는 것이 말소리(음성)나 문자로 지각되기 때문에 언어의 본질에 접근하기 위해서는 말소리나 문자의 연쇄를 관찰할 수밖에 없기 때문이다. 철학자들 가운데 언어를 다루는 이들은 애초에 언어와 세상(대상) 사이의 연결을 이해하기 위해서 언어를 관찰한다. 따라서 실제 세상과 연결되지 않은 상태로 언어 자체만을 논의하는 것은 '팥소 없는 찐빵'이라 여길 것이다. 서로 다른 학문은 서로 다른 관심 현상의 원리를 설명하고자 하는 것이므로 때로 겹치는 관심사가 나타난다고 해도 서로 다른 학문 체계들 속에서 그 주제가 차지하는 위상은 유사할 수 없는 것이며, 그 주제를 풀어내는 학문적 접근 방식과 전통이 동일할 수 없는 것은 너무나 당연하다.

이름은 그 표현이 말소리와 문자로 이루어져 있으므로 언어학적 연구 대상이 되어야 할 것으로 보이나, 언어기호와 언어기호의 관계 속에서 하나의 언어기호가 이름이라는 것이 다른 명사 단위와 얼마나 다르며 왜 다른지에 대해 오랫동안 근본적인 대답을 가지지 못했다. 어떤 언어들에서는 이름의 첫 글자를 대문자로 쓴다는 표기상의 특징이 알려진 것 외에, 다른 명사들보다 지시사와 같은 수식어와의 결합이 덜 자유롭다는 점, 합성어의 어근으로 고유명사가 들어 있는 경우의 결합적 특징, 이름에서 선호되는 말소리 등과 같은 표면적인 특징들이 관찰되지 않은 것은 아니지만, 이름이 특정 언어의 구조적 특징에서 주요하게 다루어질 만한 본질적인 부류로 인식된 적은 없다. 언어학적 전통 아래 있는 의미론은 주로 어휘의미론이라 불리는데, 단어의 의미는 형식으로 드러난 어휘 형식의 이면에 있는 개념으로서 단어들 사이의 관계 속에서 한정되거나 파악될 수 있다고 보며, 이름에 대해서도 그것이 일반적인 개념으로 확장된 경우 외에는 별로 관심을 가지지 않았다.

반면에, 이름은 철학적 의미론에서는 언어와 세상의 연결을 논의하는 데 주요한 출발점이 되어 주었다. 이름은 대상을 직접 가리키는 언어적 표현이라고 말할 수 있었으니까 말이다. 그래서 이름의 의미가 곧 그것이 가리키는 대상인 것으로 이해하는 철학적 의미론과 그와 결합된 논리학적 전통이 문장 단위 의미론의 주류로 대두될 정도로 큰 발전을 이루게 된다. 문장 의미론에서는 문장의 의미를 진술(명제)이 참이 될 수 있는 조건으로 보는데, 진술은 대개 이름에 대한 서술이다. 그리고 이렇게 형성된 문장 의미론은 다시 언어학 분야로 수용되어 문장 단위의 의미를 다루는 주요 이론으로 자리 잡혀 가고 있다. 그러나 그렇다고 해서 이러한 문장 의미론이 이름의 본질을 온전히 설명하는 데 주된 관심을 가졌거나 그것을 충실히 이루어 냈다고 말하는 것은 아니다. 문장 의미론은 이름인 것, 즉 고유명칭인 것의 의미는 바로 그 대상인 것으로 해석되는 상숫값이라고 상정한 것일 뿐 실제 이름들의 의미를 섬세하게 다루는 논의를 주요 관심사로 삼은 것은 아니었기 때문이다.

이 책에서는 이름과 관련된 모든 논의를 종합하면서 이름의 본질을 근본적으로 살펴보고자 했는데, 이름의 본질이 철학적 의미론에서 말하듯 대상으로 해석되는 언어기호인 것은 맞지만 그 언어기호가 어떤 대상으로 해석되기 위해서는 그 언어기호가 그 대상의 이름이라는 것을 (화자와 청자가) 알아야 한다는 점, 즉 그 언어기호와 그 대상과의 연결 가능성이 그 언어기호의 의미로 결부되어 있어야 함을 주목한다는 점에서, 대상보다는 언어에 관심을 가지는 언어학적 접근에 좀 더 기울어 있다고 하겠다. 그리고 정작 이름인 언어기호가 실제 대상으로 완전히 해석되는 것은 화용론의 영역이라고 보았다. '영희'라는 이름이 실제 대상인 영희와의 연결 가능성을 가지고 있다는 것까지는 '영희'라는 언어기호에 귀속될 수 있는 부분이지만, 실제로 철수로 해석되는 것은 상황 맥락을 고려한 추론의 결과일 테니까 말이다. 실제 해석은 오히려 화자와 청자가 가지고 있는 대상에 대한 지식을 활용한 추론 모형 속에서 완성된다. 우리는 언어를 언어기호 속에서 형식과 의미로 구분하고자 하지만(부호 모형; code model), 실제 의사소통에서 의미의 해석은, 언어기호를 다른 지식을 활용해 대상과 연결해 주는 추론의 과정을 통해 이루어진다(추론 모형; inference model).

이름의 본질을 어떤 시각에서 이해해야 하는가에 바쳐진 부분이 이 책의 제1부이며, 그런 면에서 이상에서 다시 개관한 내용은 제1부의 개요라고 말할 수 있겠고 어쩌면 전체 책에서 말하고자 하는 대의라고 해도 좋겠다. 제2부와 제3부의 내용을 다시 제1부에서 제시한 의사소통 모형 속에서의 언어기호와 대화 참여자(화자, 청자)의 공유지식과 추론 능력 사이의 상관관계로 풀어서 논의하자면 상당한 지면이 더 필요하리라고 본다.

그럼에도 불구하고 제2부의 논의를 추가한 것은, 이름이라는 주제를 논의하고자 한다면 인간이 인식할 수 있는 세상의 모든 대상들 가운데 개체적으로 인식해 이름을 붙일 수 있는 대상의 범위를 가늠해 보는 일이 적어도 한 번 이상 시도되었어야 한다고 보았기 때문이고, 대상의 실체 유형마다 인간에게 유의미한 원형적 속성의 틀이 존재한다는 것을 확인하고 그 내용을 가늠해 보는 것이 결국 이름의 의미를 해석하는 데 결정적일 수 있음을 보이고 싶었기 때문이기도 하다. 예상했던 것보다 분량이 많아진 데 비해서 섬세한 논의들이 충분히 개진되지 못했지만, 기존의 어휘의미론과 차별화된 존재론적 어휘의미론이 제2부의 소재들을 토대로 해서 시작되거나 심화될 필요가 있다는 문제 제기라도 될 수 있기를 기대한다. 사르트르의 『구토』를 읽으면 실제로 구토가 나올 듯하다는 것도 작가의 의도라면, 이름이 가리키는 대상이 이토록 다양하고 그 성격이 다양하다는 것을 양적으로 가늠해 볼 필요가 있음을 알리고자 한 것이 필자의 의도라고 생각해 주어도 좋을 것 같다.

제3부에서는 이름의 사용 양상을 다루고자 했는데, 이름을 사용하는 개인과 집단의 사회언어학적 변인과 관련된 부분이 큰 비중을 차지했다. 이름은 불리는 상대나 지칭의 대상이 되는 개인이나 집단에 대한 구별된 인식을 전제하기 때문에 기본적으로 정체성과 관련되며, 이 정체성은 심리적 자의식만이 아니라 물리적 영역이나 소유로까지 확장될 수 있다. 언어기호로서의 이름은 지시가 주된 기능이지만 인간 상호작용 속에서 지시라는 행위는 또다시 구별이든 차별이든 경계를 나누는 일이 되어 동질성과 이질성에 대한 적극적 표명 행위가 되며, 화합이나 분쟁의 계기가 되기도 하는 것이다. 주로 언론을 통해 알려진 흥미로운 사례들의 구체적인 내용을 살펴봄으로써 예비적 검토의 기회로 삼고자 했으며, 보다 체계적인 후속 논의들을 기대하려 한다.

참고문헌

강경인(1997), 「보통명사와 고유명사」, 『영어영문학연구』 23-1.

강범모(2009), 「한국영화 제목의 어휘와 의미」, 『한국어 의미학』 30.

______(2015), 『양화와 복수의 의미론』, 한국문화사.

강석윤(1982), 「신라어 고유명사의 일고찰」, 중앙대학교 석사학위논문.

강희숙 외(2016), 『한국인 이름의 사회언어학』, 역락.

구은희(1997), 「프레게 의미이론에서의 진리」, 이화여자대학교 석사학위논문.

구자준(2014), 「한국과 유럽의 프로축구클럽 BI(Brand Identity) 디자인 비교분석 -브랜드 네임과 앰블럼을 중심으로-」, 『한국디자인문화학회지』, 20-3.

국토지리정보원(2008-2016), 『한국지명유래집』, 진한앰앤비.

김경진(2013), 「품목명이 소비자의 싫증에 미치는 영향」, 『기업과혁신연구』(한국비즈니스리뷰) 6-1.

김만태(2016), 『한국 성명학 신해(보정판)』, 좋은땅.

김병곤(2013), 「안압지의 월지 개명에 대한 재고」, 『역사민속학회』 43.

김보현(1999), 「인과적 지시론과 고유명사의 지시 변화」, 『철학연구』 72.

김석모(2016), 「작품 제목에 대한 미술사적 고찰 -제목의 기원과 발달사-」, 『예술과 미디어』 15-1.

김선혜(2009), 「『표준국어대사전』의 고유명사 표제항들에 대한 비판적 검토 -〈고유명사〉, 〈인명〉, 〈지명〉, 〈책명〉 표제항들을 중심으로-」, 『언어사실과 관점』 23.

김선혜·한승규(2011), 「학습자 사전에서의 고유명사 표제어 선정의 문제」, 『한국사전학』 17.

김순배(2010), 「충청 지역의 지명 연구 동향과 과제」, 『지명학』 16.

김식(2011), 「고유명으로서의 "스포츠": 의미 가능성의 문제 -크립키의 "인과적 이름이론"을 중심으로-」, 『한국체육학회지-인문사회과학』, 50-5.

김언자(2008), 「고유명사의 한정에 대하여」, 『프랑스학연구』 46.

김예숙(2001), 「고유명사의 의미 연구를 위하여 -불어와 한국어의 인명-」, 『프랑스학연구』 19.
김요한(2004), 「고유명사의 의미론적 기능에 관한 연구 -고대와 비잔틴 중세 철학자들을 중심으로-」, 『범한철학』 34.
김유경·박광배·이승복(1992), 「한국인 姓의 심리적 명사형 -고유명사인가, 보통명사인가?-」, 『한국심리학회 '92 연차대회 학술발표논문집』 1.
김유진(2007), 「갤러리 아이덴티티 디자인 표현 연구」, 『인터넷비즈니스 연구』 8-2.
김인균(2009), 「동격 명사구의 유형 및 범위의 구조」, 『우리말연구』 24.
김인자(2008), 「고유명사의 한정에 대하여」, 『프랑스학연구』 46.
김인천(2005), 「체코어 사람 이름에 대한 연구: 기본 구조와 발달사적 특징을 중심으로」, 『동유럽발칸연구』 15-1.
김재훈(2001), 「한국어 고유명사 추출」, 『연구논문집』 18, 한국해양대학교 산업기술연구소.
김정남(2007), 「의미 투명성과 관련한 국어의 제 현상에 대하여」, 『한국어 의미학』 22-1.
김정연(2003), 「럭셔리 브랜드 제품의 디자인 가치요소에 관한 연구: 여성용 핸드백을 중심으로」, 건국대학교 석사학위논문.
김정태(2011), 「고유어 인명의 명명 특징」, 『인문학연구』 38-4.
김종미(2017), "Phonology of Brand Naming", 『음성음운형태론연구』 23.1.
김종수(2003), 「탈고유명사의 구조와 기능」, 『독일어문학』 21.
______(2005), 「독일 광고에 나타난 상품명의 분석과 네이밍 전략」, 『독어교육』 32.
김중규(2011), 「러셀에 있어서의 사실과 관련된 의미론적 관점」, 『철학논총』 63.
김해연(2005), 「문어 담화상에서의 인명지칭표현 -사도행전의 인칭고유명사 사용을 중심으로-」, 『텍스트언어학』 19.
김현주(2003), 「고유명사의 원형적 특성에 관한 연구」, 이화여자대학교 석사학위논문.
남순예(2000), 「고유명에 관한 러셀과 프레게 이론의 비교」, 『철학논총』 21.
도수희(2012), 「지명 연구 방법론에 대한 반성」, 『지명학』 18.
류영주(2010), 「프레게의 뜻과 지시체에 관한 연구」, 동아대학교 석사학위논문.
문무영(1992), 「국어 자칭표현의 유형과 기능」, 『한국학연구』 4.
민영진(2003), 「한 하나님, 세 종교 -같음과 다름-」, 『한국문화신학회 논문집』 6.
민현식(1995), 「국어 띄어쓰기법 개선에 관한 연구」, 『한국학연구』 4.
박기선(2012), 「개화기 소설의 한,중,일 번역 양상에 관하여 -〈천로역정〉의 고유명사 표기를 중심으로-」, 『이중언어학』 48.
박영배(2004), 「영어 어원 연구 -웨일즈어 고유명사의 내력을 중심으로-」, 『어문학논총』 23.
박영서(2009), 「울산 지역 예체능 학원 명칭의 형태적 특징 연구」, 울산대학교 석사학위논문.
박용민(2014), 「한국어 제목 개체명 인식 및 사전 구축: 도서, 영화, 음악, TV프로그램」, 『정보처리학회논문지, 소프트웨어 및 데이터 공학』 3-7.
박은경(2001), 「고유명사의 범주에 관한 연구」, 『한국정보관리학회 학술대회논문집』 8.
박재연(2008), 「고유명의 변별적 속성에 대하여」, 『한국어 의미학』 27.
______(2011), 「고유명 의미의 지시와 내포」, 『한국어 의미학』 37.
박준호(1997), 「직접 지시론의 본질주의에 관한 연구」, 전북대학교 박사학위논문.
박준황(1972), 「한글 전용과 고유명사 표기 문제」, 『나라사랑』 6.
박지욱(2020), 『이름들의 인문학』, 반니.
박철우(1990), 「한국어 수량표현의 의미에 관한 연구」, 서울대학교 석사학위논문.
______(1998), 「한국어 정보구조에서의 화제와 초점」, 서울대학교 박사학위논문.
______(2004), 「고유명사의 의미와 기능」, 『인문과학연구』 12-2.
______(2004/2016), 「고유명사의 의미와 기능」, 『인문과학연구』 제12집[II], 45-62. 윤평현 선생 정년퇴임 기념논총 간행위원회(2016), 『국어의미론의 새로운 인식과 전개』, 281-299에 재수록.
______(2005), 「국어 총칭문의 의미 해석과 문장 구조 분석」, 이정민 외 편, 『의미구조와 통사구조 그리고 그 너머』, 한국문화사.
______(2010), 「'들'-표지 명사구의 구조와 의미」, 『한국어의미학』 31.
______(2011a), 「국어 화시 표현의 유형」, 『한말연구』 29.
______(2011b), 「화시의 기능과 체계에 관한 고찰」, 『한국어 의미학』 36.
______(2012), 「양화사와 의미」, 『한국어 의미학』 39.
______(2013), 「어휘부와 의미론」, 『국어학』 66.
______(2017), 「한국어 정보구조에서의 정보 단위 획정 문제」, 『언어학』 78.
박태화(1999), 「영남지방 지명에 관한 연구 -창녕군, 봉화군, 남해군의 경우-」, 『한국지역지리학회지』 5-1.
박현숙(2005), 「이중언어에 나타난 고유명사의 구조적 특징」, 『스칸디나비아 연구』 6.
박효진·박윤희(2015), 「한영 문학 번역에서의 이름 및 지칭어 고찰」, 『국제어문』 64.
변용우(2013), 「경주 양북 지명의 형성 방식과 어학적 특성」, 『신라문화』 42.
변찬복·이홍재(2013), 「관광도시 브랜드에 대한 자아일치감과 브랜드 동일시, 라이프스타일 일치감이 브랜드 충성도에 미치는 영향 -해양스포츠 관광도시 방문객을 대상으로-」,『한국도시행정학보』 26-3.
산림청 국립수목원(2020),『국가표준식물목록 -자생식물-』, 산림청 국립수목원.
상선희(2011),「지도에 나타난 해역 명칭에 대한 이해와 분쟁사례 연구」,『영토해양연구』 2.
서반석(2012),「한국어 명사구의 동격 구성 연구」, 서울대학교 석사학위논문.
______(2016),「'인명고유명사구'와 '지칭·호칭명사구' 결합의 통사적 특성 연구」,『한국어학』 71.
서정철(2013),「서양 고지도를 통하여 본 동해명칭을 둘러싼 한일 간의 경쟁 -'지명의 발생과 기능'을 중심으로-」,『한국고지도연구』 5-2.
성승은(2011),「그림책의 고유명사 번역에 관한 고찰」,『국제언어문학』 제24호.
소강춘(2004),「한국, 조선, 중국 국어 교과서에 나타난 어휘 특징에 대한 국어정보학적 연구 -일반명사와 고유명사를 중심으로-」,『한국언어문학』 53.
손정수(2002),「텍스트의 경계 -1930년대 후반 한국 소설에 나타난 고유명의 의미-」,『현대소설연구』 16.
손정은(2013),「지명 이미지를 통한 시조 이해 교육 연구」, 서울대학교 석사학위논문.
송민호(2011),「개화계몽기 문자/음성적 전통의 균열과 이인직의 언어의식: 〈혈의 누〉의 고유명 玉蓮·옥연·옥련(옥년)을 중심으로」,『한국문학연구』 41.
송원용(2001),「문장형 고유명의 형태론」,『문법과 텍스트』, 태학사.
송재록(2005),「한글+한자문화 칼럼: 중국의 고유명사는 한자로 써야 한다」,『한글한자문화』 77.
신운섭(2002),「고유명사의 의미론」,『독어교육』 24.
신지연(2008),「국어 대명사의 품사론」,『한국어학』 38.
신충훈(2008),「히브리어 고유명사가 영어의 관용어구에 끼친 영향 연구 -히브리어 고유명사 요셉과 아담을 중심으로-」,『기독교와 어문학』 5-1.
심수경(2009),「오에 겐자부로 〈절규〉 -빼앗긴 고유명을 중심으로-」,『일어일문학연구』 69-2.
심혜령(2009a),「고유명사의 어휘 교육적 의의와 사전 처리」,『한국사전학회 학술대회 발표논문집』, 2009-5.
______(2009b),「한국어 학습자를 위한 '문화기반어휘' 연구(1) -고유명사를 중심으로-」,『언어와 문화』 5-2.
안형관(2008),「불교사상의 이해와 소통을 위한 불 명호 고찰」,『동서정신과학』 11-1.
양명희(1994),「국어 대용어의 특성과 기능」,『국어학』 24.

양세욱(2009), 「'댜오위타이'와 '낚시터국빈관' 사이 -중국어 고유명사 한글표기의 현황과 쟁점-」, 『중국어문학논집』 57.

양승원(1991), 「고유 명사와 지시의 문제: 프레게·러셀·크립키를 중심으로」, 서울대학교 석사학위논문.

양창헌(2014), 「적합성 이론에서 본 문화특정어의 번역특성: '순이 삼촌'의 고유명사 한영번역을 중심으로」, 『영어권문화연구』 7-3.

염홍석(2010), 「프랑스 광고에 나타난 상표/상품명 고유명사에 관한 연구」, 『프랑스문화연구』 21.

오미형(2011), 「한국영화제목의 효과적 의사소통」, 『커뮤니케이션학 연구』 19-2.

원교교(2015), 「한국 신문에서의 중국 TV 프로그램명의 수용 양상: 한글 표기 및 번역 사례를 중심으로」, 경희대학교 석사학위논문.

유경숙(2001), 「외국 고유명 표기의 무질서, 무엇이 문제인가」, 『인문학논총』 3.

유예화(2004), 「현대 한국어와 중국어의 호칭어 대조연구」, 조선대학교 석사학위논문.

윤철민(2011), "Definite Descriptions: In Defense of the Ambiguity Thesis", 성균관대학교 석사학위논문.

윤평현(2020), 『새로 펴낸 국어의미론』, 역락.

윤홍섭(2010), 「고유 명칭에 대한 기술 이론의 역사적 논쟁 고찰」, 『영어영문학연구』 52-4.

윤희수(2008), 「고유명사의 생성과정과 한정성」, 『언어과학연구』 44.

이경호(1999), 「국어 고유명의 의미기능 연구」, 고려대학교 석사학위논문.

이규철(1994), 「성경과 꾸란에 나타난 고유명사의 연구: 언어학적 면에서」, 『외대논총』 12.

이근화(2008), 「백석 시의 고유명과 조선시의 현장」, 『어문논집』 57.

이동혁(2013), 「상품명의 고유명사론」, 『어문학교육』 47.

이동혁·이종열(2007), 「고유명사의 비유적 의미 양상에 대한 연구」, 『한국어 의미학』 23.

이문성(1993), 「크립키의 지칭론에 관한 연구」, 전북대학교 박사학위논문.

이민부(2005), 「"楸哥嶺" 지명에 관한 지형학 및 역사지리학적 해석」, 『문화역사지리』 17-1.

이범관·김봉준(2008), 「지명분쟁의 예방과 해결에 관한 연구」, 『한국지적학회지』 12(2).

이병덕(2006), 「허구적 이름에 대한 밀주의 이론과 추론주의 의미론」, 『철학적 분석』

13.
이봉재(2009), 「이름과 지시: 인과적 이름이론을 중심으로」, 『철학논구』 17.
이사원(2012), 「중국어 고유명사의 학습과 기억」, 영남대학교 석사학위논문.
이상복(2012), 「국어의 형태소 분석에 대한 일고찰(1) -고유명사를 중심으로-」, 『배달말』 50.
이선웅(2007), 「국어 지칭어·호칭어의 명사구 형성 문법」, 『우리말글』 40.
이성규(2012), 「위만 조선의 왕족 인명 연구」, 『고조선단국학』 27.
이성범(1999), 『언어와 의미』, 태학사.
이수미(1998), 「고유명사에 대한 몇 가지 고찰」, 『불어불문학연구』 37-1.
______(2001), 「고유명사와 한정」, 『불어불문학연구』 46-2.
이영수(2010), 「지역문법을 이용한 회사이름인식」, 『독어학』 22.
이은경(2016), 「정신 공간 이론과 고유명사」, 『한국어 의미학』 51.
이재호(2006), 「담화글의 대명사 참조해결과정: 명명과제에 반영된 성별표지와 언급순서의 상호작용」, 『한국심리학회지』 18-1.
______(2011), 「독일에서 이름소유자에게 부여된 이름(Eigenname)의 의미」, 『독일어문학』 54.
이정규(2009), 「이름의 지시체 결정 문제: 기술이론의 귀환」, 서울대학교 석사학위논문.
이정민 편(2001), 『인지과학』, 태학사.
이정택(2011), 「고유 명사와 보통 명사 -분류 기준과 개념 설정을 중심으로-」, 『문법교육』 15.
이종희(2011), 「밀주의에 기반한 허구적 대상이론의 가능성: 고유명으로서의 "홈즈"」, 『미학』 66.
______(2012), 「허구적 대상에 대한 추상적 실재론 연구: 밀주의에 기반한 혼합논제를 중심으로」, 서울대학교 박사학위논문.
이주용(2012), 「한국어 학습자를 위한 고유명사 선정과 제시방안」, 배재대학교 석사학위논문.
이지현(2015), 「실험철학의 한계와 확장: 고유명사의 지시를 중심으로」, 이화여자대학교 석사학위논문.
이진희(2013), 「독일어의 맞춤법 개정에서 고유명사의 대문자 표기 문제」, 『독일언어문학』 59.
이태화(2007), 「20세기 초 협률사 관련 명칭과 그 개념」, 『판소리연구』 24.
이향천(1989), 「고유 명사의 의미」, 『언어학』 11.

이홍식(2016), 「고유명사의 의미와 지시에 대하여」, 『한국학연구』 40.
임영태(2004), 「해양 지명의 표준화와 해양지명의 제정 및 활용을 위한 기초연구」, 『한국지적학회 학술대회 논문집』.
임윤주(2012), 「타이틀(제목)에서 나타난 언어 의미 분석」, 『디지털융복합연구』 10-10.
임유경(2016), 「식민의 기억과 고유명의 정치」, 『상허학보』 46.
임재해(2015), 「설화의 미디어 기능과 지명전설의 인문지리 정보」, 『한민족어문학』, 69.
임홍빈·장소원(1995), 『국어문법론1』, 한국방송대학교출판부.
장기성(1999), 「관용적 고유명사」, 『독일어문학』 9.
장정웅(1987), 「Racine의 희곡에 나오는 고유명」, 『인문학총』 12.
______(1988), 「Racine의 희곡에 나오는 고유명(II)」, 『인문과학』 4.
전영철(2013), 『한국어 명사구의 의미론: 한정성/특정성, 총칭성, 복수성』, 서울대학교출판문화원.
전재연(2008), 「불어 고유명사 연구」, 『한국프랑스학논집』 62.
______(2009), 「프랑스어 고유명사 파생어휘 연구: 인명(anthroponyme)과 지명(toponyme) 파생을 중심으로」, 『한국프랑스학논집』 68.
정경일(2008), 「브랜드네임의 인지언어학적 측면에 관한 시론」, 『어문논집』 57.
정수정(2008), 「독어의 고유명사에 대한 연구」, 『독일어문화권연구』 17.
정인경(1983), 「단칭 용어의 지시성에 관한 연구: 러셀, 스트로오슨, 크립키의 논의를 중심으로」, 이화여자대학교 석사학위논문.
정진영(2010), 「한국어 고유명사 연구」, 부산대학교 박사학위논문.
조영광(2015), 「고구려 초기 관등의 기원과 성격에 대하여」, 『사학연구』 119.
조인래(1978), 「고유명사론에 관한 소고」, 『철학논구』 6(현안 김준섭 교수 정년퇴임 특집호).
조태린(2006), 「'국어'라는 용어에 대한 비판적 고찰」, 『국어학』 48.
주성재(2019), 「다차원적 비판지명학 연구를 위한 과제」, 『대한지리학회지』 54-4.
주원준(2010), 「이름 짓기 문형과 혼인 문형 -성경 히브리어의 양적 구조 분석으로 발견한 고정된 형식들-」, *Canon & Culture* 4-1.
차준경(2003), 「고유명사의 의미와 중의성 해소」, 『한국어학』 20.
최범훈(1978), 「한자차용표기방식의 단계적 발달에 대하여」, 『서원대학 논문집』 7.
______(1982), 「용비어천가의 정음표기 고유명사연구(II)」, 『한국언어문학』 21.
______(1983), 「용비어천가의 정음표기 고유명사연구(I)」, 『한국어문학연구』 17.
최성규(2006), 「구역 『신약젼셔』의 국어학적 연구」, 서울대학교 석사학위논문.

최성호(2016a), 「고유명이란 무엇인가?: 왜 선박은 이름이 있지만 비행기는 이름이 없을까?」, 『철학적 분석』 36.

_____(2016b), 「고유명과 명명」, 『한국어 의미학』 54.

_____(2016c), 「'이순신 장군'은 고유명인가 기술구인가」, 『철학사상』 62.

_____(2016d), 「고유명과 명명: 박재연 교수의 견해에 대하여」, 『한국어 의미학』 54.

최영길(1991), 「이슬람 신학사상; 유일신의 고유명칭과 이슬람의 시원 및 이슬람과 무슬림 두 어휘 개념을 중심으로」, 『한국중동학회논총』 12-1.

최현배(1961), 『우리말본』, 정음사.

플라톤 지음, 김인곤·이기백 옮김, 『크라튈로스』, 이제이북스.

한글학회(1966-1986), 『한국 지명 총람』 1-20.

한대석(2016), 「이름의 논리: 실재론 비판」, 『동서철학연구』 81.

한상복(1992), 「해양학적 측면에서 본 동해의 고유명칭」, 『지리학』 27-3.

한재동(2016), 「"하느님" 사용 정당성의 예배학적 재조명」, 『신학과 실천』 51.

한혜정(2003), 「고유 명사의 의미에서 동사의 무의미로 -루이스 캐럴의 『앨리스』-」, 『영미문학연구』 5.

홍윤표(1997), 「'노들강변'은 고유명사」, 『국토』 4월호(통권 186호).

홍재성(2001), 「한국어의 명사II」, 『새국어생활』 제11권 제4호, 국립국어원.

홍창성(1991), 「고유 명사와 자연종 명사의 지시」, 『철학논구』 19.

황경수(2010), 「띄어쓰기의 실제」, 『새국어교육』 86.

Aldrin, E. (2016), "Names and Identity", in C. Hough (ed.), *The Oxford Handbook of Names and Naming*, Oxford University Press, 382-394.

Anderson, J. (2006), *The Grammar of Names*, Oxford University Press.

Ariel, M. (1990), *Accessing Noun-Phrase Antecedents*, Routledge.

Armour-Garb, Brad and J. J. Katz (1998), "What's in a Name", Typescript.

Bach, K. (1981), "What's in a Name?", *Australasian Journal of Philosophy*, 59: 371-386.

Braun, D. (1993), "Empty Names", *Noûs*, 27(4): 449-469.

Brock, S. (2006), "World-Indexed Descriptivism and the Spurious Problem of Referring Names", 『철학적 분석』 14.

Burge, T. (1973), "Reference and Proper Names", *Journal of Philosophy*, 70(14): 425-439.

______(1977), "Belief De Re" *The Journal of Philosophy*, 74: 338-362.

______(1979), "Individualism and the Mental", in P. French, T. Euhling, and H. Wettstein (eds.), *Midwest Studies in Philosophy* (Volume 4), University of Minnesota Press, 73-121.

Carlson, G. (1977), "Reference to Kinds in English", Ph.D. dissertation, University of Massachusetts at Amherst. Published in 1980 by Garland, New York.

Carlson, G. N. and F. J. Pelletier (eds.) (1995), *The Generic Book*, University of Chicago Press.

Caplan, B. (2007), "Millian Descriptivism", *Philosophical Studies*, 33: 181-198.

Carnap, R. (1947), *Meaning and Necessity*, University of Chicago Press.

Carroll, J. (1985), *What's in a Name?*, Freeman and Company.

Chalmers, D. (2004), "The Foundations of Two-Dimensional Semantics", in M. Garcia-Carpintero and J. Macia (eds.), *Two-Dimensional Semantics: Foundations and Applications*, Oxford University Press.

Church, A. (1951), "A Formulation of the Logic of Sense and Denotation", in P. Henle, M. Kallen, and S. K. Langer (eds.), *Structure, Method, and Meaning*, Liberal Arts Press.

Crimmins, M. and J. Perry (1989), "The Prince and the Phonebooth", *Journal of Philosophy*, 86(12): 685-711.

Cumming, S. (2008), "Variabilism", *Philosophical Review*, 117(4): 525-554.

Davidson, D. (1967), "The Logical Form of Action Sentences", in N. Resher (ed.), *The Logic of Decision and Action*, University of Pittsburgh Press, 81-95. Reprinted in D. Davidson (ed.), *Essays on Actions and Events*, Clarendon Press, 1980, 105-122.

Dever, J. (1998), "Variables", Ph.D. dissertation, Philosophy Department, University of California/Berkeley. [Available online]

Devitt, M. (1981), *Designation*, Columbia University Press.

Donnellan, Keith S. (1966), "Reference and Definite Descriptions", *The Philosophical Review*, 75(3): 281-304.

______(1972), "Proper Names and Identifying Descriptions", in D. Davidson and G. Harman (eds.), *Semantics of Natural Language*, D. Reidel, 356-379.

Dummett, M. (1973), *Frege: Philosophy of Language*, Harvard University Press.

Eades, G. L. (2017), *The Geography of Names: Indigenous to Post-foundational*, Routledge.

Elbourne, P. (2005), *Situations and Individuals*, MIT Press.

Evans, G. (1973), "A Causal Theory of Names", *Proceedings of the Aristotelian Society* (Supplementary Volume), 47: 187-208.

______(1982), *The Varieties of Reference*, Blackwell.

Everett, A. and T. Hofweber (eds.) (2000), *Empty Names, Fiction and the Puzzles of Non-Existence*, CSLI Publications.

Fara, D. G. (2014), "'Literal' Uses of Proper Names", in A. Bianchi (ed.), *On Reference*, Oxford University Press.

Frege, G. (1956), "The Thought: A Logical Inquiry", *Mind*, 65(259): 289-311.

______(1986)[1892], "On Sense and Nominatum". Reprinted in A. P. Martinich (ed.), *The Philosophy of Language*, Oxford University Press, 186-198.

Geach, P. (1969), "The Perils of Pauline", *Review of Metaphysics*, 23(2): 287-300.

Geurts, B. (1997), "Good News about the Description Theory of Names", *Journal of Semantics*, 14: 319-348.

______(1999), *Presuppositions and Pronouns*, Elsevier.

Green, G. (1996), *Pragmatics and Natural Language Understanding*, Routledge.

Grice, H. P. (1975), "Logic and Conversation", in P. Cole and J. L. Morgan (eds.), *Syntax and Semantics* (Volume 3: Speech Acts), Academic Press, 41-58.

Grundy, P. (2008), *Doing Pragmatics*, Hodder Education.

Haas-Spohn, U. (1995), *Versteckte Indexikalität und subjektive Bedeutung*, Akademie Verlag.

Halliday, M. A. K. and R. Hasan (1976), *Cohesion in English*, Longman.

Harrison, H. (2004), *Word and World: Practice and the Foundations of Language*, Cambirdge University Press.

Heim, I. (1982), "On the Semantics of Definite and Indefinite Noun Phrases", Ph.D. dissertation, Linguistics Department, University of Massa-chusetts at Amherst.

Hough, E. (2016), *The Oxford Handbook of Names and Naming*, Oxford University Press.

Jackson, F. (1998), *From Metaphysics to Ethics: A Defence of Conceptual Analysis*, Oxford University Press.

Kaplan, D. (1978), "Dthat", in P. Cole (ed.), *Syntax and Semantics* (Volume 9: Pragmatics), Academic Press, 221-243.

______(1989), "Demonstratives/Afterthoughts", in J. Almog, J. Perry, and H. Wettstein (eds.), *Themes from Kaplan*, Oxford University Press, 481-614.

______(1990), "Words", *Proceedings of the Aristotelian Society* (Supplementary Volume), 64: 93-119.

______(2012), "An Idea of Donnellan", in J. Almog and P. Leonardi (eds.), *Having in Mind: the Philosophy of Keith Donnellan*, Oxford University Press, 122-175.

Karttunen, L. (1974), "Presupposition and Linguistic Context", *Theoretical Linguistics*, 1: 182-194.

Katz, J. J. (1981), *Language and Other Abstract Objects*, Rowman and Littlefield.

______(1990a), "Has the Description Theory of Names Refuted?", in G. Boolos (ed.), *Meaning and Method: Essays in Honor of Hilary Putnam*, Cambridge University Press.

______(1990b), *The Metaphysics of Meaning*, MIT Press.

______(1994), "Names without Bearers", *The Philosophical Review*, 103: 1-39.

______(2001), "The End of Milianism: Multiple Bearers, Improper Names, and Compositional Meaning", *The Journal of Philosophy*, 98: 137-166.

Kneale, W. (1962), "Modality De Dicto and De Re", in E. Nagel, P. Suppes, and A. Tarski (eds.), *Logic, Methodology and Philosophy of Science*, Proceedings of the 1960 International Congress, Stanford University Press, 622-633.

Kripke, S. (1980), *Naming and Necessity*, Harvard University Press.

Kroon, F. (1987), "Causal Descriptivism", *Australasian Journal of Philosophy*, 65: 1-17.

Lambrecht, K. (1994), *Information Structure and Sentence Form: Topic, Focus, and the Mental Representation of Discourse Referents*, Cambridge University Press.

Larson, R. and G. Segal (1995), *Knowledge of Meaning*, MIT Press.

Leech, G. (1981), *Semantics–The Study of Meaning*, Penguin Books.

Leigh Fermor, P. (1966), *Roumeli*, Parker & Row.

Lewis, D. (1979), "Scorekeeping in a Language Game", *Journal of Philosophical Logic*, 8(3), 339-359.

______(1984), "Putnam's Paradox", *Australasian Journal of Philosophy*, 62: 221-236.

Loar, B. (1976), "The Semantics of Singular Terms", *Philosophical Studies*, 30: 353-

377.

Lyons, J. (1977), *Semantics 1, 2*, Cambridge University Press.

Marcus, R. B. (1947), "The Identity of Individuals in a Strict Functional Calculus of Second Order", *Journal of Symbolic Logic*, 12(1): 12-15.

______(1961), "Modalities and Intensional Languages", *Synthese*, 13(4): 303-322.

Matushansky, O. (2008), "On the Linguistic Complexity of Proper Names", *Linguistics and Philosophy*, 21: 573-627.

McDowell, J. (1977), "On the Sense and Reference of a Proper Name", *Mind*, 86: 159-185.

McGinn, C. (2016), *Philosophy of Language: The Classics Explained*, MIT Press. (박채연·이승택 옮김(2019), 『언어철학』, 도서출판 b)

Mill, J. S. (1973), "A System of Logic, Ratiocinative and Inductive", in J. Robson (ed.), *The Collected Works of J. S. Mill* (Volumes 7-8), University of Toronto Press.

Montague, R. (1973), "The Proper Treatment of Quantification in Ordinary English", in J. Hintikka, J. Moravcsik, and P. Suppes (eds.), *Approaches to Natural Language*, D. Reidel, 221-242.

Neale, S. (1990), *Descriptions*, MIT Press.

Ogden, C. K. and I. A. Richards (1923), *The Meaning of Meaning*, Harcourt, Brace & World, Inc.

Payne, J. and R. Huddleston (2002), "Nouns and Noun Phrases", in G. Pullum and R. Huddleston (eds.), *The Cambridge Grammar of the English Language*, Cambridge University Press.

Pelczar, M. and J. Rainsbury (1998), "The Indexical Character of Names", *Synthese*, 114: 293-317.

Prince, E. (1981), "Toward a Taxonomy of Given-new Information", Peter Cole (ed.), *Radical Pragmatics*, Academic Press, 223-256.

______(1992), "The ZPG Letter: Subjects, Definiteness, and Information-status", Sandra Thompson and William Mann (eds.), *Discourse Description: Diverse Analyses of a Fund Raising Text*, John Benjamins, 295-325.

Pustejovsky, J. (1995), *The Generative Lexicon*, MIT Press.

Putnam, H. (1973), "Meaning and Reference", *The Journal of Philosophy*, 70: 699-711.

______(1975), "The Meaning of 'Meaning'", in K. Gunderson (ed.), *Minnesota Studies in the Philosophy of Science* (Volume 7: Language, Mind, and Knowledge), University of Minnesota Press, 131-193.

Recanati, F. (2000), *Oratio Obliqua, Oratio Recta: An Essay on Metarepresentation*, MIT Press.

Richard, M. (1983), "Direct Reference and Ascriptions of Belief", *Journal of Philosophical Logic*, 12: 425-452.

Rosch, E., C. B. Mervis, W. D. Gray, D. M. Johnson, and P. Boyes-Braem (1976), "Basic Objects in Natural Categories", *Cognitive Psychology*, 8(3): 382-439.

Rothschild, D. (2007), "Presuppositions and Scope", *Journal of Philosophy*, 104(2): 71-106.

Russell, B. (1905), "On Denoting", *Mind*, 14(56): 479-493.

______(1911), "Knowledge by Acquaintance and Knowledge by Description", *Proceedings of the Aristotelian Society*, 11: 108-128.

______(1956), "The Philosophy of Logical Atomism", in R. Marsh (ed.), *Logic and Knowledge*, Capricorn, 177-281.

Sainsbury, M. (1993), "Russell on Names and Communication", in A. Irvine and G. Wedeking (eds.), *Russell and Analytic Philosophy*, University of Toronto Press, 3-21.

Salmon, N. (1986), *Frege's Puzzle*, MIT Press.

Saussure, F. de (1915), *Cours de linguistique générale*, Payot.

Schlenker, P. (2003), "A Plea for Monsters", *Linguistics and Philosophy*, 26: 29-120.

Searle, J. (1958), "Proper Names", *Mind*, 67(266): 166-173.

Soames, S. (1987), "Substitutivity", in J. Thomson (ed.), *On Being and Saying: Essays in Honor of Richard Cartwright*, MIT Press, 99-132.

______(1989), "Direct Reference and Propositional Attitudes", in J. Almog, J. Perry, and H. Wettstein (eds.), *Themes from Kaplan*, Oxford University Press, 481-614.

______(1998), "The Modal Argument: Wide Scope and Rigidified Descriptions", *Noûs*, 32(1): 1-22.

______(2002), *Beyond Rigidity: The Unfinished Semantic Agenda of Naming and Necessity*, Oxford University Press.

Sommers, F. (1982), *The Logic of Natural Language*, Clarendon Press.

Sperber, Dan and Deirdre Wilson (1995)[1986], *Relevance: Communication and Cognition*, Blackwell.

Stalnaker, R. (1974), "Pragmatic Presuppositions", in M. K. Munitz and P. K. Unger (eds.), *Semantics and Philosophy*, New York University.

______ (1978), "Assertion", in P. Cole (ed.), *Syntax and Semantics* (Volume 9: Pragmatics), Academic Press, 315-332.

Strawson, P. (1950), "On Referring", *Mind*, 69: 320-344.

______ (1959), *Individuals: An Essay on Descriptive Metaphysics*, Methuen.

______ (1964), "Intention and Convention in Speech Acts", *Philosophical Review*, 73(4): 439-460.

Thau, M. (2002), *Consciousness and Cognition*, Oxford University Press.

Wittgenstein, L. (1953), *Philosophical Investigations*, translated by G. Anscombe, Basil Blackwell.

찾아보기

ㄴ

ㅈ

박철우

서울대학교 언어학과에서 학사·석사·박사학위를 받았다. 현재 안양대학교 국어국문학 교수로 재직 중이다. 주요 저·역서로 『한국어 정보구조에서의 화제와 초점』, 『한국어 정보화와 구문 분석』(공저), 『언어 의미학 개설』, 『한국어 통사론의 전망』(공저), 『화용론의 실제』, 『국어의미론의 새로운 인식과 전개』(공저), 『한국어 의미 탐구의 현황과 과제』(공저) 등이 있다.